感谢南开大学经济学院实验中心的大力支持和帮助

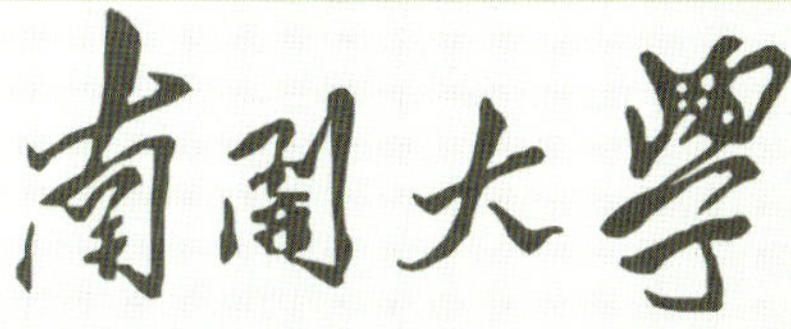

金融学本科教材系列

Excel与金融计量学

周爱民　吴明华　周阳浩　等编著

前 言

本书与《Excel 与金融工程学》、《Excel 与期权定价》都是作者这几年开设的实验课教材，是南开大学金融学系系列实验教材中的一本。

过去计量经济学的本科课程只是一个学期的课程，不久前南开金融在开设过计量经济学之后，设计了一系列后续实验课程，试图在理论之外给学生提供一些计算的技巧。“SAS：数据分析与金融计算”、“MATLAB 与金融实验”、“EVIEWS 与金融计算”、“R 软件与金融计算”等软件课程的开设，给学生提供了多项选择，当然 Excel 作为通用的办公软件更是具有无与伦比的便利性，而且其功能强大，我们也只是使用了其十之一二。

金融工程学专业是实用性非常强的专业，我们的毕业生必须具备强大的数理基础和计算能力，只有这样才能应付实际工作带来的挑战，提升我们学生的职业素质。本书虽然是本科生的实验教材，但也可以在研究生的教学中使用，同时我们相信它也是一些在金融机构任职的在职人员的参考书。微软的 Excel 功能很强大，并不亚于一些昂贵的高级软件，特别是它所见即所得的友好界面是其他大多数高级软件所不具备的。在嵌入了公式的模板中我们可以反复改变参数进行模拟结果的比较，使得每一个环节都能够得到最大程度的实验。

本书的参编者包括南开大学金融学系的硕士生朱祥龙、刘强、牟美丽、郭阿云、周天怡、刘莹莹、董峰颖、张先成、孙丽娅、杜素贞、郭薇薇。

我们希望读者不用花费很多的时间就能了解书中所释放出的信息，并能举一反三更加熟练地使用 Excel。当然，本书的错误在所难免，还请方家指教。

执笔：周爱民

2012 年春节于南开园

目录

第一章

线性回归分析

第一节 线性回归概述

一、基本定义

在现实生活中，事物之间往往存在相互影响关系，尤其在经济领域里，一个变量的变化发展经常受其他变量变动影响。计量经济学中的回归分析主要就是研究事物之间的相关关系。为了简便起见，不妨用向量 $\boldsymbol{X}=(X_1,\cdots,X_{m-1})$来表示 $m-1$ 个解释变量，而用随机变量 Y 来表示被解释变量，引入随机扰动项[①] ε，则 Y 与 $\boldsymbol{X}$ 之间的相关关系就可以表示为：

$$Y=F(X_1,\cdots,X_{m-1},\varepsilon) \tag{1.1.1}$$

此外，在确立被解释变量与解释变量之间存在相关关系后，还可以根据这种相关关系的表达式是否为线性的，将回归分析区分为线性回归分析和非线性回归分析。而在线性回归分析中，我们又可以根据解释变量的个数来分类为一元线性回归分析和多元线性回归分析。

综上所述，一元线性回归模型可定义为：

---

① 随机扰动项有多种来源，可能是来自模型设定形式的误差，可能是来自观察数据的误差，可能是来自被忽略因素的影响的误差，也可能是来自一些说不清楚的误差。

$$Y=\alpha+\beta X+\varepsilon \tag{1.1.2}$$

其中 Y 为因变量，X 为自变量，α 和 β 为回归模型的参数值。

多元线性回归模型可定义为：

$$Y=\beta_0+\beta_1 X_1+\cdots+\beta_n X_n+\varepsilon \tag{1.1.3}$$

其中 Y 为因变量，$X_1,\cdots,X_n$ 为自变量，$\beta_0,\beta_1,\cdots,\beta_n$ 为回归模型的参数值。

多元线性回归模型也可表示为矩阵形式：

$$\begin{cases} y_1=\beta_0+\beta_1 x_{11}+\cdots+\beta_n x_{1n}+\varepsilon_1 \\ y_2=\beta_0+\beta_1 x_{21}+\cdots+\beta_n x_{2n}+\varepsilon_2 \\ \cdots \\ y_p=\beta_0+\beta_1 x_{p1}+\cdots+\beta_n x_{pn}+\varepsilon_p \end{cases} \tag{1.1.4}$$

令 $\boldsymbol{Y}=(y_1,y_2,\cdots,y_n)'_{(p\times1)}$，$\boldsymbol{\beta}=(\beta_1,\beta_2,\cdots,\beta_n)'_{(p\times1)}$，$\boldsymbol{\varepsilon}=(\varepsilon_1,\varepsilon_2,\cdots,\varepsilon_n)'_{(p\times1)}$，$\boldsymbol{X}=\begin{pmatrix} 1 & x_{11} & \cdots & x_{1n} \\ 1 & x_{21} & \cdots & x_{2n} \\ \vdots & \vdots & \vdots & \vdots \\ 1 & x_{p1} & \cdots & x_{pn} \end{pmatrix}$，则式(1.1.4)可改写为：

$$\boldsymbol{Y}=\boldsymbol{X\beta}+\boldsymbol{\varepsilon} \tag{1.1.5}$$

二、模型假设条件

为了使回归模型能通过最小二乘法得到最优估计量，多元回归模型需要满足如下假设条件：

假设(1)：自变量是非随机变量，且自变量之间是线性无关的，即 $\mathrm{Cov}(x_i,x_j)=0(i\neq j)$；

假设(2)：随机误差项相互独立，且都服从均值为0，方差为 σ^2 的标准正态分布。即有：$\varepsilon_i\sim N(0,\sigma^2)$，$(i=1,2,\cdots,n)$；

假设(3)：自变量与随机误差项之间非线性相关，即 $\mathrm{Cov}(x_i,\varepsilon)=0$，$(i=1,2,\cdots,n)$；

假设(4)：样本容量个数要至少等于参数个数，即 $p\geqslant n$。

第二节　模型参数估计

一般计量经济学中用最小二乘法(OLS)来进行线性回归模型的参数估计。最小二乘法是使随机误差项平方和最小从而得到模型参数。通过用残差平方和对参数求导,并令其为0,求得参数估计值:$\hat{\boldsymbol{\beta}}=(\boldsymbol{X}'\boldsymbol{X})^{-1}\boldsymbol{X}'\boldsymbol{Y}$。本节将以一元线性回归模型作为基础,说明如何在Excel中对线性回归模型进行参数估计。在此基础上展开来讲多元线性回归模型的参数估计。

一、一元线性回归模型参数估计

做线性回归模型参数估计的时候,一般都用特定的计量软件来做,如EViews,Stata等等。但微软的Excel已经研发出可以做计量模型的程序,本书的特色就是用Excel来建立和检验计量模型。用Excel对一元线性回归模型进行参数估计有五种方法,下面以具体例子进行逐一介绍:

【例1.2.1】这里选取2010年1月4日至2010年9月23日上证综合指数与深证成分指数数据进行二者之间的线性分析。

(一)利用散点图上的趋势图确定方程

在Excel中进行线性回归分析,可直接在数据的散点图上作趋势图,从而确定线性回归模型的方程。下面以具体例子进行说明。

首先,在Excel表中输入所选取的数据(图1.2.1只显示了一部分数据)。

	A	B	C
1	n	上证综合指数收盘价X	深证成份指数收盘价Y
2	1	3243.76	13533.537
3	2	3282.179	13517.375
4	3	3254.215	13505.184
5	4	3192.776	13235.48
6	5	3195.997	13267.436

图1.2.1　例1.2.1部分数据

其次,绘制两组数据之间关系的散点图。选中B、C两列数据,然后在插入菜单栏中选择散点图,就可得到如图1.2.2的散点图。

由图1.2.2可以看出上证综合指数与深证成分指数之间存在线性关系。

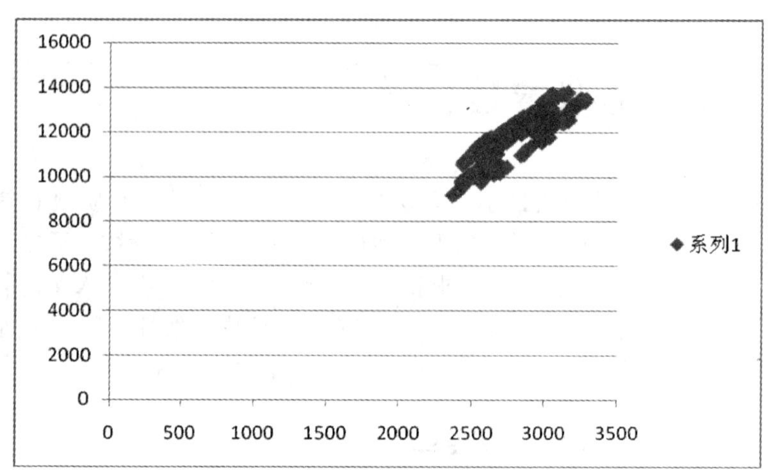

图 1.2.2　初步得到的散点图

为了使这种线性关系更明显，让图形更完美，我们可以更改坐标轴格式。即选定坐标轴，右击，选择“设置坐标轴格式”，更改坐标轴选项中的最小值，设定横轴坐标最小值为 2 500，纵轴坐标最小值为 7 000，即可得到如图 1.2.3 的图形。

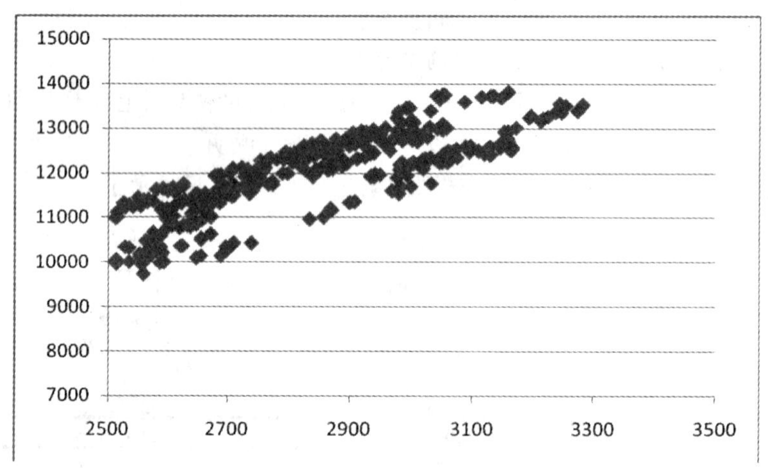

图 1.2.3　更改坐标格式得到的散点图

然后，选中图表中的数据右击，得到一个选项框，选择“添加趋势线”，得到如图 1.2.4 所示的设置趋势线格式，在趋势线选项中选择“线性”，在选项框的最后两行选中“显示公式”和“显示 R 平方值”。点击“关闭”即可在散点图上得到趋势线及其公式还有方程的 R 平方值，如图 1.2.5 所示。

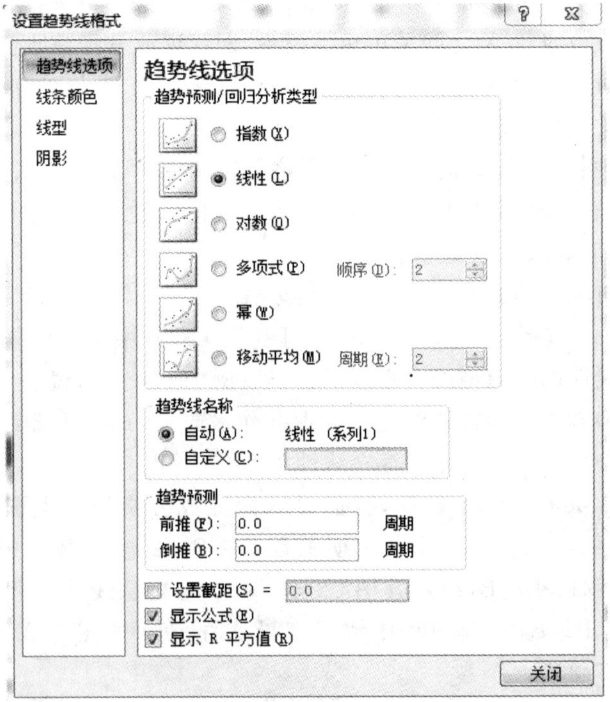

设置趋势线格式
趋势线选项
线条颜色
线型
阴影
趋势线选项
趋势预测/回归分析类型
指数(X)
线性(L)
对数(O)
多项式(P)
顺序(D): 2
幂(W)
移动平均(M)
周期(E): 2
趋势线名称
自动(A): 线性 (系列1)
自定义(C):
趋势预测
前推(F): 0.0 周期
倒推(B): 0.0 周期
设置截距(S) = 0.0
显示公式(E)
显示 R 平方值(R)
关闭

图 1.2.4 设置趋势线格式

y = 4.097x + 365.3
R² = 0.728
15000
14000
13000
12000
11000
10000
9000
8000
7000
2500
2700
2900
3100
3300
3500
绘图区

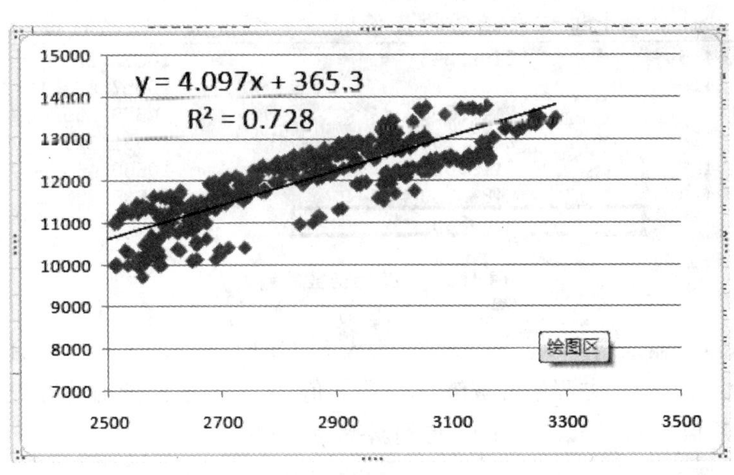

图 1.2.5 趋势线图及其公式

由图 1.2.5，我们可以看到上证综合指数收盘价 X 与深证成分指数收盘价 Y 之间的线性关系表示为 $Y=365.3+4.097X$。深证成分指数收盘价 Y 与上证综合指数收盘价 X 之间呈正相关关系，即深证成分指数收盘价 Y 将随着上证综合指数收盘价 X 值的增加而增加，反之则随着 X 值的递减而递减，而且其以 4.097 的倍数随 X 值变动。

另外，由图 1.2.5，我们还可以得到该方程的 R 平方值为 0.728。该数值不高，说明显著性不明显，可能是由于二者之间的线性关系应该用二者值的其他形式表示，例如取对数等等。

(二)使用截距函数和斜率函数确定方程

在 Excel 中进行线性回归分析，也可利用 Excel 中的截距函数和斜率函数直接确定线性回归模型的方程。下面仍以例 1.1 来进行说明。

如第一种方法一样首先要选取数据并作散点图，确定上证综合指数收盘价与深证成分指数收盘价之间存在线性关系。

例 1.2.1 共有 420 个数据，我们要求深证成分指数与上证综合指数之间的变动关系。在这里可以先求横截距，在 B422 输入截距公式 INTERCEPT(C2:C421, B2:B421)，其中 C2 至 C421 的数是线性方程中的被解释变量 Y 值，而 B2:B421 是方程中解释变量 X 的值。如图 1.2.6 所示，得到横截距为 365.335。

B422 fx =INTERCEPT(C2:C421,B2:B421)

	A	B	C
1	n	上证综合指数收盘价X	深证成份指数收盘价Y
416	415	2482.343	10878.228
417	416	2437.795	10657.625
418	417	2447.755	10679.299
419	418	2512.963	10991.849
420	419	2443.057	10660.465
421	420	2433.159	10538.397
422		365.335	

图 1.2.6　截距函数的输入

然后，再输入斜率函数，在 B423 输入 SLOPE(C2:C421,B2:B421)，其中第一个数值范围是方程中的被解释变量 Y 值，第二个数值范围是方程中的解释变量 X 值。如图 1.2.7 所示，得到斜率为 4.098。

B423 =SLOPE(C2:C421,B2:B421)

	A	B	C
1	n	上证综合指数收盘价X	深证成份指数收盘价Y
416	415	2482.343	10878.228
417	416	2437.795	10657.625
418	417	2447.755	10679.299
419	418	2512.963	10991.849
420	419	2443.057	10660.465
421	420	2433.159	10538.397
422		365.335	
423		4.098	

图 1.2.7 斜率函数的输入

由上述操作结果我们可以得到 $Y=365.335+4.098X$ 的方程，在不考虑小数位数的情况下，这种方法与第一种方法所得结果相同。

(三)使用 LINEST 函数确定回归方程

在 Excel 中可以用 LINEST 函数做线性回归分析，LINEST 函数语法是 LINEST(known_ y' s, known_ x' s, const, stats)，其中 known_ y' s 是指回归方程中被解释变量 Y 的数值区域；known_ x' s 指回归方程中解释变量 X 的数值区域；const 是个逻辑值，用于指定截距是否为 0，如果截距强制设为 0，则输入 FALSE，否则输入 TRUE 或者忽略不输；stats 也是个逻辑值，用于指定是否返回附加的回归统计值，如果需要得到附加的回归统计值，则需要输入 TRUE，否则输入 FALSE。

在一元线性回归分析中，附加的回归统计值如表格 1.2.1 所示。在使用 LINEST 函数时，如果需要得到这些回归统计值，需要选定 5 行 2 列的区域，输入 LINEST 函数及其数值范围，然后按 Ctrl+ Shift+ Enter，最终就能得到回归方程的统计值。

表 1.2.1 LINEST 函数附加的一元回归分析统计值

斜　率	截　距
标准误差值	系数标准误差值
R 平方值	Y 估计值的标准误差
F 统计量	自由度
回归平方和	残差平方和

这里仍然以例 1.2.1 来说明，首先一样需要作散点图确定具有线性关系，其次，在表格中选定一个 5 行 2 列的区域，例如 B434:C438，选定区域后直接

在编辑栏中输入"=LINEST(C2:C421,B2:B421,TRUE,TRUE)",然后按Ctrl+ Shift+ Enter,即可得到如表1.2.2所示结果。

表1.2.2 例1.2.1的回归统计值

4.098	365.335
0.122	344.553
0.728	512.693
1 121.465	418.000
294 781 887.447	109 873 112.338

由上述回归结果我们可以得到 $Y=365.335+4.098X$,R平方值为0.728,F统计量值显示为1 121.465。因此得到的结果与前两种作法相同。

(四)使用数据分析中的回归分析确定方程

Excel的功能目前已经得到完善,尤其是在数据分析方面。要在Excel中得到两组数据之间的线性关系还可以用数据分析里的回归分析以得到其线性方程。

有些Excel版本中没有这项功能,只有Excel2007版本中有,而Excel2007版本也不是自带的,需要下载相关的软件。所以这里需要作一些简单的介绍。首先单击"microsoft选项",选中其中的"Excel选项",即可弹出如图1.2.8所示的对话框。单击"加载项",并选中其中的"分析工具库"。单击"确定"后,即可得到加载宏对话框,如图1.2.9所示,选中其中的"分析工具库",并按"确定"即可在Excel中获得数据分析这项功能。

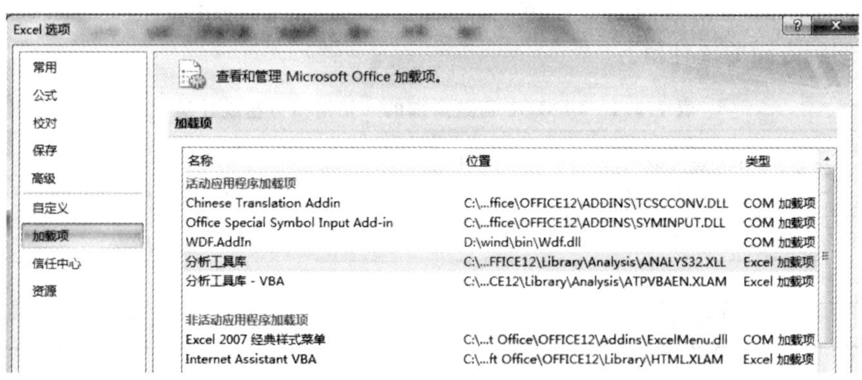

图1.2.8 Excel选项对话框

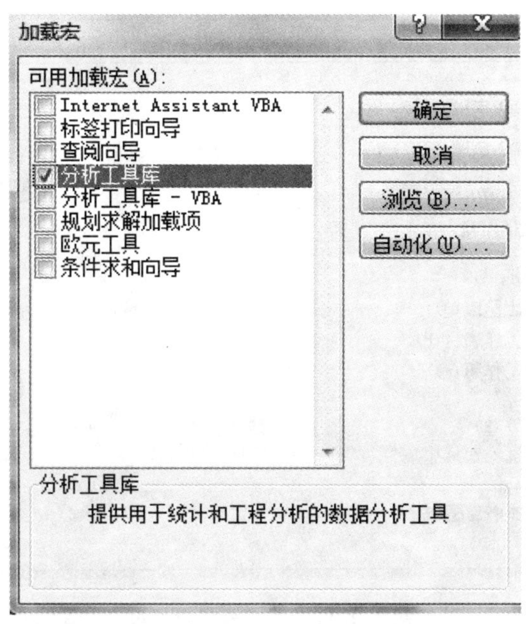

图 1.2.9 加载宏对话框

接下来，就可以利用这项功能进行线性回归分析了。首先，仍需要如例 1.2.1 一样选取数据并作散点图，以确定上证综合指数收盘价与深证成分指数收盘价之间存在线性关系。

其次，单击"数据"菜单栏中的"数据分析"，得到如图 1.2.10 所示对话框，选中其中的"回归"，并单击"确定"，即可得到如图 1.2.11 所示回归分析对话框，在其中，选中 X、Y 值区域，并设定置信度为 95%，将标准残差选中，即可

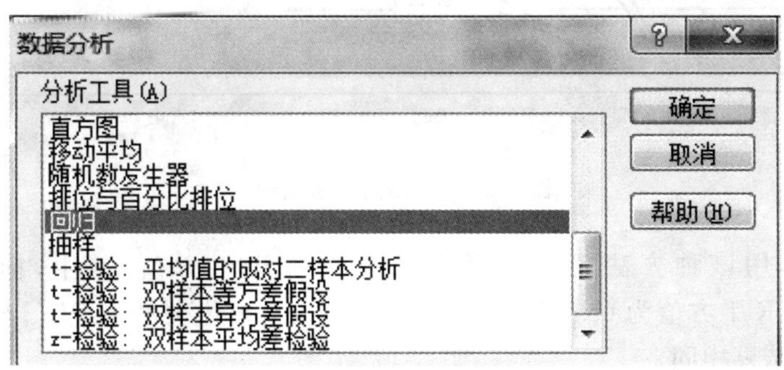

图 1.2.10 数据分析选项框

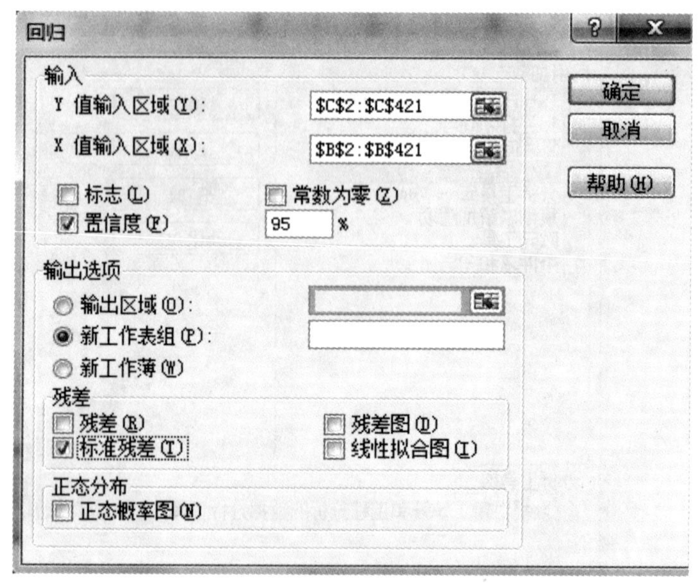

图 1.2.11　回归分析对话框

得到回归分析结果,如图 1.2.12 所示。

由分析结果可以得到 $Y=365.335+4.098X$ 的方程,在不考虑小数位数的情况下,这种方法与前三种方法所得结果相同。

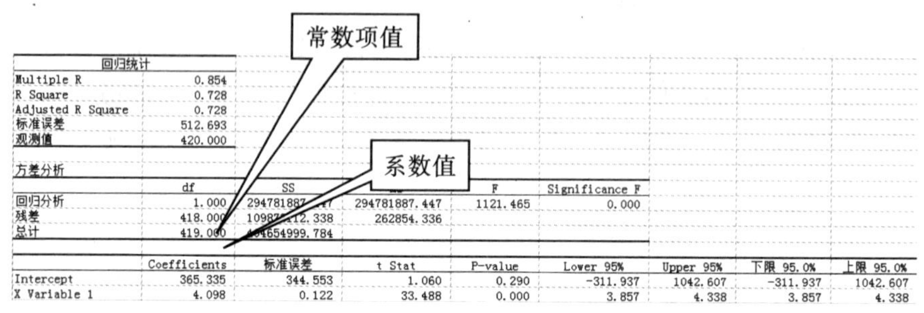

回归统计	
Multiple R	0.854
R Square	0.728
Adjusted R Square	0.728
标准误差	512.693
观测值	420.000

方差分析

	df	SS	[illegible]	F	Significance F
回归分析	1.000	29478188[illegible]	294781887.447	1121.465	0.000
残差	418.000	10987[illegible]12.338	262854.336		
总计	419.000	[illegible]4654999.784			

	Coefficients	标准误差	t Stat	P-value	Lower 95%	Upper 95%	下限 95.0%	上限 95.0%
Intercept	365.335	344.553	1.060	0.290	-311.937	1042.607	-311.937	1042.607
X Variable 1	4.098	0.122	33.488	0.000	3.857	4.338	3.857	4.338

图 1.2.12　回归分析结果

此外,用该种方法还可以得到标准差和 R 平方值,其中,标准差为 512.6932,R 平方值为 0.728477,因此在不考虑小数位数的情况下,与第一种方法所得结果相同。

(五)利用回归参数的计算公式进行动态的计算

一般计量经济学中用最小二乘法(OLS)来进行线性回归模型的参数估

计。最小二乘法是使随机误差项平方和最小从而得到模型参数。通过用残差平方和对参数求导，并令其为 0，即可得到参数值。下面用式子来表示，用 Q 表示残差平方和，即

$$Q=\sum_{i=1}^{m}\hat{\varepsilon}_i^2=\sum_{i=1}^{m}(y_i-\hat{y}_i)^2=\sum_{i=1}^{m}(y_i-\hat{\beta}_0-\hat{\beta}_1x_i)^2 \tag{1.2.1}$$

上式表明 Q 是 $\hat{\beta}_0$ 和 $\hat{\beta}_1$ 的函数，要求该二元函数的极值，就应令 Q 对 $\hat{\beta}_0$、$\hat{\beta}_1$ 的偏导数为零，从而得到如下方程：

$$\begin{cases}\dfrac{\partial Q}{\partial\hat{\beta}_0}=-2\sum\limits_{i=1}^{m}(y_i-\hat{\beta}_0-\hat{\beta}_1x_i)=0\\[2ex]\dfrac{\partial Q}{\partial\hat{\beta}_1}=-2\sum\limits_{i=1}^{m}(y_i-\hat{\beta}_0-\hat{\beta}_1x_i)x_i=0\end{cases} \tag{1.2.2}$$

由上式可得到 $\hat{\beta}_0$ 和 $\hat{\beta}_1$ 的值为：

$$\hat{\beta}_0=\bar{y}-\hat{\beta}_1\bar{x} \tag{1.2.3}$$

$$\hat{\beta}_1=\frac{\sum x_i(y_i-\bar{y})}{\sum x_i(x_i-\bar{x})}=\frac{m\sum x_iy_i-\sum x_i\sum y_i}{n\sum x_i^2-\left(\sum x_i\right)^2} \tag{1.2.4}$$

由上述式 1.2.3 和式 1.2.4 所得结果，我们可以在 Excel 中进行动态计算以求得最终的参数估计值。

现在仍以例 1.2.1 为例子进行说明。一样的，我们仍需要作散点图，以确定上证综合指数收盘价与深证成分指数收盘价之间存在线性关系。在利用参数公式进行计算时，首先应计算出式中各元素动态值的和，即根据公式需要计算的因素在 D、E、F、G、H、I、J、K、L 各列的第一行分别输入该列的名称即，x * y、x * y 动态和、x 动态和、y 动态和、x^2、x^2 动态和、x 动态和的平方、斜率、截距，接下来在其第二行分别输入公式"＝SUM(D＄2:D2)"、"＝SUM(B＄2:B2)"、"＝SUM(C＄2:C2)"、"＝B2^2"、"＝SUM(H＄2:H2)"、"＝F2^2"、"＝(A2 * E2－F2 * G2)/(A2 * I2－J2)"、"＝G2/A2 －K2 * F2/A2"，如图 1.2.13 所示。然后将每列的第二行的公式复制到同列的其他各行之中，即可得到最后的动态计算值。

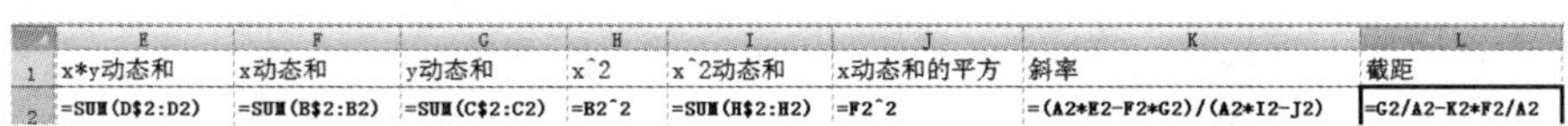

	E	F	G	H	I	J	K	L
1	x*y动态和	x动态和	y动态和	x^2	x^2动态和	x动态和的平方	斜率	截距
2	=SUM(D$2:D2)	=SUM(B$2:B2)	=SUM(C$2:C2)	=B2^2	=SUM(H$2:H2)	=F2^2	=(A2*E2-F2*G2)/(A2*I2-J2)	=G2/A2-K2*F2/A2

图 1.2.13 各列公式输入

在输入公式的同时应注意，因为这里是求动态和，因此，每次求和都需要从第二行开始往下累加，例如 E 列要求 x 与 y 乘积动态和，则应从 D2 开始往下累加。所以这里在输入过程中，可利用绝对引用，就是在 D2 中的第二行之前加"＄"，即 D＄2，从而使得每一列各行求动态值时都绝对地从第二行开始累计加总。而其他列，如 F、G、I、J 列的动态求和方法则与此相同。

进行动态计算后，我们可以在 K 列和 L 列的最后一行得到最后的截距和斜率，如图 1.2.14 所示。最后一行我们得到最终的参数值，即斜率为 4.098，截距为 365.335，与前四种作法所得结果相同。

	K	L
1	斜率	截距
414	4.141	238.848
415	4.134	258.890
416	4.127	279.341
417	4.120	299.636
418	4.114	317.808
419	4.108	334.825
420	4.102	352.576
421	4.098	365.335

图 1.2.14　动态计算结果

二、多元线性回归模型参数估计

多元线性回归模型参数估计方法与一元的类似，但有一些不同之处。一元线性回归分析的很多方法用在多元线性回归分析中比较麻烦，因此本节只介绍用 Excel 中的 LINEST 函数和数据分析中的回归分析来做多元线性回归分析的方法。这里仍举例说明。

【例 1.2.2】根据 2010 年上海证券交易所 A 股市场中建筑行业公司的年报数据，分析净资产收益率 X1、资产负债率 X2、存货周转率 X3、总资产增长率 X4 和流通股占比 X5 对股票价格的影响。

(一)使用 LINEST 函数确定回归方程

在使用 LINEST 函数作多元线性回归分析时，其与一元线性回归分析之间的区别就在于 known_ y' s 的数值区域不同，一元的 X 值的区域只有一列，而多元的 X 值的区域有多列，例如 m 元函数的 X 值的区域有 m 列。此外，在选择输入回归统计值的区域上也有区别，因为回归系数有 m+1 个，所以进行

	A	B	C	D	E	F	G
1	指标名称	股价Y	净资产收益率X1	资产负债率X2	存货周转率X3	总资产增长率X4	流通股占比X5
2	深天地A	21.91	4.26	66.18	2.58	-12.44	0.71
3	北方国际	79.12	9.46	70.65	4.16	-16.48	1.00
4	深天健	27.05	3.50	53.97	0.88	72.51	0.95
5	中南建设	23.57	17.46	78.15	0.68	40.81	0.27
6	中工国际	61.94	17.21	57.04	6.96	17.88	0.84
7	粤水电	14.33	6.36	75.90	2.51	38.53	0.62
8	宏润建设	46.47	19.36	74.82	1.42	32.11	0.33
9	金螳螂	238.07	37.36	69.37	167.90	47.07	0.89
10	东南网架	16.89	7.45	72.64	2.42	10.23	0.83
11	东华科技	175.98	25.24	66.11	2.84	10.39	0.96
12	中航三鑫	38.92	5.44	64.59	4.02	65.57	0.37
13	北新路桥	19.54	8.69	72.75	3.94	55.12	0.41

图 1.2.15 例 1.2.2 部分数据

回归分析时需要选定 5 行 m+1 列的区域来输入回归统计值。另外，附加回归统计值的格式也有所不同，其表示的统计值如表 1.2.3。

表 1.2.3 LINEST 函数附加的多元回归分析统计值

参数值 m	参数值 m−1	参数值 m−2	参数值 m−3	……	常数项
参数值 m 标准误差值	参数值 m−1 标准误差值	参数值 m−2 标准误差值	参数值 m−3 标准误差值		常数项标准误差值
R 平方值	Y 估计值的标准误差				
F 统计量	自由度				
回归平方和	残差平方和				

因此，此时要做多元线性回归分析，根据例 1.2.2 的数据需要在表中选择一个 5 行 6 列的区域，例如 C46：H50，输入 LINEST（B2：B42，C2：G42，TRUE，TRUE），然后按下 Ctrl+ Shift+ Enter，即可得到如表 1.2.3 回归方程的统计结果。

表 1.2.4 例 1.2.2 的回归分析统计结果

50.71	0.09	0.49	−0.68	3.52	4.76
18.66	0.08	0.19	0.33	0.59	24.67
0.70	31.22	#N/A	#N/A	#N/A	#N/A
16.28	35.00	#N/A	#N/A	#N/A	#N/A
79 331.11	34 109.73	#N/A	#N/A	#N/A	#N/A

由上述结果我们可以看出 Y=4.76+3.52X1−0.68X2+0.49X3+0.09X4+50.71X5，即净资产收益率 X1、存货周转率 X3、总资产增长率 X4 和

流通股占比 X5 和股票价格具有正相关关系，即净资产收益率 X1、存货周转率 X3、总资产增长率 X4 和流通股占比 X5 越大，则股票价格越高，反之则相反。而资产负债率 X2 对股票价格的影响是反方向的，即资产负债率 X2 越大，则股票价格越低，反之则相反。

（二）使用数据分析中的回归分析确定回归方程

多元回归分析还可以用到数据分析中的回归分析方法。第一部分中已经有所介绍，这里直接通过例子说明具体做法，以及一元回归分析与多元回归分析之间的不同之处。

首先，在 Excel 表中输入数据，然后在菜单栏中选择“数据”，再在其子菜单栏中选择单击“数据分析”，弹出数据分析对话框（图 1.2.10）。执行“回归”命令，自动弹出回归分析对话框，如图 1.2.11。这里与一元线性回归分析时不同的是 X 值输入区域选择范围不同，由原来的（C2：C22），扩展为现在的（C2：I22）。选择好数据输入区域后，可得到参数估计结果（见图 1.2.16）。

由图 1.2.16 的第二列数据我们可以看到，用数据分析中回归分析所得到的回归结果为 Y＝4.756＋3.520X1－0.685X2＋0.491X3＋0.091X4＋50.706X5。忽略小数保留位数不同的问题，两种方法得出的回归结果是相同的。

SUMMARY OUTPUT

回归统计	
Multiple R	0.836
R Square	0.699
Adjusted R Square	0.656
标准误差	31.218
观测值	41.000

方差分析

	df	SS	MS	F	Significance F
回归分析	5.000	79331.114	15866.223	16.280	0.000
残差	35.000	34109.729	974.564		
总计	40.000	113440.843			

	Coefficient	标准误差	t Stat	P-value	Lower 95%	Upper 95%	下限 95.0%	上限 95.0%
Intercept	4.756	24.668	0.193	0.848	-45.322	54.834	-45.322	54.834
X1	3.520	0.586	6.007	0.000	2.330	4.710	2.330	4.710
X2	-0.685	0.334	-2.052	0.048	-1.362	-0.007	-1.362	-0.007
X3	0.491	0.187	2.626	0.013	0.111	0.870	0.111	0.870
X4	0.091	0.081	1.129	0.267	-0.073	0.255	-0.073	0.255
X5	50.706	18.659	2.717	0.010	12.825	88.586	12.825	88.586

图 1.2.16　多元线性回归分析结果

第三节 线性回归模型的常规检验

在进行回归模型参数估计后，要对回归模型进行一些常规检验，其中包括对整个方程的显著性进行检验的F检验，对单个系数显著性进行检验的T检验，以及对模型拟合优度进行检验的可决系数R^2检验。下面对这些检验及其在Excel中的应用进行说明。因为用LINEST函数做回归分析所得的统计量值各代表的值已经在第二节中介绍了，因此本节主要用数据分析中的回归分析法，该法能做所有的常规检验，具有代表性。

一、F检验

F检验是多元线性回归分析检验中所特有的，用于检验整个方程是否具有显著性，即检验被解释变量y_t与解释变量$x_1, x_2, \cdots, x_n$之间是否存在回归关系，因此检验的零假设和备择假设如下：

$$H_0: \beta_1 = \beta_2 = \cdots = \beta_n = 0$$

$$H_1: \beta_1, \beta_2, \cdots, \beta_n \text{不全为} 0$$

检验统计量为：

$$F = \frac{\frac{ESS}{n}}{\frac{RSS}{p-n+1}} \tag{1.3.1}$$

其中，ESS是回归平方和，表示被解释变量观测值与均值的差的平方和，即有：$ESS = \sum (\hat{y}_t - \bar{y})^2$；$RSS$是残差平方和，表示被解释变量真值与观测值的差的平方和，即有：$RSS = \sum (y_t - \hat{y}_t)^2$。

在原假设成立的条件下，F统计量服从自由度为$(n, p-n+1)$的F分布。如果用样本计算出来的F统计量大于其临界值，就拒绝原假设，即方程具有显著性；若计算出来的F统计量小于其临界值，则接受原假设，即方程不具有显著性。

在Excel中，在模型参数估计结果中，就已经给出F统计量检验结果了（见图1.3.1箭头所指）。所得统计量结果为16.280。查表得出整个方程具有显著性的结论。

方差分析					
	df	SS	MS	F	Significance F
回归分析	5.000	79331.114	15866.223	16.280	0.000
残差	35.000	34109.729	974.564		
总计	40.000	113440.843			

样本计算出的F统计量值

图 1.3.1　例 1.2.2 回归分析的 F 统计量结果

二、t 检验及置信区间

t 检验是用于检验每个回归系数是否显著的检验方法。在一元线性回归模型中，可以直接进行 t 检验，但在多元线性回归模型中，应该先检验 F 统计量，只有整个方程具有显著性之后，再检验每一个解释变量系数的显著性。

t 检验的原假设为：

$$H_0:\beta_i=0,i=1,2,\cdots,n$$

其统计量表示为：

$$t=\hat{\beta}_j/s(\hat{\beta}_j) \tag{1.3.2}$$

其中，$s(\hat{\beta}_j)$是估计量$\hat{\beta}_j$ 的标准方差。在原假设成立条件下，t 统计量服从自由度为 $p-n$ 的 t 分布。

t 统计量的判断规则是，若 t 统计量大于临界值，则拒绝原假设，即解释变量参数具有显著性；若 t 统计量小于临界值，则接受原假设，即解释变量参数不具显著性。

在这里，可以通过 t 统计量值来计算在一定置信水平下，回归系数的置信区间。例如，以置信度为 $1-\alpha$ 来估计系数 $\hat{\beta}_j$ 的置信区间。可得其置信区间为

$$[\hat{\beta}_j-t_{\frac{\alpha}{2}(p-n)}s(\hat{\beta}_j),\hat{\beta}_j+t_{\frac{\alpha}{2}(p-n)}s(\hat{\beta}_j)] \tag{1.3.3}$$

在 Excel 中，我们进行线性回归模型参数估计时就已得到各系数的 t 统计量(见图 1.3.2，图 1.3.3)。查表可知例 1.2.2 的常数项不具有显著性。

在多元线性回归模型中，可以去掉不具有显著性的解释变量，重新进行回归分析。例 1.2.2 中，将股票价格对净资产收益率 X1、资产负债率 X2、存货

	Coefficients	标准误差	t Stat	P-value	Lower 95%	Upper 95%	下限 95.0%	上限 95.0%
Intercept	365.335	344.553	1.060	0.290	-311.937	1042.607	-311.937	1042.607
X Variable 1	4.098	0.122	33.488	0.000	3.857	4.338	3.857	4.338

样本计算出的t统计量值

图 1.3.2　例 1.1 回归分析中的 t 统计量

	Coefficient	标准误差	t Stat	P-value	Lower 95%	Upper 95%	下限 95.0%	上限 95.0%
Intercept	4.756	24.668	0.193	0.848	-45.322	54.834	-45.322	54.834
X1	3.520	0.586	6.007	0.000	2.330	4.710	2.330	4.710
X2	-0.685	0.334	-2.052	0.048	-1.362	-0.007	-1.362	-0.007
X3	0.491	0.187	2.626	0.013	0.111	0.870	0.111	0.870
X4	0.091	0.081	1.129	0.267	-0.073	0.255	-0.073	0.255
X5	50.706	18.659	2.717	0.010	12.825	88.586	12.825	88.586

样本计算出的t统计量值

图 1.3.3　例 1.2 回归分析中的 t 统计量

周转率 X3、总资产增长率 X4 和流通股占比 X5 进行回归，在弹出的回归选项框中，要选择常数项为零的选项（图 1.3.4）。即可得到回归结果如图 1.3.5。由新的回归结果看到，去掉不显著变量后，模型的 F 统计量值由原来的 16.280增加到现在的 38.962，R^2 统计量值也由原来的 0.699 提高到现在的

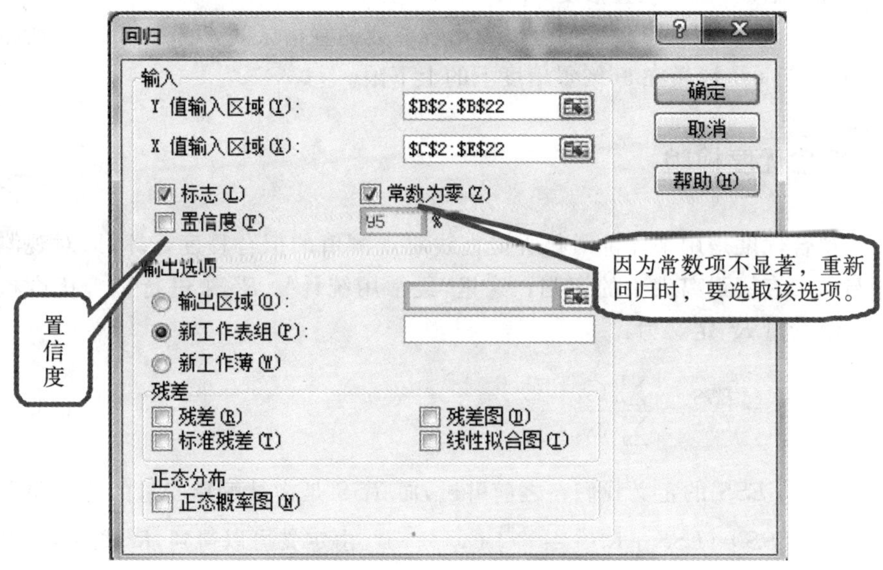

图 1.3.4　回归选择窗口

0.848。因此,整个模型得到了改善。

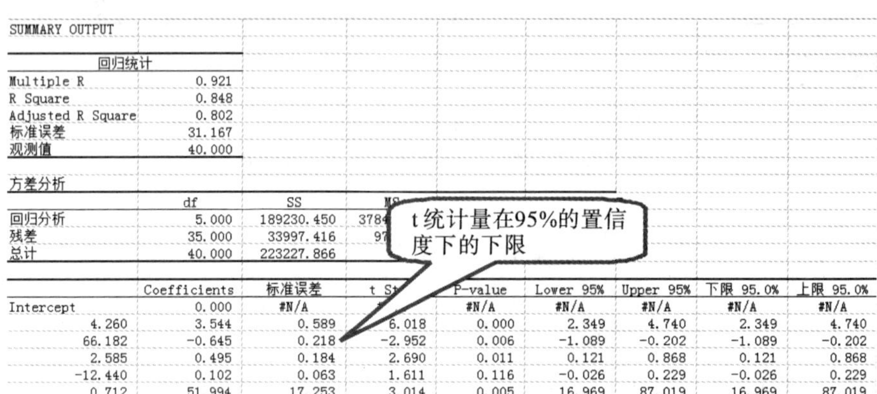

SUMMARY OUTPUT

回归统计	
Multiple R	0.921
R Square	0.848
Adjusted R Square	0.802
标准误差	31.167
观测值	40.000

方差分析

	df	SS	MS
回归分析	5.000	189230.450	378[illegible]
残差	35.000	33997.416	97[illegible]
总计	40.000	223227.866	

	Coefficients	标准误差	t St[illegible]	P-value	Lower 95%	Upper 95%	下限 95.0%	上限 95.0%
Intercept	0.000	#N/A	[illegible]	#N/A	#N/A	#N/A	#N/A	#N/A
4.260	3.544	0.589	6.018	0.000	2.349	4.740	2.349	4.740
66.182	-0.645	0.218	-2.952	0.006	-1.089	-0.202	-1.089	-0.202
2.585	0.495	0.184	2.690	0.011	0.121	0.868	0.121	0.868
-12.440	0.102	0.063	1.611	0.116	-0.026	0.229	-0.026	0.229
0.712	51.994	17.253	3.014	0.005	16.969	87.019	16.969	87.019

图 1.3.5 去掉不显著变量后的回归结果

接下来要通过 Excel 计算各回归系数在不同置信度下的置信区间,这里我们可以选择 $\alpha=0.05$。在做参数估计时,与例 1.2.2 中的第二种做法相同,选择数据菜单栏中“数据分析”,然后在弹出的对话框中选择“回归”,并确定。之后,在弹出的回归分析对话框中选择数值区域。这里需要注意的是,此时还要选择置信度,并输入置信度,如图 1.3.4 所示。

之后,在回归结果中我们可以得出各参数的置信区间,见图 1.3.5 中所指出的,就是 t 统计量在 95%置信度下的上下限。

三、拟合优度检验

拟合优度是用来评价回归所得直线对观测值的拟合程度好坏,即对观测点与回归直线距离大小的评判。这里,经常用统计量 R^2 来进行拟合优度检验。统计量 R^2 定义为:

$$R^2 = \frac{ESS}{TSS} = \frac{\sum (\hat{y}_t - \bar{y})^2}{\sum (y_t - \bar{y})^2} \tag{1.3.4}$$

其中,ESS 的定义我们在之前讲过,而 TSS 是指被解释变量的总离差平方和,即 $TSS = ESS + RSS = \sum (y_t - \bar{y})^2$。由定义可以得到,$R^2$ 意味着,总离差平方和中可以由回归模型解释的部分所占的比例大小,其取值范围为[0,1]。R^2 统计量值越接近 1,则方程的精确度越高,线性回归直线对观察值拟合优度也越好。

但 R^2 统计量有个缺陷，就是随着解释变量个数的增加，残差平方和 RSS 会变小，则 R^2 会变大，会使模型可决系数观测值可信度降低。所以为了消除解释变量个数对拟合优度检验的影响，可用调整的多重可决系数 $\overline{R}^2$，其定义为：

$$\overline{R}^2=1-\frac{\frac{RSS}{p-n+1}}{\frac{TSS}{p}} \tag{1.3.5}$$

在 Excel 中，拟合优度的检验结果在模型回归结果中也给出了（见图 1.3.6、1.3.7）。例 1.2.1 的 R^2 统计量值为 0.728，其$\overline{R^2}$统计量值为 0.728，例 1.2.2 的 R^2 统计量值为 0.699，其$\overline{R^2}$统计量值为 0.656。

回归统计	
Multiple R	0.854
R Square	0.728
Adjusted R Square	0.728
标准误差	512.693
观测值	420.000

图 1.3.6　例 1.2.1 回归结果的 R^2 值

回归统计	
Multiple R	0.836
R Square	0.699
Adjusted R Square	0.656
标准误差	31.218
观测值	41.000

图 1.3.7　例 1.2.2 回归结果的 R^2 值

第二章

序列相关的 Excel 检验

经济序列以及经济计量模型中的误差项常常存在序列相关。本章将着重介绍以下内容：模型中的非序列相关假定，序列相关的来源以及对模型估计产生的影响，如何检验序列相关及克服序列相关的方法。最后通过一个具体的案例讲述如何在 Excel 中具体实现序列相关的检验及克服。

第一节　序列相关及其来源后果

一、序列相关的含义

根据经典回归模型的假定条件，对于误差序列有：

$$\mathrm{Cov}(u_i,u_j)=E(u_i,u_j)=0,(i\neq j,i,j\in T)$$

即误差项的取值在时间上是相互无关的，称误差项 u_t 非序列相关。若此假设被破坏，即：$\mathrm{Cov}(u_i,u_j)\neq 0,(i\neq j,i,j\in T)$，则称误差项 u_t 存在序列相关。

序列相关又称自相关，是相关关系的一种特殊情况，一般指一个经济变量在前后期的不同取值之间存在着相关关系。这种相关关系总是会体现在模型的随机误差项的前后期取值之间存在着相关关系，所以，我们通常称之为随机误差项的序列相关性。

序列相关按形式可分为两类：一阶序列相关和高阶序列相关。序列相关有正相关和负相关之分。

以最简单的一阶自回归形式为例：

$$u_t=\rho u_{t-1}+v_t \tag{2.1.1}$$

其中 v_t 就是表示除了这种自相关关系之外的误差的新随机干扰项，它通常被假定是满足普通最小二乘法假定的：$E(v_t)=0$，$E(v_t v_{t+k})=0(k\neq 0)$，$\mathrm{Var}(v_t)=\sigma_v^2$，$\mathrm{Cov}(u_t,v_t)=0$，$\rho$ 被称为自相关系数，且满足：$|\rho|<1$。

这里我们选取上证指数 2002—2010 年的收盘价日线数据，通过收盘价对时间的回归研究随机误差项序列相关的情况。

1. 录入数据

新建工作表“Data”，录入上证综合指数 2002 年至 2010 年的收盘价，并对时间进行编号，创建工作表如下，见图 2.1.1。

	A	B	C
1	日期	t	Pt
2	2002-1-11	1	1535.59
3	2002-1-14	2	1485.1
4	2002-1-15	3	1459.65
5	2002-1-16	4	1479.61
6	2002-1-17	5	1419.51
7	2002-1-18	6	1415.43
2165	2010-12-20	2164	2852.92
2166	2010-12-21	2165	2904.12
2167	2010-12-22	2166	2877.9
2168	2010-12-23	2167	2855.22
2169	2010-12-24	2168	2835.16
2170	2010-12-27	2169	2781.4
2171	2010-12-28	2170	2732.99
2172	2010-12-29	2171	2751.53
2173	2010-12-30	2172	2759.58
2174	2010-12-31	2173	2808.08

图 2.1.1　上证综合指数 2002—2010 年收盘价

上证指数收盘价对时间 t 回归，观察残差图。假定上证综合指数的收盘价与时间 t 之间存在如下关系式：

$$P_t=\beta_0+\beta_1 t+u_t \tag{2.1.2}$$

现估计 P_t 和 t 之间的线性回归模型并计算残差，Excel 中的具体操作如下：点击菜单栏里的“数据”→“数据分析”，出现对话框如图 2.1.2。

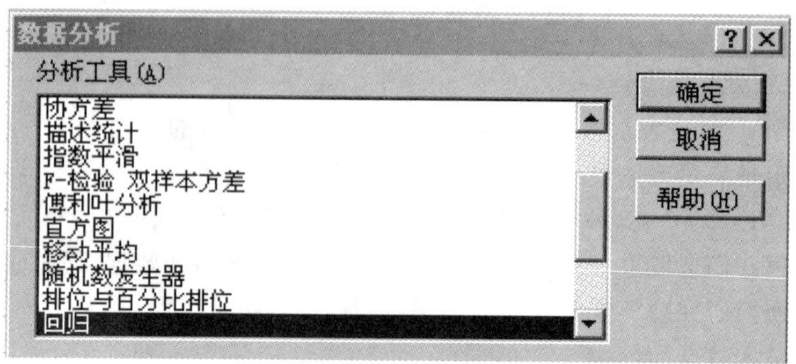

图 2.1.2 数据分析对话框

选择“回归”，点击“确定”，得到如图 2.1.3 所示对话框。

此时，选择 X，Y 的数据范围，Y 即 P_t，X 即 t，输入数据范围如图 2.1.3 所示，同时勾选“标志”，“输出选项”中点击“新工作表组”，命名为“Pt－t 回归”，残差选项中勾选“残差”和“残差图”，本例中自变量恰好为 t，则残差图恰好是残差随时间的分布，可初步判断随机误差项是否存在序列相关。新工作表“Pt－t 回归”中将出现如图 2.1.4～2.1.6 的回归分析结果。

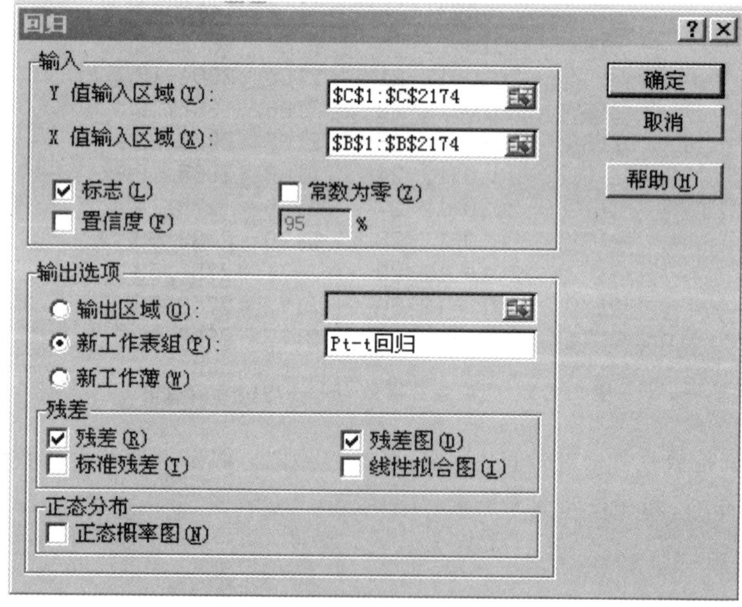

图 2.1.3 线性回归对话框

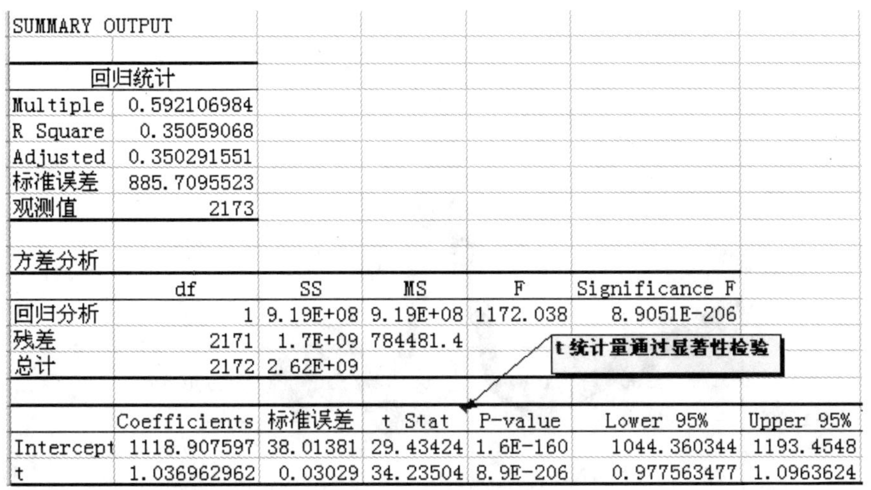

SUMMARY OUTPUT

回归统计	
Multiple	0.592106984
R Square	0.35059068
Adjusted	0.350291551
标准误差	885.7095523
观测值	2173

方差分析

	df	SS	MS	F	Significance F
回归分析	1	9.19E+08	9.19E+08	1172.038	8.9051E-206
残差	2171	1.7E+09	784481.4		
总计	2172	2.62E+09			

	Coefficients	标准误差	t Stat	P-value	Lower 95%	Upper 95%
Intercept	1118.907597	38.01381	29.43424	1.6E-160	1044.360344	1193.4548
t	1.036962962	0.03029	34.23504	8.9E-206	0.977563477	1.0963624

图 2.1.4 回归统计表

RESIDUAL OUTPUT

观测值	预测 Pt	残差
1	1119.94456	415.6454
2	1120.981523	364.1185
3	1122.018486	337.6315
4	1123.055449	356.5546
5	1124.092412	295.4176
6	1125.129375	290.3006
7	1126.166338	240.7937
2162	3360.821521	-462.682
2163	3361.858484	-468.118
2164	3362.895447	-509.975
2165	3363.93241	-459.812
2166	3364.969373	-487.069
2167	3366.006336	-510.786
2168	3367.043299	-531.883
2169	3368.080262	-586.68
2170	3369.117225	-636.127
2171	3370.154188	-618.624
2172	3371.191151	-611.611
2173	3372.228114	-564.148

图 2.1.5 残差输出表

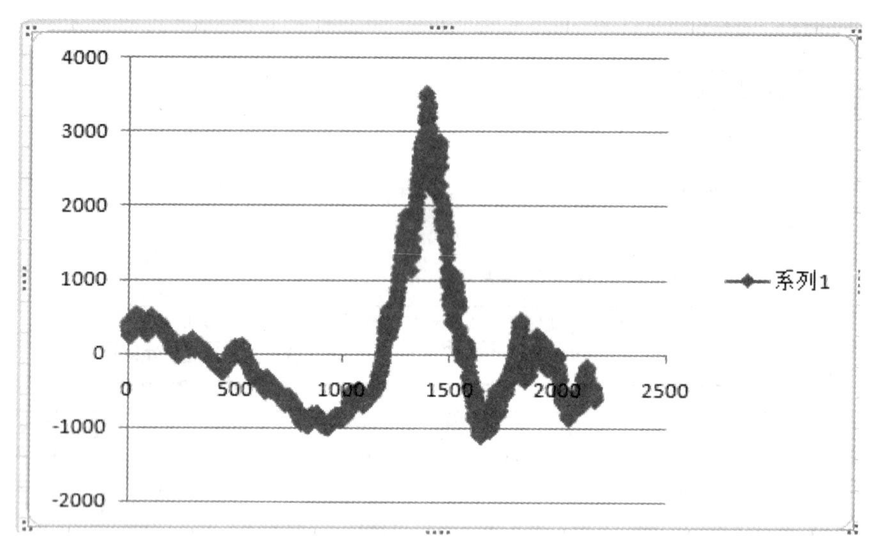

图 2.1.6　残差图

从中可以看出上证收盘价 P_t 和时间 t 之间存在相关关系，通过 t 检验，因此，普通最小二乘法下回归模型为：$P_t=1\ 118.9+1.03t$。但由于经济数据经常存在惯性，我们需要进一步研究残差项之间是否存在序列相关。

由残差图可以看出，残差项随时间的变化呈现规律性的变动，说明残差项之间存在着序列相关性，而且残差与残差滞后项存在正的序列相关。

我们也可以用残差项对残差滞后项做回归，看残差项是否存在序列相关，并判断序列相关的形式。这里，新建一个工作表“残差—残差滞后项”，将残差及其滞后项数据录入，因为涉及残差和其滞后项的一一对应，这里将减少一组数据。数据见图 2.1.7。

我们要绘制残差和其滞后项的图表以观察两者之间的关系，选择“插入→散点图→带平滑线的散点图”，见图 2.1.8。此时，再点击菜单栏的“选择数据”，出现如图 2.1.9 对话框。

	A	B	C
1	t	残差	残差滞后项
2	2	364.1185	415.64544
3	3	337.6315	364.11848
4	4	356.5546	337.63151
5	5	295.4176	356.55455
6	6	290.3006	295.41759
7	7	240.7937	290.30063
8	8	231.4767	240.79366
9	9	316.7197	231.4767
10	10	327.1228	316.71974
11	11	321.1658	327.12277
12	12	228.1888	321.16581
2163	2163	-468.118	-462.6815
2164	2164	-509.975	-468.1185
2165	2165	-459.812	-509.9754

图 2.1.7 残差—残差滞后项数据

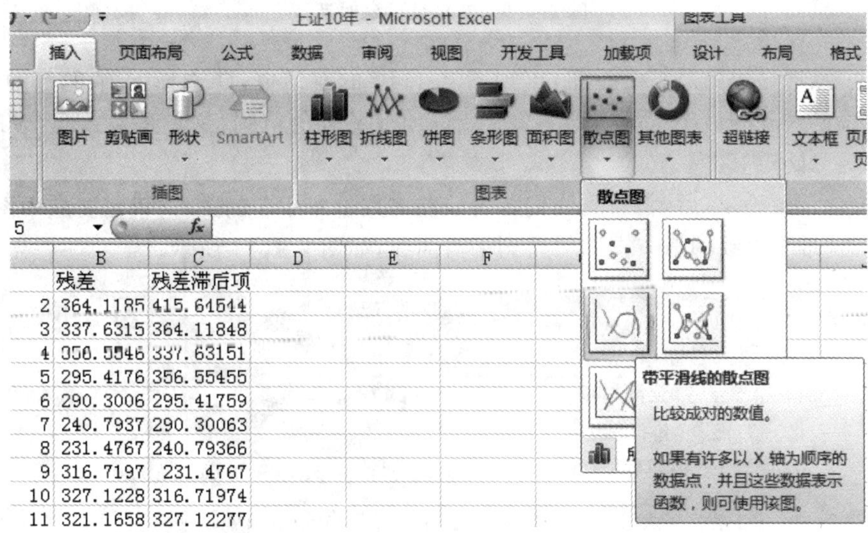

图 2.1.8 散点图菜单栏

选择数据源
图表数据区域(D):
切换行/列(W)
图例项(系列)(S)
添加(A)
编辑(E)
删除(R)
水平(分类)轴标签(C)
编辑(T)
隐藏的单元格和空单元格(H)
确定
取消

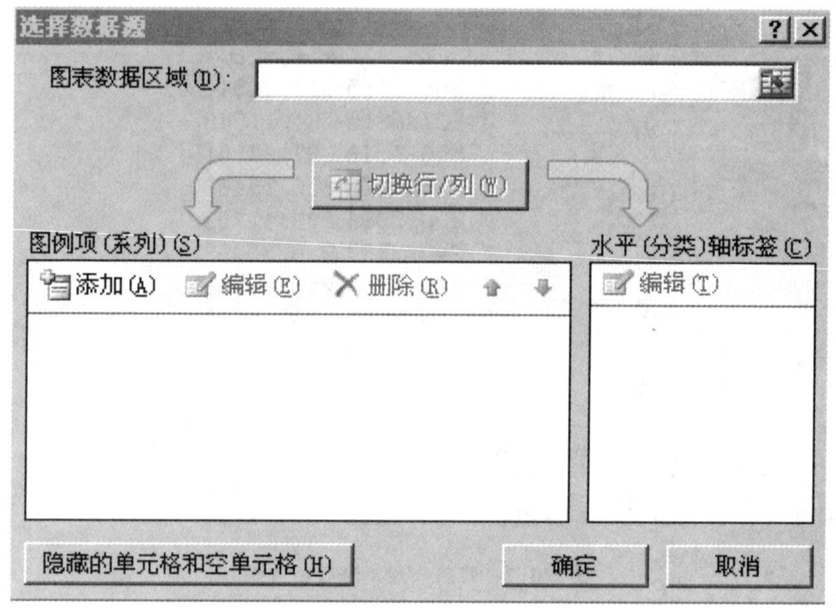

图 2.1.9　选择数据源对话框

点击这里的“添加”按钮，出现图 2.1.10 的对话框，并选择 X 轴的范围，这里是残差滞后项“$C$2:$C$2173”，和 Y 轴的范围，这里是残差项“$B$2:$B$2173”。

点击“确定”后，将得到我们要的残差对残差滞后项的图，这里需要选中图点击“带平滑线的散点图”，将得到平滑曲线，如图 2.1.11 所示。

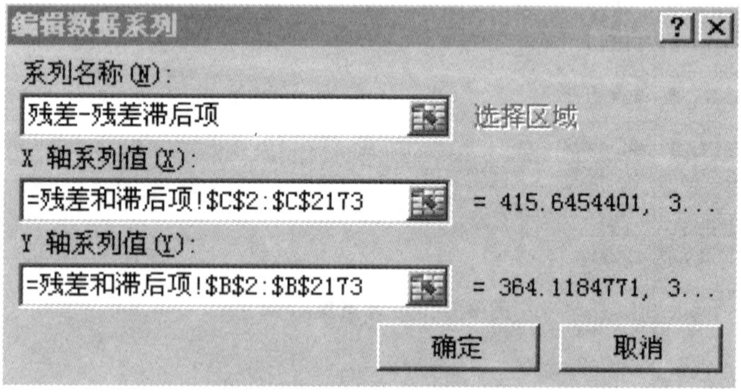

编辑数据系列
系列名称(N):
残差-残差滞后项
选择区域
X 轴系列值(X):
=残差和滞后项!$C$2:$C$2173
= 415.6454401, 3...
Y 轴系列值(Y):
=残差和滞后项!$B$2:$B$2173
= 364.1184771, 3...
确定
取消

图 2.1.10　编辑数据列表对话框

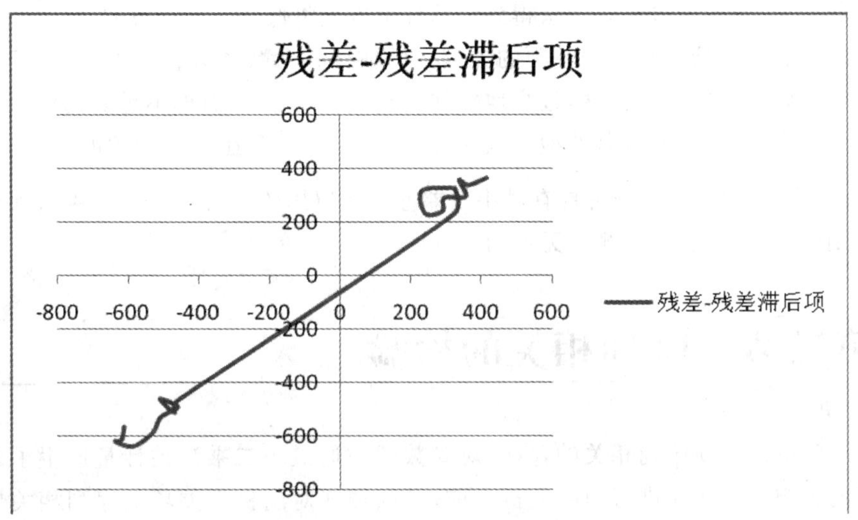

图 2.1.11 残差—残差滞后项示意图

从这里我们也可以判断出这个模型中残差滞后项存在明显的正序列相关。

综上，无论是从残差的时间分布图还是残差对残差滞后项的图，都可以判断 1992—2002 年的上证综合指数对时间 t 的模型的残差误差项存在正的序列相关。

二、序列相关的来源、后果

模型误差项存在序列相关，主要有以下几个原因：

1. 模型设定误差引起的序列相关。

2. 数据加工引起的序列相关。

3. 经济数据固有的惯性引起的序列相关。比如收入对消费支出的影响，由于消费者存在一定的消费习惯，即存在棘轮效应，本期的消费水平不仅受收入影响，还受上一期或上几期影响，消费支出序列存在序列相关。

当随机误差项存在着序列相关性时，线性回归模型中回归参数的最小二乘估计式就不再是最优估计了，此时再用 OLS 法去估计，将会导致以下后果：

1. 最小二乘估计量仍然具有无偏性，但不再是有效的，通常所使用的普通最小二乘法并不是最优线性无偏估计量。

2. 最小二乘估计量的方差不再具有最小方差性。当随机误差项存在正序列相关时，用普通最小二乘法得到的估计量方差将低估真实的方差。

3. 有可能低估随机误差项的方差。低估回归参数估计量的方差，等于夸大了回归参数的抽样精度，过高地估计 t 统计量的值，从而把不重要的解释变量保留在模型里，使显著性检验失去意义。由于 u_t 存在序列相关时，真实的 $Var(\hat{\beta})$ 和 s_u^2 都变大，不再具有最小方差性。所以用依据普通最小二乘法得到的回归方程去预测，预测是无效的。

第二节　序列相关的检验

随机误差项序列相关的存在，对参数的普通最小二乘法估计量产生了严重的影响。因此在进行回归分析之前，必须加强对随机误差项的序列相关性的检验。下文将介绍序列相关的一种判别法（图示法）和三种检验方法：DW 检验法、LM 检验法、回归检验法。

仍然运用上节的案例，选取上证指数 2002 至 2010 年的收盘价日线数据，通过收盘价对时间的回归研究随机误差项序列相关的情况。

一、图示法

图示法依据残差项 $\hat{u}_t$ 对时间 t 的序列图判断误差项是否存在序列相关。

另一种方式是计算出模型的残差 u_t 之后，绘制 u_t，u_{t-1} 的散点图，从图形的分布情况可以直观地判断残差是否具有相关性，并以此来判断随机误差项的序列相关性。这在上节中已作介绍，这里不说明。

二、DW 检验法

1950 年和 1951 年，杜宾（J. Durbin）和沃特森（G. S. Watson）提出了检验线性回归模型中随机误差项是否存在着序列相关性的检验方法，称为杜宾—沃特森检验法。该方法仍然是从模型的残差入手。使用 DW 检验法，应满足以下三个条件：

1. 误差项 u_t 的序列相关为一阶线性自回归形式。
2. 因变量的滞后项不能在回归模型中作解释变量。

3. 样本容量应充分大($T>15$)。

DW 检验步骤如下:

对于序列相关形式:$u_t=\rho u_{t-1}+v_t$,构造所要检验的假设:

$H_0:\rho=0$,即随机误差项之间不存在着一阶线性序列相关性。

$H_1:\rho\neq 0$,即随机误差项之间存在着一阶线性序列相关性。

用残差项 $\hat{u}_t$ 计算 DW 统计量:

$$DW=\frac{\sum_{t=2}^{T}(u_t-u_{t-1})^2}{\sum_{t=1}^{T}u_t^2} \tag{2.2.1}$$

对于大样本而言,$\sum_{t=2}^{T}u_t^2\approx\sum_{t=2}^{T}u_{t-1}^2\approx\sum_{t=1}^{T}u_t^2$,所以,上式近似地等于:

$$DW=\frac{\sum_{t=2}^{T}(u_t^2+u_{t-1}^2-2u_tu_{t-1})}{\sum_{t=1}^{T}u_t^2}=2\left(1-\frac{\sum_{t=2}^{T}u_tu_{t-1}}{\sum_{t=2}^{T}u_t^2}\right)=2(1-\hat{\rho}) \tag{2.2.2}$$

其中 $\hat{\rho}=\dfrac{\sum_{t=2}^{T}u_tu_{t-1}}{\sum_{t=2}^{T}u_t^2}$ 是回归参数 ρ 估计值。

Excel 不能直接给出 DW 统计量的值,我们可以根据 DW 公式,运用 Excel 的计算功能自行计算。通过判断 DW 的值,查询“DW 检验临界值表”可以判断出是否存在序列相关。

首先,根据公式(2.2.1)在 Excel 中分别计算分子分母。

$\sum_{t=2}^{T}(u_t-u_{t-1})^2$,$\sum_{t=1}^{T}u_t^2$ 的计算过程如下:

从残差输出表中复制残差数据到新工作表,并命名为“杜宾检验”,在残差列前插入一行 t,编号,可以使结果更清楚。结果如图 2.2.1 所示。

在单元格 C1 中输入 sumxmy2,在 C2 中输入公式“=SUMXMY2(B3:B2174,B2:B2173)”,则显示 $\sum_{t=2}^{T}(u_t-u_{t-1})^2$ 的值,在单元格 D1 中输入 sumsq,在 D2 中输入公式“=SUMSQ(B2:B2174)”,则显示 $\sum_{t=1}^{T}u_t^2$ 的值。在单元格 E1 中输入 DW 统计量,在 E2 中输入公式“=C2/D2”,则 E2 的计算结果

	A	B
1	t	残差
2	1	415.6454
3	2	364.1185
4	3	337.6315
5	4	356.5546
6	5	295.4176
7	6	290.3006
8	7	240.7937
2165	2164	-509.975
2166	2165	-459.812
2167	2166	-487.069
2168	2167	-510.786
2169	2168	-531.883
2170	2169	-586.68
2171	2170	-636.127
2172	2171	-618.624
2173	2172	-611.611
2174	2173	-564.148

图 2.2.1　残差表

为 DW 统计量。结果如图 2.2.2 所示。

C	D	E
sumxmy2	sumsq	DW统计量
5655115	1703109143	0.00332

图 2.2.2　DW 统计量

DW 统计量小于上界，趋于零，说明随机误差项存在序列相关。

三、LM 检验法

当序列可能存在高阶自相关，或者需要同时检验残差与它的若干个滞后项之间是否存在相关性时，可以用 Breusch-Godfrey 检验（又称 LM 检验法）。LM

检验法通过建立残差项对残差滞后项和原模型的自变量的辅助回归式完成。

其一般步骤如下：

1. 用最小二乘法估计回归模型并得到残差 $\hat{u}_t$。

2. 将 $\hat{u}_t$ 对所有解释变量及 $\hat{u}_t$ 的 n 个滞后值进行回归，建立辅助回归式，并计算可决系数值 R^2。

3. 构造 LM 统计量，$LM=TR^2$，其中 T 为原方程观测值个数。在零假设成立的条件下，它服从自由度为 n 的 χ^2 分布。

若 $LM=TR^2 \leqslant \chi^2(n)$，接受原假设，随机误差项不存在序列相关；

若 $LM=TR^2 > \chi^2(n)$，拒绝原假设，随机误差项存在 n 阶序列相关。

这里继续使用上述的案例进行说明如何使用 Excel 来完成 LM 检验。

在该模型中，LM 检验法通过建立一个辅助回归式完成：$\hat{u}_t=\hat{\rho}\hat{u}_{t-1}+\beta_0+\beta_1 t+v_t$。

在 Excel 中用残差项对残差滞后项和 t 作二元回归，具体操作如下：

1. 输入数据。新建工作表“LM 检验”，将残差及残差滞后项的数据复制到该表中，并在残差滞后项旁的一列添加相应 t 值。其中残差项是从 $t=1$ 开始至 $t=2\ 173$ 的所有数据，同时要设置第一项残差滞后项“B1=0”，保持数据配对。数据输入结果见图 2.2.3。

	A	B	C
1	残差	残差滞后项	时间t
2	415.6454	0	1
3	364.1185	415.64544	2
4	337.6315	364.11848	3
5	356.5546	337.63151	4
6	295.4176	356.55456	5
7	290.3006	295.41759	6
8	240.7937	290.30063	7
2168	-510.786	-487.0694	2167
2169	-531.883	-510.7863	2168
2170	-586.68	-531.8833	2169
2171	-636.127	-586.6803	2170
2172	-618.624	-636.1272	2171
2173	-611.611	-618.6242	2172
2174	-564.148	-611.6112	2173

图 2.2.3 LM 检验工作表

2. 残差项对残差滞后项和时间 t 回归。利用 Excel 中的数据分析选项中的“回归”进行回归，对话框如图 2.2.4 所示。

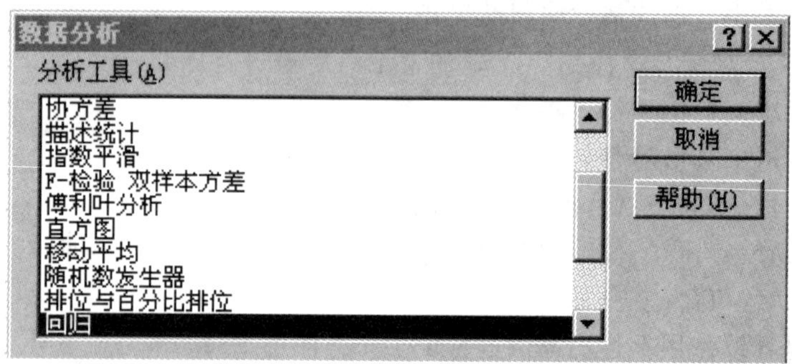

图 2.2.4 数据分析对话框

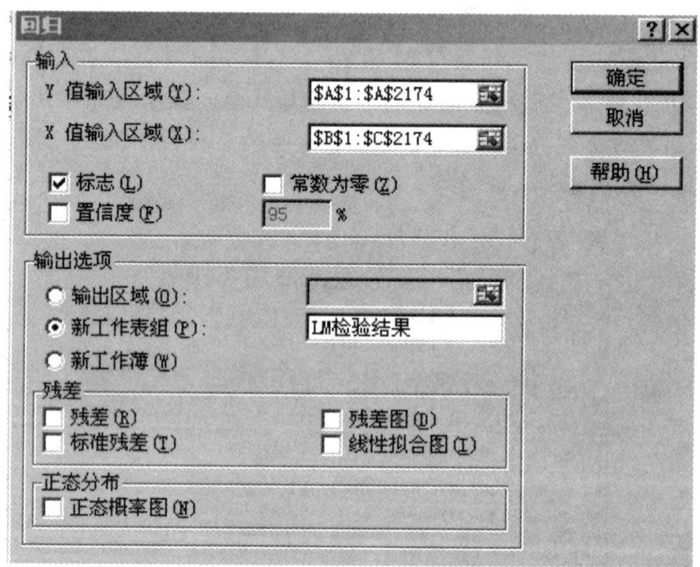

图 2.2.5 回归分析对话框

设置参数如图 2.2.5 所示，则在“LM 检验结果”工作表中得到如图 2.2.6 输出结果。

3. 计算 LM 统计量。$LM=TR^2$。其中 T 即单元格 B8 所示观测值“2173”，R^2 即 B5 所示“0.996581056”。在单元格 C3 中输入“LM 统计量”，C4 中输入公式“=B5 * B8”，得到 LM 统计量的值如图 2.2.7 所示。

回归统计	
Multiple R	0.998289064
R Square	0.996581056
Adjusted R	0.996577905
标准误差	51.8009074
观测值	2173

方差分析

	df	SS	MS	F	gnificance F
回归分析	2	1.7E+09	8.49E+08	316264.5	0
残差	2170	5822835	2683.334		
总计	2172	1.7E+09			

	Coefficients	标准误差	t Stat	P-value	Lower 95%	Upper 95%
Intercept	0.519110509	2.223246	0.233492	0.815401	-3.840802	4.8790234
残差滞后项	0.998382525	0.001255	795.3169	0	0.9959208	1.0008443
时间t	-0.000716014	0.001771	-0.40419	0.686114	-0.00419	0.002758

图 2.2.6 工作表“LM 检验结果”

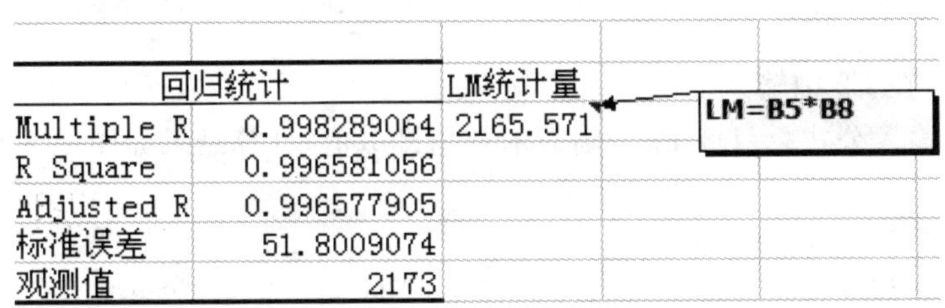

回归统计		LM统计量
Multiple R	0.998289064	2165.571
R Square	0.996581056	
Adjusted R	0.996577905	
标准误差	51.8009074	
观测值	2173	

图 2.2.7 LM 统计量计算结果

$LM=TR^2>\chi^2(1)$，拒绝原假设，随机误差项存在一阶序列相关。

第三节 序列相关的修正方法

一般来说，引起序列相关的原因不同，其修正方法也就不同。

如果序列相关性是因为省略解释变量造成的，那么，消除序列相关性的最好方法就是找到那个被消除的解释变量，继续起用它。如果序列相关性是由于模型关系的设定有错误，那么，消除序列相关性的最好方法就是找出适用的模型形式。

只有当以上原因都排除之后，才能确定真正存在序列相关，序列相关的修正方法有广义最小二乘法、Durbin 两步法、Cochrane-Orcutt 法等。

一、在 ρ 已知的情形下——广义最小二乘法

此时，通常采用广义最小二乘法消除，即变换原回归模型，使变换后模型的随机误差项消除序列相关，进而用普通最小二乘法估计回归参数，仍以前几节案例进行说明，下面在 Excel 中用广义最小二乘法对随机误差项的序列相关进行修正。

首先计算 ρ，ρ 可以用 DW 统计量估计，也可以直接计算：$\hat{\rho}=\sum_{t=2}^{T}u_t u_{t-1}/\sum_{t=2}^{T}u_{t-1}^2$。

打开工作表“LM 检验”，在单元格 D1 和 D2 中计算 $\sum_{t=2}^{T}u_t u_{t-1}$：在单元格 D1 中输入“sumproduct”，在 D2 中输入公式“＝SUMPRODUCT(A2:A2174,B2:B2174)”。在单元格 E1 和 E2 中计算 $\sum_{t=2}^{T}u_{t-1}^2$，在单元格 E1 中输入“sumsq”，在 E2 中输入公式“＝SUMSQ(B2:B2174)”。在 F1 中输入“rho”，在 F2 中输入公式“＝D2/E2”，则显示数值即 $\hat{\rho}$ 值，计算结果如图 2.3.1。

	A	B	C	D	E	F	G
1	残差	残差滞后项	时间t	sumproduct	sumsq	rho	
2	415.6454	0	1	1700036074	1702790880	0.998382	
3	364.1185	415.64544	2				
4	337.6315	364.11848	3				
5	356.5546	337.63151	4				
6	295.4176						

=SUMSQ(B2:B2174)　=D2/E2　=SUMPRODUCT(A2:A2174,B2:B2174)

图 2.3.1　工作表“LM 检验”$\hat{\rho}$ 值的计算

二、广义最小二乘法克服序列相关

新建工作表“广义最小二乘法”，复制 t 和 Pt 的值到该工作表，如图 2.3.2 所示。

然后构造广义差分变量“t＊＝t－rho＊(t－1)”和“P＊＝Pt－rho＊Pt－1”。在单元格 C1 中输入“t＊＝t－rho＊(t－1)”，在单元格 C2 中输入公式“＝A3－A2＊0.998382”，并向下拖拽，则 Excel 的自动填充功能会计算出相应的其他 t＊。同理，在 D2 中输入“P＊＝Pt－rho＊Pt－1”，在 D2 中输入公

	A	B
1	t	Pt
2	1	1535.59
3	2	1485.1
4	3	1459.65
5	4	1479.61
6	5	1419.51
7	6	1415.43
8	7	1366.96
9	8	1358.68
10	9	1444.96
2166	2165	2904.12
2167	2166	2877.9
2168	2167	2855.22
2169	2168	2835.16
2170	2169	2781.4
2171	2170	2732.99
2172	2171	2751.53
2173	2172	2759.58
2174	2173	2808.08

图 2.3.2 工作表"广义最小二乘法"数据

式"＝B3－B2 ∗ 0.998382"，并向下拖拽，则 Excel 的自动填充功能会计算出相应的其他 P ∗ 。计算结果如图 2.3.3 所示。

	A	B	C	D
1	t	Pt	t*=t-rho*(t-1)	P*=Pt-rho*Pt-1
2	1	1535.59	1.001618	-48.00541538
3	2	1485.1	1.003236	-23.0471082
4	3	1459.65	1.004854	22.3217137
5	4	1479.61	1.006472	-57.70599102
6	5	1419.51	1.00809	-1.78323282
7	6	1415.43	1.009708	-46.17983426
8	7	1366.96	1.011326	-6.06825872
9	8	1358.68	1.012944	00.47834424
2160	2159	2922.95	4.493262	8.8593331
2161	2160	2927.00	4.49488	-10.93398456
2162	2161	2911.41	4.496498	-8.55933862
2163	2162	2898.14	4.498116	0.28919052
2164	2163	2893.74	4.499734	-36.13792868
2165	2164	2852.92	4.501352	55.81602456
2166	2165	2904.12	4.50297	-21.52113384
2167	2166	2877.9	4.504588	-18.0235578
2168	2167	2855.22	4.506206	-15.44025404
2169	2168	2835.16	4.507824	-49.17271112
2170	2169	2781.4	4.509442	-43.9096948
2171	2170	2732.99	4.51106	22.96197782
2172	2171	2751.53	4.512678	12.50197554
2173	2172	2759.58	4.514296	52.96500044
2174	2173	2808.08		

图 2.3.3 广义差分变量的计算

最后，用新的 P * 对 t * 回归。操作过程如图 2.3.4 和图 2.3.5。

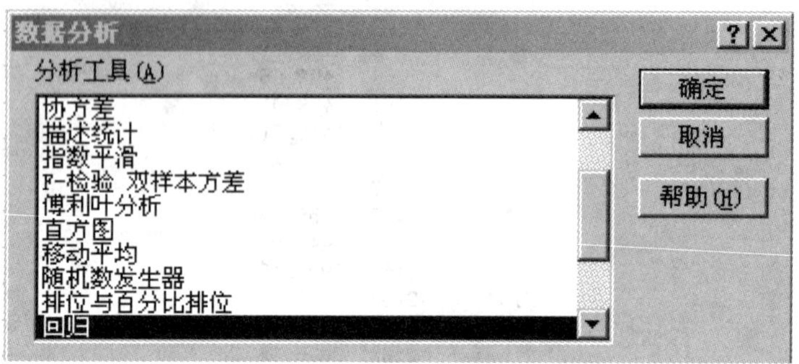

图 2.3.4 数据分析对话框

将新工作表组命名为“广义最小二乘法统计结果”。

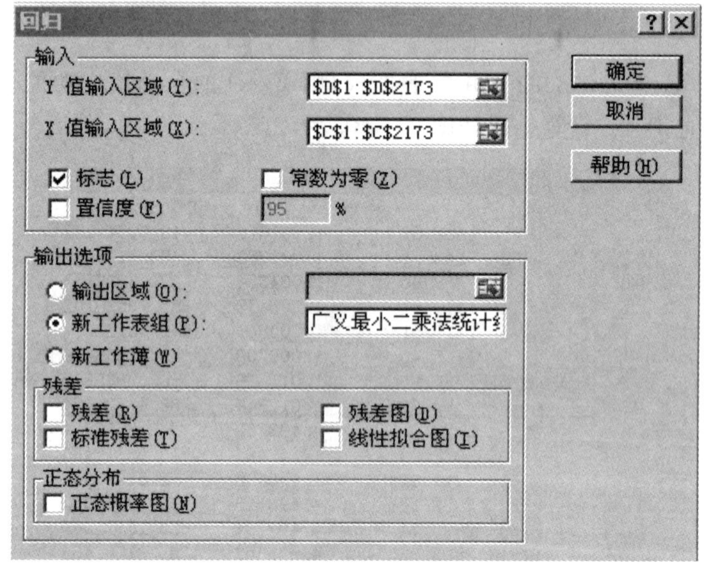

图 2.3.5 回归分析对话框

修正后模型统计量的输出结果如图 2.3.6。

至此，序列相关检验，以及克服序列相关的过程便全部完成。

得到原模型广义最小二乘法估计模型 $P_t^* = 1.68 + 0.92t^*$。计量经济学理论认为广义最小二乘估计量的特性优于误差项存在序列相关条件下的最小二乘估计量的特性。

SUMMARY OUTPUT					
回归统计					
Multiple	0.018314024				
R Square	0.000335403				
Adjusted	-0.00012527				
标准误差	51.02717604				
观测值	2172				
方差分析					
	df	SS	MS	F	Significance F
回归分析	1	1895.728	1895.728	0.72807	0.393603741
残差	2170	5650187	2603.773		
总计	2171	5652082			
	Coefficients	标准误差	t Stat	P-value	Lower 95%
Intercept	1.679819211	3.171525	0.529657	0.5964	-4.539724019
t*=t-rho*	0.920895718	1.079255	0.85327	0.3936	-1.195585101

图 2.3.6 模型输出结果

在 ρ 未知的情形下，先估计 ρ 值，再用广义最小二乘法克服序列相关。ρ 的估计可以用上文提到的办法，也可以用杜宾两步法估计，参见相关计量教材。估计 ρ 值后，其余操作与广义最小二乘法克服序列相关过程一致，不再赘述。

第三章 异方差

第一节　异方差的含义、来源及影响

一、异方差的含义及表现

在第一章中已经给出线性回归模型的假定条件，如果模型不满足所有假设条件，用最小二乘法估算出来的估计量可能就不具有线性无偏性[①]。所以，在建立模型以后，要检验模型是否满足假定条件。第一章提到的假定条件中，关于方差的假定条件是随机误差项都具有相同的方差，即 $\mathrm{Var}(u_t)=\sigma^2$，该条件也被称之为同方差性(图 3.1.1)。从字面意义上，也就知道异方差的定义是随机误差项的方差随着样本点的不同而不同，即

$$\mathrm{Var}(u_i)\neq\mathrm{Var}(u_j),i\neq j \tag{3.1.1}$$

异方差一般有三种类型：

1. 递增型异方差，即随机误差项的方差随着解释变量的增大而增大(见图3.1.2)；

2. 递减型异方差，即随机误差项的方差随着解释变量的增大而减小(见图

① 线性是指模型估计的参数分别是 y_t 的线性函数；无偏性是指参数估计值的期望值等于参数值本身。在满足模型假设条件情况下，用最小二乘法估计的参数具有线性、无偏性、最小方差性、渐近无偏性和一致性。

3.1.3)；

3.条件自回归型异方差，即异方差的变化是随着其滞后项方差的变化而变化的(见图 3.1.4)。

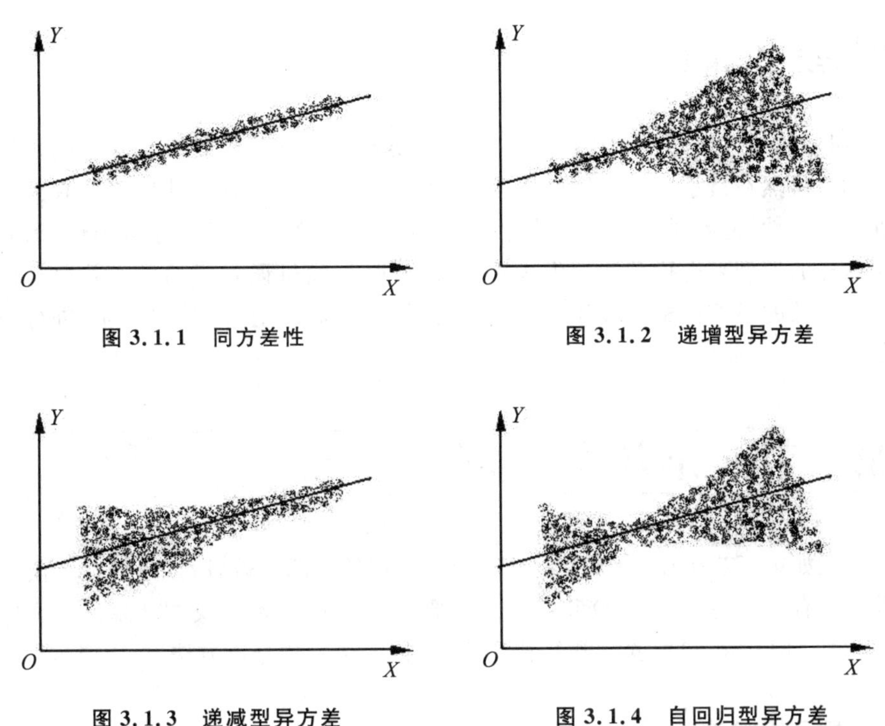

图 3.1.1 同方差性

图 3.1.2 递增型异方差

图 3.1.3 递减型异方差

图 3.1.4 自回归型异方差

二、异方差的来源

在实际经济生活中，经常会出现异方差的现象，那么异方差产生的主要原因是什么呢？这里总结了以下几点：

1.观察的各个阶段或各单位有差异，尤其是在截面数据中，由于各单位之间性质方面存在较大的差异，就可能导致异方差。例如，研究不同城市消费品的支付与收入之间关系的时候，由于固有的东部和西部的差距，根据恩格尔定律，东部地区城市的消费差异性会大于大部分收入用于消费必需品的西部地区城市，从而可能导致异方差性。

2.省略了重要解释变量，如果省略了模型中某个重要解释变量，而这个变量可能会随着其他解释变量的变化而变化，这时，省略的解释变量的方差会追加到随机误差项的方差中，因此会导致误差项出现异方差。

3. 模型设定误差，例如把非线性回归模型设定为线性回归模型，也会导致异方差现象。

三、异方差的影响

显然，线性回归模型中所存在的随机误差的异方差性对模型的影响是消极的。虽然在最小二乘法原则下，线性回归模型中的参数估计值仍具有无偏性和一致性，但此时最小二乘估计法得到的式子已经失去了最小方差性，因而用这样的模型来进行预测就失去了意义。同时，随机误差项的异方差性会使回归参数的显著性检验失真，这又会使我们难以对模型的"好"与"坏"进行判断。

第二节　异方差的检验

正如第一节所述，异方差的存在会使模型的预测失效，所以应该检验模型是否具有异方差，并进行修正。本节主要介绍图示检验法、戈德菲尔德—匡特(Goldfeld-Quandt)检验法和怀特(White)检验法三种分析方法。

一、图示检验法

要检验模型中是否存在异方差性，最直接最简单的方法是了解随机误差项的方差分布情况。因此，可以通过图示法来直观地判断模型是否具有异方差性。

图示法有两种：第一种方法是，通过随机误差项的残差分布图得到(如图3.1.2、图3.1.3和图3.1.4)；第二种方法是，观察随着解释变量值的增加，被解释变量值的离散程度是否存在递增或递减情况。

接下来，本节将用实例来解释Excel中如何用图示法进行检验。

【例3.2.1】根据2010年上海证券交易所A股市场中建筑行业公司的年报数据，分析净资产收益率 X 对上市公司股票价格 Y 的影响，即对二者之间关系进行线性回归分析，并判断其异方差性。

步骤1：在Excel中输入例3.2.1的数据。

	A	B	C
1	指标名称	股价Y	净资产收益率X
2	深天地A	21.91	4.26
3	北方国际	79.12	9.46
4	深天健	27.05	3.50
5	中南建设	23.57	17.46
6	中工国际	61.94	17.21
7	粤水电	14.33	6.36
8	宏润建设	46.47	19.36
9	金螳螂	238.07	37.36
10	东南网架	16.89	7.45
11	东华科技	175.98	25.24
12	中航三鑫	38.92	5.44
13	北新路桥	19.54	8.69
14	洪涛股份	48.90	9.07
15	亚厦股份	91.98	13.99

图 3.2.1 实例 3.2.1 部分数据

步骤 2：对模型进行线性回归分析，选择菜单栏中的"数据"，再选择其子菜单中的"数据分析"，在接下来弹出的选项框中单击"回归"，并点击"确定"，再在弹出的数值选项框中 Y 值选择区域选中(B2:B42)，X 值选择区域选中(C2:C42)，再单击"标志"选项，即可得如图 3.2.2 的回归结果。

SUMMARY OUTPUT								
回归统计								
Multiple R	0.720769876							
R Square	0.519509214							
Adjusted R Square	0.507188937							
标准误差	37.38479045							
观测值	41							
方差分析								
	df	SS	MS	F	gnificance F			
回归分析	1	58933.56	58933.56	42.16701	1.07E-07			
残差	39	54507.28	1397.623					
总计	40	113440.8						
	Coefficients	标准误差	t Stat	P-value	Lower 95%	Upper 95%	下限 95.0%	上限 95.0%
Intercept	-1.735192457	10.10982	-0.17163	0.864613	-22.1842	18.71385	-22.1842	18.71385
X Variable 1	3.988687007	0.614248	6.493613	1.07E-07	2.746254	5.23112	2.746254	5.23112

图 3.2.2 线性回归结果

由图 3.2.2 中所示结果，我们发现股票价格变化率与净资产收益率变化率之间存在一定的线性关系。接下来就要进行异方差检验了。

第一种图示法：与步骤 2 一样，重新选择菜单栏中的“数据”，再选择其子菜单中的“数据分析”，在接下来弹出的选项框中单击“回归”，并点击“确定”。但不同的是，在弹出的数值选项框中还要选中“残差图”选项（如图 3.2.3），点击“确定”后，即可在新的表单中得到误差项。

残差分布图，见图 3.2.4。

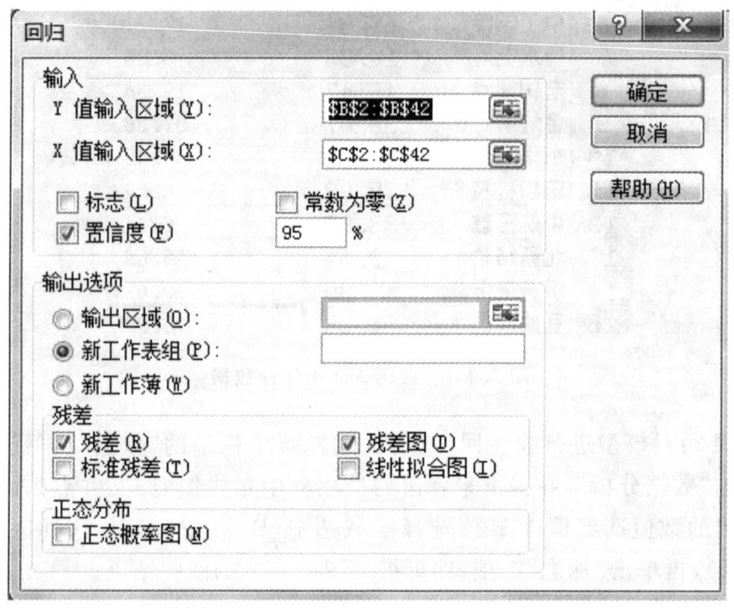

图 3.2.3　残差图选项的选取

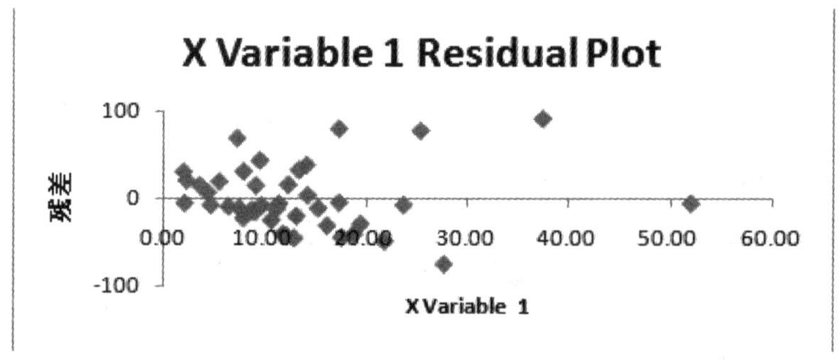

图 3.2.4　误差项残差分布图

由图 3.2.4,可以看到,残差随着净资产收益率变化率的变动而变大,因此,可以了解到该模型存在递增型异方差。

第二种图示法:与步骤 2 一样,重新选择菜单栏中的"数据",再选择其子菜单中的"数据分析",在接下来弹出的选项框中单击"回归",并点击"确定"。但不同的是,在弹出的数值选项框中还要选中"线性拟合图"选项(如图 3.2.5),点击"确定"后,即可在新的表单中得到线性拟合图(见图 3.2.6)。

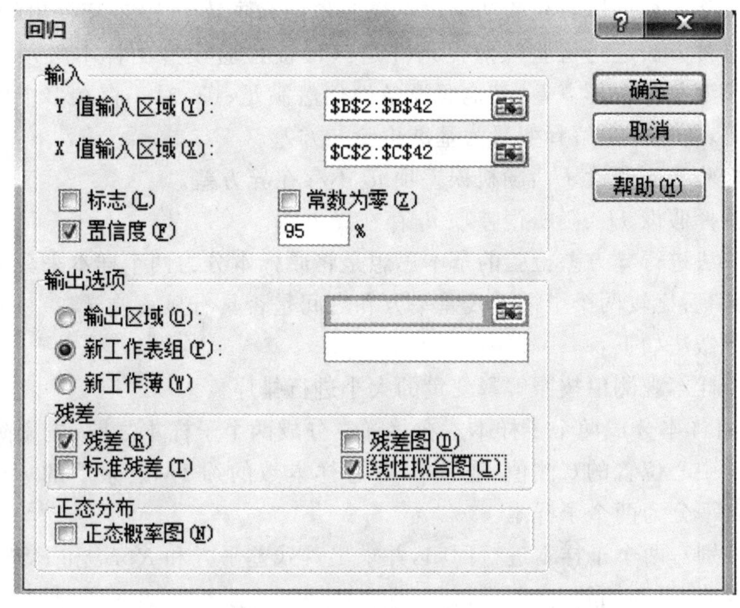

图 3.2.5 线性拟合图选项的选取

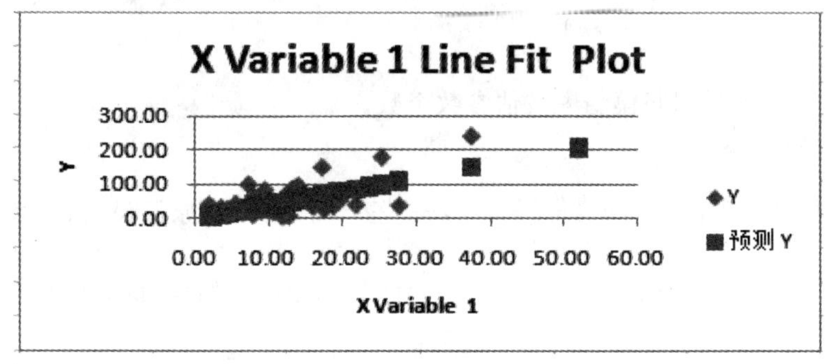

图 3.2.6 线性拟合图

由图 3.2.6 可以看出，股票价格变化率观察值与其预测值之间的距离随着解释变量值的增大而变大，因此也可以得出结论：该模型存在递增型异方差。

二、戈德菲尔德—匡特(Goldfeld-Quandt)检验

戈德菲尔德—匡特检验法是由戈德菲尔德和匡特于 1965 年提出的。

用这种方法进行检验的前提条件是：(1)被检验模型的样本必须是大样本；(2)模型只存在异方差，其他假设条件仍然满足；(3)对于存在多个解释变量的模型，要以每个解释变量为基准检验异方差。

该检验法原假设 H_0：随机误差项 u_i 不存在异方差。

其备择假设 H_1：随机误差项 u_i 存在异方差。

用该法进行异方差检验的基本思想是将原样本分为两个样本来分别进行回归，回归后比较两个子样本残差平方和之间是否具有显著差异。

具体做法如下：

1. 将样本观测值按照解释变量的大小进行排序。

2. 将样本分成两个子样本。在将样本分成两个子样本之前，先剔除其中 m 个位于中心位置的观测值，通常 m 取总样本数的约 1/4。余下的 $n-m$ 个观测值就平分为两个子样本。

3. 分别对两个子样本进行回归，并求出其残差平方和 RSS_1 和 RSS_2。

4. 构造 F 统计量，

$$F=\frac{RSS_2\Big/\left(\frac{n-m}{2}-k\right)}{RSS_1\Big/\left(\frac{n-m}{2}-k\right)}=\frac{RSS_2}{RSS_1} \tag{3.2.1}$$

其中，k 表示回归模型中被估参数个数。

5. 进行判断。

若计算出来的 $F\leqslant F_\alpha\left(\frac{n-m}{2}-k,\frac{n-m}{2}-k\right)$，则接受原假设，认为模型不存在同方差；若 $F>F_\alpha\left(\frac{n-m}{2}-k,\frac{n-m}{2}-k\right)$，则拒绝原假设，认为模型存在异方差。

接下来，仍以例 3.2.1 来说明如何在 Excel 中运用戈德菲尔德—匡特检验法检验异方差性。

首先，在 Excel 中选菜单栏中的“数据”，再在其子菜单中单击“排序”选项，在弹出的排序选项框中的主要关键字选择“净资产收益率 X”，排序依据选择“数值”，次序选择“升序”(降序)，见图 3.2.7。

图 3.2.7　排序选项框

其次，将样本剔除掉总观测值的约 1/4，这里我们去掉 11 个观测值。然后将剩下的观测值按顺序平均分成两个子样本，其观测值各有 15 个。对这两个样本分别进行线性回归分析，得到如图 3.2.8 和图 3.2.9 所示的回归结果：

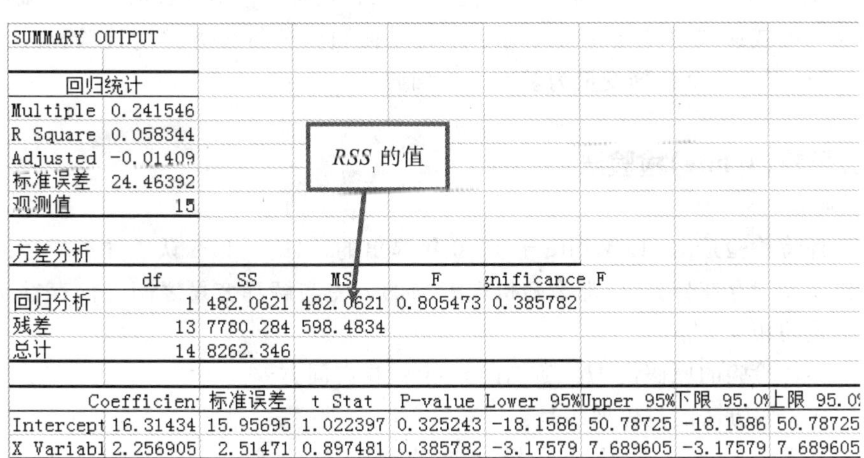

SUMMARY OUTPUT

回归统计	
Multiple	0.241546
R Square	0.058344
Adjusted	-0.01409
标准误差	24.46392
观测值	15

方差分析

	df	SS	MS	F	gnificance F
回归分析	1	482.0621	482.0621	0.805473	0.385782
残差	13	7780.284	598.4834		
总计	14	8262.346			

	Coefficien	标准误差	t Stat	P-value	Lower 95%	Upper 95%	下限 95.0%	上限 95.0%
Intercept	16.31434	15.95695	1.022397	0.325243	-18.1586	50.78725	-18.1586	50.78725
X Variabl	2.256905	2.51471	0.897481	0.385782	-3.17579	7.689605	-3.17579	7.689605

图 3.2.8　第一个样本回归结果

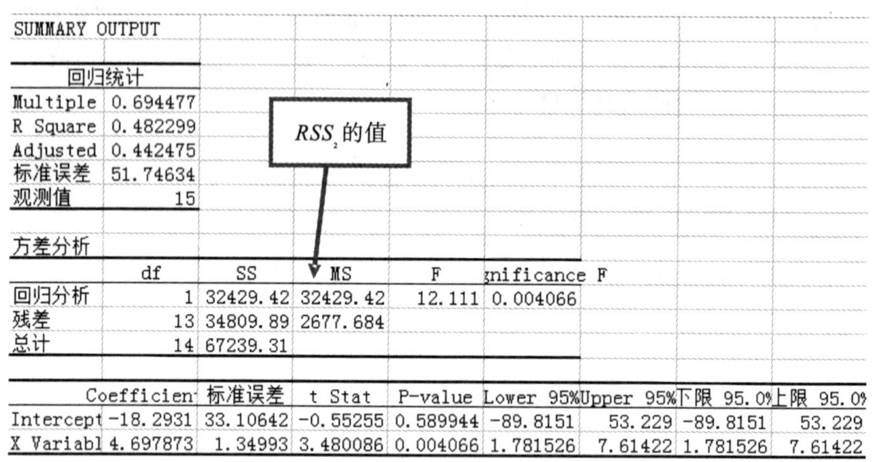

SUMMARY OUTPUT

回归统计	
Multiple	0.694477
R Square	0.482299
Adjusted	0.442475
标准误差	51.74634
观测值	15

方差分析

	df	SS	MS	F	gnificance F
回归分析	1	32429.42	32429.42	12.111	0.004066
残差	13	34809.89	2677.684		
总计	14	67239.31			

	Coefficien	标准误差	t Stat	P-value	Lower 95%	Upper 95%	下限 95.0%	上限 95.0%
Intercept	-18.2931	33.10642	-0.55255	0.589944	-89.8151	53.229	-89.8151	53.229
X Variabl	4.697873	1.34993	3.480086	0.004066	1.781526	7.61422	1.781526	7.61422

图 3.2.9　第二个样本回归结果

最后，根据两个样本的最后回归结果计算 F 统计量，并进行异方差判断。由图 3.2.8 和图 3.2.9，我们可以得到 RSS_1 和 RSS_2 分别为 598.4834 和 2 677.684。所以根据公式 3.2.1 可以得到 F= 4.474115，查表知，该值大于 95%置信水平下，自由度为(14,14)的 F 值，所以拒绝原假设，认为该模型存在异方差。

戈德菲尔德—匡特检验法不足之处是：(1)这种方法只能检验具有单调性的递增型或递减型异方差；(2)对于多元线性回归分析异方差的检验比较麻烦，需要以每一个解释变量为基准进行回归。

三、怀特(White)检验法

怀特检验是由 H. White 于 1980 年提出的。H. White 认为如果模型的随机误差项存在异方差，那么随机误差项的方差与解释变量之间应该存在某种形式的相关关系。

怀特检验的原假设 H_0：随机误差项 u_i 具有同方差。

该检验方法的具体做法是：

步骤 1：对样本进行回归分析，得到残差平方估计值 $\hat{u}_i^2$。

步骤 2：做 $\hat{u}_i^2$ 对常数项、解释变量、解释变量的平方以及解释变量之间的交叉乘积项的辅助回归。

步骤 3:通过辅助回归结果的 R^2 统计量,计算 $TR^2$①值;TR^2 统计量服从 $\chi_\alpha^2(k)$②分布。

步骤 4:进行判断:若 $TR^2 \leqslant \chi_\alpha^2(k)$,则接受原假设,认为模型具有同方差;否则拒绝原假设,即模型存在异方差。

在理解怀特检验思路后,我们以具体例子介绍如何在 Excel 中对回归方程进行异方差检验。这里以例 3.2.1 为具体例子进行说明。

首先,进行线性回归分析,具体做法见例 3.2.1 中的步骤 1、步骤 2。这里在进行线性回归的时候,在弹出的回归选项框中(如图 3.2.3),要记得选上残差选项,这样除了得到如图 3.2.2 的回归结果,还能得到每个观测值的残差(见图 3.2.10)。

RESIDUAL OUTPUT		
观测值	预测 Y	残差
1	15.25661	6.651845
2	35.99779	43.12158
3	12.22521	14.82698
4	67.90728	-44.3413
5	66.91011	-4.96904
6	23.63286	-9.30212
7	75.48579	-29.0152
8	147.2822	90.78874
9	27.98053	-11.0899
10	98.93927	77.04066
11	19.96326	18.95569
12	32.9265	-13.3868
13	34.4422	14.46033
14	54.06654	37.91346
15	66.83034	79.32749
16	92.31805	-7.55805
17	62.16357	-31.1536

图 3.2.10 残差值部分数据

① TR^2 中的 T 是指样本容量,而 R^2 是指模型可决系数。

② $\chi_\alpha^2(k)$中的 k 是指自由度,其值等于步骤 2 中所作的辅助回归中解释变量个数,例如一元线性回归模型中 k 就是 2,二元线性回归模型中 k 就是 5,……

其次，输入辅助回归模型所需的数值。将回归所得残差值复制到有原样本表单中的(D2:D42)，并命名 D1 为残差，E1 为残差平方，F1 为 X，G1 为 X 平方。然后，在 E2、F2、G2 中分别录入如图 3.2.11 所示公式。然后将这些公式分别复制到 E、F、G 列中的 3 至 42 行。

接下来，用残差平方对 X 和 X 平方进行线性回归，得到结果如图 3.2.12。

最后，计算统计量 TR^2，并进行判断。所得结果是 $TR^2=10.9327$。在 95% 的置信度水平下，$TR^2>\chi^2_{0.05}(2)$，所以该模型具有异方差。分析结果与用图示法和戈德菲尔德—匡特检验法检验结果一致。

G3 =F3^2

	A	B	C	D	E	F	G
1	指标名称	股价Y	净资产收益率X	残差	残差平方	X	X平方
2	深天地A	21.91	4.26	6.652	=D2^2	=C2	=F2^2
3	北方国际	79.12	9.46	43.122	1859.47	9.46	89.4916
4	深天健	27.05	3.50	14.827	219.8394	3.50	12.25

图 3.2.11 辅助回归模型数据输入

SUMMARY OUTPUT

回归统计	
Multiple	0.516383
R Square	0.266651
Adjusted	0.228054
标准误差	1743.374
观测值	41

方差分析

	df	SS	MS	F	gnificance F
回归分析	2	41994980	20997490	6.908541	0.00276
残差	38	1.15E+08	3039352		
总计	40	1.57E+08			

	Coefficien	标准误差	t Stat	P-value	Lower 95%	Upper 95%	下限 95.0%	上限 95.0%
Intercept	-985.309	735.5626	-1.33953	0.188355	-2474.38	503.7594	-2474.38	503.7594
X Variabl	237.4065	80.88715	2.935033	0.005632	73.65899	401.1539	73.65899	401.1539
X Variabl	-3.23084	1.667881	-1.93709	0.060194	-6.60729	0.145608	-6.60729	0.145608

图 3.2.12 辅助回归结果

第三节 异方差的修正方法

若通过第二节所介绍的方法检验出模型存在异方差，那就需要采取适当的方法进行修正，以减小或消除异方差对模型的影响。本节主要介绍两种比较实用的，且能在 Excel 中实现的方法：取对数法和加权最小二乘法。

一、取对数法

在实际经济生活中，我们经常可以看到很多数据是已经取对数处理过的了。之所以会对经济数据进行对数处理，是因为取对数不会影响模型形式，而且还可以克服异方差对模型预测效果的消极影响。

之所以对模型进行对数变换，一个原因是对数变换可以使变量值的尺度缩小，如 e^2 是 e 的 e 倍，但取对数后 $\ln e^2=2$ 是 $\ln e=1$ 的两倍，小于 e 倍。另外，对数变换后得到的误差就是相对误差，一般相对误差会小于绝对误差。

下面通过例 3.2.1 的实例来说明如何在 Excel 中纠正模型的异方差。

首先，对数据进行对数化处理。在有原样本的表单中的 D1 输入 LN(Y)，在 E1 中输入 LN(X)。然后，在 D2、E2 中输入如图 3.3.1 的公式，即对解释变量和被解释变量分别取对数。然后将这些公式复制到 D、E 列中的 3 至 42 行。

E4　fx =LN(C4)

	A	B	C	D	E
1	指标名称	股价Y	净资产收益率X	LN(Y)	LN(X)
2	深天地A	21.91	4.26	=LN(B2)	=LN(C2)
3	北方国际	79.12	9.46	4.370958	2.247072
4	深天健	27.05	3.50	3.297768	1.252763

图 3.3.1 对数据进行对数化处理

其次，做 LN(Y)对 LN(X)的线性回归分析。所得回归结果如图 3.3.2 所示，而修正后的残差分布图如图 3.3.3 所示。

SUMMARY OUTPUT								
回归统计								
Multiple	0.514063							
R Square	0.264261							
Adjusted	0.245396							
标准误差	1.012485							
观测值	41							
方差分析								
	df	SS	MS	F	gnificance F			
回归分析	1	14.35991	14.35991	14.00795	0.000586			
残差	39	39.97991	1.025126					
总计	40	54.33982						
	Coefficien	标准误差	t Stat	P-value	Lower 95%	Upper 95%	下限 95.0%	上限 95.0'
Intercept	1.494013	0.54358	2.74847	0.009022	0.394519	2.593507	0.394519	2.593507
X Variabl	0.822947	0.219879	3.742719	0.000586	0.378199	1.267695	0.378199	1.267695

图 3.3.2　对数变换后的回归分析结果

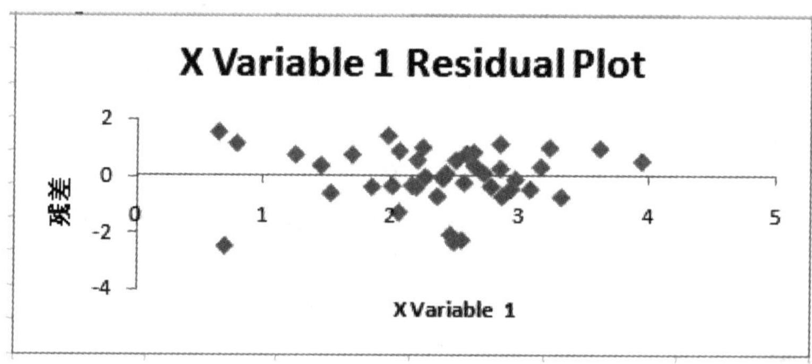

图 3.3.3　修正后的残差分布图

由图 3.3.3 可以看出，取对数后，模型残差项的方差均匀分布，模型不再具有异方差性。然而，在用这种方法时应注意取对数后数据的经济意义，如果取对数后改变了其经济意义就需要用其他方法进行修正。像本例取对数进行回归后，模型的拟合优度 R^2 却降低了，模型在提高同方差性的同时降低了其解释力度。

二、加权最小二乘法

对异方差模型进行纠正最常见的方法是对其加权，然后再进行回归，以克服异方差。在使用加权最小二乘法之前，应该先判断其方差与解释变量具有哪种形式的相关关系，从而确定相应的权数。

如果残差方差与 x_i 具有相关关系，这时克服异方差的方法是用 $1/\sqrt{x_i}$ 作为权数，去除模型的被解释变量和解释变量，得到新的被解释变量和解释变量，并对其进行回归。而如果方差与 x_i^2 有相关关系，则用 $1/x_i$ 作为权数；如果方差与 x_i^3 有相关关系，则用 $1/\sqrt{x_i^3}$ 作为权数。对于残差方差的其他形式的权数则以此类推。

下面以一元回归模型 $y_i=\beta_0+\beta_1 x_i+u_i$ 对上述表述进行验证。假设该模型随机误差项存在异方差，且与 x_i 成比例，那么，

$$\mathrm{Var}(u_i)=\sigma^2 x_i \tag{3.3.1}$$

如果将方程两边同时除以 $\sqrt{x_i}$，则一元回归模型变形为

$$\frac{y_i}{\sqrt{x_i}}=\frac{\beta_0}{\sqrt{x_i}}+\beta_1\sqrt{x_i}+\frac{u_i}{\sqrt{x_i}} \tag{3.3.2}$$

那么公式 3.3.2 误差项的方差即为，

$$\mathrm{Var}\left(\frac{u_i}{\sqrt{x_i}}\right)=\frac{\mathrm{Var}(u_i)}{x_i}=\frac{\sigma^2 x_i}{x_i}=\sigma^2 \tag{3.3.3}$$

由公式 3.3.3 推知，在进行加权之后，该模型误差项不再存在异方差性了。

这里以例 3.2.1 进行解析。由图 3.2.4 我们可以猜测残差方差与 x_i 具有某种相关关系。具体做法是首先如图 3.3.4 所示对原样本值进行数据处理。在 D1 中输入 SQRT(X)，在 E1、F1 中分别输入 Y1、X1。然后在 D2、E2、F2 中输入如图 3.3.4 所示公式，并将公式分别复制到 D、E、F 列中的第 3 至 42 行。

E4 | fx =B4/C4

	A	B	C	D	E
1	Y	X	SQRT(X)	Y1	X1
2	21.91	4.26	=SQRT(B2)	=A2/D2	=B2/D2
3	79.12	9.46	3.075711	25.72392	3.075711
4	27.05	3.50	1.870829	14.46001	1.870829

图 3.3.4　加权最小二乘法数据处理

然后，用新定义的被解释变量 Y1 对新定义的解释变量 X1 进行线性回归分析。在进行回归分析时一定要注意的是，在弹出的回归选项框中要选择常

数项为零的选项[①](如图 3.3.5)。

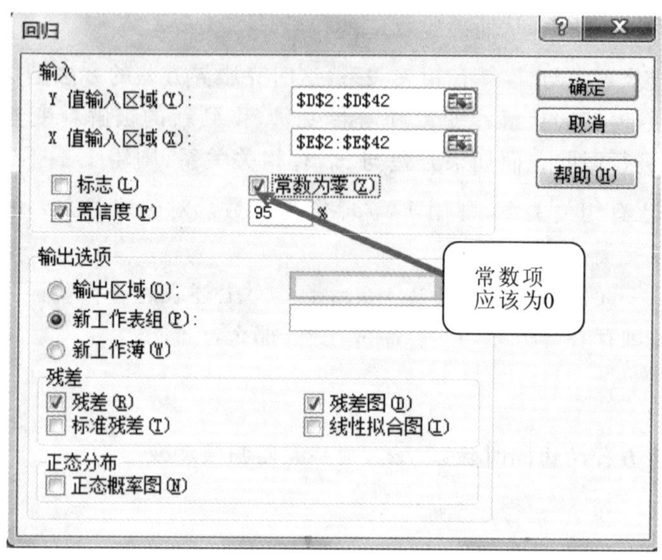

图 3.3.5 常数项的选择

在新的变量下,回归结果如图 3.3.6 所示,残差分布如图 3.3.7 所示。

SUMMARY OUTPUT

回归统计	
Multiple	0.816497
R Square	0.666668
Adjusted	0.641668
标准误差	10.12814
观测值	41

方差分析

	df	SS	MS	F	gnificance F
回归分析	1	8206.374	8206.374	80.00039	5.46E-11
残差	40	4103.167	102.5792		
总计	41	12309.54			

	Coefficien	标准误差	t Stat	P-value	Lower 95%	Upper 95%	下限 95.0%	上限 95.0
Intercept	0	#N/A	#N/A	#N/A	#N/A	#N/A	#N/A	#N/A
X Variabl	3.859549	0.43151	8.944294	4.35E-11	2.987436	4.731663	2.987436	4.731663

图 3.3.6 加权最小二乘法分析结果

① 由图 3.2.2 知道常数项不具有显著性,所以在取了新的解释变量和被解释变量后,将常数项剔除。

由图 3.3.7 知道，残差分布呈均匀分布，说明模型异方差问题得到了改善。此外由图 3.3.6 可以看出模型的拟合系数得到了提高。

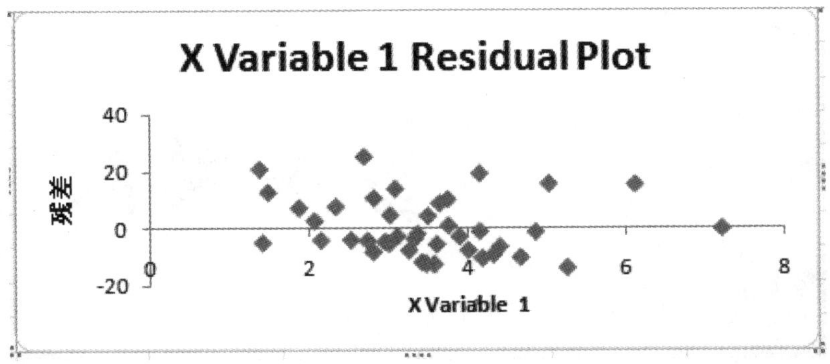

图 3.3.7 修正后的残差分布图

第四章 多重共线性

第一节 多重共线性的来源及其后果

一、多重共线性的来源

多重共线性是多元线性回归模型中普遍存在的现象。许多经济变量在时间上有共同变动的趋势。例如，经济繁荣时期，收入、消费、储蓄、投资、就业等都趋向于增长；在经济衰退时期，则都趋向于下降。经济变量之间的这种相关因素是造成多重共线性的主要根源。此外，把一些解释变量的滞后值也作为解释变量在模型中使用，通常也会引入多重共线性。例如在消费函数中，解释变量除了包括现期收入，还包括过去的收入，而现期收入的一部分一般由前期值决定，二者是相关的，必然存在多重共线性。但是，在多元线性回归模型中，我们关心的并不是多重共线性的有无，而是多重共线性的程度，即多重共线性无法避免，只能尽量降低。

二、多重共线性产生的后果

1. 参数 β 估计值不精确，也不稳定，样本观测值稍有变动，增加或减少时间变量都会使参数估计值发生较大变化，甚至出现符号错误，从而不能正确反映解释变量对被解释变量的影响。

2. 参数估计量的标准差较大，使参数的显著性 t 检验增加了接受零假设的可能，从而舍去对被解释变量有显著影响的解释变量。这也是实际检验中常用来识别多重共线性问题的方法。

3. 多重共线性产生的后果具有一定的不确定性，在一些模型中，程度并不高的多重共线性可能带来了严重的后果；而在另一些模型中，较高程度的多重共线性却没有造成不利的影响，甚至参数估计量的标准差也不大。

第二节　多重共线性的检验方法

正是由于多重共线性的普遍存在和其相应后果的复杂性，对于多重共线性的检验缺少统一的准则。一般地，可以从解释变量之间的相关性和参数最小二乘估计量的结果等多个方面进行考察，即计算参数估计量的标准差、解释变量之间的偏相关系数做出综合判断。另外如果增加或减少解释变量，参数估计值变化明显，则说明模型中可能存在多重共线性。在实际检验中，如果多元线性回归模型的拟合优度 R^2 较大，但回归系数在统计上均不显著，即 t 检验值的绝对值过小，一般模型中存在多重共线性。

一、实证检验

数据选取：利用 2010 年度上证 A 股市场 41 家建筑业上市公司的年度报告来研究每股收益 X1、净资产收益率 X2、资产负债率 X3、流动比率 X4、存货周转率 X5、总资产增长率 X6 和流通股占比 X7 对建筑业上市公司股价 Y 的影响。如图 4.2.1 所示。

	A	B	C	D	E
1	指标名称	股价Y	每股收益X1	净资产收益率X2	资产负债率X3
2	深天地A	21.91	0.0948	4.26	66.18
3	北方国际	79.12	0.27	9.46	70.65
4	深天健	27.05	0.2426	3.5	53.97
5	中南建设	23.57	0.63	17.46	78.15
6	中工国际	61.94	1.07	17.21	57.04
7	粤水电	14.33	0.2731	6.36	75.9
8	宏润建设	46.47	0.72	19.36	74.82
9	金螳螂	238.07	1.22	37.36	69.37
10	东南网架	16.89	0.36	7.45	72.64

图 4.2.1　上证 A 股市场 41 家建筑公司数据

F	G	H	I
流动比率X4	存货周转率X5	总资产增长率X6	流通股占比X7
1.0209	2.58	-12.44	0.71
1.2405	4.16	-16.48	1
1.2355	0.88	72.51	0.95
1.4229	0.68	40.81	0.27
1.4485	6.96	17.88	0.84
1.1298	2.51	38.53	0.62
1.3451	1.42	32.11	0.33
1.2457	167.9	47.07	0.89
1.0737	2.42	10.23	0.83

图 4.2.1(续)　上证 A 股市场 41 家建筑公司数据

用 Excel 做多元线性回归,如图 4.2.2 和图 4.2.3 所示。

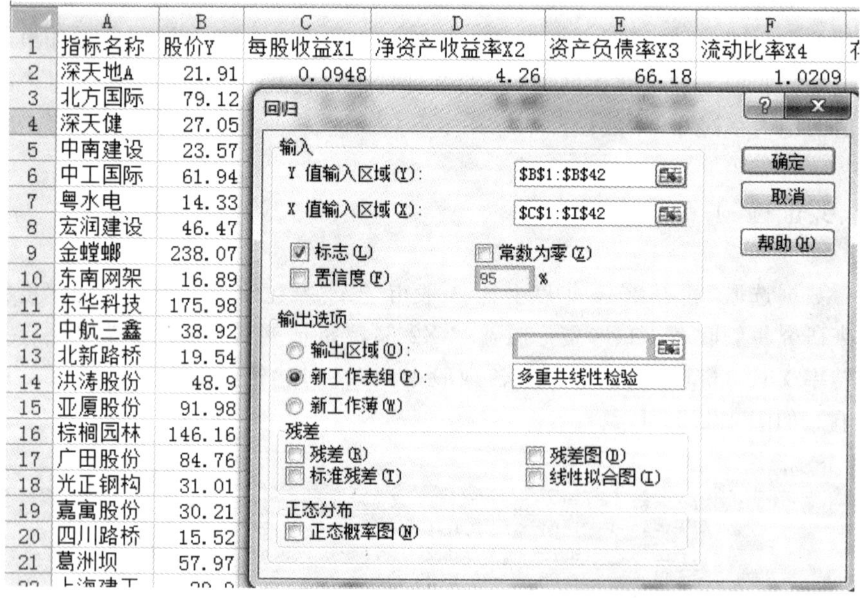

图 4.2.2　上证 A 股市场 41 家建筑公司数据回归图

	A	B	C	D	E	F	
1	SUMMARY OUTPUT						
2							
3	回归统计						
4	Multiple R	0.837946849					
5	R Square	0.702154922					
6	Adjusted R Squ	0.638975664					
7	标准误差	31.99780921					
8	观测值	41					
9							
10	方差分析						
11		df	SS	MS	F	gnificance F	
12	回归分析	7	79652.05	11378.9	11.11369	3.9283E-07	
13	残差	33	33787.37	1023.86			
14	总计	40	113439.4				
15							
16		Coefficients	标准误差	t Stat	P-value	Lower 95%	Up
17	Intercept	37.40437523	62.2572	0.6008	0.552075	-89.258857	1(
18	每股收益X1	-4.193663143	25.26676	-0.166	0.869189	-55.599274	4'
19	净资产收益率X2	3.682070552	1.022524	3.60096	0.001028	1.60172928	5.
20	资产负债率X3	-0.924448798	0.53914	-1.7147	0.095784	-2.0213379	(
21	存货周转率X5	0.497311183	0.193047	2.57611	0.014656	0.10455415	0.
22	总资产增长率X6	0.137480541	0.120788	1.1382	0.263233	-0.108264	0.
23	流通股占比X7	47.16880621	20.204	2.33463	0.025796	6.06345144	8(
24	流动比率X4	-11.02962478	19.20772	-0.5742	0.569707	-50.108022	2(

图 4.2.3　上证 A 股市场 41 家建筑公司数据回归结果

图中可以看到 R^2 值为 0.7022，说明模型具有解释能力，解释变量中 X2、X5、X7 具有显著性，舍弃其他解释变量，选取这三组数据重新回归，如图 4.2.4，得到如图 4.2.5 的结果。

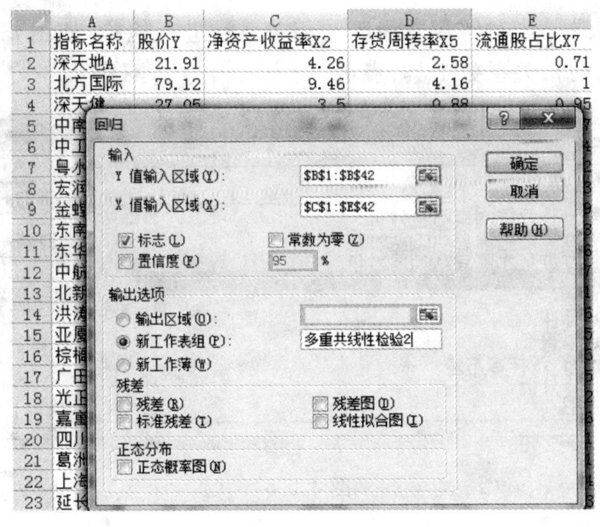

图 4.2.4　多重共线性检验二次回归图

可以看到回归模型的 R^2 下降至 0.6196，此外原本显著的 X7 现在也不再显著，回归参数的标准差波动较大，回归结果不稳定，说明第一次的回归模型中存在多重共线性。

	A	B	C	D	E	F	
1	SUMMARY OUTPUT						
2							
3	回归统计						
4	Multiple R	0.787152					
5	R Square	0.619608					
6	Adjusted R Square	0.588766					
7	标准误差	34.15046					
8	观测值	41					
9							
10	方差分析						
11		df	SS	MS	F	gnificance F	
12	回归分析	3	70288.02	23429.34	20.0894	6.79E-08	
13	残差	37	43151.4	1166.254			
14	总计	40	113439.4				
15							
16		Coefficien	标准误差	t Stat	P-value	Lower 95%	Upp
17	Intercept	-15.5734	15.27391	-1.01961	0.314536	-46.5213	15.
18	净资产收益率X2	3.378745	0.60161	5.616177	2.08E-06	2.159769	4.5
19	存货周转率X5	0.57544	0.199122	2.889894	0.006411	0.171982	0.9
20	流通股占比X7	23.04047	17.57094	1.311283	0.197842	-12.5616	58.

图 4.2.5　多重共线性检验二次回归结果

此时需要进一步对解释变量间的相关系数进行检验，如图 4.2.6，调出数据分析模块下的相关系数工具，点击“确定”。

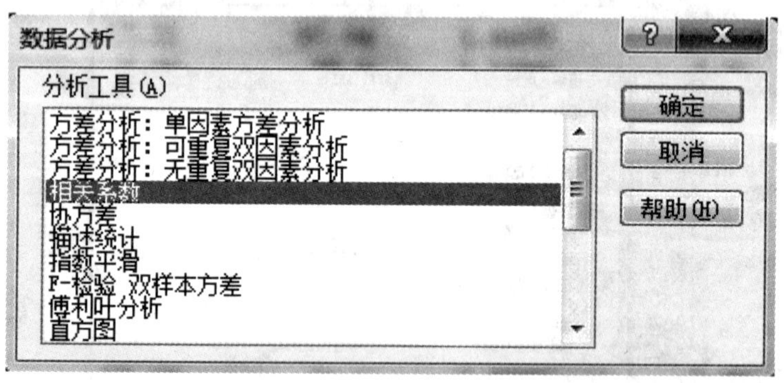

图 4.2.6

对解释变量进行相关系数的回归计算，如图 4.2.7 设置。

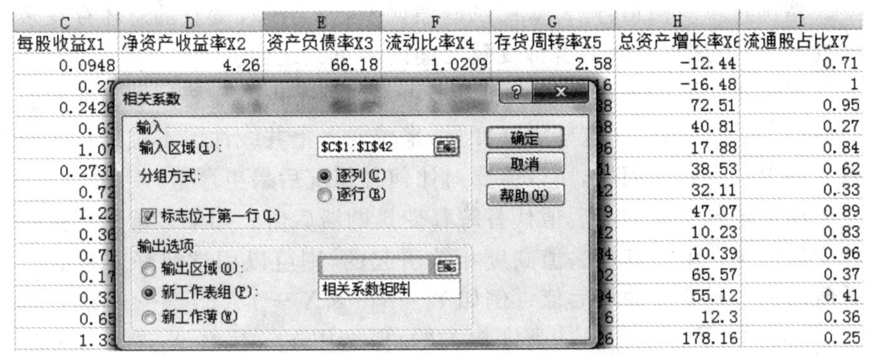

图 4.2.7　解释变量的相关系数矩阵设置

结果如图 4.2.8 所示。

	A	B	C	D	E	F	G	H
1 2		每股收益X1	净资产收益率X2	资产负债率X3	流动比率X4	存货周转率X5	总资产增长率X6	流通股占比X7
3	每股收益X1	1						
4	净资产收益率X2	0.804	1					
5	资产负债率X3	-0.13	0.1192359	1				
6	流动比率X4	0.296	0.0416847	-0.8276	1			
7	存货周转率X5	0.355	0.3606599	-0.1453	0.1436	1		
8	总资产增长率X6	0.494	0.1762722	-0.5052	0.7549	0.0796	1	
9	流通股占比X7	-0.18	-0.024167	0.41033	-0.569	-0.052	-0.47443	1

图 4.2.8　解释变量的相关系数矩阵结果

明显可以看到，X1 与 X2、X3 与 X4、X4 与 X6 都具有很高的相关性，必然会引起模型存在多重共线性，进而影响模型的解释能力和回归参数的估计值。我们将通过下一节介绍的逐步回归法来改善模型的解释能力，降低多重共线性。

第三节　多重共线性的修正方法

一、理论方法介绍

如果多重共线性对重要解释变量对应参数的估计值有严重影响，就应当进行修正，修正的基本思路是改变模型本身，包括解释变量的取舍、模型数学形式的选择，甚至换一个新的样本。常用的修正方法包括：

1.增加样本观测值,降低观测及偶然误差,但当解释变量的总体存在多重共线性时,该方法不能降低解释变量之间的多重共线性。

2.略去不重要的解释变量。如果多重共线性是由不重要的解释变量引起的,则可以从模型中略去这些解释变量,来减弱多重共线性。不过这样做容易导致异方差和自相关问题,所以需要对比何种情况后果更严重。

3.用被解释变量的滞后值代替解释变量的滞后值。如果多重共线性是由解释变量的现期值与其过去值高度相关引起的,则可以用被解释变量的一期滞后值代替解释变量的滞后值。例如 $Y_t=\beta_0+\beta_1X_t+\beta_2X_{t-1}+\cdots+u_t$,$(t=1,2,\cdots,T)$,如果 $X_t,X_{t-1},\cdots$ 是高度相关的,那么用 Y_{t-1} 代替 $X_t,X_{t-1},\cdots$ 对现值 Y_t 的影响,得到模型

$Y_t=\beta_0+\beta_1X_t+\rho Y_{t-1}+u_t$,$(t=1,2,\cdots,T)$。一般地,$X_t$ 与 Y_{t-1} 的现象关系较弱。

4.利用参数之间的关系。如果解释变量之间存在函数关系,则可以通过参数转换消除多重共线性,例如可以从绝对价格指数变为相对价格指数 p_i/p_j,从而消除了 p_i 与 p_j 之间的相关性;如果被解释变量之间存在一定关系,则可以利用联立方程组的方法估计参数,克服多重共线性,总之就是利用函数关系,替代原有参数,从而实现降低多重共线性的目的。

5.修正 Frisch 法(逐步回归法)

该方法不仅可以对多重共线性进行检验,同时也是处理多重共线性问题的一种有效方法,其步骤为:

(1)用被解释变量分别对每个解释变量进行回归,根据经济理论和统计检验从中选择一个最合适的回归方程作为基本回归方程,通常选取拟合优度 R^2 最大的回归方程。

(2)在基本回归方程中逐个增加其他解释变量,重新进行线性回归。如果新增的解释变量提高了回归方程的拟合优度 R^2,并且回归方程中的其他参数统计上仍然显著,就在模型中保留该解释变量;如果新增加的解释变量没有提高回归方程的拟合优度,则不在模型中保留该解释变量;如果新增加的解释变量提高了回归方程的拟合优度,并且回归方程中的某些参数的数值或符号等受到显著的影响,说明模型中存在多重共线性,对该解释变量同与之相关的其他解释变量进行比较,在模型中保留对被解释变量影响较大的,略去影响较小的。

二、实际操作

接第一节中的例子,这里采用逐步回归分析法来降低多重共线性。

首先，按照步骤(1)先把被解释变量——股票价格 Y 对各解释变量进行单独的线性回归分析，以确定最合适的一元回归方程。这里采用第一章第二节所提到的 LINEST 函数来进行一元线性回归分析。比如，用 Y 对 X1 进行回归，首先选定(L4：M8)的区域，输入 LINEST(B2：B42，C2：C42，TRUE，TRUE)，然后，按 Ctrl+ Shift+ Enter 键，得到回归结果。为了判断回归方程各个系数的显著性，还要在 L9 和 M9 输入 t 检验公式。由第一章，我们知道 $t=\hat{\beta}_j/s(\hat{\beta}_j)$，在第一章我们也知道 LINEST 函数做出来的统计值第一行是 $\hat{\beta}_j$，第二行是 $s(\hat{\beta}_j)$(可以调用 LINEST 函数的帮助信息，里面有更详细的介绍)，即我们需要在 L9 和 M9 输入"＝L4/L5"、"＝M4/M5"，如图 4.3.1 的结果。

K	L	M	N
	=LINEST(B2:B42,C2:C42,,TRUE)		
X1	79.837	8.880	
	15.089	10.358	
	0.418	41.149	
	27.995	39.000	
	47402.167	66037.254	
t	5.291	0.857	
	=L4/L5		
X2	3.989	-1.735	
	0.614	10.110	
	0.519	37.385	
	42.165	39.000	
	58931.763	54507.658	
t	6.493	-0.172	
X3	-0.429	79.688	
	0.453	30.596	
	0.022	53.325	
	0.893	39.000	
	2540.539	110898.882	
t	-0.945	2.605	

图 4.3.1 LINEST 函数一元回归图

其他几个变量也按照上述做法，分别做出回归结果和 t 检验值，结果见图 4.3.1 中的 X2～X7 的 LINEST 结果。比较回归结果，选择 R^2 值最高且能通过显著性检验的那个变量，即解释变量净资产收益率 X2，即灰色标出来的部分，作为一元线性回归的结果，Y＝－1.735＋3.989X1，R^2 值为 0.519。

在选定第一个变量后，即开始进行步骤(2)，加入其他解释变量，即在已有的 X2 解释变量基础上分别加入其他解释变量作二元线性回归分析，找出最佳的二元回归方程，以选定第二个变量，判别方法如一元回归分析。

K	L	M
X4	13.532	31.211
	12.022	20.131
	0.031	53.077
	1.207	39.000
	3569.090	109870.331
t	1.126	1.550
X5	0.966	41.281
	0.249	7.656
	0.279	45.811
	15.054	39.000
	31593.401	81846.020
t	3.880	5.392
X6	0.169	43.945
	0.105	9.523
	0.062	52.225
	2.592	39.000
	7069.658	106369.763
t	1.610	4.615
X7	17.636	39.820
	27.566	20.600
	0.010	53.652
	0.409	39.000
	1178.179	112261.242
t	0.640	1.933

图 4.3.1(续)　LINEST 函数一元回归图

M	N	O	P
	=LINEST(B2:B42,C2:D42,,TRUE)		
X1	3.147	23.358	-3.001
	1.033	23.054	10.183
	0.532	37.372	#N/A
	21.610	38.000	#N/A
	60365.590	53073.831	#N/A
t	3.047	1.013	-0.295
	=N4/N5		
X3	-0.685	4.146	40.587
	0.305	0.589	21.160
	0.576	35.586	#N/A
	25.791	38.000	#N/A
	65318.881	48120.540	#N/A
t	-2.246	7.041	1.918
X4	3.955	11.259	-18.458
	0.609	8.389	15.982
	0.541	37.007	#N/A
	22.416	38.000	#N/A
	61398.445	52040.976	#N/A
t	6.498	1.342	-1.155

图 4.3.2　LINEST 函数二元回归图

X5	0.563	3.374	0.350
	0.201	0.607	9.352
	0.602	34.472	#N/A
	28.730	38.000	#N/A
	68282.690	45156.732	#N/A
t	2.805	5.556	0.037
X6	3.865	0.086	-4.088
	0.622	0.076	10.290
	0.535	37.257	#N/A
	21.861	38.000	#N/A
	60691.270	52748.152	#N/A
t	6.215	1.126	-0.397
X7	20.662	4.005	-16.055
	19.174	0.613	16.685
	0.534	37.308	#N/A
	21.750	38.000	#N/A
	60548.06098	52891.36022	#N/A
t	1.078	6.531	-0.962

图 4.3.2(续)　LINEST 函数二元回归图

最后得到的结果是净资产收益率 X2 和存货周转率 X5 对股价 Y 的解释力度最大，灰色标出部分，如图 4.3.2，其二元线性回归结果是 Y＝0.35＋3.374X2＋0.563X5，R^2 值为 0.602，且系数通过显著性检验。因此我们还需要确定是否有第三个具有显著性解释能力的变量。

现在在已有的 X2、X5 两个解释变量的基础上继续选第三个解释变量，方法同前，最后发现加入解释变量资产负债率 X3，R^2 值得到提高，为 0.635，且系数都能通过显著性检验。得到回归分析结果为 Y＝33.36＋3.58X2－0.538X3＋0.489X5。如图 4.3.3 所示。

四元回归分析和前述做法一样，在 X2、X3、X5 的基础上分别加入 X1、X4、X6、X7 并进行四元回归检验。最后可以通过结果比较得出，在加入解释变量流通股占比 X7 后，方程的拟合优度得到提高，为 0.688，且所有的系数都能通过显著性检验，见图 4.3.4。因此回归方程为 Y＝22.08474＋3.706031X2－0.84802X3＋0.46919X5＋43.78402X7。

由于四元变量 t 值显著，而且较之三元 t 值并未降低，而且 R^2 也有提高，所以必须继续进行五元的回归，回归方法同前，最后得到回归结果为 Y＝4.681＋3.518X2－0.684X3＋0.491X5＋0.091X6＋50.74X7，R^2 值提高到 0.699，且能通过显著性检验，见图 4.3.5。

O	P	Q	R	S
X1	0.545	2.795	16.641	-0.620
	0.203	0.967	21.525	9.485
	0.608	34.656	#N/A	#N/A
	19.150	37.000	#N/A	#N/A
	69000.568	44438.853	#N/A	#N/A
	#N/A	#N/A	#N/A	#N/A
t	2.681	2.890	0.773	-0.065
X3	-0.538	0.489	3.580	33.360
	0.293	0.199	0.600	20.099
	0.635	33.438	#N/A	#N/A
	21.486	37.000	#N/A	#N/A
	72069.987	41369.434	#N/A	#N/A
t	-1.840	2.457	5.971	1.660

图 4.3.3 LINEST 函数三元回归图

X4	0.533	3.381	8.394	-12.228
	0.202	0.606	7.876	15.048
	0.614	34.411	#N/A	#N/A
	19.601	37.000	#N/A	#N/A
	69627.489	43811.932	#N/A	#N/A
t	2.636	5.578	1.066	-0.813
X6	0.082	0.559	3.260	-1.924
	0.070	0.200	0.612	9.505
	0.616	34.302	#N/A	#N/A
	19.804	37.000	#N/A	#N/A
	69904.292	43535.130	#N/A	#N/A
t	1.174	2.798	5.327	-0.202
X7	23.040	0.575	3.379	-15.573
	17.571	0.199	0.602	15.274
	0.620	34.150	#N/A	#N/A
	20.089	37.000	#N/A	#N/A
	70288.020	43151.401	#N/A	#N/A
t	1.311	2.890	5.616	-1.020

图 4.3.3(续) LINEST 函数三元回归图

P	Q	R	S	T	U
X1	0.488	-0.522	3.461	3.216	32.166
	0.202	0.318	1.029	22.583	22.027
	0.636	33.890	#N/A	#N/A	#N/A
	15.693	36.000	#N/A	#N/A	#N/A
	72093.286	41346.135	#N/A	#N/A	#N/A
t	2.416	-1.641	3.363	0.142	1.460
X4	-11.288	0.479	-0.899	3.708	72.402
	14.035	0.200	0.536	0.623	52.575
	0.642	33.599	#N/A	#N/A	#N/A
	16.122	36.000	#N/A	#N/A	#N/A
	72800.259	40639.162	#N/A	#N/A	#N/A
t	-0.804	2.392	-1.676	5.950	1.377
X6	0.494	-0.493	3.535	0.019	30.048
	0.203	0.354	0.636	0.083	24.787
	0.636	33.873	#N/A	#N/A	#N/A
	15.717	36.000	#N/A	#N/A	#N/A
	72132.932	41306.489	#N/A	#N/A	#N/A
t	2.437	-1.394	5.560	0.234	1.212
X7	43.784	0.469	-0.848	3.706	22.085
	17.737	0.187	0.302	0.564	19.389
	0.688	31.350	#N/A	#N/A	#N/A
	19.856	36.000	#N/A	#N/A	#N/A
	78058.887	35380.534	#N/A	#N/A	#N/A
t	2.469	2.514	-2.812	6.566	1.139

图 4.3.4 LINEST 函数四元回归图

P	Q	R	S	T	U	V
X1	45.017	0.464	-0.803	3.322	10.620	17.860
	18.099	0.109	0.318	0.964	21.317	21.382
	0.690	31.684	#N/A	#N/A	#N/A	#N/A
	15.600	35.000	#N/A	#N/A	#N/A	#N/A
	78303.753	35135.668	#N/A	#N/A	#N/A	#N/A
t	2.487	2.459	-2.524	3.448	0.494	0.835
X4	3.721	46.011	0.471	-0.745	3.670	8.640
	14.791	20.034	0.189	0.512	0.589	56.934
	0.689	31.766	#N/A	#N/A	#N/A	#N/A
	15.484	35.000	#N/A	#N/A	#N/A	#N/A
	78122.763	35316.658	#N/A	#N/A	#N/A	#N/A
t	0.252	2.297	2.490	-1.456	6.228	0.152
X6	0.091	50.740	0.491	-0.684	3.518	4.681
	0.081	18.707	0.187	0.334	0.586	24.692
	0.699	31.228	#N/A	#N/A	#N/A	#N/A
	16.265	35.000	#N/A	#N/A	#N/A	#N/A
	79307.148	34132.274	#N/A	#N/A	#N/A	#N/A
t	1.131	2.712	2.627	-2.049	6.002	0.190

图 4.3.5 LINEST 函数五元回归图

但是对比五元和四元各参数的 t 值可以发现，解释变量的显著性明显呈下降趋势，即 R^2 虽然提高，但参数显著性开始下降，说明出现多重共线性问题，那么无需再对六元参数进行分析，应选取四元回归方程作为最优的回归方程，至此修正结束。

从上述结果我们可以得到修正的回归结果，对股价 Y 具有解释力且不存在多重共线性的解释变量为净资产收益率 X2、资产负债率 X3、存货周转率 X5 和流通股占比 X7。最优的回归方程为 Y＝22.08474＋3.706031X2－0.84802X3＋0.46919X5＋43.78402X7。

第五章

虚拟变量模型

前面章节介绍的回归分析中,解释变量通常是在一个连续区间上取值,如商品价格、商品需求量、商品供给量、收入等定量变量。但实际问题中经常要考虑某些定性变量的影响,如性别、年龄、季节差异、地域差异、自然灾害、金融危机、政策实施等,这些因素也应该包含在模型中。

由于定性变量通常表示的是某种特性的有或无,所以量化方法可取值为1或0。这种变量称作虚拟变量,常用D表示(英文Dummy的字头)。虚拟变量应用于回归模型中,对其回归系数的估计与检验方法与定量变量相同。

第一节 虚拟变量的设立

一、虚拟变量的定义

虚拟变量又称虚设变量、名义变量或哑变量,是用以反映质的属性的一个人工变量,是量化了的质变量,通常在某些情况下取值为0,而在另外一些情况下取值为1。引入哑变量可能会使线性回归模型变得更复杂,但对问题描述得会更加清楚简明,一个方程能达到两个方程的作用,而且接近现实。例如,反映文化程度的虚拟变量可取为:1:本科学历;0:非本科学历。一般地,在虚拟变量的设置中:基础类型、肯定类型的时候取值为1;比较类型、否定类型的时候取值为0。

当一个定性变量含有 m 个类别时,应向模型中引入 $m-1$ 个虚拟变量。

比如“性别”含有男性与女性两个类别，所以当“性别”作解释变量时，应向模型引入一个虚拟变量：

$$D=\begin{cases}1 & （男性）\\ 0 & （女性）\end{cases} \quad 或：D=\begin{cases}1 & （女性）\\ 0 & （男性）\end{cases}$$

到底用哪个作为虚设变量视研究问题的角度而定。再比如“学历”含有大学毕业、中学毕业、小学毕业和无学历四个类别时，用“学历”作解释变量时应向模型中引入如下三个虚拟变量：

$$D_1=\begin{cases}1 & （大学学历）\\ 0 & （非大学学历）\end{cases} \quad D_2=\begin{cases}1 & （中学学历）\\ 0 & （非中学学历）\end{cases} \quad D_3=\begin{cases}1 & （小学学历）\\ 0 & （非小学学历）\end{cases}$$

二、虚拟变量的注意事项

1. 当定性变量含有 m 个类别时，模型不能引入 m 个虚拟变量。最多只能引入 $m-1$ 个虚拟变量，不能把虚拟变量的值设成如下形式：

$$D=\begin{cases}0 & （第一个类别）\\ 1 & （第二个类别）\\ 2 & （第三个类别）\\ \vdots & \quad\vdots \\ m-1 & （第 m 个类别）\end{cases}$$

否则，当模型中存在截距项时就会产生完全多重共线性，无法估计回归参数。

2. 把虚拟变量取值为 0 时所对应的类别作为基础类别。例如，按上面对“学历”的赋值方法，“无学历”即为基础类别。

下面用具体例子来示范如何用 Excel 来设置虚拟变量。

三、虚拟变量的例子

【例 5.1.1】不同年龄、受教育程度不同和居住地不同的妇女所生子女数的样本数据如图 5.1.1 区域 A1:D20 所示。分析妇女的年龄(X1)、文化程度(X2)及居住地区(X3)对其所生子女数(Y)的影响。这里年龄是定量变量，文化程度和居住地则是定性变量。其中文化程度共有 5 种类别，原变量用编码数字 1～5 代表，分为文盲或半文盲(1)、小学(2)、初中(3)、高中(4)和大学(5)，需要用 4 个虚拟变量表示；居住地只分为城市(1)和农村(2)两类，因此只需要设定一个虚拟变量。

	A	B	C	D	E
1	子女数	年龄	文化	居住地	
2	1	20	初中	城市	
3	1	22	高中	农村	
4	2	24	初中	农村	
5	1	25	大学	城市	
6	1	28	大学	城市	
7	2	30	高中	农村	
8	2	32	大学	城市	
9	2	34	大学	农村	
10	2	36	高中	城市	
11	3	38	小学	农村	
12	2	40	初中	城市	
13	3	42	初中	没出	
14	3	44	小学	农村	
15	3	45	小学	城市	
16	4	48	半文盲	城市	
17	5	50	文盲	农村	

图 5.1.1　例 11.1.1 的原始数据

在受教育程度中取文盲或半文盲为基础类别，则可得虚拟变量为：

$$DX_{21}=\begin{cases}1 & (\text{小学})\\0 & (\text{非小学})\end{cases}\qquad DX_{22}=\begin{cases}1 & (\text{初中})\\0 & (\text{非初中})\end{cases}$$

$$DX_{23}=\begin{cases}1 & (\text{高中})\\0 & (\text{非高中})\end{cases}\qquad DX_{24}=\begin{cases}1 & (\text{大学})\\0 & (\text{非大学})\end{cases}$$

在居件地中取农村为基础类别，则可得虚拟变量为：

$$DX_{3}=\begin{cases}1 & (\text{城市})\\0 & (\text{农村})\end{cases}$$

根据原变量的编码形式转换后的数据如图 5.1.2 所示。

根据原始变量建立虚拟变量在 Excel 中可以利用 IF 函数来实现。具体操作步骤如下：

(一)对受教育程度建立虚拟变量

首先对虚拟变量 DX21 进行赋值，方法是在单元格 E2 中输入公式“＝IF(C2＝2,1,0))”，按回车键，于是我们就可以得到当 X2＝3 时虚拟变量 DX21＝0，然后利用 Excel 的自动填充功能把光标放在 E2 单元格的右下角，当光标

	A	B	C	D	E
1	Y	X_1	X_2	X_3	
2	1	20	3	1	
3	1	22	4	2	
4	2	24	3	2	
5	1	25	5	1	
6	1	28	5	1	
7	2	30	4	2	
8	2	32	5	1	
9	2	34	5	2	
10	2	36	4	1	
11	3	38	2	2	
12	2	40	3	1	
13	3	42	3	2	
14	3	44	2	2	
15	3	45	2	1	
16	4	48	1	1	
17	5	50	1	2	

图 5.1.2　例 5.1.1 转换后的数据

变成十字架时，向下拖至最后一个单元格，就可得到当 X2 取不同值时虚拟变量 DX21 的取值，如下图 5.1.3 所示。

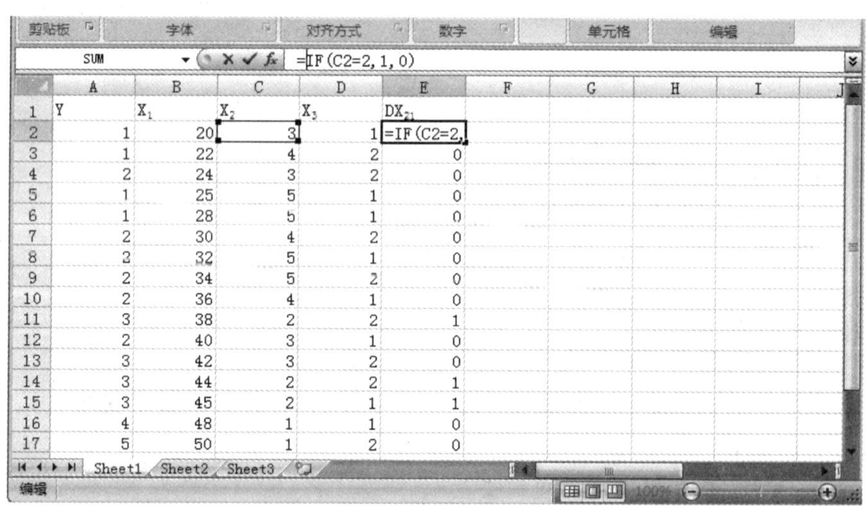

剪贴板　字体　对齐方式　数字　单元格　编辑

SUM　=IF(C2=2,1,0)

	A	B	C	D	E	F	G	H	I
1	Y	X_1	X_2	X_3	DX_{21}				
2	1	20	3	1	=IF(C2=2,				
3	1	22	4	2	0				
4	2	24	3	2	0				
5	1	25	5	1	0				
6	1	28	5	1	0				
7	2	30	4	2	0				
8	2	32	5	1	0				
9	2	34	5	2	0				
10	2	36	4	1	0				
11	3	38	2	2	1				
12	2	40	3	1	0				
13	3	42	3	2	0				
14	3	44	2	2	1				
15	3	45	2	1	1				
16	4	48	1	1	0				
17	5	50	1	2	0				

Sheet1　Sheet2　Sheet3

编辑

图 5.1.3　建立虚设变量 DX21

对 DX22、DX23、DX24 进行赋值，方法类似，只需把判断的条件分别改为“＝IF(C2＝3,1,0))”、“＝IF(C2＝4,1,0))”、“＝IF(C2＝5,1,0))”就可以了，这里不进行具体示范了。

(二)用同样的办法对虚拟变量 DX3 进行赋值

在单元格 I2 内输入公式“＝IF(D2＝1,1,0)”回车，然后利用 Excel 自动填充功能，填充该列其他单元格 I3:I17 即可完成对 DX3 的赋值。

最终结果如图 5.1.4 所示。

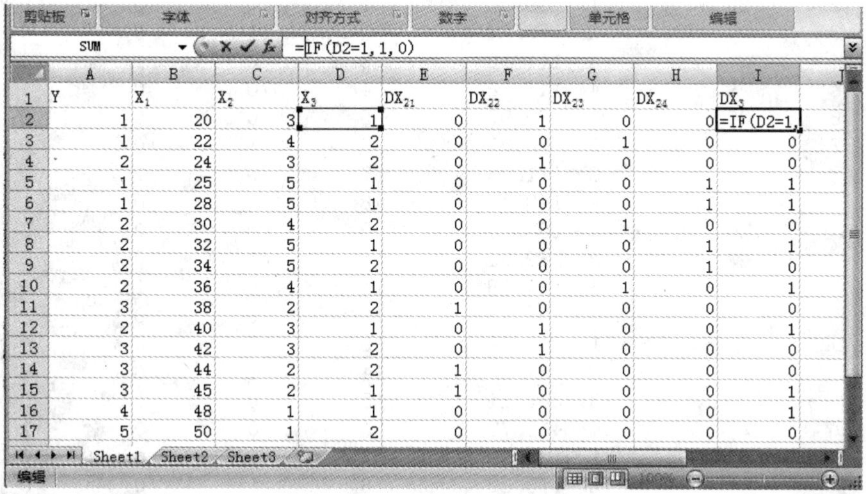

剪贴板　字体　对齐方式　数字　单元格　编辑

SUM　=IF(D2=1,1,0)

	A	B	C	D	E	F	G	H	I
1	Y	X_1	X_2	X_3	DX_{21}	DX_{22}	DX_{23}	DX_{24}	DX_3
2	1	20	3	1	0	1	0	0	=IF(D2=1,
3	1	22	4	2	0	0	1	0	0
4	2	24	3	2	0	1	0	0	0
5	1	25	5	1	0	0	0	1	1
6	1	28	5	1	0	0	0	1	1
7	2	30	4	2	0	0	1	0	0
8	2	32	5	1	0	0	0	1	1
9	2	34	5	2	0	0	0	1	0
10	2	36	4	1	0	0	1	0	1
11	3	38	2	2	1	0	0	0	0
12	2	40	3	1	0	1	0	0	1
13	3	42	3	2	0	1	0	0	0
14	3	44	2	2	1	0	0	0	0
15	3	45	2	1	1	0	0	0	1
16	4	48	1	1	0	0	0	0	1
17	5	50	1	2	0	0	0	0	0

Sheet1　Sheet2　Sheet3

编辑

图 5.1.4　其余虚拟变量的建立

第二节　用虚拟变量作季节分析

许多经济数据包含明显的季节波动，如酒、肉的销量在冬季要超过其他季节，而饮料的销量又以夏季为最大。当建立这些问题的计量模型时，就要考虑把“季节”因素引入模型。季节分析有两个任务，一是如何在回归模型中反映季节的影响，二是如何在回归模型中消除季节的影响。消除季节的影响是很重要的，这样可以看到总的趋势。许多重要的经济指数如价格指数，就是消除了季节影响的。由于一年有四个季节，所以这是一个含有四个类别的定性变量。应该在模型中引入三个虚拟变量。

下面以具体例子演示操作 Excel 的步骤。

【例 5.2.1】图 5.2.1 中区域 A1:C21 中存放的是西山煤电在 2005—2009 年的季度利润数据(资料来源:CCER 经济金融数据库)。试结合 Excel 以时间 t 作解释变量,以及同时用时间 t 和虚拟变量作解释变量分别对利润进行分析。

	A	B	C	D	E	F	G
1	年份	季度	利润(千万	t	D_1	D_2	D_3
2	2005	1	36.56	1	0	0	0
3		2	73.24	2	1	0	0
4		3	111.10	3	0	1	0
5		4	142.28	4	0	0	1
6	2006	1	30.97	5	0	0	0
7		2	73.27	6	1	0	0
8		3	111.98	7	0	1	0
9		4	143.43	8	0	0	1
10	2007	1	158.56	9	0	0	0
11		2	89.96	10	1	0	0
12		3	124.18	11	0	1	0
13		4	158.56	12	0	0	1
14	2008	1	63.82	13	0	0	0
15		2	164.55	14	1	0	0
16		3	361.24	15	0	1	0
17		4	465.79	16	0	0	1
18	2009	1	123.53	17	0	0	0
19		2	178.39	18	1	0	0
20		3	260.85	19	0	1	0
21		4	307.33	20	0	0	1

图 5.2.1 例 5.2.1 的数据

(一)时间趋势解释变量 t 的建立

首先在 D2 中输入"1",然后在 D3 中输入公式"=D1+1"回车,然后利用 Excel 的自动填充功能把光标放在 D3 单元格的右下角,当光标变成十字架时,向下拖至最后一个单元格如图 5.2.2 所示,就可得到时间 t 的值。

	A	B	C	D
1	年份	季度	利润(千万	t
2	2005	1	36.56	1
3		2	73.24	=D2+1
4		3	111.10	
5		4	142.28	
6	2006	1	30.97	
7		2	73.27	
8		3	111.98	
9		4	143.43	

	A	B	C	D
1	年份	季度	利润(千万	t
2	2005	1	36.56	1
3		2	73.24	2
4		3	111.10	3
5		4	142.28	4
6	2006	1	30.97	5
7		2	73.27	6
8		3	111.98	
9		4	143.43	

图 5.2.2 时间趋势 t 的建立

(二)虚拟变量 D1、D2、D3 的建立

因为一年有四个季度,所以可以设定 3 个虚拟变量,以第一季度为基础类别,则设定虚拟变量如下:

$$D_1=\begin{cases}1 & (2\text{ 季度})\\ 0 & (1,3,4\text{ 季度})\end{cases}\quad D_2=\begin{cases}1 & (3\text{ 季度})\\ 0 & (1,2,4\text{ 季度})\end{cases}\quad D_3=\begin{cases}1 & (4\text{ 季度})\\ 0 & (1,2,3\text{ 季度})\end{cases}$$

然后在 Excel 中求得 D1、D2、D3 的值,具体操作参考例 5.2.1,最终结果如图 5.2.3 中 E、F、G 列所示。

(三)只有时间 t 作解释变量

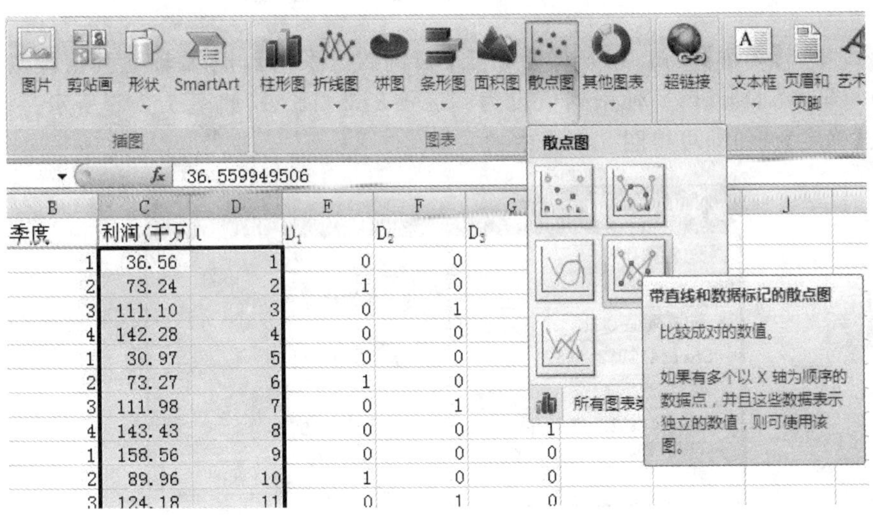

B	C	D	E	F	G
季度	利润(千万	t	D_1	D_2	D_3
1	36.56	1	0	0	
2	73.24	2	1	0	
3	111.10	3	0	1	
4	142.28	4	0	0	
1	30.97	5	0	0	
2	73.27	6	1	0	
3	111.98	7	0	1	
4	143.43	8	0	0	1
1	158.56	9	0	0	0
2	89.96	10	1	0	0
3	124.18	11	0	1	0

图 5.2.3 几个虚拟变量的建立

第一步，画数据散点图。具体操作方法：用鼠标选中 C2：D21 的数据区域，单击【插入】按钮，选中【散点图】中带直线和数据标记的散点图，如图5.2.3所示。然后单击【选择数据】按钮，则弹出【选择数据源】对话框，如图5.2.4所示。

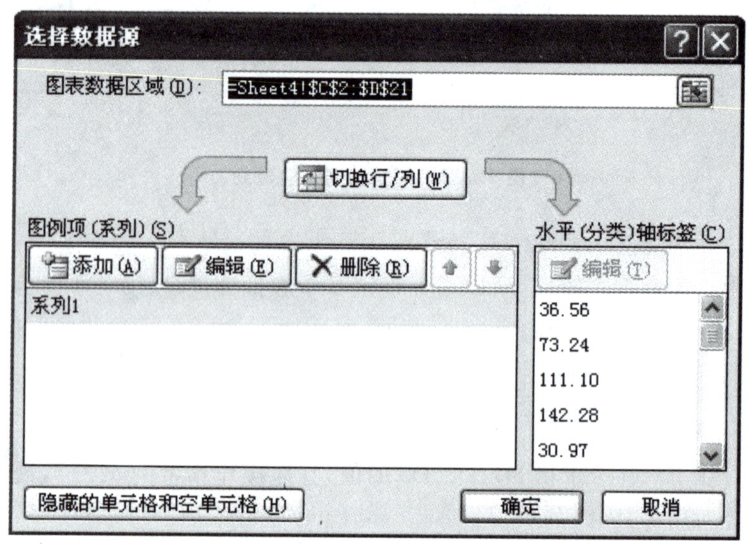

图 5.2.4　选择数据源对话框

单击【编辑】按钮，则弹出对话框【编辑数据系列】，把 X 轴系列值设为：$D$2：$D$21，Y 轴系列值设为：$C$2：$C$21，如图 5.2.5 所示。点击【确定】按钮即可得图 5.2.6 中的 a 图。

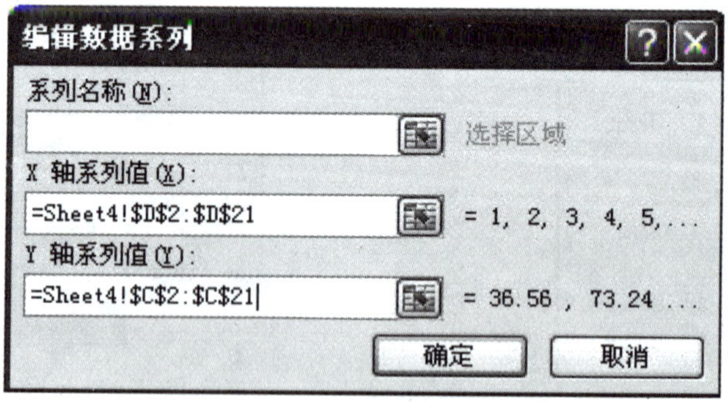

编辑数据系列
系列名称(N)：
选择区域
X 轴系列值(X)：
=Sheet4!$D$2:$D$21　= 1, 2, 3, 4, 5,...
Y 轴系列值(Y)：
=Sheet4!$C$2:$C$21　= 36.56 , 73.24 ...
确定　取消

图 5.2.5　编辑数据系列

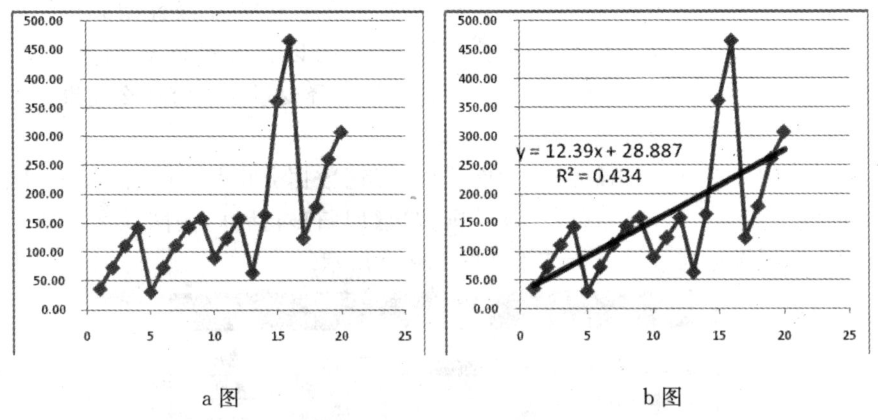

a 图　　　　　　　　　　　　b 图

图 5.2.6　生成的数据图形

选中 a 图中的数据点,单击右键,选择【添加趋势线】,则弹出对话框【设置趋势线格式】对话框,如图 5.2.7 所示。进行一系列设置后可以得到图5.2.6 中的 b 图。

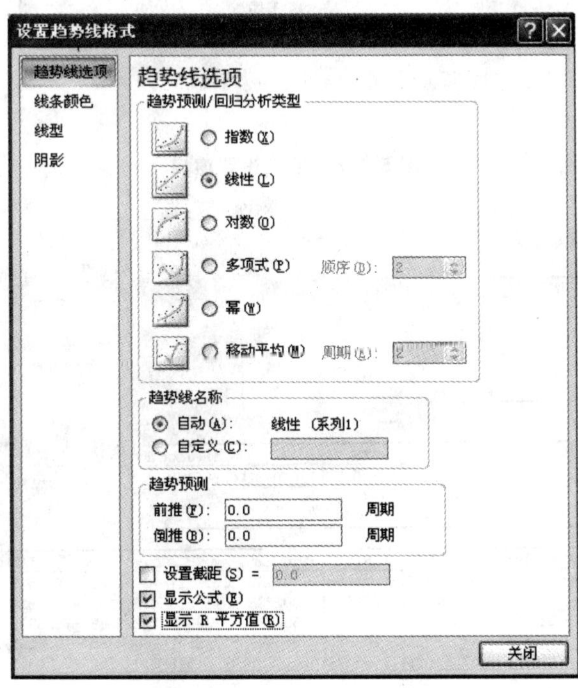

图 5.2.7　设置趋势线窗口

由图 5.2.6 的 b 图可以看出被解释变量利润 y_t 对 t 线性回归的 $R_2=0.434$，所以拟合的效果并不是很好。从图中还可以看出利润 y_t 的变化具有明显的季节趋势，下面分析当加入虚拟变量作解释变量时会有什么结果。

（四）解释变量为时间 t 和虚拟变量

具体操作如下：单击【分析】功能区命令组【数据分析】按钮，在弹出的【数据分析】对话框中双击【回归】选项。则弹出【回归】对话框，按图 5.2.8 所示，进行一系列设定则可得分析结果如图 5.2.9 所示。

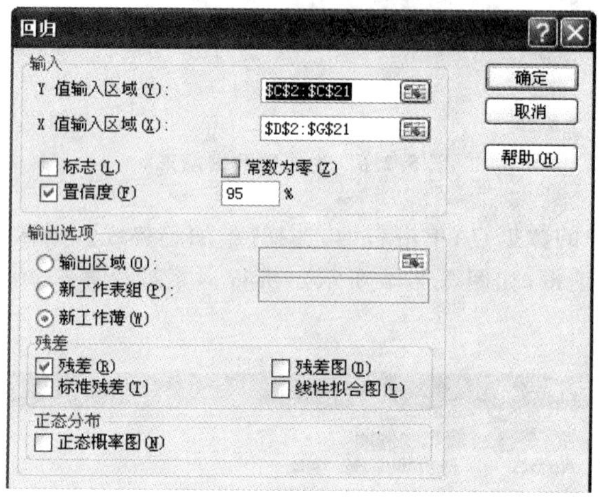

图 5.2.8　回归设置窗口

	A	B	C	D	E	F	G	H	I
1	SUMMARY OUTPUT								
2									
3	回归统计								
4	Multiple	0.807156							
5	R Square	0.651501							
6	Adjusted	0.558568							
7	标准误差	73.9242							
8	观测值	20							
9									
10	方差分析								
11		df	SS	MS	F	gnificance F			
12	回归分析	4	153242.1	38310.52	7.010432	0.002169			
13	残差	15	81971.81	5464.787					
14	总计	19	235213.9						
15									
16		Coefficien	标准误差	t Stat	P-value	Lower 95%	Upper 95%	下限 95.0%	上限 95.0%
17	Intercept	-13.4753	42.24446	-0.31898	0.754137	-103.517	76.56661	-103.517	76.56661
18	X Variabl	10.68486	2.922111	3.656557	0.002338	4.456533	16.9132	4.456533	16.9132
19	X Variabl	22.50886	46.845	0.480497	0.637807	-77.3389	122.3566	-77.3389	122.3566
20	X Variabl	89.80973	47.11762	1.906075	0.075986	-10.6191	190.2385	-10.6191	190.2385
21	X Variabl	128.7363	47.56851	2.706334	0.016251	27.34641	230.1262	27.34641	230.1262

图 5.2.9　回归结果参数表

由回归结果可得回归模型如下：

$$\hat{y}_t = -13.48 + 10.68t + 22.51D_1 + 89.81D_2 + 128.74D_3$$
$$(-0.32)\ (3.66)\ (0.48)\qquad (1.91)\qquad (2.71)$$

$R^2=0.65$，$F=7.01$，$T=20$，$t_{0.025}(15)=2.13$。

可知常数项和 D_1、D_2 的系数没有显著性，说明 2、3 季度可以归并入基础类别，即第 1 季度。于是只考虑加入一个虚拟变量 D_3，把季节因素分为第 4 季度和第 1、2、3 季度两类。从上式中剔除虚拟变量 D_1、D_2 和常数项，重新回归所得结果如图 5.2.10 所示。

	A	B	C	D	E	F	G	H	I
1	SUMMARY OUTPUT								
2									
3	回归统计								
4	Multiple	0.926547							
5	R Square	0.85849							
6	Adjusted	0.795072							
7	标准误差	76.30974							
8	观测值	20							
9									
10	方差分析								
11		df	SS	MS	F	gnificance F			
12	回归分析	2	635886.1	317943.1	54.59959	3.98E-08			
13	残差	18	104817.2	5823.177					
14	总计	20	740703.3						
15									
16		Coefficien	标准误差	t Stat	P-value	Lower 95%	Upper 95%	下限 95.0%	上限 95.0%
17	Intercept	0	#N/A	#N/A	#N/A	#N/A	#N/A	#N/A	#N/A
18	X Variabl	12.56564	1.645738	7.635263	4.73E-07	9.108077	16.02321	9.108077	16.02321
19	X Variabl	92.6916	39.42909	2.350843	0.030328	9.854164	175.529	9.854164	175.529

图 5.2.10 剔除不显著变量之后的回归结果

由回归结果可知，显然整体的显著性明显增加，由上图可得回归方程为：

$$\hat{y}_t = 12.57t + 92.6916D_3$$
$$(7.64)\qquad (2.35)$$

$R^2=0.86$，$F=54.60$，$T=20$，$t_{0.05}(15)=2.13$。

这个回归方程整体是显著的，两个系数也具有显著性。但是我们观察其残差图（图 5.2.11）和残差（图 5.2.12）可以发现残差的变动很有规律，这个回归分析可以告诉我们哪个季节有显著影响，但它可能忽略了周期波动，所以拟合效果不是太理想。

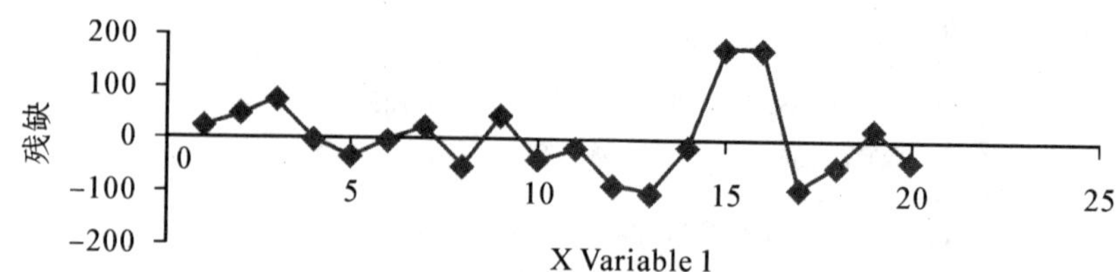

图 5.2.11　残差图

23	RESIDUAL OUTPUT		
24			
25	观测值	预测 Y	残差
26	1	12.56564	23.9943
27	2	25.13129	48.11318
28	3	37.69693	73.40152
29	4	142.9542	-0.67451
30	5	62.82822	-31.8596
31	6	75.39387	-2.12763
32	7	87.95951	24.01852
33	8	193.2168	-49.7855
34	9	113.0908	45.47316
35	10	125.6564	-35.6986
36	11	138.2221	-14.0411
37	12	243.4793	-84.9154
38	13	163.3534	-99.5288
39	14	175.919	-11.3673
40	15	188.4847	172.7505
41	16	293.7419	172.051
42	17	213.616	-90.0908
43	18	226.1816	-47.791
44	19	238.7473	22.0996
45	20	344.0045	-36.6756

图 5.2.12　回归的残差

第三节　季节趋势的消除和季节指数的计算

季节变动是很普遍的现象，季节变动的原因有自然条件，如气候的变化导致时令商品销售的变化；也有社会条件，如节假日对客运量的影响。因此许多经济数据中包含明显的季节变动，消除季节的影响是很重要的，这样可以看到总的趋势。而且许多重要的经济指标是剔除了季节的影响后得到的。

一、移动平均趋势剔除法

下面介绍一种计算季节指数的方法：移动平均趋势剔除法。该方法的基本思想是：先将序列中的长期趋势予以剔除，然后再计算季节指数。

(一)该方法的基本步骤

1. 计算移动平均值(季度数据采用 4 项移动平均，月份数据采用 12 项移动平均)，将结果进行中心化处理，也就是将移动平均的结果再进行一次二项的移动平均，即得出中心化移动平均值(CMA)。

2. 计算移动平均的比值，也称为季节比率，即将序列的各观察值除以相应的中心化移动平均值，然后再计算各比值的季度平均值。

3. 季节指数调整。由于各个季节指数的平均数之和应等于 1 或 100%，若计算的季节比率的平均值之和不等于 1 时，则需调整，调整方法为：将第二步计算的季节比率的平均值除以它们的总平均值。

(二)具体实例

下面以具体例子介绍如何用移动平均趋势剔除法计算季节指数。

【例 5.3.1】用例 5.2.1 中的数据，用移动平均趋势剔除法计算季节指数。

1. 计算移动平均值

单击【数据分析】命令，弹出【数据分析】对话框，如图 5.3.1 所示。

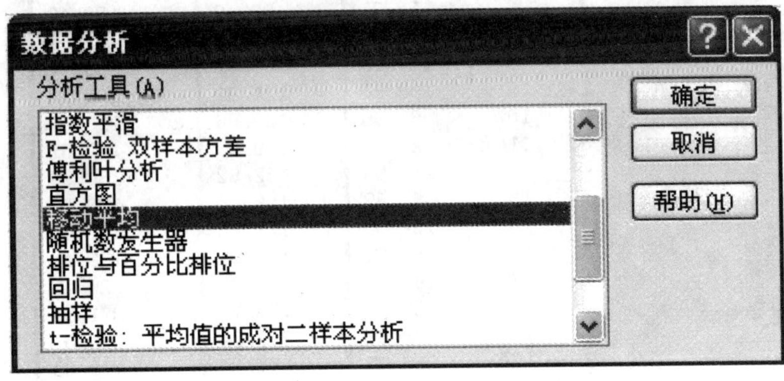

图 5.3.1 数据分析窗口

在【分析工具】栏中选择“移动平均”，弹出【移动平均】对话框如图 5.3.2 中所示。

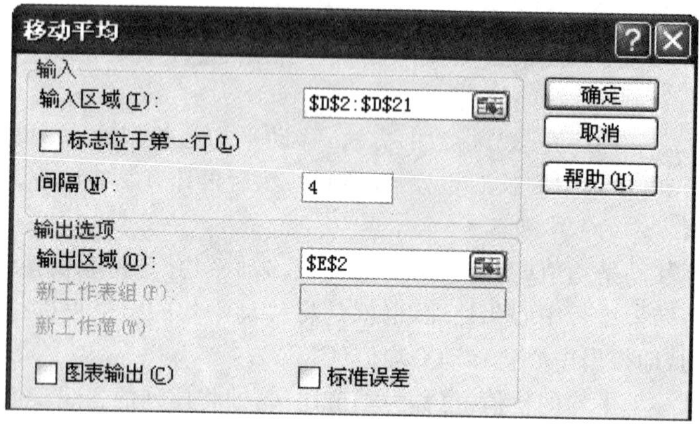

图 5.3.2　移动平均窗口

在【输入区域】中输入“＄D＄2：＄D＄21”，【间隔】输入“4”，【输出区域】中输入“＄E＄2”，单击“确定”，即可得到四项移动平均值，如图 5.3.3 中 E 列所示。

	A	B	C	D	E	F
1	年份	季度	季度序	利润额(千万)Y	四项移动平均	移正平均（CMA）
2	2005	1	1	36.56	#N/A	
3		2	2	73.24	#N/A	
4		3	3	111.10	#N/A	
5		4	4	142.28	90.80	#N/A
6	2006	1	5	30.97	89.40	90.10
7		2	6	73.27	89.40	89.40
8		3	7	111.98	89.62	89.51
9		4	8	143.43	89.91	89.77
10	2007	1	9	158.56	121.81	105.86
11		2	10	89.96	125.98	123.90
12		3	11	124.18	129.03	127.51
13		4	12	158.56	132.82	130.93
14	2008	1	13	63.82	109.13	120.97
15		2	14	164.55	127.78	118.46
16		3	15	361.24	187.04	157.41
17		4	16	465.79	263.85	225.45
18	2009	1	17	123.53	278.78	271.31
19		2	18	178.39	282.24	280.51
20		3	19	260.85	257.14	269.69
21		4	20	307.33	217.52	237.33

图 5.3.3　移动平均的计算结果

用同样的方法，将移动平均的结果再进行一次二项的移动平均，【移动平均】对话框的信息设置如图 5.3.4 所示，就得到移正平均值 CMA 了，如图 5.3.3中区域 F 列所示。

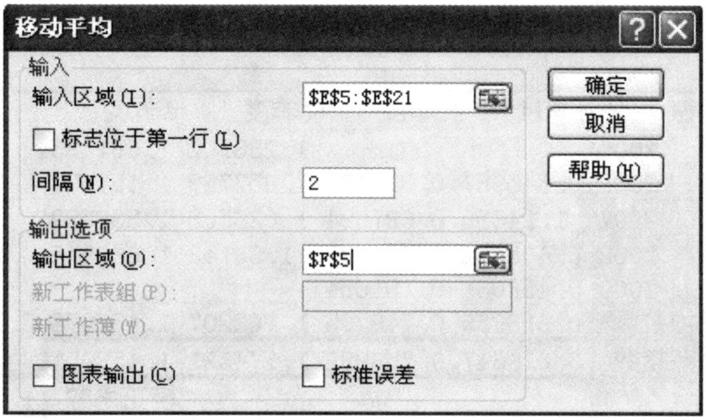

移动平均
输入
输入区域(I): $E$5:$E$21
标志位于第一行(L)
间隔(N): 2
输出选项
输出区域(O): $F$5
新工作表组(P):
新工作薄(W)
图表输出(C)
标准误差
确定
取消
帮助(H)

图 5.3.4　第二次移动平均计算设置

2. 计算移动平均的比值(即 Y/CMA)

首先将区域 E5:F21 中数据上移两行，然后在单元格 G4 中输入公式"=D4/F4"，利用自动填充功能复制到区域 G5:G21，所得结果如图 5.3.5 所示。

	A	B	C	D	E	F	G
1	年份	季度	季度序号	利润额(千万)Y	四项移动平均	移正平均 (CMA)	比值 (Y/CMA)
2	2005	1	1	36.56			
3		2	2	73.24	90.80		
4		3	3	111.10	89.40	90.10	1.233102124
5		4	4	142.28	89.40	89.40	1.591486042
6	2006	1	5	30.97	89.62	89.51	0.345966722
7		2	6	73.27	89.91	89.77	0.816181607
8		3	7	111.98	121.81	105.86	1.057789202
9		4	8	143.43	125.98	123.90	1.157671383
10	2007	1	9	158.56	129.03	127.51	1.243559607
11		2	10	89.96	132.82	130.93	0.687093905
12		3	11	124.18	109.13	120.97	1.026507546
13		4	12	158.56	127.78	118.46	1.338588579
14	2008	1	13	63.82	187.04	157.41	0.405461807
15		2	14	164.55	263.85	225.45	0.729889417
16		3	15	361.24	278.78	271.31	1.331429989
17		4	16	465.79	282.24	280.51	1.660544751
18	2009	1	17	123.53	257.14	269.69	0.458030807
19		2	18	178.39	217.52	237.33	0.751653534
20		3	19	260.85			
21		4	20	307.33			

图 5.3.5　计算移动平均的比值

3. 计算季度平均值

将计算出的移动平均值按照图 5.3.6 的形式排好，然后在单元格 I7 中输入公式"＝AVERAGE(I2:I6)"，并向右复制到 L7，得各季度平均值，如图 5.3.6中区域 I7:L7 所示。

	H	I	J	K	L	M
1	年份	1季度	2季度	3季度	4季度	
2	2005			1.233102	1.591486	
3	2006	0.345967	0.816182	1.057789	1.157671	
4	2007	1.24356	0.687094	1.026508	1.338589	
5	2008	0.405462	0.729889	1.33143	1.660545	
6	2009	0.458031	0.751654			
7	平均数	0.613255	0.746205	1.162207	1.437073	3.958739
8	季节指数	0.619647	0.753982	1.174321	1.452051	4
9					校正系数	1.010423
10						

图 5.3.6　计算季度平均值

4. 季度因子校正

因 4 个季度的平均值之和不等于 4，需要进行校正，在单元格 M8 中输入"4"，在单元格 M9 中输入公式"＝M8/M7"，即得校正系数为 1.010423。

5. 季节指数的计算

在单元格 I8 中输入公式"＝I7 * $M$9"，然后复制到 L8 即得各季校正后的季节指数。

最终结果如图 5.3.6 所示。从得到的季节指数可以看出，西山煤电的利润额具有季节性，第 1、2 季度的利润额比较低，3、4 季度的利润额比较高，尤其是第 4 季度。

二、季节变动的调整

测定季节变动的目的之一就是将其从时间序列中予以剔除，以便分析时间序列的其他特征。下面介绍两种消除季节变动的方法。

(一)乘法模型

计算公式为：

$$\frac{Y}{S}=\frac{T\times S\times C\times I}{S}=T\times C\times I$$

其中 Y 为时间序列，S 为季节指数。在乘法模型中各个构成部分之间存在着相互影响的关系，互不独立，因此 $Y=T\times S\times C\times I$，其中 T 表示趋势因素，S 是季节因素，C 是周期性因素，I 为随机因素。

（二）加法模型

计算公式为：

$$Y-S=T+S+C+I-S=T+C+I$$

其中 Y 为时间序列，S 为季节变差。在加法模型中各个构成部分对时间序列的影响是可加的，并且是相互独立的。因此 $Y=T+S+C+I$，其中 T 表示趋势因素，S 是季节因素，C 是周期性因素，I 为随机因素。

【例 5.3.2】利用例 5.2.1 中的数据说明如何进行季节变动的调整。

在例 5.3.1 中我们已经计算出了季节指数，在这就不再作介绍了，下面具体介绍如何求得季节变差。

1. 季度偏差的计算

利用例 5.3.1 中已求得的四项移动平均值和移正平均值(CMA)，如图 5.3.7 所示。在单元格 G4 中输入公式"＝D4－F4"，然后利用自动填充功能向下复制到区域 G5:G19，结果如图 5.3.7 中的 G 列所示。

	A	B	C	D	E	F	G
1	年份	季度	季度序号	利润额（千万）Y	四项移动平	移正平均（CMA）	差值（Y-CMA）
2	2005	1	1	36.56			
3		2	2	73.24	90.80		
4		3	3	111.10	89.40	90.10	21.00
5		4	4	142.28	89.40	89.40	52.88
6	2006	1	5	30.97	89.62	89.51	-58.54
7		2	6	73.27	89.91	89.77	-16.50
8		3	7	111.98	121.81	105.86	6.12
9		4	8	143.43	125.98	123.90	19.53
10	2007	1	9	158.56	129.03	127.51	31.06
11		2	10	89.96	132.82	130.93	-40.97
12		3	11	124.18	109.13	120.97	3.21
13		4	12	158.56	127.78	118.46	40.11
14	2008	1	13	63.82	187.04	157.41	-93.59
15		2	14	164.55	263.85	225.45	-60.90
16		3	15	361.24	278.78	271.31	89.92
17		4	16	465.79	282.24	280.51	185.29
18	2009	1	17	123.53	257.14	269.69	-146.16
19		2	18	178.39	217.52	237.33	-58.94
20		3	19	260.85			
21		4	20	307.33			

图 5.3.7 季度偏差的计算

2. 季度变差的计算

把计算出的差值按照图 5.3.8 的形式排好，然后在单元格 J7 中输入公式“＝AVERAGE(J2:J6)”，向右复制到区域 K7:M7，得到各季度的变差，如图 5.3.8 中的第 7 行所示。

3. 校正系数的计算

在单元格 N7 中输入公式“＝SUN(J7:M7)”可得四个季度的变差平均值之和不等于 0，所以要进行校正。在单元格 N9 中输入公式“＝N7/4”，即得到校正系数为“－1.6554”。

4. 校正季节变差

在单元格 J8 中输入公式“J7－＄N＄9”，然后复制到区域 K8:M8，即得到校正过的季节变差，如图 5.3.8 所示。

	I	J	K	L	M	N
1	年份	1季度	2季度	3季度	4季度	
2	2005			21.00174	52.87916	
3	2006	-58.5446	-16.5008	6.11759	19.5349	
4	2007	31.05583	-40.9673	3.206731	40.10788	
5	2008	-93.5875	-60.8958	89.92149	185.2868	
6	2009	-146.162	-58.9403			
7	未校正变差	-66.8096	-44.326	30.06189	74.45219	-6.62159
8	校正变差	-65.1542	-42.6706	31.71728	76.10759	0
9						-1.6554
10						

图 5.3.8　季度变差的计算

5. 根据季节指数和季节变差调整原序列

把数据整理为如图 5.3.9 所示，在单元格 E2 中输入公式“＝C2/D2”，然后复制到区域 E3:E21，即可得用乘法模型调整后的利润额；在单元格 G2 中输入公式“＝C2－F2”，然后复制到区域 G3:G21，即可得用加法模型调整后的利润额。

	A	B	C	D	E	F	G
1	年份	季度	利润额(千万)Y	季节指数S_1	调整后的利润额(Y/S_1)	季节变差S_2	调整后的利润额($Y-S_2$)
2	2005	1	36.56	0.619647	59.00130059	-65.1542	101.71
3		2	73.24	0.753982	97.14351326	-42.6706	115.92
4		3	111.10	1.174321	94.60658005	31.71728	79.38
5		4	142.28	1.452051	97.98532356	76.10759	66.17
6	2006	1	30.97	0.619647	49.97782291	-65.1542	96.12
7		2	73.27	0.753982	97.1723905	-42.6706	115.94
8		3	111.98	1.174321	95.35559193	31.71728	80.26
9		4	143.43	1.452051	98.77836858	76.10759	67.32
10	2007	1	158.56	0.619647	255.8942273	-65.1542	223.72
11		2	89.96	0.753982	119.3103076	-42.6706	132.63
12		3	124.18	1.174321	105.7471068	31.71728	92.46
13		4	158.56	1.452051	109.2000064	76.10759	82.46
14	2008	1	63.82	0.619647	103.0016178	-65.1542	128.98
15		2	164.55	0.753982	218.2435582	-42.6706	207.22
16		3	361.24	1.174321	307.6120681	31.71728	329.52
17		4	465.79	1.452051	320.7828042	76.10759	389.69
18	2009	1	123.53	0.619647	199.3477724	-65.1542	188.68
19		2	178.39	0.753982	236.5979198	-42.6706	221.06
20		3	260.85	1.174321	222.1257736	31.71728	229.13
21		4	307.33	1.452051	211.6516068	76.10759	231.22

图 5.3.9　序列的季节调整

第四节　含虚拟变量的回归分析与方差分析的关系

在介绍含虚拟变量的回归分析与方差分析的关系之前，简单介绍下什么是方差分析。

在科学实验或生产实践中，任何事物总是受到很多因素的影响，利用实验数据分析各个因素对某事物的影响是否显著，所采用的一种有效方法就是方差分析。如果只考虑一个因素对所考察的某事物是否有显著影响，则称其为单因素方差分析；如果考虑多个因素对所考察的某事物是否有显著影响，则称其为多因素方差分析。

一、单因素方差分析

单因素方差分析是按照因素的不同取值将样本分为几组，检验这几组被解释变量的均值是否相等。如果相等，就认为该因素对被解释变量无显著影响，反之则认为该因素对被解释变量产生了显著影响。

单因素方差分析，在 Excel 中可以借助“数据分析”功能中的“方差分析：

单因素方差分析”工具完成。下面我们通过一个例子来介绍具体的操作方法。

【例 5.4.1】某商店采用不同的推销方式来推销商品。随机抽取样本，得到如图 5.4.1 中的样本数据，对其进行方差分析。

C10

	A	B	C	D	E	F
1	方式一	方式二	方式三	方式四		
2	77	95	72	80		
3	86	92	77	84		
4	80	82	68	79		
5	88	91	82	70		
6	84	89	75	82		
7						

图 5.4.1　例 5.4.1 的数据

可以通过以下步骤实现单因素分析：

(一)数据分析

单击【数据分析】命令，则弹出【数据分析】对话框，如图 5.4.2 所示。

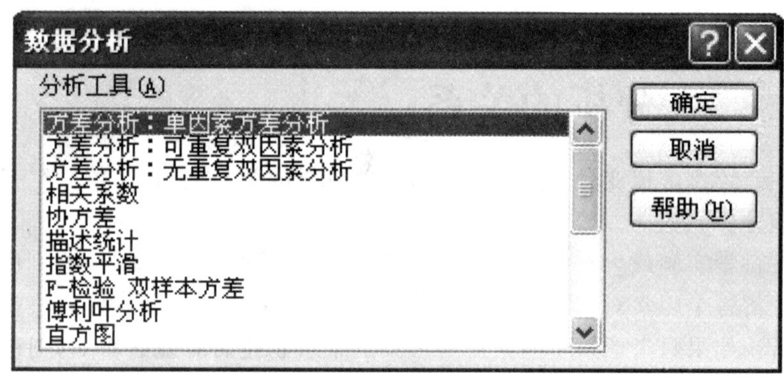

图 5.4.2　数据分析窗口

(二)方差分析

在【分析工具】列表中选择“方差分析：单因素方差分析”，然后单击【确定】按钮，弹出【方差分析：单因素方差分析】对话框，如图 5.4.3 所示。在【输入区域】输入数据源，本例输入“＄A＄2：＄D＄6”。在【分组方式】那里选择按“列”还是“行”分组，本例选择“列”。

不勾【标志位于第一行】栏，只有当输入区域包含标志时才点此选项，由于本例的输入区域不包含标志，所以不用选此复选框。在【输出区域】栏选“＄A

$ 9”(见图 5.4.3)。

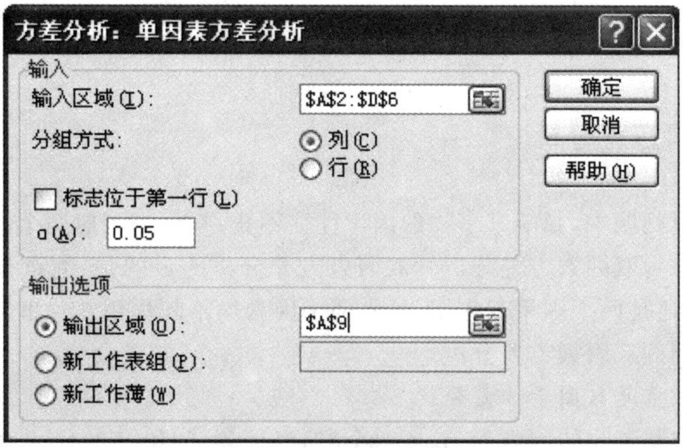

方差分析：单因素方差分析

输入
输入区域(I): $A$2:$D$6
分组方式: ⊙列(C) ○行(R)
□标志位于第一行(L)
α(A): 0.05

输出选项
⊙输出区域(O): $A$9
○新工作表组(P):
○新工作薄(W)

确定 取消 帮助(H)

图 5.4.3 方差分析窗口

(三)结果输出

单击【确定】按钮,即可得如图 5.4.4 所示的结果。输出结果表明:对于给

	A	B	C	D	E	F	G
1	方式一	方式二	方式三	方式四			
2	77	95	72	80			
3	86	92	77	84			
4	80	82	68	79			
5	88	91	82	70			
6	84	89	75	82			
7							
8							
9	方差分析：单因素方差分析						
10							
11	SUMMARY						
12	组	观测数	求和	平均	方差		
13	列 1	5	415	83	20		
14	列 2	5	449	89.8	23.7		
15	列 3	5	374	74.8	27.7		
16	列 4	5	395	79	29		
17							
18							
19	方差分析	平方和	自由度	平均平方和	F值	P值	临界值
20	差异源	SS	df	MS	F	P-value	F crit
21	组间	610.95	3	203.65	8.113546	0.001644	3.238872
22	组内	401.6	16	25.1			
23							
24	总计	1012.55	19				

图 5.4.4 方差分析结果

定的显著性水平 $\alpha=0.05$，$F_{\alpha}=3.2389$，由样本观察值计算得到的 $F(8.1135)$ 值大于临界值，所以拒绝原假设，也就是说不同的推销方式对销售量有显著的影响。

二、双因素方差分析

在实际问题中，影响某事物的因素往往不止一个，当考虑两个因素对事物的影响时称为双因素方差分析。双因素方差分析的目的是：究竟是一个因素在起作用，还是两个因素起作用，还是两个因素均不起作用？这里考察的是没有交互影响的双因素方差分析。

（一）无重复双因素方差分析

当影响某事物的因素为 A、B 两个时，对因素 A 和 B 的每一水平组合只作一次实验，假定所有的实验都是独立的，这便是无重复的实验设计，应采用无重复双因素方差分析。

下面以具体例子介绍如何用 Excel 进行无重复双因素方差分析。

【例 5.4.2】某商店在五个不同地区（因素 A），有五种不同的包装方式（因素 B）销售商品，现在从每个地区随机抽取一个规模相同的市场，得到该商品不同包装的销售资料，如图 5.4.5 所示。具体操作如下：

	A	B	C	D	E	F	G
1	某商品不同地区包装的销售资料						
2			包装方式（B）				
3			B1	B2	B3	B4	B5
4	销售地区（A）	A1	20	12	20	10	14
5		A2	22	10	20	12	6
6		A3	24	14	18	18	10
7		A4	16	4	8	6	18
8		A5	26	22	16	20	10
9							

图 5.4.5　例 5.4.2 的数据

单击【数据分析】命令，弹出【数据分析】对话框如图 5.4.6 所示。

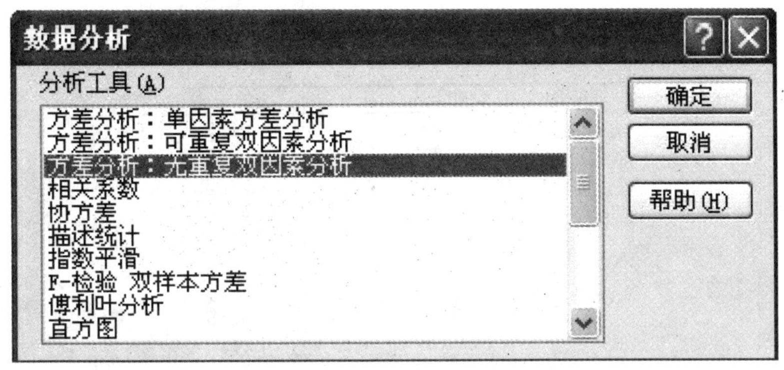

图 5.4.6 数据分析窗口

在【分析工具】列表中选择“方差分析:无重复双因素分析”，单击【确定】按钮，弹出【方差分析:无重复双因素分析】对话框，如图 5.4.7 所示。

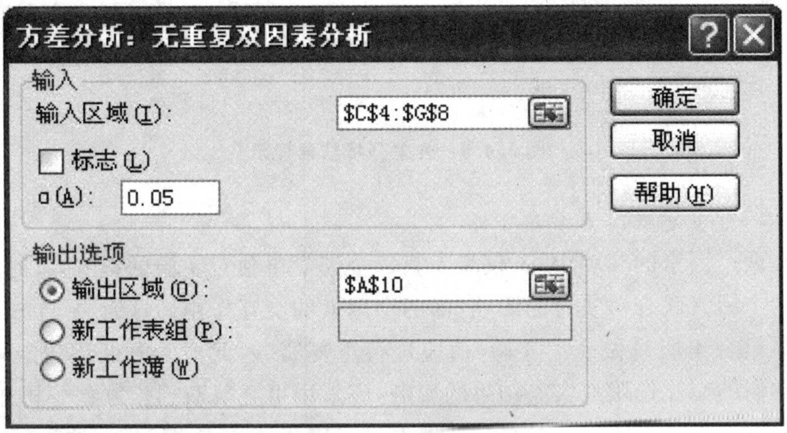

方差分析：无重复双因素分析
输入
输入区域(I): $C$4:$G$8
标志(L)
α(A): 0.05
输出选项
输出区域(O): $A$10
新工作表组(P):
新工作薄(W)
确定
取消
帮助(H)

图 5.4.7 方差分析窗口

按图 5.4.7 中的参数进行设置，单击【确定】之后即可得如图 5.4.8 所示的结果。

首先来看销售地区对商品销售量的影响:对于给定的显著水平 $\alpha=0.05$，临界值 $F=3.006$。由样本观察值计算得到的 F 值 2.303 小于临界值，说明不同的销售区域对商品的销售量没有显著性影响。包装方式对销售量的影响:样本观察值计算得到的 F 值 3.874 大于临界值，所以不同的包装方式对商品的销量具有显著影响。

	A	B	C	D	E	F	G
10	方差分析：无重复双因素分析						
11							
12	SUMMARY	观测数	求和	平均	方差		
13	行 1	5	76	15.2	21.2		
14	行 2	5	70	14	46		
15	行 3	5	84	16.8	27.2		
16	行 4	5	52	10.4	38.8		
17	行 5	5	94	18.8	37.2		
18							
19	列 1	5	108	21.6	14.8		
20	列 2	5	62	12.4	42.8		
21	列 3	5	82	16.4	24.8		
22	列 4	5	66	13.2	33.2		
23	列 5	5	58	11.6	20.8		
24							
25							
26	方差分析						
27	差异源	SS	df	MS	F	P-value	F crit
28	行	199.36	4	49.84	2.303142	0.103195	3.006917
29	列	335.36	4	83.84	3.874307	0.021886	3.006917
30	误差	346.24	16	21.64			
31							
32	总计	880.96	24				

图 5.4.8　方差分析结果显示

（二）可重复双因素方差分析

在两个因素的实验中，不仅需考察每个因素单独对实验的影响，有时还要研究两个因素联合对实验的影响，即两个因素的交互作用。这时 A 与 B 的各种水平组合不能只做一次实验，而应进行重复实验，此时为判断因素 A 和 B 以及它们的交互作用对实验结果的影响，应采用可重复双因素方差分析。

在 Excel 中的具体操作方法与无重复双因素方差分析类似，这里就不再进行具体介绍了。

三、含虚拟变量的回归分析与方差分析的关系

在只含虚拟变量的回归方程中，由于没有其他变量，各回归系数表现十分单纯，回归常数项就是被解释变量的平均值。我们以例 5.1.1 中的数据说明含虚拟变量的回归分析和方差分析的关系，这里只考虑代表受教育程度的四个虚拟变量 DX21、DX22、DX23、DX24 的回归模型，利用 Excel 回归分析所得结果如图 5.4.9 所示。

21	SUMMARY OUTPUT							
22								
23	回归统计							
24	Multiple	0.886362						
25	R Square	0.785638						
26	Adjusted	0.707688						
27	标准误差	0.615457						
28	观测值	16						
29								
30	方差分析							
31		df	SS	MS	F	gnificance F		
32	回归分析	4	15.27083	3.817708	10.07875	0.001115		
33	残差	11	4.166667	0.378788				
34	总计	15	19.4375					
35								
36		Coefficien	标准误差	t Stat	P-value	Lower 95%	Upper 95%	下限 95.0%	上限 95.0%
37	Intercept	4.5	0.435194	10.34021	5.29E-07	3.542144	5.457856	3.542144	5.457856
38	X Variabl	-1.5	0.561833	-2.66983	0.021801	-2.73659	-0.26341	-2.73659	-0.26341
39	X Variabl	-2.5	0.533002	-4.69042	0.00066	-3.67313	-1.32687	-3.67313	-1.32687
40	X Variabl	-2.83333	0.561833	-5.04301	0.000376	-4.06992	-1.59675	-4.06992	-1.59675
41	X Variabl	-3	0.533002	-5.6285	0.000154	-4.17313	-1.82687	-4.17313	-1.82687

图 5.4.9 例 5.1.1 中带有虚拟变量的回归结果

所以，回归方程为：

$$Y=4.5-1.5\ DX_{21}-2.5\ DX_{22}-2.83\ DX_{23}-3\ DX_{24}$$

$$(10.34)(-2.67)(-4.70)\quad(-5.04)\quad(-5.63)$$

上式中常数项 $\beta_0=4.5$ 表示文盲、半文盲的父母所生子女数的平均值。其他教育水平类的父母平均所生子女则通过基础类别的平均值加上相应差值 $(\beta_0+\beta_i)$ 来实现。如果一个回归方程中只含有虚拟变量而且这些虚拟变量都代表某个原变量的不同类别，那么这个回归分析的整体检验等价于单因素方差分析，它的回归系数检验等价于不同类别与基础类别平均值之差的 t 检验。在方差分析中称原分类变量（此例中为受教育程度）为因素。

下面再来看方差分析的情况，在 Excel 中进行方差分析时，首先要根据分类变量对分析变量进行分组，如图 5.4.10 所示，然后才能进行方差分析，分析结果如图 5.4.11 所示。

比较回归分析结果和方差分析结果可以看出，两个分析的结果是一样的，组间方差相当于回归平方和，组内方差相当于残差，P 值就是回归结果中方差分析的显著水平。

如果一个回归分析中只有两个因素形成的虚拟变量，在本例中只将代表受教育程度和居住地的所有虚拟变量纳入回归分析，那么这一回归分析与不考虑交互影响的双因素方差分析等价。

	A	B	C	D	E
1	受不同教育水平的所生子女数				
2	文盲或半文盲	小学	初中	高中	大学
3	4	3	1	1	1
4	5	3	2	2	1
5		3	2	2	2
6			3		2
7					
8					

图 5.4.10 变量分组

9	方差分析：单因素方差分析						
10							
11	SUMMARY						
12	组	观测数	求和	平均	方差		
13	列 1	2	9	4.5	0.5		
14	列 2	3	9	3	0		
15	列 3	4	8	2	0.666667		
16	列 4	3	5	1.666667	0.333333		
17	列 5	4	6	1.5	0.333333		
18							
19							
20	方差分析						
21	差异源	SS	df	MS	F	P-value	F crit
22	组间	15.27083	4	3.817708	10.07875	0.001115	3.35669
23	组内	4.166667	11	0.378788			
24							
25	总计	19.4375	15				

图 5.4.11 方差分析结果

在因素的数目较少，各因素的类别较少且可以忽略交互影响时，回归分析比较适合，不仅是由于回归分析本身应用的普遍性，而且还因为它一次回归同时解决了方差、计算各类平均值与基础类别平均值之差(即虚拟变量回归系数)，并对其完成了检验。但如果因素数目较多，各因素的类别较多且不能忽略交互影响时，方差分析法比较适合，因为它不用建立虚拟变量，可以直接按原分类变量的编码进行分类和分析，而且可以按照用户要求规定模型中包含的各交互项。

第六章

联立方程组模型

第一节　联立方程组模型基本概念

一、联立方程组模型

在经济社会中，经济变量之间的关系是比较复杂的，每一个经济变量都可能受到许多其他经济变量的影响，或者说是可以被许多其他经济变量所解释，对其他经济变量施加影响的变量也可能会同时受到其所解释的变量影响。因此，有许多刻画经济行为的模型都包括不止一个被解释变量，这就需要建立联立方程组模型。如描述股票平均价格与交易数量的联立方程组(6.1.1)式，就是 个简单的二元线性联立方程组。

$$\begin{cases} P_t = aV_t + bP_{t-1} + \varepsilon_{1t} \\ V_t = cP_t + dV_{t-1} + \varepsilon_{2t} \end{cases} \tag{6.1.1}$$

二、内生变量和外生变量

上式中，P_t 与 V_t 由模型的方程确定，这种变量被称为内生变量；另两个变量 P_{t-1} 和 V_{t-1} 事实上在求解本期问题之前即已确定，被称为先决变量中的内生滞后变量；此外，还有上式中并未包括的一类变量，即完全由模型外部确定取值的变量，称为外生变量；外生变量和滞后的内生变量统称为先决变量。

三、联立方程组的结构式与简化式

将内生变量表现为其他内生变量、先决变量与随机误差项的函数的联立方程组，进而表述完整经济结构的模型叫结构式模型，如式(6.1.1)所示；而将结构式模型中的内生变量表示为仅有先决变量和随机误差项的函数模型叫简化式模型，如式(6.1.2)所示。

$$\begin{cases} P_t = a'V_{t-1} + b'P_{t-1} + u_{1t} \\ V_t = c'P_{t-1} + d'V_{t-1} + u_{2t} \end{cases} \tag{6.1.2}$$

两个联立方程组的系数之间满足以下关系：$a' = \dfrac{b}{1-ac}$，$b' = \dfrac{ad}{1-ac}$，$c' = \dfrac{bc}{1-ac}$，$d' = \dfrac{d}{1-ac}$，$u_{1t} = \dfrac{1}{1-ac}\varepsilon_{1t} + \dfrac{a}{1-ac}\varepsilon_{2t}$，$u_{2t} = \dfrac{c}{1-ac}\varepsilon_{1t} + \dfrac{1}{1-ac}\varepsilon_{2t}$。

一般来说，我们称下式为联立方程组的结构式模型：

$$\boldsymbol{Y} \cdot \boldsymbol{A} = \boldsymbol{X} \cdot \boldsymbol{\Gamma} + \boldsymbol{E} \tag{6.1.3}$$

其中：$\boldsymbol{E} = (\varepsilon_{1t}, \cdots, \varepsilon_{Mt})$是按行排列的 M 个随机误差的行向量，这里每个随机误差项都是列向量；$\boldsymbol{Y} = (Y_{1t}, \cdots, Y_{Mt})$是按行排列的 M 个内生变量的行向量，这里每个内生变量的观察值都组成列向量；$\boldsymbol{X} = (X_{1t}, \cdots, X_{Kt})$是按行排列的 K 个先决变量的行向量，这里每个先决变量的观察值都组成列向量。

$\boldsymbol{A} = \begin{pmatrix} 1 & \cdots & a_{M1} \\ \vdots & \ddots & \vdots \\ a_{1K} & \cdots & 1 \end{pmatrix}$是联立方程组结构式模型中内生变量的系数所组成的 M 阶方阵，是非奇异的，而且其对角线位置上都是单位 1，如果不是这样，我们总能用第 i 个方程都除以该方程中第 i 个内生变量的系数而做到这一点。

$\boldsymbol{\Gamma} = \begin{pmatrix} \gamma_{11} & \cdots & \gamma_{M1} \\ \vdots & \ddots & \vdots \\ \gamma_{1K} & \cdots & \gamma_{MK} \end{pmatrix}$是联立方程组结构式模型中 K 个先决变量的系数所组成的矩阵，其中 $K = H - M$，H 为联立方程组模型中变量的总数。

最后提请注意的是，本书中的向量如果没有特别说明的时候，都指的是列向量。在尚未考虑变量的观察值时，$\boldsymbol{E} = (\varepsilon_{1t}, \cdots, \varepsilon_{Mt})$、$\boldsymbol{Y} = (Y_{1t}, \cdots, Y_{Mt})$和 $\boldsymbol{X} = (X_{1t}, \cdots, X_{Kt})$其实都分别是按行排列的列向量，或者说是矩阵。

只要(6.1.3)式中的 $\boldsymbol{A}$ 是非奇异的，我们就可以由(6.1.3)式解得：

$$Y = X \cdot \Gamma \cdot A^{-1} + E \cdot A^{-1} \tag{6.1.4}$$

通常我们记：

$$\Pi = \Gamma \cdot A^{-1}, U = E \cdot A^{-1} \tag{6.1.5}$$

我们称下式为联立方程组的简约式模型：

$$Y = X \cdot \Pi + U \tag{6.1.6}$$

简约式模型是解出模型参数估计值的关键，所以，我们针对(6.1.16)式可以给出联立方程组关于随机误差向量的假设：

$$E(U) = E(E \cdot A^{-1}) = E(E)A^{-1} = 0 \tag{6.1.7}$$

$$E(U^T U) = (A^{-1})^T E(E^T E) A^{-1} = \sigma_\varepsilon^2 (A \cdot A^T)^{-1} = \sigma_U^2 I \tag{6.1.8}$$

其中带标的向量和矩阵都指的是转置运算。

第二节　联立方程组模型的识别

一、什么联立方程组模型的识别

联立方程组模型的识别问题是看能否从所估计的简化式模型的参数估计中求得结构式模型参数的数值估计。

如果联立方程组模型中某个结构式方程的参数估计值，在已知简化式模型估计值的基础上，能够通过两种模型参数关系体系求解出来，那么，我们就称该方程是可识别的，反之方程不可识别。如果求解出结构式方程拥有唯一一组参数估计值，则该方程恰好识别；如果拥有有限多组估计值，则该方程过度识别。

如果联立方程组模型中每个方程都是可识别的，那么这个模型就是可识别的，否则模型不可识别。

二、识别条件

(一)联立方程组模型识别的阶条件

由于简约式模型本身有时都是很难由结构式模型得到的，所以，从结构式模型来探讨模型与方程的识别问题是更直接的方法。识别条件可以分为阶条件与秩条件，其中阶条件是方程是否可识别的必要条件，秩条件为方程是否可识别的充要条件。

一般情况下，阶条件也可以用来判断结构式模型的方程是否能够识别。阶条件的识别规则为：

1. 如果在联立方程组的某个结构方程式中，它所不包含的变量总数等于模型中方程的数目减 1 的话，我们就说该方程是可确切识别的。也即若 $H-G_i=m-1$，则该方程是恰好可识别的。

2. 如果在联立方程组的某个结构方程式中，它所不包含的变量总数大于模型中方程的数目减 1 的话，我们就说该方程是可过度识别的。也即若 $H-G_i>m-1$，则该方程是可过度识别的。

3. 如果在联立方程组的某个结构方程式中，它所不包含的变量总数小于模型中方程的数目减 1 的话，我们就说该方程是不可识别的。也即若 $H-G_i<m-1$，则该方程是不可识别的。

其中 H 为模型中变量的总数(包括内生变量和先决变量)；G_i 为第 i 个结构方程所包含的变量总数(包括内生变量和先决变量)；m 为模型中内生变量的总数。如果联立方程组中的每一个方程都是可识别的，包括可确切识别的和可过度识别的，那么，我们就说该联立方程组模型是可识别的。如果联立方程组中有一个方程是不可识别的，那么，我们就说该联立方程组模型是不可识别的。

上述的识别条件 1 也可以简化为：对联立方程组中的任意一个结构性方程而言，如果该方程所不包含的外生变量个数等于该方程所包含的内生变量个数减 1，则该方程就是可确切识别的。因为 $H-G_i$ 意味着第 i 个结构性方程不包含的变量总数，这可以被分解为两部分：第一部分是“该方程所不包含的外生变量个数”，第二部分是第 i 个结构性方程不包含的内生变量总数，第二部分移到 $H-G_i=m-1$ 的右端与 m 合并之后就成为“该方程所不包含的内生变量个数”，于是，左端剩下的第一部分也即“该方程所不包含的外生变量个数”=“该方程所不包含的内生变量个数”减 1。

(二)联立方程组模型识别的秩条件

因阶条件为模型识别的必要条件，并不完全能够保证方程识别，此时就需要用到模型识别的充要条件——秩条件，其识别过程如下：

1. 写出第 i 个方程的识别矩阵，即写出结构式模型对应的参数矩阵(常数项引入虚拟变量)，删去第 i 个结构方程对应系数所在行——第 i 行，删去第 i 行中非零系数所在的列。

2. 把剩余元素按原次序构成的矩阵即为第 i 个方程的识别矩阵，方程识别的秩条件为该识别矩阵的秩是否等于模型中内生变量总个数减1，即 $m-1$。

此条件为方程是否可以识别的充要条件，如条件成立，方程即可识别；反之，不可识别。在方程可识别的基础上，运用阶条件可以判断出方程为恰好识别还是过度识别。如果可识别模型中的方程均恰好识别，则模型为恰好识别，否则模型过度识别。

第三节　联立方程组模型的估计

一、估计方法

所谓的估计仅限于联立方程模型能够被恰好识别或过度识别，对于不可识别的方程无法估计。对于恰好识别模型，最适合的方法为间接最小二乘法(ILS)；对于过度识别的模型，我们一般使用两阶段最小二乘法(2SLS)。

二、间接最小二乘法

对于恰好识别结构式模型，因解释变量中包含内生变量，直接使用最小二乘法，估计会出现偏差，先使用最小二乘法对简化式模型进行估计，通过简化式模型估计量与结构式模型估计量的关系式，求得结构式模型参数估计量。整个过程就叫间接最小二乘法。

三、两阶段最小二乘法

对于过度识别的模型，因简化式参数与结构式参数关系式的个数多于结构式参数的个数，故通过简化式无法给出结构式参数的唯一估计值，所以无法使用 ILS 法，此时多采用两阶段最小二乘法。

应用两阶段最小二乘法时，首先求得原模型的简化式；然后用普通最小二乘法(OLS)求出简化式参数的估计量；最后把出现在结构方程右端的内生变量分别用之前求得的简化式估计量替代，对结构方程应用 OLS 法，求出结构参数的估计量。

第四节　Excel估计联立方程组模型的应用实例

由于联立方程组模型的估计是建立在识别的基础上，所以如果需要对模型估计，就不允许出现模型不可识别的情况，在这种情况下，仅运用方程识别的阶条件也能对方程进行识别。在识别基础上选择间接最小二乘法(ILS)或两阶段最小二乘法(2SLS)对模型进行估计。

一、股票收益率与债券收益率之间关系的联立方程组模型

(一)模型的建立

股票收益率和债券收益率之间的关系可用下面两个方程的方程组表示：

$$\begin{cases} R_{Bt}=\gamma_1+\gamma_2 R_{St}+\gamma_3 I_t+\mu_{1t} \\ R_{St}=\delta_1+\delta_2 R_{Bt}+\delta_3 E_t+\mu_{2t} \end{cases} \tag{6.4.1}$$

其中，R_{Bt}为债券收益率(取中信标普国债指数收益率)；R_{St}为股票收益率(选取深发展A复权股价年收益率)；E_t为股票对应上市公司前一年度的经营业绩指标(选取深发展A年营业利润增长率)；I_t指预期通货膨胀率(取CPI年度增长率)。

R_{Bt}与R_{St}为内生变量，E_t与I_t为外生变量。

(二)模型的识别

首先在Excel表A1:E1和A2:D3区域中输入相关信息和已知条件，如图6.4.1。

	A	B	C	D	E
1	方程序号	H	G_i	m-1	识别情形
2	①	4	3	1	
3	②	4	3	1	

图6.4.1　识别条件中的变量个数

然后，根据方程识别的阶条件，在E2单元格中输入判断函数公式，运用真假值判断函数IF进行嵌套判断，如图6.4.2。

将鼠标指向E2单元格右下角黑色方块上，出现“+”时点击鼠标左键不放向下拖动扩展单元格至所有需要判断的方程行，Excel自动填充公式对每

=IF((B2-C2)=D2,"恰好识别",IF((B2-C2)>D2,"过度识别",IF((B2-C2)<D2,"不可识别")))

图 6.4.2

一行进行判断,结果如图 6.4.3:

	A	B	C	D	E
1	方程序号	H	G_i	m-1	识别情形
2	①	4	3	1	恰好识别
3	②	4	3	1	恰好识别

图 6.4.3　识别的结果

因所有方程都恰好识别,则模型恰好识别,应用 ILS 法对模型进行估计。

(三)模型的估计

将结构式模型改写为简化式模型得:

$$\begin{cases} R_{Bt}=\pi_{11}+\pi_{12}E_t+\pi_{13}I_t+\varepsilon_{1t} \\ R_{St}=\pi_{21}+\pi_{22}E_t+\pi_{23}E_t+\varepsilon_{2t} \end{cases} \tag{6.4.2}$$

其中:

$$\pi_{11}=\frac{\gamma_1+\gamma_2\delta_1}{1-\gamma_2\delta_2},\pi_{12}=\frac{\gamma_2\delta_3}{1-\gamma_2\delta_2},\pi_{13}=\frac{\gamma_3}{1-\gamma_2\delta_2},\varepsilon_{1t}=\frac{\gamma_2\mu_{2t}+\mu_{1t}}{1-\gamma_2\delta_2};$$

$$\pi_{21}=\frac{\delta_1+\delta_2\gamma_1}{1-\delta_2\gamma_2},\pi_{22}=\frac{\delta_3}{1-\delta_2\gamma_2},\pi_{23}=\frac{\delta_2\gamma_3}{1-\delta_2\gamma_2},\varepsilon_{2t}=\frac{\delta_2\mu_{1t}+\mu_{2t}}{1-\delta_2\gamma_2}。$$

单击 Excel2007 的【数据】选项卡,检查是否加载了【分析】功能区命令组,如图 6.4.4。

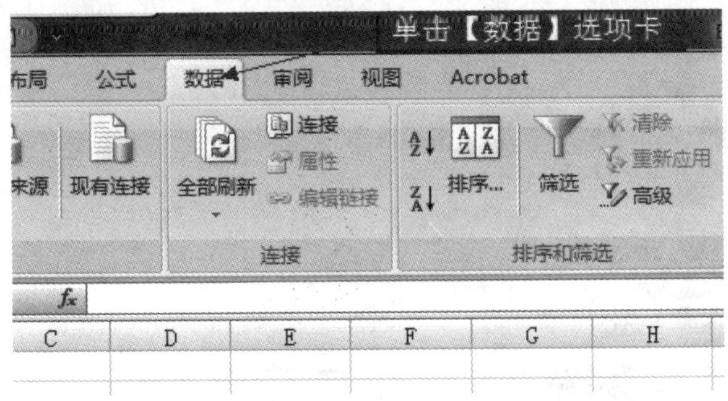

图 6.4.4　检查是否加载了分析功能

图 6.4.5 显示说明【分析】功能区命令组尚未加载。点击【Microsoft Office】按钮，单击【Excel 选项】按钮，见图 6.4.6。

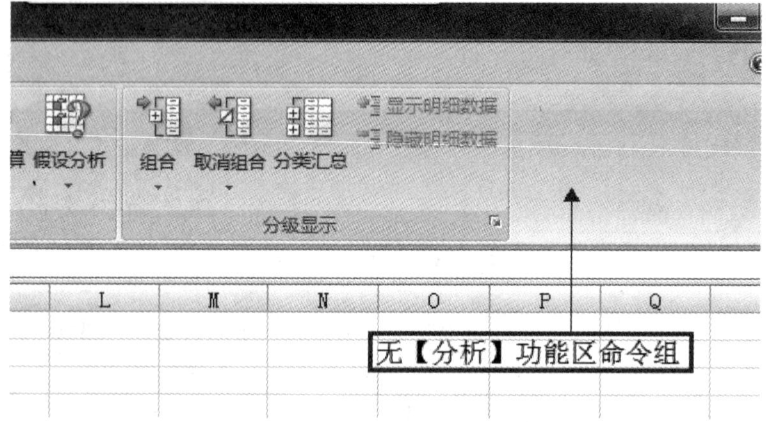

图 6.4.5　无分析功能区命令组

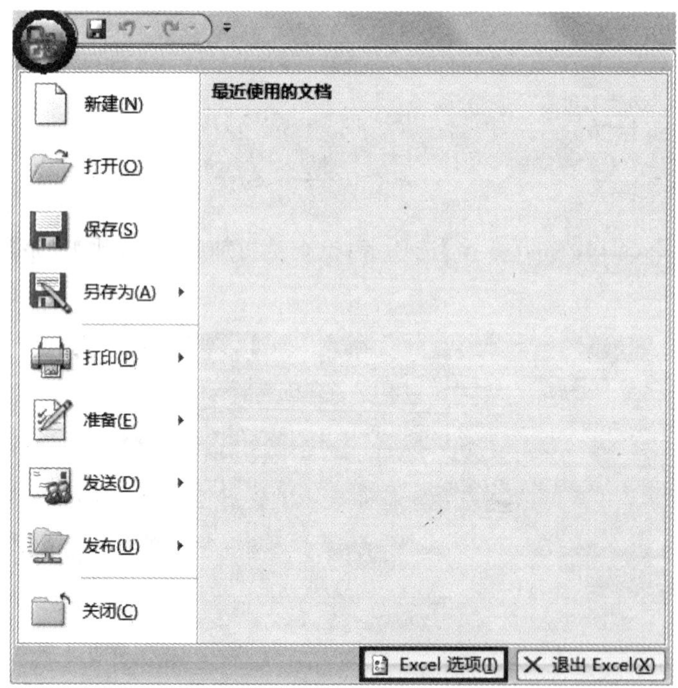

图 6.4.6　Excel 的选项按钮

在弹出对话框左侧选择【加载项】(见图 6.4.7),而后点击【转到】按钮(见图 6.4.8)。

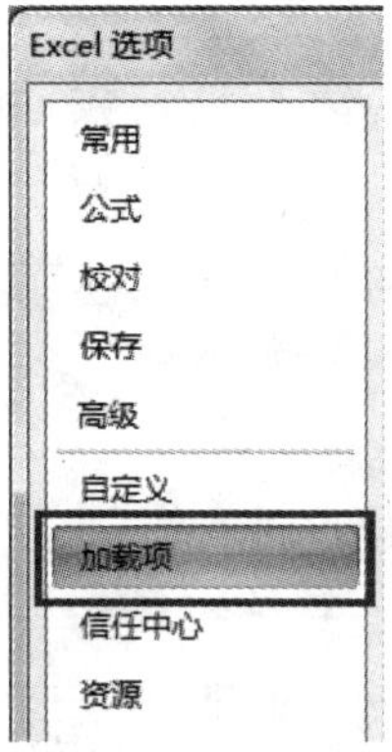

图 6.4.7　加载命令菜单

图 6.4.8　加载转移菜单

在弹出的【加载宏】对话框中,选择【分析工具库】,并单击【确定】确认,见图 6.4.9。

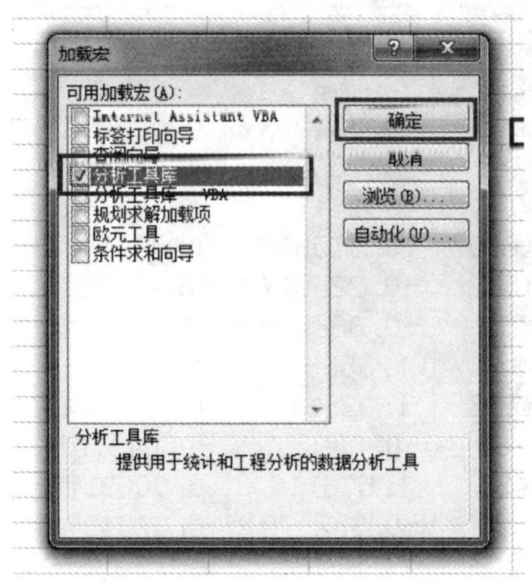

图 6.4.9　选择分析工具库

此时，就在 Excel 工作表中调出了【分析】功能命令组，可以进行模型回归（见图 6.4.10）。

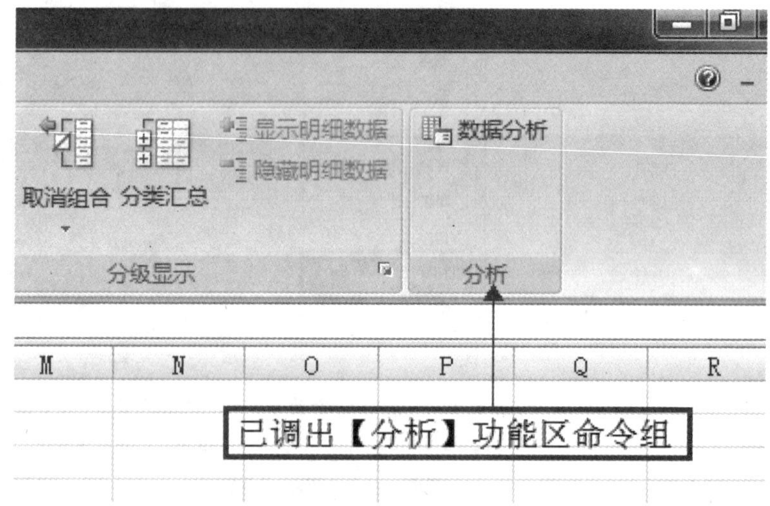

图 6.4.10　调出分析功能后的命令栏

取 2000 年初至 2010 年末区间，将原始数据录入 Excel 表中，如图 6.4.11 所示。

F14

	A	B	C	D	E
1	t	R_{Bt}	R_{St}	I_t	E_t
2	1	0.042090	-0.064293	0.025253	0.071900
3	2	0.060455	-0.156336	-0.012808	-0.351900
4	3	0.044078	-0.134722	-0.005988	-0.594500
5	4	-0.001699	-0.175510	0.036145	-0.847500
6	5	-0.041542	-0.225617	-0.007752	-0.785700
7	6	0.140273	-0.068285	-0.007813	0.253900
8	7	0.021837	1.356678	0.011811	2.004800
9	8	-0.004493	1.935147	0.035992	0.823600
10	9	0.092366	-0.680297	-0.049765	-0.784100
11	10	0.009458	1.576110	0.006917	6.666100
12	11	0.027690	-0.352072	0.026497	0.274500
13					

图 6.4.11　录入数据

首先对简化式方程 1 进行 OLS 估计。单击【分析】功能区命令组【数据分析】按钮(见图 6.4.12),在弹出的【数据分析】对话框中双击【回归】选项(见图 6.4.13)。

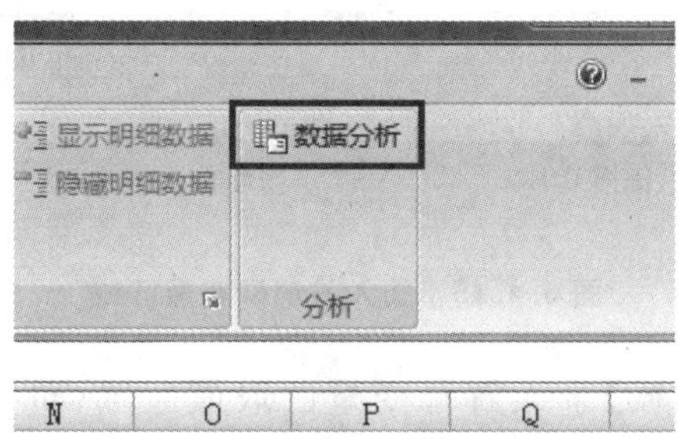

图 6.4.12 开始回归分析

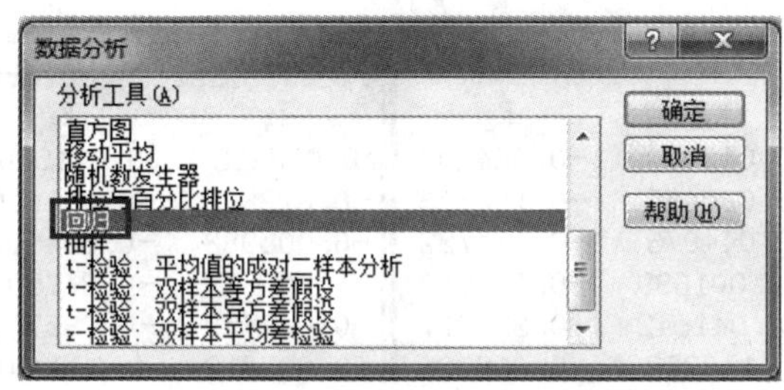

图 6.4.13 回归菜单

此时即弹出进行回归分析录入相关数据的【回归】对话框,在【Y 值输入区域】录入被解释变量的取值区域(包括变量名称)(见图 6.4.14 和图 6.4.15)。

B1

A	B	C	D	E
t	R_{Bt}	R_{St}	I_t	E_t
1	0.042090	-0.064293	0.025253	0.071900
2	0.060455	-0.156336	-0.012808	-0.351900
3	0.044078	-0.134722	-0.005988	-0.594500
4	-0.001699	-0.175510	0.036145	-0.847500
5	-0.041542	-0.225617	-0.007752	-0.785700
6	0.140273	-0.068285	-0.007813	0.253900
7	0.021837	1.356678	0.011811	2.004800
8	-0.004493	1.935147	0.035992	0.823600
9	0.092366	-0.680297	-0.049765	-0.784100
10	0.009458	1.576110	0.006917	6.666100
11	0.027690	-0.352072	0.026497	0.274500

图 6.4.14 被解释变量所在区域

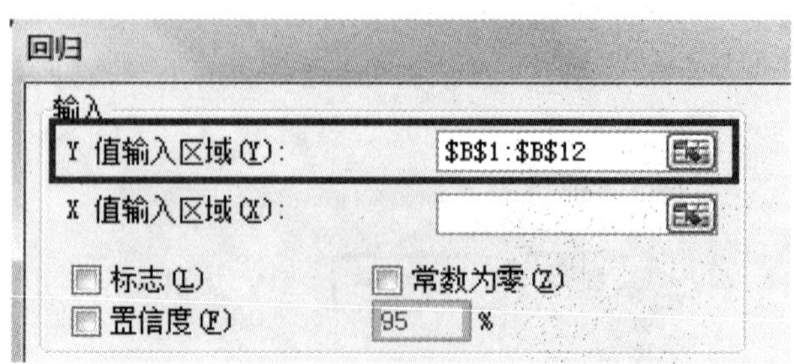

图 6.4.15　输入被解释变量区域

在【X 值输入区域】录入解释变量的取值区域(包括变量名称)(见图 6.4.16和图 6.4.17)。

D1

A	B	C	D	E
t	R_{Bt}	R_{St}	I_t	E_t
1	0.042090	-0.064293	0.025253	0.071900
2	0.060455	-0.156336	-0.012808	-0.351900
3	0.044078	-0.134722	-0.005988	-0.594500
4	-0.001699	-0.175510	0.036145	-0.847500
5	-0.041542	-0.225617	-0.007752	-0.785700
6	0.140273	-0.068285	-0.007813	0.253900
7	0.021837	1.356678	0.011811	2.004800
8	-0.004493	1.935147	0.035992	0.823600
9	0.092366	-0.680297	-0.049765	-0.784100
10	0.009458	1.576110	0.006917	6.666100
11	0.027690	-0.352072	0.026497	0.274500

图 6.4.16　解释变量所在区域

回归
输入
Y 值输入区域(Y): $B$1:$B$12
X 值输入区域(X): $D$1:$E$12
标志(L)　常数为零(Z)
置信度(F)　95 %

图 6.4.17　输入解释变量区域

在对话框中设置所需相关信息，为使输出结果便于观察，【输出选项】选取【新工作表组】，在后方输入新表的名称【RBt】，然后单击【确定】按钮。

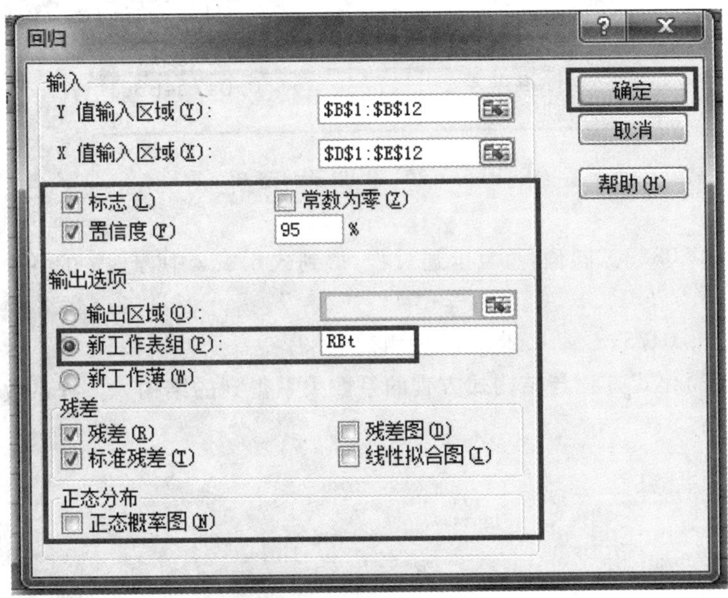

图 6.4.18 回归菜单的完成确定

此时可以看见在原表单的左侧新生成一个名叫“RBt”的表单，内容为刚才回归的结果数据。

16		Coefficients	标准误差	t Stat
17	Intercept	0.04175379	0.015142141	2.757456099
18	It	-0.970733864	0.592848176	-1.637408357
19	Et	-0.001783101	0.00699002	-0.255092367

图 6.4.19 回归输出的参数表

如图 6.4.19，从分析结果可以看出，式 6.4.2 中方程 1 的各项参数估计量为：

$\hat{\pi}_{11}=0.0418$，$\hat{\pi}_{12}=-0.0018$，$\hat{\pi}_{13}=-0.9707$。

估计式 6.4.2 中方程 1 为：

$$\hat{R}_{Bt}=0.0418-0.0018E_t-0.9707I_t \qquad (6.4.3)$$

$$(2.7575)(-0.2551)(-1.6374)$$

3	回归统计	
4	Multiple R	0.52013978
5	R Square	0.270545391
6	Adjusted R Square	0.088181739
7	标准误差	0.047548881
8	观测值	11

图 6.4.20 R^2 以及调整 R^2

$\bar{R}^2=0.0882$。同理，重复上述过程，得到式 6.4.2 中方程 2 的各项回归系数为：

$\hat{\pi}_{21}=0.0475$，$\hat{\pi}_{22}=0.2682$，$\hat{\pi}_{23}=11.6683$。

根据简化式方程与结构式方程的系数关系得到的结构式方程系数表达式如下所示：

$$\gamma_1=\pi_{11}-\frac{\pi_{12}\pi_{21}}{\pi_{22}},\gamma_2=\frac{\pi_{12}}{\pi_{22}},\gamma_3=\pi_{13}-\frac{\pi_{12}\pi_{23}}{\pi_{22}};$$

$$\delta_1=\pi_{21}-\frac{\pi_{11}\pi_{23}}{\pi_{13}},\delta_2=\frac{\pi_{23}}{\pi_{13}},\delta_3=\pi_{22}-\frac{\pi_{12}\pi_{23}}{\pi_{13}}。$$

运用 Excel 编辑公式的功能，将简化式参数的估计量带入以上关系式中，可以得到结构式的参数估计量(见图 6.4.21)：

A5　　fx =A2-(B2*D2)/E2

	A	B	C	D	E	F	G
1	π11	π12	π13	π21	π22	π23	
2	0.0418	-0.0018	-0.9707	0.0475	0.2682	11.6683	
3							
4	γ1	γ2	γ3	δ1	δ2	δ3	
5	0.042119	-0.00671	-0.89239	0.549957	-12.0205	0.246563	
6							

图 6.4.21 结构式的参数估计

$\hat{\gamma}_1=0.0421$，$\hat{\gamma}_2=-0.0067$，$\hat{\gamma}_3=-0.8924$；$\hat{\delta}_1=0.5500$，$\hat{\delta}_2=-12.0205$，$\hat{\delta}_3=0.2466$。

整理得模型结构式估计结果：

$$\begin{cases}\hat{R}_{Bt}=0.0421-0.0067\hat{R}_{St}-0.8924I_t\\ \hat{R}_{St}=0.5500-12.0205\hat{R}_{Bt}+0.2466E_t\end{cases}\tag{6.4.4}$$

二、货币政策与股票市场间相互关系的联立方程组模型

(一)模型的建立

首先,通过既有理论可以知道,货币供给量既可以影响当期的股票价格,也可以影响后期的股票价格,且货币政策的时滞一般在6个月,因此取股票价格为被解释变量,取当月和前6个月的货币供给量为解释变量建立第一个方程。

其次,股票价格对货币需求也会产生影响,股价上扬一般会增加对货币的需求;同时,根据货币需求理论,工业增加值可以代表影响货币需求的规模变量,一年期定期存款利率和通货膨胀率可以作为影响货币需求的机会成本变量,因此取货币需求量为被解释变量可以建立第二个方程。

再次,尽管利率并未市场化,但央行、银监会对贷款的总量控制基本保持了货币需求和货币供给的均衡,即 $M_t^S=M_t^D$,因此整个模型可以用以下方程组表示,

$$\begin{cases} SCI_t=\alpha_0+\alpha_1 M_t+\alpha_2 M_{t-6}+u_{1t} \\ M_t=\beta_0+\beta_1 SCI_t+\beta_2 IIV_t+\beta_3 IR_t+\beta_4 R_t+u_{2t} \end{cases} \tag{6.4.5}$$

其中,SCI_t 表示第 t 月的上证综合指数,M_t 表示第 t 月的货币供给量与需求量,M_{t-6} 表示第 t−6 月的货币供给量,IIV_t 表示第 t 月的工业增加值,IR_t 表示第 t 月的通货膨胀率,R_t 表示第 t 月的一年定期存款利率。

我们分别检验流通中的现金量 $M0$、狭义货币量 $M1$ 与广义货币量 $M2$ 和上证指数的关系。

方程中内生变量为 SCI_t 和 M_t,先决变量为 M_{t-6}、IIV_t、IR_t 和 R_t。

(二)模型的识别

重复前例中对方程识别的过程,得到如图 6.4.22 识别结果:

	A	B	C	D	E
1	方程序号	H	G_i	m-1	识别情形
2	①	6	3	1	过度识别
3	②	6	5	1	恰好识别
4					

图 6.4.22 联立方程组的识别

因方程 1 过度识别，所以需采用 2SLS 法对模型进行估计。

（三）模型的估计

首先，将模型的结构式改写为简化式如下，

$$\begin{cases} M_t = \pi_{11} + \pi_{12} M_{t-6} + \pi_{13} IIV_t + \pi_{14} IR_t + \pi_{15} R_t + \varepsilon_{1t} \\ SCI_t = \pi_{21} + \pi_{22} M_{t-6} + \pi_{23} IIV_t + \pi_{24} IR_t + \pi_{25} R_t + \varepsilon_{2t} \end{cases} \tag{6.4.6}$$

其中：

$$\pi_{11} = \frac{\beta_0 + \beta_1 \alpha_0}{1 - \beta_1 \alpha_1}, \pi_{12} = \frac{\beta_1 \alpha_2}{1 - \beta_1 \alpha_1}, \pi_{13} = \frac{\beta_2}{1 - \beta_1 \alpha_1}$$

$$\pi_{14} = \frac{\beta_3}{1 - \beta_1 \alpha_1}, \pi_{15} = \frac{\beta_4}{1 - \beta_1 \alpha_1}, \varepsilon_{1t} = \frac{u_{2t} + \beta_1 u_{1t}}{1 - \beta_1 \alpha_1}$$

$$\pi_{21} = \frac{\alpha_0 + \alpha_1 \beta_0}{1 - \alpha_1 \beta_1}, \pi_{22} = \frac{\alpha_2}{1 - \alpha_1 \beta_1}, \pi_{23} = \frac{\alpha_1 \beta_2}{1 - \beta_1 \alpha_1}$$

$$\pi_{24} = \frac{\alpha_1 \beta_3}{1 - \beta_1 \alpha_1}, \pi_{25} = \frac{\alpha_1 \beta_4}{1 - \beta_1 \alpha_1}, \varepsilon_{2t} = \frac{u_{1t} + \alpha_1 u_{2t}}{1 - \alpha_1 \beta_1}$$

取 1996 年 7 月至 2006 年 12 月区间，将原始数据录入 Excel 表中（货币供给量、需求量取 M0），如图 6.4.23 所示。

	A	B	C	D	E	F	G	H
1	日期	t	IIV_t	IRt	R_t	M_{t-6}	M_t	SCI_t
2	'199607	1	1524	-0.002762431	0.0918	8600	7809.31	822.47
3	'199608	2	1503	-0.001846722	0.0747	9301	8093.35	809.938
4	'199609	3	1468	-0.006475486	0.0747	8169	8409	875.525
5	'199610	4	1641	-0.003724395	0.0747	7894.94	8405	976.71
6	'199611	5	1737	-0.000934579	0.0747	7706	8705	1032.946

图 6.4.23　新的数据

对式 6.4.6 中方程 1 应用 OLS 法估计，求的简化式参数估计量如图 6.4.24。

16		Coefficients	标准误差	t Stat
17	Intercept	9510.657345	1263.979683	7.524375174
18	IIVt	1.597119986	0.227105411	7.032505226
19	IRt	13941.93863	25438.2543	0.548069787
20	Rt	-69271.98524	12159.64088	-5.696877558
21	Mt-6	0.229203103	0.104415944	2.195096792

图 6.4.24　简化式参数估计

得式 6.4.6 中方程 1 的估计式为：

$$\hat{M}_t = 9510.6573 + 0.2292M_{t-6} + 1.5971IIV_t + 13941.9386IR_t - 69271.9852R_t \quad (6.4.7)$$

(7.5244)　(2.1951)　(7.0325)　(0.5481)　(−5.6969)

回归统计	
Multiple R	0.953892711
R Square	0.909911304
Adjusted R Square	0.906933165
标准误差	1552.237715
观测值	126

图 6.4.25　回归统计

$\overline{R}^2=0.9069$。M_t 的估计量 $\hat{M}_t$ 即图中"预测 M_t"的数据。用 M_t 的估计量 $\hat{M}_t$ 代替式 6.4.5 方程 1 中的 M_t，对式 6.4.5 中的方程 1 应用 OLS 法进行估计。

由此，得到式 6.4.5 中方程 1 各参数的两阶段最小二乘估计值为：

$$S\hat{C}I_t = 1193.3574 + 0.0290\hat{M}0_t - 0.0121M0_{t-6} \quad (6.4.8)$$

(11.8453)　(1.0273)　(−0.4288)

此时，估计出的系数即为结构式方程（式 6.4.5）中的各项系数。

按同样步骤，现将式 6.4.6 中的方程 2 应用 OLS 法估计出 SCI 预测值，以其替换原 SCI，再用 OLS 对式 6.4.5 方程 2 估计，求出 M0 做货币量时的参数的两阶段最小二乘估计值：

$$\hat{M}0_t = -53245.2682 + 3.3986IIV_t - 159042.2935IR_t + 280878.1518R_t + 33.3564S\hat{C}I_t \quad (6.4.9)$$

(−1.7889)　(5.5266)　(−1.9469)　(1.6678)　(2.1951)

同样的，对于狭义货币 M1 作为货币量代表，我们可以估计模型得到：

$$S\hat{C}I_t = 1256.0191 + 0.1387\hat{M}1_t - 0.1456M1_{t-6} \quad (6.4.10)$$

(15.8203)　(2.4215)　(−2.3837)

$$\hat{M}1_t = 212927.1906 + 8.7720IIV_t + 488820.8137IR_t - 1386276.6507R_t - 90.3289S\hat{C}I_t \quad (6.4.11)$$

(27.6502)　(45.1621)　(12.1164)　(−30.8624)　(−23.0556)

对于广义货币 M2 作为货币量代表，得到的估计模型是：

$$\hat{SCI}_t = 1505.0376 - 0.2078\hat{M2}_t + 0.2242M2_{t-6} \tag{6.4.12}$$

(21.0378)　(−5.2462)　(5.2643)

$$\hat{M2}_t = 660837.0124 + 24.6019IIV_t + 1548092.0294IR_t - 4202745.4864R_t - 292.6406\hat{SCI}_t \tag{6.4.13}$$

(57.8736)　(89.8809)　(29.1626)　(−63.6549)　(−50.3218)

通过以上回归估计可以看出，对于流通中的现金 M0，无论是当月值还是过去第 6 个月的值，对股票价格指数的解释系数都是不显著的，但狭义货币 M1 与广义货币 M2 对指数的解释系数显著，且显著程度逐渐增强。同时，指数在对流通中的现金 M0 的解释中，系数也是不显著的，而对狭义货币 M1 和广义货币 M2 的解释系数即为显著。由此可得，股票价格指数对流通中的现金 M0 影响不大，但对狭义货币 M1 和广义货币 M2 有一定影响。

第七章

时间序列分析

第一节 时间序列及时间序列分析简介

一、时间序列

时间序列(time series)就是按时间顺序排列的一组数字序列。一个时间序列通常由4种要素组成:趋势(trend)、季节变动(seasonal)、循环波动(cycle)和不规则波动(random)。

(一)趋势

趋势是时间序列在长时期内呈现出来的持续向上或持续向下的变动,具有趋势的时间序列通常都可以拟合出一个线性时间项。

(二)季节变动

季节变动是时间序列在一年内重复出现的周期性波动,这种周期性波动正好对应于季节的变动。它是诸如气候条件、生产条件、节假日或人们的风俗习惯等各种因素影响的结果。

(三)循环波动

循环波动是时间序列呈现出的非固定长度的周期性变动。循环波动的周期可能会持续一段时间,但与趋势不同,它不是朝着单一方向的持续变动,而是涨落相同的交替波动。

(四)不规则波动

不规则波动是时间序列中除去趋势、季节变动和周期波动之后的随机波动。不规则波动通常总是夹杂在时间序列中,致使时间序列产生一种波浪形或震荡式的变动。只含有随机波动的序列也称为平稳序列。

二、时间序列分析

时间序列分析是利用数理统计方法对时间序列进行处理,以预测未来事物的发展。时间序列分析是定量预测的主要方法之一,它的基本原理:一是承认事物发展的延续性,试图利用过去的观测数据来推测事物的发展趋势;二是考虑到事物发展的随机性,认为任何事物发展都可能受偶然因素影响,为此要利用统计分析中的加权平均法对历史数据进行平滑处理。该方法简单易行,便于掌握,但长期预测的准确性差,一般只适用于短期预测。时间序列预测一般反映三种实际变化规律:趋势变化、周期性变化、随机性变化。

时间序列分析是一种处理动态数据的统计方法,该方法基于随机过程理论和数理统计学理论,研究随机数据序列所遵从的统计规律,用于解决实际问题。时间序列分析包括一般的统计分析(例如自相关分析、谱分析等等),统计模型的建立与推断,以及关于时间序列的最优预测、控制与滤波等内容。经典的统计分析都假定数据序列具有独立性,而时间序列分析则侧重研究数据序列的互相依赖关系,而后者是对离散指标的随机过程的统计分析,所以又可看作是随机过程统计的一个组成部分。

例如,我们总是假定金融市场的价格满足随机游走模型,这意味着当期的价格总是与前期的价格密切相关,利用价格序列中的这种互相依赖关系就可以依靠过去的价格数据来预测未来的价格。

(一)时间序列建模步骤

1.取得观测数据:用观测、调查、统计、抽样等方法取得被观测系统时间序列的动态数据。

2.相关分析:根据所观测到的动态数据作相关图,进行相关分析,求自相关函数。相关图能显示出变化的趋势和周期,并能发现跳点和拐点。跳点是指与其他数据不一致的观测值,如果跳点是正确的观测值,在建模时应考虑进去,如果是反常现象,则应把跳点调整到期望值。拐点则是指时间序列从上升趋势突然变为下降趋势的点,如果存在拐点,则在建模时必须用不同的模型去分段拟合该时间序列,例如采用门限回归模型。

3.模型模拟:寻找合适的随机模型进行数据拟合,即用通用随机模型去拟合时间序列的观测数据。对于短的或简单的时间序列,可用趋势模型和季节模型加上随机误差来进行拟合;对于平稳时间序列,可用通用 AR(自回归模型)、MA(移动平均模型)以及混合的 ARMA 模型(自回归移动平均模型)及其特殊情况的自回归模型、组合 ARMA 模型等来进行拟合。当观测值多于 50 个时一般都采用 ARMA 模型。对于非平稳时间序列则要先将观测到的时间序列差分化为平稳的时间序列之后,再用适当的模型去拟合这个差分序列。

4. 频域分析:一个时间序列可看成是各种周期扰动的叠加,频域分析就是确定各周期的振动能量的分配,这种分配称为"谱"(spectrum)或"功率谱"(power spectrum),因此频域分析又称谱分析。为了得到功率谱的估值,通常先取时间序列的离散傅里叶变换,然后取其幅频特性的平方并除以序列长度 T。

(二)时间序列分析

1. 系统描述:根据对系统进行观测得到的时间序列数据,用曲线拟合方法对系统进行客观的描述。

2. 系统分析:当观测值取自两个以上变量时,可用一个时间序列中的变化去说明另一个时间序列中的变化,从而深入了解给定时间序列产生的机理。

3. 预测未来:一般用 ARMA 模型拟合时间序列,预测该时间序列未来值。

4. 决策和控制:根据时间序列模型可调整输入变量使系统发展过程保持在目标值上,即预测到过程要偏离目标时便可进行必要的控制。

第二节　时间序列的平稳性

一、时间序列的平稳性

如果一个时间序列 $\{Y_t\}_{t=1}^{T}$ 的均值和方差在时间过程上都是常数,并且在任何两个时期的协方差值仅依赖于该两时期间距离的滞后,就称它是平稳时间序列。

(一)平稳时间序列的性质

1. 常数均值:时间序列的数学期望或说均值满足:

$$E(Y_t)=\mu(\text{对所有 t}) \tag{7.2.1}$$

2. 常数方差:时间序列的方差满足:

$$\mathrm{Var}(Y_t)=E(Y_t-\mu)^2=\sigma^2\text{（对所有 t）} \tag{7.2.2}$$

3. 协方差与时间无关：时间序列的协方差满足：

$$\mathrm{Cov}(Y_t,Y_{t+k})=E[(Y_t-\mu)(Y_{t+k}-\mu)]=\gamma_k\text{（对所有 t）} \tag{7.2.3}$$

（二）平稳时间序列的检验

若一个非平稳时间序列$\{Y_t\}_{t=1}^{T}$通过 d 次差分后可变成平稳的，就称此序列具 d 阶单整(d-stage integration)，记为$Y_t\sim I(d)$。因此平稳时间序列Y_t应具有零阶整形，记为：$Y_t\sim I(0)$。若$Y_t\sim I(1)$，则$\Delta Y_t\sim I(0)$，即：一阶单整变量的差分为零阶单整。

检验单整阶数的迪凯—富拉尔方程①有三种类型，分别为：

$$Y_t=\rho Y_{t-1}+\varepsilon_t\text{ 或者：}\Delta Y_t=(\rho-1)Y_{t-1}+\varepsilon_t \tag{7.2.4}$$

$$Y_t=\alpha+\rho Y_{t-1}+\varepsilon_t\text{ 或者：}\Delta Y_t=\alpha+(\rho-1)Y_{t-1}+\varepsilon_t \tag{7.2.5}$$

$$Y_t=\alpha+\beta t+\rho Y_{t-1}+\varepsilon_t\text{ 或者：}\Delta Y_t=\alpha+\beta t+(\rho-1)Y_{t-1}+\varepsilon_t \tag{7.2.6}$$

零假设 $H_0:\rho=1$ 为单位根假设也即非平稳假设，备择假设 $H_1:\rho<1$ 为平稳假设。此时应从(7.2.6)开始检验，如无法拒绝零假设就继续检验(7.2.5)和(7.2.4)式，何时能够拒绝零假设，即时间序列不存在单位根时，就能得出时间序列平稳性的结论。否则就要选择更简单的检验方程继续检验，如果都无法拒绝零假设的话，就要对时间序列进行差分，然后再对差分进行检验。

也可以使用蒙特卡罗(Monte Carlo)法给出的 ADF② 检验临界值，统计量可以是：

$$T_{ADF}^2=t_\rho(\rho-1)\text{；或：}T_{ADF}^2=t_{\rho-1}(\rho-1) \tag{7.2.7}$$

$$T_{ADF}^2=(\rho-1)/SE(\rho)\text{；或：}T_{ADF}^2=(\rho-1)/SE(\rho-1) \tag{7.2.8}$$

二、时间序列的实例

下面以 2011 年 7 月 1 日至 2011 年 10 月 17 日的上证指数收盘数据为研

---

① Dickey, D. A., and W. A. Fuller, (1981): "Likelihood Ratio Statistics for Autoregressive Time Series with a Unit Root", *Econometrica*, 49: 1057—1072.

② Engle, R. F., and C. W. J. Granger, (1991): "Cointegrated Economic Time Series: An Overview with New Results", in R. F. Engle and . W. J. Granger (eds.), *Long-run Economic*.

究对象，数据来源于 Wind 数据库。对交易日进行顺序编号并记为 t。如图 7.2.1所示(部分截图展示)。然后我们观察其折线图，先选中数据区域，通过 Excel 的“插入”折线图，因样本数据较多，选第一种类型比较合适，即可生成如图 7.2.2。

	A	B
1	日期	P
2	2011-7-1	2759.36
3	2011-7-4	2812.82
4	2011-7-5	2816.35
5	2011-7-6	2810.48
6	2011-7-7	2794.27
7	2011-7-8	2797.77
8	2011-7-11	2802.69
9	2011-7-12	2754.58
10	2011-7-13	2795.48
11	2011-7-14	2810.44
12	2011-7-15	2820.17
13	2011-7-18	2816.69
14	2011-7-19	2796.98
15	2011-7-20	2794.20

图 7.2.1 上证指数数据

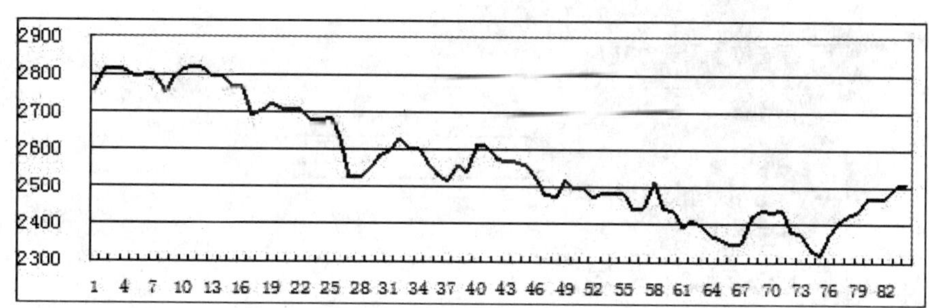

图 7.2.2 生成的折线图

亦可插入图表后，右击图表“选择数据”，可以达到同一目的。右击也可对图表进行修饰。上证指数的序列图明显看出其随时间变化有逐渐上升的趋势，是非平稳的。下面观察上证指数序列的均值误差等情况，通过“数据”项下的“数据分析”选项，出现如图 7.2.3 的情况。

数据分析
分析工具(A)
方差分析：无重复双因素分析
相关系数
协方差
描述统计
指数平滑
F-检验 双样本方差
傅利叶分析
直方图
移动平均
随机数发生器
确定
取消
帮助(H)

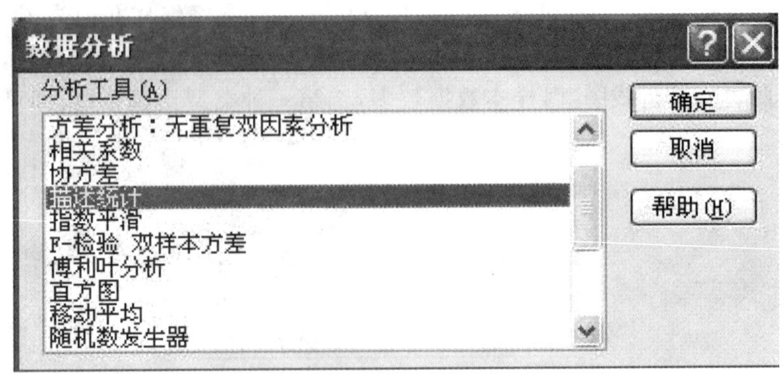

图 7.2.3 数据分析窗口

选择分析工具中的“描述统计”，点击“确定”，出现如图 7.2.4 的对话框。在“输入区域(Ⅰ)”中，输入要统计的区域，在“汇总统计”前打钩，即可返回包括均值、方差、最大值、最小值在内的多个统计指标值，如果在输入区域里分别选取不同的开始时间，例如，分别输入 2011 年 7 月 1 日、8 月 1 日、9 月 1 日至 2011 年 11 月 3 日的话，汇总可得到如图 7.2.5 的结果。

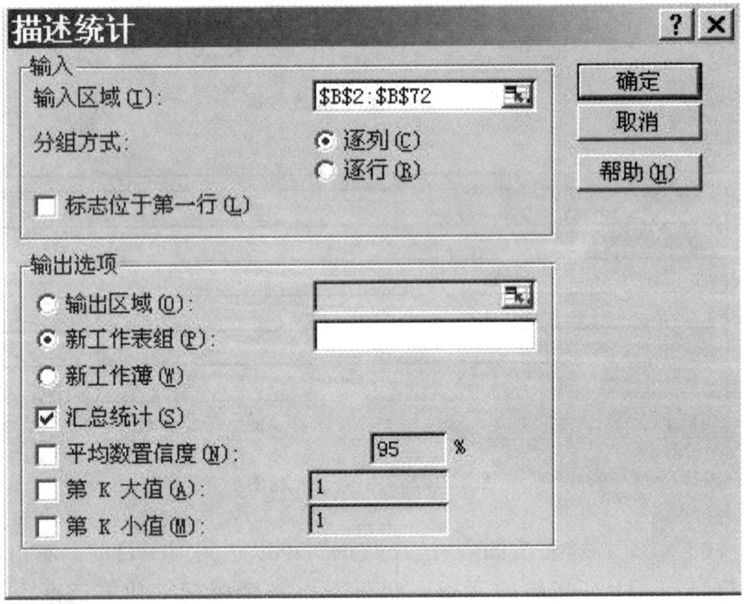

描述统计
输入
输入区域(I):
$B$2:$B$72
分组方式:
逐列(C)
逐行(R)
标志位于第一行(L)
输出选项
输出区域(O):
新工作表组(P):
新工作薄(W)
汇总统计(S)
平均数置信度(N):
95
%
第 K 大值(A):
1
第 K 小值(M):
1
确定
取消
帮助(H)

图 7.2.4 描述统计窗口

	A	B	C	D	E	F
1	2011.7.1		2011.8.1		2011.9.1	
2						
3	平均	2590.98	平均	2514.297	平均	2447.679
4	标准误差	17.02294	标准误差	12.90551	标准误差	10.77951
5	中值	2566.59	中值	2515.975	中值	2443.06
6	模式	#N/A	模式	#N/A	模式	#N/A
7	标准偏差	143.4379	标准偏差	91.25573	标准偏差	56.012
8	样本方差	20574.42	样本方差	8327.609	样本方差	3137.344
9	峰值	-1.17815	峰值	-0.5826	峰值	-0.54726
10	偏斜度	0.170897	偏斜度	0.091818	偏斜度	-0.20814
11	区域	475.38	区域	358.99	区域	211.25
12	最小值	2344.79	最小值	2344.79	最小值	2344.79
13	最大值	2820.17	最大值	2703.78	最大值	2556.04
14	求和	183959.6	求和	125714.9	求和	66087.33
15	计数	71	计数	50	计数	27

图 7.2.5 描述统计输出结果

从描述统计的输出结果可以看出，上证指数时间序列样本不同时间段的均值与总体的均值都是不一样的，方差也不相同，是受时间影响的。综上，无论从图形描述还是统计值描述，都说明了上证指数时间序列数据是非平稳的。

第三节 时间序列的伪回归现象

如果将一个随机游走变量（即非平稳数据）对另一个随机游走变量进行回归可能导致荒谬的结果，传统的显著性检验报告将告知我们变量之间的关系是不存在的。有时候时间序列的高度相关仅仅是因为两者同时随时间有向上或向下的变动趋势，并没有真正的联系，这种情况称为“伪回归”。

下面就是进行伪回归现象的实证。首先是生成两个随机游走序列，且记为 rw_1、rw_2：

$$rw_1: x_t = x_{t-1} + \mu_{1t} \tag{7.3.1}$$

$$rw_2: y_t = y_{t-1} + \mu_{2t} \tag{7.3.2}$$

其中 μ_{1t}、μ_{2t}是白噪声过程。然后对两序列进行伪回归验证。用 Excel 即可生成随机游走序列。样本数据越多，规律性会越明显，本节选择生成了 200

个样本数据。第一步生成白噪声数列，通过函数 RAND()生成 0-1 均匀分布的数值，用其作为概率值，再用函数 NORMINV(probability，mean，standard_dev) 返回的值即构成一个白噪声过程，从而可得到 rw_1。

图 7.3.1 生成的是白噪声序列，在正态函数返回值函数中，取了标准方差为 9。随机游走序列均以初值 15 生成(如图 7.3.2 所示)。

	A	B	C	D	E	F
1	A	B				
2	0.757383	6.281169				
3	0.640778	3.[illegible]44847				
4	0.052522	-14.[illegible]79				
5	0.740154	5.79439[illegible]				
6	0.666983	3.884365				
7	0.860672	9.750071				
8	0.677325	4.14208				
9	0.558778	1.330855				
10	0.690292	4.470098				
11	0.357747	-3.2804				

NORMINV(A2,0,9)

RAND()

图 7.3.1　随机数和白噪声的生成

C5　　=C4+A5

	A	B	C	D	E	F
1	A	rw1	rw1	B	rw2	rw2
2		15			15	
3	-15.41167		-0.411668	2.294912		17.29491
4	3.2767555		2.8650878	1.599917		18.89483
5	4.4036697		7.2687575	12.67064		31.56546
6	1.0005677		8.2693252	4.008178		35.57364
7	20.255825		28.52515	1.112848		36.68649
8	11.868617		40.393767	1.711723		38.39821
9	13.304343		53.698111	16.31473		54.71295
10	12.450089		66.1482	-6.17295		48.54

图 7.3.2　随机游走序列的生成

观察 rw_1 和 rw_2 序列的折线图，方法与第一节中所用到的相同。图 7.3.3显示，这两个随机游走序列的变动趋势很一致，应该具有系数为正的相

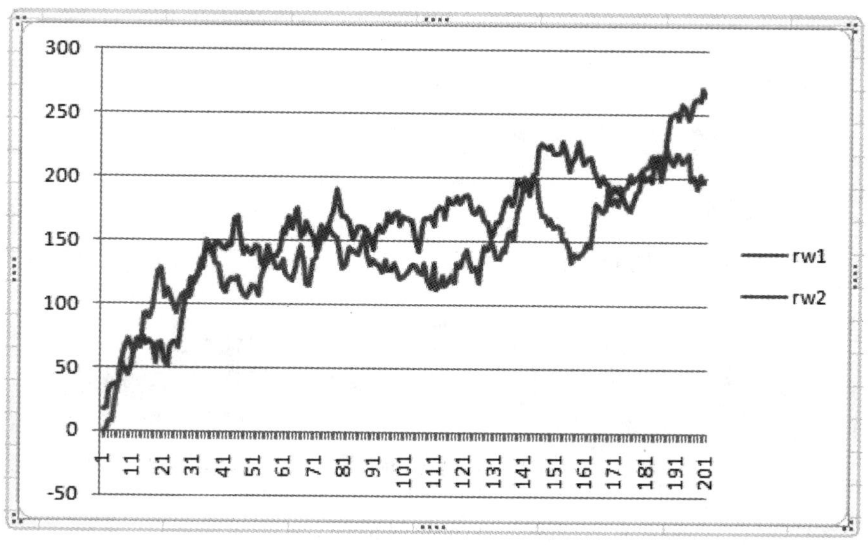

图 7.3.3　随机游走序列的图形

关性。当以 rw_2 为横轴，rw_1 为纵轴时，两者潜在的伪回归特点更加显而易见。如图 7.3.4。

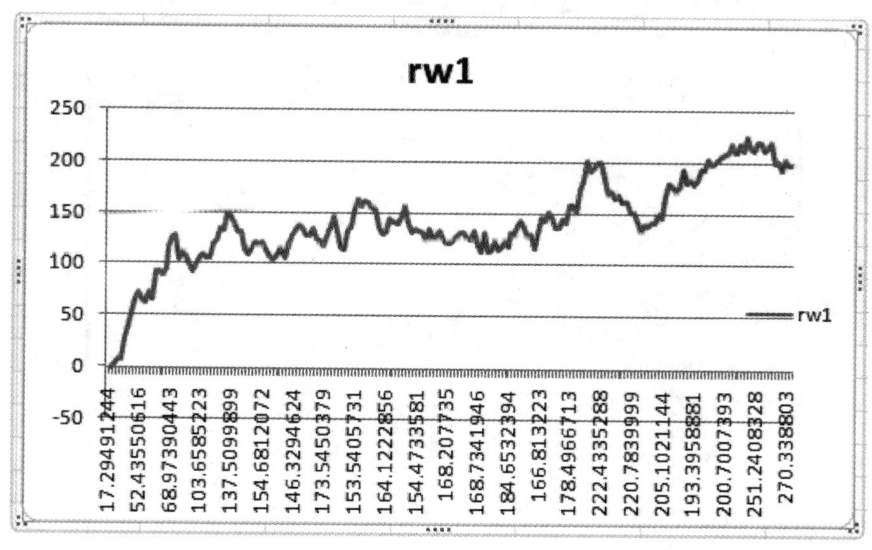

图 7.3.4　随机游走序列的折线图

我们也可以对 rw_1 和 rw_2 进行线性回归拟合，方法是在 Excel 中选择“数据”项下的“数据分析”中的“回归”(见图 7.3.5)。

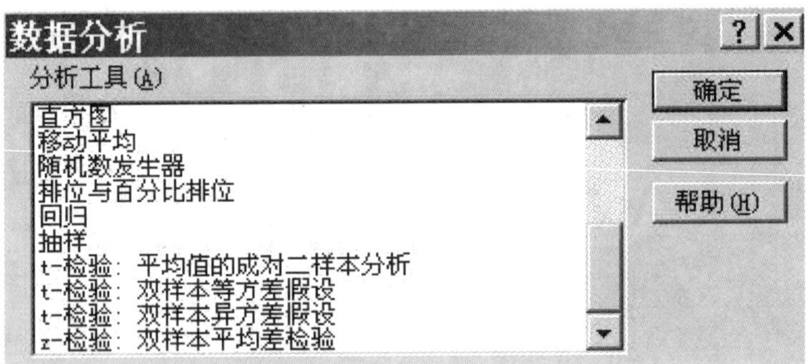

图 7.3.5　数据分析窗口

点“确定”之后会弹出如图 7.3.6 的对话框，在对话框中“Y 值输入区域(Y)”选中 rw_1 的数值域，“X 值输入区域(X)”选中 rw_2 的数值域，亦可对调输入值，不会影响分析的结果。回归结果如图 7.3.7 所示。因此，不管是不是处理时间序列数据，首先检查数据的平稳性是非常重要的。

回归
输入
Y 值输入区域(Y): $C$3:$C$202
X 值输入区域(X): $F$3:$F$202
标志(L)　常数为零(Z)
置信度(F)　95 %
输出选项
输出区域(O):
新工作表组(P):
新工作薄(W)
残差
残差(R)　残差图(D)
标准残差(T)　线性拟合图(I)
正态分布
正态概率图(N)
确定
取消
帮助(H)

图 7.3.6　回归窗口

	A	B	C	D	E	F	
1	SUMMARY OUTPUT						
2							
3	回归统计						
4	Multiple	0.832836					
5	R Square	0.693615					
6	Adjusted	0.692068					
7	标准误差	23.51336					
8	观测值	200					
9							
10	方差分析						
11		df	SS	MS	F	gnificance F	
12	回归分析	1	247825.9	247825.9	448.24672	9.3748E-53	
13	残差	198	109469.9	552.8783			
14	总计	199	357295.8				
15							
16		Coefficien	标准误差	t Stat	P-value	Lower 95%	Up
17	Intercept	32.85644	5.366803	6.122161	4.871E-09	22.2730057	4
18	X Variabl	0.664425	0.031383	21.17184	9.375E-53	0.6025385	0

图 7.3.7 回归结果输出

第四节 时间序列数据的单位根检验

单位根检验是在对数据进行平稳性检验中比较经常用到的一种方法。增广的单位根检验简记为 ADF 检验，与 DF 有同样的渐近分布，使用相同的临界值。简单起见，滞后期数仅选择了一期，多期的方法相同可类推。检验式子如下：

$$\Delta P_t = \alpha + \beta t + (\rho - 1) P_{t-1} + \theta \Delta P_{t-1} + e_t \tag{7.4.1}$$

上式是对误差项存在自相关时做了修正之后的式子，增加了 ΔP_t 的滞后项，e_t 已无自相关存在。建立在上式基础上的 DF 检验就是 ADF 检验，在此 ADF 检验的核心是 F 统计量，可以通过以下方式实现。

我们依然选用 2011 年 7 月 1 日至 2011 年 10 月 17 日总计 71 个上证指数收盘数据 P_t 为样本，并分别构造出 DP_t 序列、P_{t-1}序列、DP_{t-1}序列，整理数据如图 7.4.1 所示。

	A	B	C	D	E	F
1	日期	P	DP	t	P-1	DP-1
2	2011-7-1	2759.36	-2.72	1	2762.08	33.60
3	2011-7-4	2812.82	53.46	2	2759.36	-2.72
4	2011-7-5	2816.35	3.53	3	2812.82	53.46
5	2011-7-6	2810.48	-5.87		2816.35	3.53
6	2011-7-7	2794.2	-16.21	5	2810.48	-5.87
7	2011-7-8	2797	3.50	6	2794.27	-16.21
8	2011-7-11		4.92	7	2797.77	3.50
9	2011-7-12	2754.58	-48.11	8	2802.6	4.92
10	2011-7-13	2795.48		9	2754.	-48.11
11	2011-7-14	2810.44	14.96	10	2795	40.90
12	2011-7-15	2820.17	9.73	1		14.96
13	2011-7-18	2816.69	-3.48	12	2820.17	9.73
14	2011-7-19	2796.98	-19.71	13	2816.69	-3.48

E3 =B2; 标注：=B3-B2；=B2；=C3

图 7.4.1 数据及其整理计算

第一步，利用 LINEST(known_y's,[known_x's],[const],[stats])函数，对方程 $\Delta P_t=\alpha+\beta t+(\rho-1)P_{t-1}+\theta\Delta P_{t-1}+e_t$ 进行回归。首先用鼠标画黑选中一个 5 行 4 列的区域，输入："=LINEST($C$2:$C$72,$D$2:$F$72,,true)"，然后按住 Ctrl 和 Shift 键之后再按确定键，这叫三键回车，是专门对数组进行计算所要求的确定方式。回归结果见图 7.4.2，第 7 行的 t 值等于第 2 行的参数估计除以第 3 行的参数估计标准差。

{=LINEST(C2:C72,D2:F72,,TRUE)}

G	H	I	J	K
	无限制的回归结果			
	0.14758	-0.32173	-2.119	907.4248
	0.11893	0.091618	0.632854	259.9878
	0.15557	29.803078	#N/A	#N/A
	4.11462	67	#N/A	#N/A
	10964.1	59510.972	#N/A	#N/A
t=	1.24095	-3.511646	-3.34832	3.490259

图 7.4.2 无限制结果的回归参数表

由图 7.4.2 可知，方程 $\Delta P_t=\alpha+\beta t+(\rho-1)P_{t-1}+\theta\Delta P_{t-1}+e_t$ 中的前三个参数估计都是显著的，这意味着我们所选取的上证指数时间序列在这段时间内具有明显的线性趋势项：$\alpha+\beta t$，但可以拒绝零假设 $H_0:\beta=0,\rho=1$，这说明我们选取的时间序列是趋势平稳的。

为了证明这一点，我们首先可以验证随机游走模型 $P_t=P_{t-1}+e_t$ 是否成立。画黑 5 行 2 列，输入："=LINEST($B$2:$B$72,$E$2:$E$72,,true)"公式后同时按 Ctrl+Shift+Enter 键，结果见图 7.4.3。

M27 fx {=LINEST(B2:B72,E2:E72,,TRUE)}

	K	L	M	N	O
27			0.973841	63.36565	
28			0.026396	68.61439	
29			0.951753	31.73395	
30			1361.136	69	
31			1370724	69486.01	
32		t=	36.89358	0.923504	

图 7.4.3 随机游走模型的检验

由该图可以看出：$P_t=\alpha+\rho P_{t-1}+e_t$ 中的截距项不显著，可以去除，斜率项很显著，可以拒绝 $H_0:\rho=0$，但无法拒绝零假设 $H_0:\rho=1$。因为对应于 $H_0:\rho=1$ 的 t 统计量应为：(1-0.973841)/0.026396= 0.99103，因此，$\rho-1$ 并非显著异于零，这意味着可以接受单位根假设，即我们选取的时间序列是随机游走的非平稳序列。

其次，我们可以检验时间序列的确存在着明显的趋势，画黑 5 行 2 列，输入："= LINEST($B$2:$B$72,$D$2:$D$72,,true)"，结果如图 7.4.4。由于两个参数估计都很显著，这意味着时间序列存在着明显的下降趋势：$P_t=2\,830.226-6.64571t+e_t$。

M20 fx {=LINEST(B2:B72,D2:D72,,TRUE)}

	K	L	M	N	O
20			-6.64571	2830.226	
21			0.244693	10.13634	
22			0.914459	42.25481	
23			737.6282	69	
24			1317012	123197.4	
25		t=	-27.1593	279.2159	

图 7.4.4 下降趋势的检验

第二步，在方程 $\Delta P_t=\alpha+\beta t+(\rho-1)P_{t-1}+\theta\Delta P_{t-1}+e_t$ 中加入两个限制性条件：$\beta=0,\rho=1$，即假设时间序列是非平稳的，然后对受限方程进行回归，先画黑一个 5 行 2 列的区域，输入："=LINEST($C$2:$C$72,$F$2:$F$72,,true)"公式后同时按 Ctrl+Shift+Enter 键，输出有限制的回归结果，如图 7.4.5。

M2　{=LINEST(C2:C72,F2:F72,,TRUE)}

	G	H	I	J	K	L	M	N
1		无限制的回归结果					有限制的回归结果	
2		0.14758	-0.32173	-2.119	907.4248		0.000236	-4.52972
3		0.11893	0.091618	0.632854	259.9878		0.119323	3.825562
4		0.15557	29.803078	#N/A	#N/A		5.68E-08	31.959
5		4.11462	67	#N/A	#N/A		3.92E-06	69
6		10964.1	59510.972	#N/A	#N/A		0.004005	70475.06
7	t=	1.24095	-3.511646	-3.34832	3.490259	t=	0.00198	-1.18407
8								
9			F=	5.367304	4.952634			
10								
11		FINV(0.05,67,69)=		1.44372				
12		FINV(0.01,67,69)=		1.683276				

图 7.4.5　有限制回归的参数表及 F 统计量的计算

由图 7.4.5 可知，有限制的回归结果并不好，这就意味着限制性条件所体现的零假设根本无法成立，因而不能说我们选取的时间序列是非平稳的。

第三步，构造 F 统计量。

$$F=\frac{ESS_2-ESS_1}{n_2-n_1}\Big/\frac{ESS_2}{n_2} \tag{7.4.2}$$

ESS_1 是不受限方程的残差平方和，n_1 是其自由度；ESS_2 是受限方程的残差平方和，n_2 是其自由度。图 7.4.5 中 J9 单元格所计算的是两个模型的过拟合 F 统计量值，而第 11 行和第 12 行计算的是 5% 和 1% 置信度下的 F 统计量的临界值。由于所计算的过拟合 F 统计量大于其临界值，因此，我们只能拒绝这两个限制性条件：$\beta=0,\rho=1$，也即拒绝单位根假设，说明我们所选取的时间序列的确是趋势平稳的。一般通过对时间序列进行差分就可以消除序列的不平稳性，当然也可以消除其趋势。

第五节　时间序列的趋势和季节调整

本节介绍带有季节项和时间趋势项的时间序列的处理方法。时间序列如果有季节性，那么趋势有时很难判断，所以首先要去掉季节性，然后再对季节调整以后的数据进行处理。

鉴于相比于其他数据，GDP 具有更好的季节性特点，因此数据选用 2006—2010 年的季度 GDP 数据为研究对象，共 20 个样本，数据来源于 CCER 数据库(见图 7.5.1)。季度数据具有明显的季节性特点，由数据的折线图 7.5.2 即可看出。

	A	B	C	D
1	年份	季度	时间t	季度GDPt
2	2006	1	1	44419.8
3		2	2	49191.8
4		3	3	50958
5		4	4	67353.9
6	2007	1	5	54755.89
7		2	6	61243.0045
8		3	7	64102.174
9		4	8	85709.2417
10	2008	1	9	66283.78
11		2	10	74194.0332
12		3	11	76548.3282
13		4	12	97019.2568
14	2009	1	13	69754.8
15		2	14	78325.863
16		3	15	83058.762
17		4	16	109367.438
18	2010	1	17	81622.31
19		2	18	91217.4874
20		3	19	95820.4358
21		4	20	129322.9187

图 7.5.1　数据

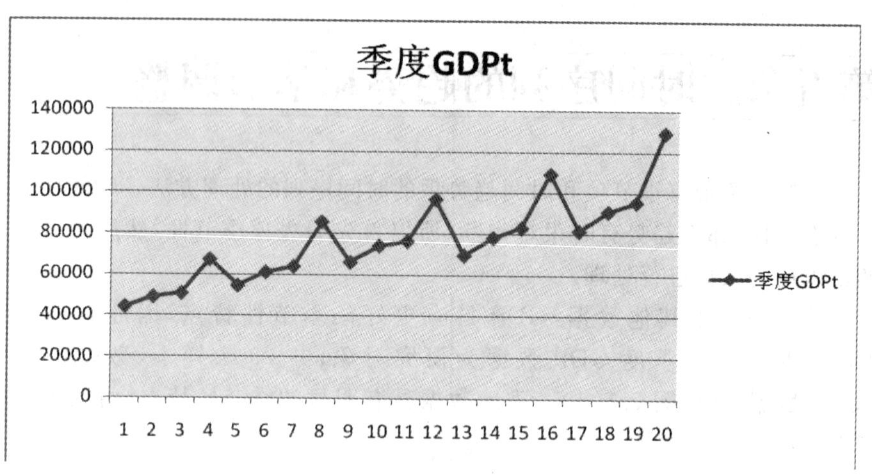

图 7.5.2　GDP 的折线图

第一步，对初始数据进行季度的移动平均，运用"数据"项下的"数据分析"，选择"移动平均"(见图 7.5.3)。进一步选择后出现如图 7.5.4 的对话框。

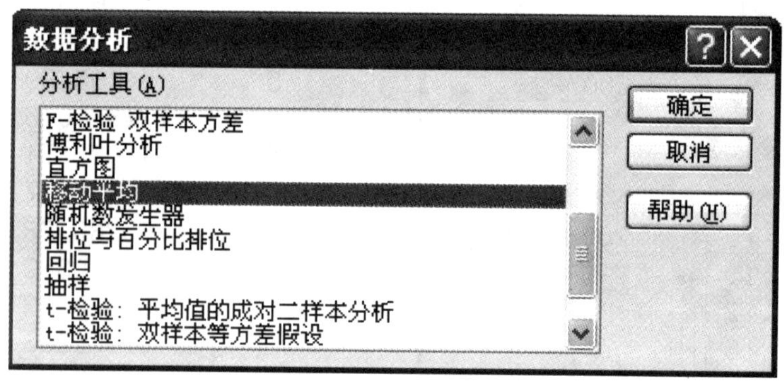

图 7.5.3　数据分析

在"输入区域(I)"中选择初始 GDP 季度数据，"间隔"设为 4，因为是季度值，最好是四项移动平均，"输出区域(0)"选 E 列承载输出结果。确定后的移动平均结果为图 7.5.5。

也可以通过图中批注所示的方法，即利用 AVERAGE(number1,[number2],…)函数计算依次每四项的平均值，可以达到同样的结果。四项移动平均结束后，继续平均的过程，最终的移动平均值记为 M_t。在 F 列中输入对 E 中数据的依次两项的均值，方法同上。可以在 F6 中输入公式 AVERAGE

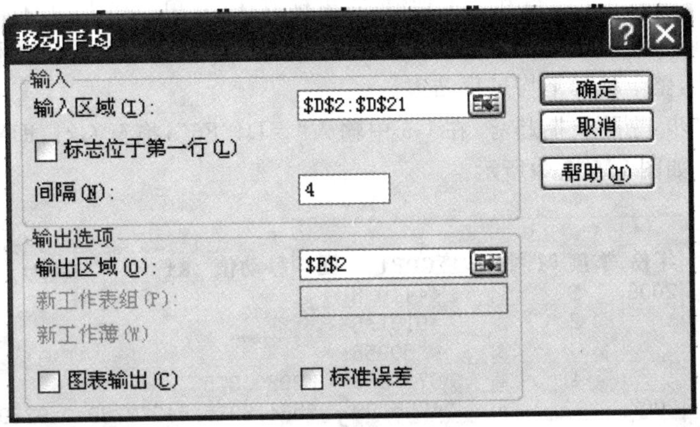

移动平均

输入

输入区域(I): $D$2:$D$21

□ 标志位于第一行(L)

间隔(N): 4

输出选项

输出区域(O): $E$2

新工作表组(P):

新工作薄(W)

□ 图表输出(C)　□ 标准误差

确定　取消　帮助(H)

图 7.5.4　移动平均窗口

	A	B	C	D	E
1	年份	季度	时间t	季度GDPt	四项移动值
2	2006	1	1	44419.8	
3		2	2	49191.8	
4		3	3	50958	
5		4	4	67353.9	52980.875
6	2007	1	5	54755.[illegible]	55564.8975
7		2	6	612[illegible]045	58577.69863
8		3	[illegible]	[illegible]4	61863.74213
9		4	[illegible]	[illegible]7	66452.57755
10	2008	1	9	66283.78	69334.55005
11		2	10	74194.0332	72572.30723
12		3	11	76548.3282	75683.84578
13		4	12	97019.2568	78511.34955
14	2009	1	13	69754.8	79379.10455
15		2	14	78325.863	80412.062
16		3	15	83058.762	82039.67045
17		4	16	109367.438	85126.71575
18	2010	1	17	81622.31	88093.59325
19		2	18	91217.4874	91316.49935
20		3	19	95820.4358	94506.9178
21		4	20	129322.9187	99495.78798

=AVERAGE(D2:D5)

图 7.5.5　结果输出

(E5:E6)，按 Enter 键得到一个均值，将鼠标放在 F6 单元格上，其右下角出现十字形，鼠标左击十字形且按住不放向下拖动至 F21，便得到最终的移动平均值。至此，整个移动平均过程结束。

第二步，剔除长期趋势，在 G6 中输入"=D4/F6"，拖至 G21，即剔除了长期趋势。如图 7.5.6 中所示。

	A	B	C	D	E	F	G
1	年份	季度	时间t	季度GDPt	四项移动值	Mt	GDPt/Mt
2	2006	1	1	44419.8			
3		2	2	49191.8			
4		3	3	50958			
5		4	4	67353.9	52980.875		
6	2007	1	5	54755.89	55564.8975	54272.89	0.938922
7		2	6	61243.0045	58577.69863	57071.3	1.180171
8		3	7	64102.174	61863.74213	60220.72	0.909253
9		4	8	85709.2417	66452.57755	64158.16	0.954563
10	2008	1	9	66283.78	69334.55005	67893.56	0.944157
11		2	10	74194.0332	72572.30723	70953.43	1.207965
12		3	11	76548.3282	75683.84578	74128.08	0.894179
13		4	12	97019.2568	78511.34955	77097.6	0.962339
14	2009	1	13	69754.8	79379.10455	78945.23	0.969638
15		2	14	78325.863	80412.062	79895.58	1.214326
16		3	15	83058.762	82039.67045	81225.87	0.858776
17		4	16	109367.438	85126.71575	83583.19	0.937101
18	2010	1	17	81622.31	88093.59325	86610.15	0.958996
19		2	18	91217.4874	91316.49935	89705.05	1.219189
20		3	19	95820.4358	94506.9178	92911.71	0.878493
21		4	20	129322.919	99495.78798	97001.35	0.940373

图 7.5.6　最后的计算结果

第三步，计算季节比率 S_t。选一个 6 行 5 列的区域，将 GDP_t/M_t 的值按如图 7.5.7 的形式输入。

M	N	O	P	Q
年份	一季度	二季度	三季度	四季度
2006			0.938922	1.180171
2007	0.909253	0.954563	0.944157	1.207965
2008	0.894179	0.962339	0.969638	1.214326
2009	0.858776	0.937101	0.958996	1.219189
2010	0.878493	0.940373		

图 7.5.7　计算季节比率的数据准备

分别计算各季度的5年的平均值，并求出4个季度均值之和，输入I7单元格。整理后如图7.5.8。

M	N	O	P	Q	R
年份	一季度	二季度	三季度	四季度	
2006			0.938922	1.180171	
2007	0.909253	0.954563	0.944157	1.207965	
2008	0.894179	0.962339	0.969638	1.214326	
2009	0.858776	0.937101	[illegible]	[illegible]	
2010	0.878493	0.940373			
平均值	0.885175	0.948594	0.952928	1.205413	3.99211

=SUM(N7:Q7)

=AVERAGE(N2:N6)

图 7.5.8　季度均值的计算

依据平均值之和确定一个调整值标准，在本例中取4比较合适，然后计算出调整后的均值(见图7.5.9)。计算方法在图中的批注中表明。

M	N	O	P	Q	R
年份	一季度	二季度	三季度	四季度	
2006			0.938922	1.180171	
2007	0.909253	0.954563	0.944157	1.207965	
2008	0.894179	0.962339	0.969638	1.214326	
2009	0.858776	0.937101	0.958996	1.219189	
2010	0.878493	0.940373			
平均值	0.885175	0.948594	0.952928	1.205413	3.99211
调整值	0.886025	0.950469	0.954812	1.207795	4

=N7*$R$8/$R$7

图 7.5.9　调整值的计算

调整值即为所求的季节比率，将四个调整值依次循环地输入H列中(或者“选择性粘贴”→“数值”)。

第四步，剔除季节变动趋势，用 GDP_t/S_t 即可，记为 D_t，剔除了季节变动的季度数据。

第五步，形成最终循环周期波动趋势。不妨设 $D_t=a+bt$，利用Excel函

F	G	H	I	J
■t	GDPt/■t	季节比率St	Dt=GDPt/St	
		0.88692474	50082.94141	
		0.95[illegible]6874	51755.30542	
	=D2/H2	[illegible]548115	53369.6965	
		[illegible]779501	55766.00269	
54272.89	0.938922	0.88692474	61736.79375	
57071.3	1.180171	0.95046874	64434.52776	
60220.72	0.909253	0.9548115	67135.94669	
64158.16	0.954563	1.20779501	70963.40083	
67893.56	0.944157	0.88692474	74734.3903	
70953.43	1.207965	0.95046874	78060.46635	

图 7.5.10　提出季节趋势

数可以计算出 a 和 b 的值。点击 f_x 按钮，找到 INTERCEPT()函数（见图7.5.11）。

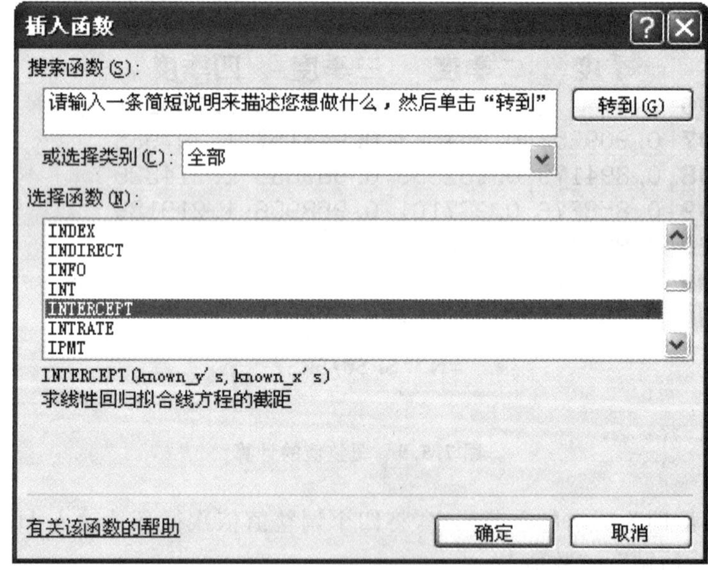

图 7.5.11　截距函数的插入

在弹出的函数对话框中，y 值区域输入 D_t 的值，x 值区域输入 t 值，点击“确定”按钮后，返回方程的截距项，即常数项，亦即 a 值，$a=46\ 889.01$ 放入

N12 单元格内(见图 7.5.12)。

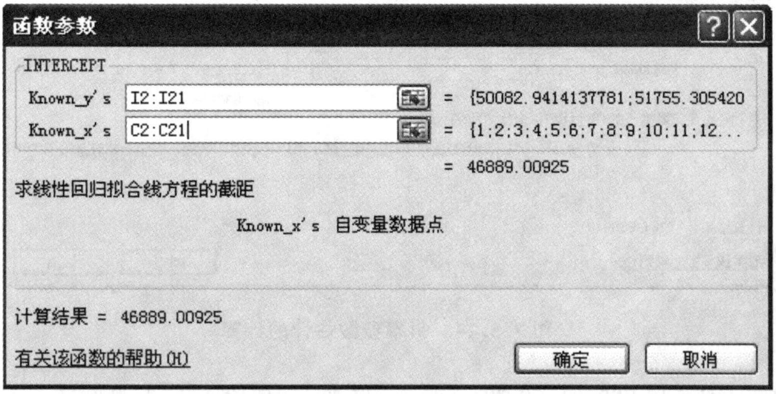

函数参数

INTERCEPT

Known_y's I2:I21 = {50082.9414137781;51755.305420

Known_x's C2:C21 = {1;2;3;4;5;6;7;8;9;10;11;12...

= 46889.00925

求线性回归拟合线方程的截距

Known_x's 自变量数据点

计算结果 = 46889.00925

有关该函数的帮助(H) 确定 取消

图 7.5.12 截距项参数估计的计算

再利用 SLOP()函数(见图 7.5.13)。在函数对话框里,按上述方式输入 x、y 的值,函数返回方程的斜率值,即 b 值,b=2 784.681,放入 N13 单元格内(见图 7.5.14)。

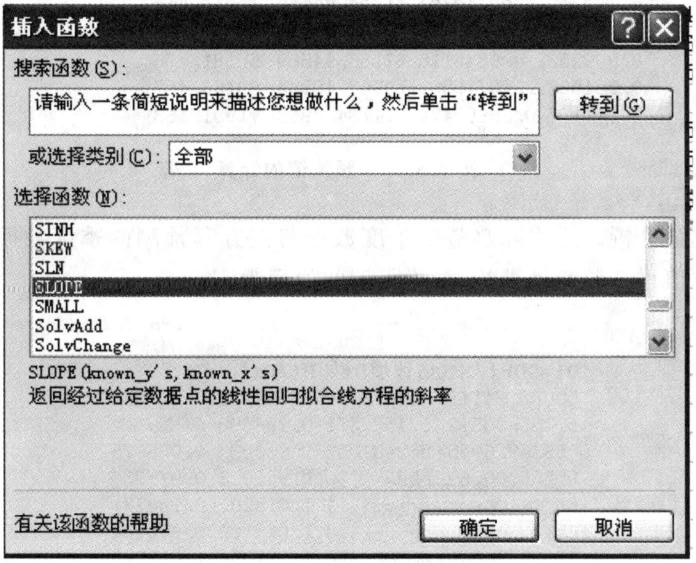

插入函数

搜索函数(S):

请输入一条简短说明来描述您想做什么,然后单击“转到” 转到(G)

或选择类别(C): 全部

选择函数(N):

SINH
SKEW
SLN
SLOPE
SMALL
SolvAdd
SolvChange

SLOPE(known_y's, known_x's)
返回经过给定数据点的线性回归拟合线方程的斜率

有关该函数的帮助 确定 取消

图 7.5.13 斜率函数的插入

至此,我们估计出方程 $D_t=a+bt$ 的系数,记 Dt' 是 Dt 的估计值,也是预测

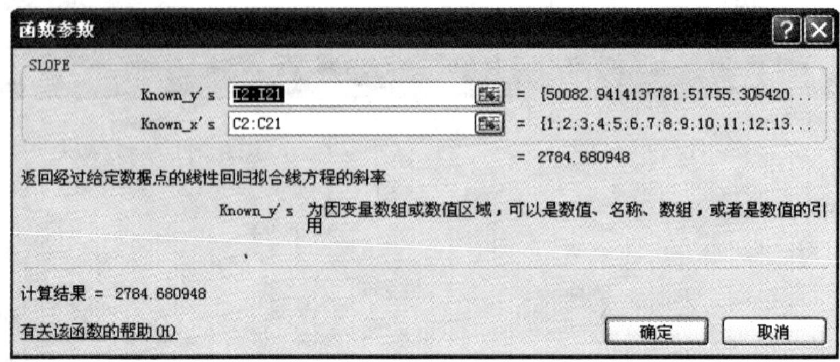

图 7.5.14　斜率参数估计的计算

值，则有 $Dt'=46\,889.01+2\,784.681\,t$。将 Dt'的值输入 J 列(见图 7.5.15)。

G	H	I	J	K
GDPt/Mt	季节比率St	Dt=GDPt/St	估计值Dt'	
	0.88692474	50082.94141	49673.69	
	0.950468[illegible]	[illegible]55.30542	52458.371	
[illegible]	[illegible]	[illegible]3369.6965	55243.052	
[illegible]	[illegible]	[illegible]766.00269	58027.733	
0.938922	0.88692474	61736.79375	60812.414	
1.180171	0.95046874	64434.52776	63597.095	
0.909253	0.9548115	67135.94669	66381.776	
0.954563	1.20779501	70963.40083	69166.457	
0.944157	0.88692474	74734.3903	71951.138	

=$N$12+C2*$N$13

图 7.5.15　预测值的计算

做比值分析。用去除趋势的季度数据与按方程预测的季度数据做比值，得到的比值再三项移动平均，最终得到的值记为 C_t。

I	J	K	L
Dt=GDPt/St	估计值Dt'	Dt/Dt'	Ct
50082.94141	49673.69	1.008239	
51755.30542	52458.371	0.986598	
53369.6965	55243.052	0.966089	0.986975
55766.00269	5802[illegible]	0.961023	0.971237
6[illegible]	[illegible]	1.015201	0.980771
6[illegible]	[illegible]	1.013168	0.996464
67135.94669	66381.776	1.011361	1.013243
70963.40083	69166.457	1.02598	1.016836
74734.3903	71951.138	1.038683	1.025341

=AVERAGE(K2:K4)

图 7.5.16　比值的计算

分析平均比值 C_t 的折线图(图 7.5.17)可以看出其周期性很明显,已经去除了季节和趋势的影响。

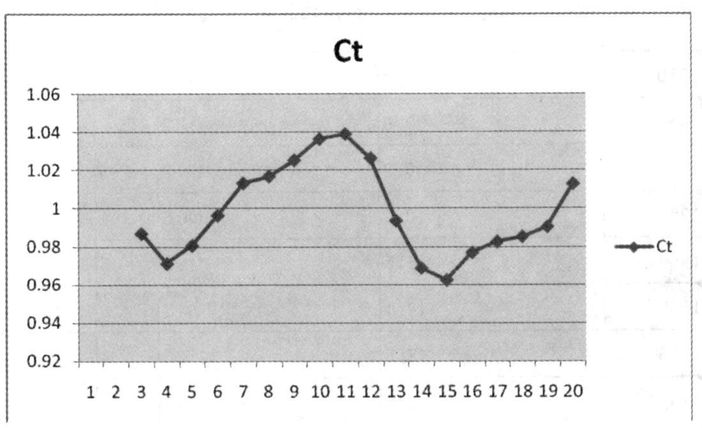

图 7.5.17 平均比值图

第六节 时间序列的预测

分析时间序列,很重要的一个方面是对下一时期或之后数时期的预测,以方便提前做出计划和决策。模型的预测可以分为事后预测和事前预测,对于事前预测,解释变量是未发生的(当模型中含有之后变量时,解释变量则有可能是已知的)。

一、趋势预测

以进出口贸易模型为例,数据为 1950—2009 年的进出口数据,来源于《2010 年中国统计年鉴》。

原始数据分别包括进口数额和出口数额,需要对其进行简单的处理,研究主要是出口与进口的差额,60 个样本数据。分析我国的国际贸易情况,如果出口减去进口值为正,则贸易顺差,否则为逆差,进出口相等的情况最好,但是比较少出现。整理后的数据如图 7.6.1。

	A	B	C	D	E
1	年　份	EXt出口总额（亿美元）	IMt进口总额（亿美元）	t	Dt=Ext-Imt
2	1950	5.5	5.8	1	-0.3
3	1951	7.6	12	2	-4.4
4	1952	8.2	11.2	3	-3
5	1953	10.2	13.5	4	-3.3
6	1954	11.5	12.9	5	-1.4
7	1955	14.1	17.3	6	-3.2
8	1956	16.5	15.6	7	0.9
9	1957	16	15	8	1

图 7.6.1　数据

由下面的贸易差额序列图 7.6.2 可以看出，1995 年以前，贸易总体上是平衡的，而之后就一直处于贸易顺差状态，2009 年可能受经济形势的影响有一些回落，整体还是顺差。

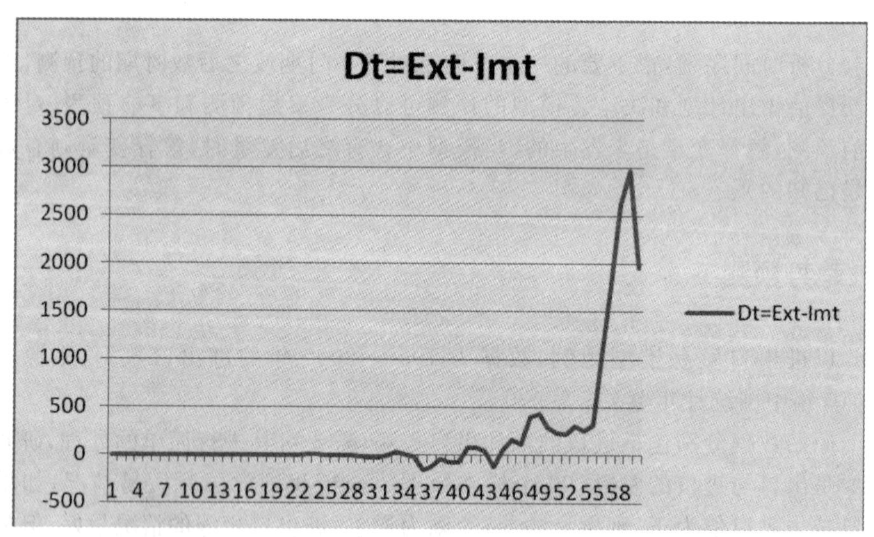

图 7.6.2　贸易差额序列图

要对 2009 年以后的贸易差额状况进行预测，首先得知道数据整体符合怎样的相关关系。从上图中看出 $t=46$ 即 1995 年以前没有大幅度的变化，呈现水平趋势。1995 年以后的形态呈现线性或指数关系，这里简单起见，认为其大体呈线性。下面的预测是建立在 1995 年及其后期的数据基础上。

对贸易差额的预测，利用 Excel 中的 TREND() 函数可以解决。先选中要预测的区域，如下图左侧所示。点击函数 f_x 按钮，找到 TREND() 函数，弹出如下对话框：

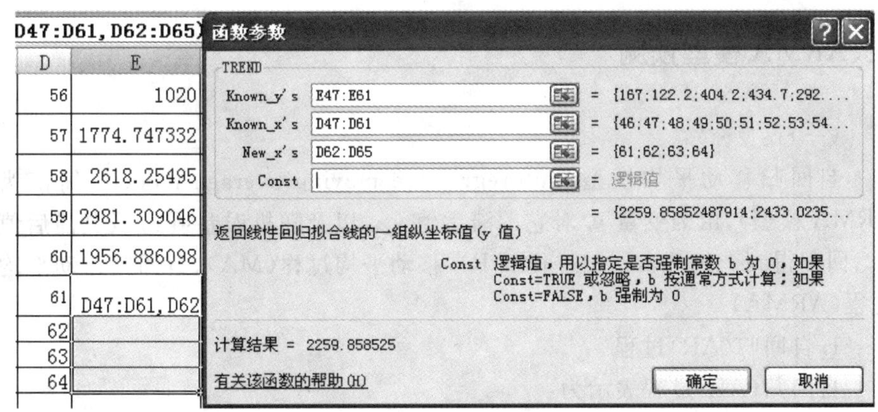

图 7.6.3 函数参数窗口

“Known_y's”中输入 1995 年以后的贸易差额数据，“Known_x's”中输入 1995 年以后的 t 值，“new_x's”中输入想要预测的年份的 t 值，本例中为 $t=61$、62、63、64。都准备好后，同时按下 Ctrl＋Shift＋Enter 键，即可得到预测值，如下图 7.6.4。

{=TREND(E47:E61, D47:D61, D62:D65)}

B	C	D	E
14306.9	11325.6	59	2981.309046
12016.1	10059.2	60	1956.886098
		61	2259.858525
		62	2433.023529
		63	2606.188532
		64	2779.353536

图 7.6.4 预测值的结果

由预测结果可知，虽然2009年的贸易差额有所下降，但是整体还是呈上升趋势，贸易顺差有进一步扩大的趋势，政府部门需要采取一些政策措施来改善贸易状况。

另外，预测也可以利用FORCAST()函数，可以得到同样的结果，方法与TREND()函数一样，在此不赘述。需要强调的是，这两个函数均要求拟合的形态为线性。

二、ARMA模型预测

(一)模型介绍

自回归移动平均模型(autoregressive moving average models，简记为ARMA模型)，由因变量y_t对它的滞后值y_{t-1}以及随机误差项u_t及其滞后值u_{t-1}回归得到。包括自回归过程(AR)、移动平均过程(MA)、自回归移动平均过程(ARMA)。

1. 自回归(AR)过程

自回归(AR)过程表示为：

$$Y_t=c+\varphi_1 Y_{t-1}+\varphi_2 Y_{t-2}+\cdots+\varphi_p Y_{t-p}+v_t \tag{7.7.1}$$

其中v_t为白噪音过程，可表示为AR(p)，即p阶自回归过程。

2. 移动平均(MA)过程

移动平均(MA)过程的表示：

$$Y_t=\varepsilon_t+\theta_1\varepsilon_{t-1}+\theta_2\varepsilon_{t-2}+\cdots+\theta_q\varepsilon_{t-q} \tag{7.7.2}$$

其中ε_t为白噪音过程，q为移动平均阶数，可表示为MA(q)，对于任意的MA(q)都是平稳的。

3. 自回归移动平均(ARMA)过程

ARMA过程的表示形式：

$$Y_t=c+\varphi_1 Y_{t-1}+\varphi_2 Y_{t-2}+\cdots+\varphi_p Y_{t-p}+\theta_1\varepsilon_{t-1}+\theta_2\varepsilon_{t-2}+\cdots+\theta_q\varepsilon_{t-q}+\varepsilon_t \tag{7.7.3}$$

其中ε_t为白噪音过程，p、q分别表示自回归和移动平均阶数，可表示为ARMA(p,q)。ARMA过程的平稳性取决于它的自回归部分。当特征方程的根全部落在单位圆以外时，ARMA(p,q)是一个平稳过程。

(二)Excel中ARMA的建模流程

首先用ARMA模型预测要求序列必须是平稳的，若所给的序列并非稳定序列，则必须对所给的序列做差分处理，使其平稳化，然后用 ARMA 模型建模。具体的建模流程可以总结如下：

1. 运用 ADF 检验判断该序列是否为平稳非纯随机序列。

若为非平稳序列，则对该序列进行差分，使其符合 ARMA 模型建模的条件，即处理后的序列是平稳序列。

2. 根据 AIC(赤池准则)和 SC(施瓦茨准则)确定滞后长度 p、q，选择恰当的 ARMA 模型进行拟合。

所谓 AIC(赤池准则)和 SC(施瓦茨准则)是用来确定 ARMA 模型 p、q 值的计量方法，其选择标准是值越小越好，具体公式如下：

$$\mathrm{AIC}=\ln(\hat{\sigma}^2)+\frac{2k}{T} \tag{7.7.4}$$

$$\mathrm{SC}=\ln(\hat{\sigma}^2)+\frac{k}{T}\ln T \tag{7.7.5}$$

其中 $\hat{\sigma}^2$ 为残差平方，$k=p+q+1$ 是所有估计参数的个数，T 为样本容量。

实际应用中，需要对不同的 ARMA(p,q)组合进行运算，得到 AIC 及 SC 数值表，从中选取最小值作为最优模型参数。

3. 估计模型中的参数。

4. 检验模型的有效性。利用 Q 统计量进行残差的白噪声检验，若拟合的模型合理，以及误差项为白噪声，则统计量

$$Q=T(T+2)\sum_{k=1}^{K}\frac{r_k^2}{T-k}\sim\chi^2(K-p-q) \tag{7.7.6}$$

式中 T 表示样本容量，r_k 表示用残差序列计算的自相关系数，K 表示自相关系数的个数，p 表示模型自回归部分的最大滞后值，q 表示移动平均部分的最大滞后值。

原假设 $H_0:\rho_1=\rho_2=\cdots=\beta_k=0$，若样本计算的 $Q\leqslant\chi_\alpha{}^2(K-p-q)$，拟合模型合适，则接受 H_0，反之若 $Q>\chi_\alpha{}^2(K-p-q)$，则拒绝原假设，拟合模型通不过检验，则转向步骤 3，重新选择模型再拟合。

5. 利用拟合的模型，选择预测序列的将来走势。

(三)数据平稳性检验

本例中数据依然选用 2011 年 7 月 1 日至 2011 年 10 月 17 日的总计 71 个上证指数收盘数据 P_t 为样本，原始数据部分截图如图 7.7.1 所示。

由本章第二节的内容可知，无论是从数据折线图看，还是通过 Excel 描述统计结果判断，样本数列原始数据都具有明显的不平稳性，因此我们通过对数据的一阶差分试图消除其不平稳性。分别构造出 DP_t 序列、P_{t-1}序列、DP_{t-1}序列，整理后的数据如图 7.7.1 所示。

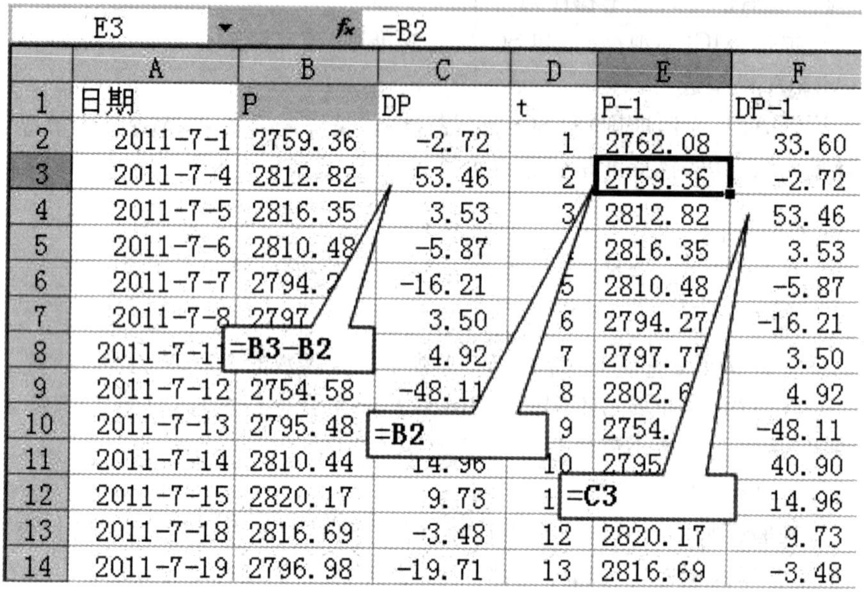

E3 fx =B2

	A	B	C	D	E	F
1	日期	P	DP	t	P-1	DP-1
2	2011-7-1	2759.36	-2.72	1	2762.08	33.60
3	2011-7-4	2812.82	53.46	2	2759.36	-2.72
4	2011-7-5	2816.35	3.53	3	2812.82	53.46
5	2011-7-6	2810.48	-5.87	[illegible]	2816.35	3.53
6	2011-7-7	2794.2	-16.21	5	2810.48	-5.87
7	2011-7-8	2797	3.50	6	2794.27	-16.21
8	2011-7-11	[illegible]	4.92	7	2797.7	3.50
9	2011-7-12	2754.58	-48.11	8	2802.6	4.92
10	2011-7-13	2795.48	[illegible]	9	2754.	-48.11
11	2011-7-14	2810.44	14.96	10	2795	40.90
12	2011-7-15	2820.17	9.73	1	[illegible]	14.96
13	2011-7-18	2816.69	-3.48	12	2820.17	9.73
14	2011-7-19	2796.98	-19.71	13	2816.69	-3.48

=B3-B2

=B2

=C3

图 7.7.1　处理后的上证指数

然后利用 ADF 检验，检验经过差分处理之后的数据是否平稳。按照第四节中方法，依三个步骤进行 ADF 检验，由于数据相同，在此不再重复，检验结果本章第四节例子中已给出，一阶差分后的数据趋势平稳。若一阶差分仍不平稳，可再次差分，直到数据具有平稳性为止。

（四）确定 ARMA 模型的阶数 p、q

由于序列一阶差分平稳，故考虑可能的模型为 AR(1)，MA(1)及 ARMA(1,1)，首先建立 AR(1)模型，选取差分项 DP 及一阶差分项 $DP-1$ 进行回归，设置如下图 7.7.2。

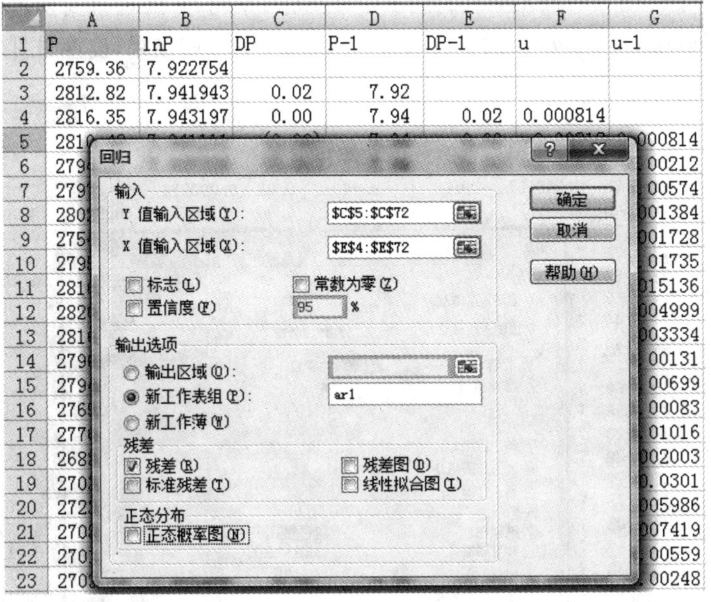

图 7.7.2　AR(1)回归设置

得到结果如图 7.7.3。

	A	B	C	D	E	F	G	H	I
1	SUMMARY OUTPUT								
2									
3	回归统计								
4	Multiple	0.001013							
5	R Square	1.03E-06							
6	Adjusted	-0.01492							
7	标准误差	0.012372							
8	观测值	69							
9									
10	方差分析								
11		df	SS	MS	F	gnificance F			
12	回归分析	1	1.05E-08	1.05E-08	6.87E-05	0.993412			
13	残差	67	0.010255	0.000153					
14	总计	68	0.010255						
15									
16		Coefficien	标准误差	t Stat	P-value	Lower 95%	Upper 95%	下限 95.0%	上限 95.0%
17	Intercept	-0.00206	0.001505	-1.36843	0.175749	-0.00507	0.000945	-0.00507	0.000945
18	X Variabl	-0.00099	0.119772	-0.00829	0.993412	-0.24006	0.238072	-0.24006	0.238072
19									
20									
21									
22	RESIDUAL OUTPUT								
23									
24	观测值	预测 Y	残差						

图 7.7.3　AR(1)回归结果

将 AR(1)回归的残差项复制到表中,定义为 u 列,并处理得到残差一阶滞后列 $u-1$ 列,用 DP 与 $u-1$ 列进行回归,得到 MA(1)回归结果,设置如图 7.7.4。

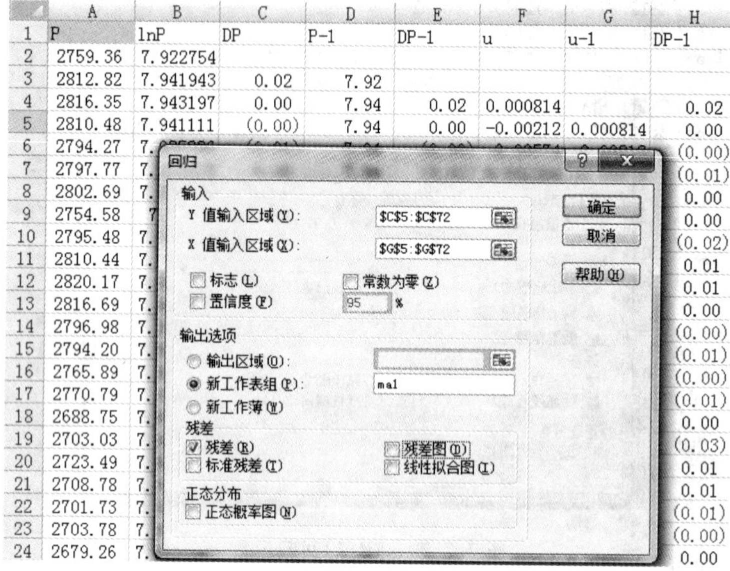

图 7.7.4　MA(1)回归设置

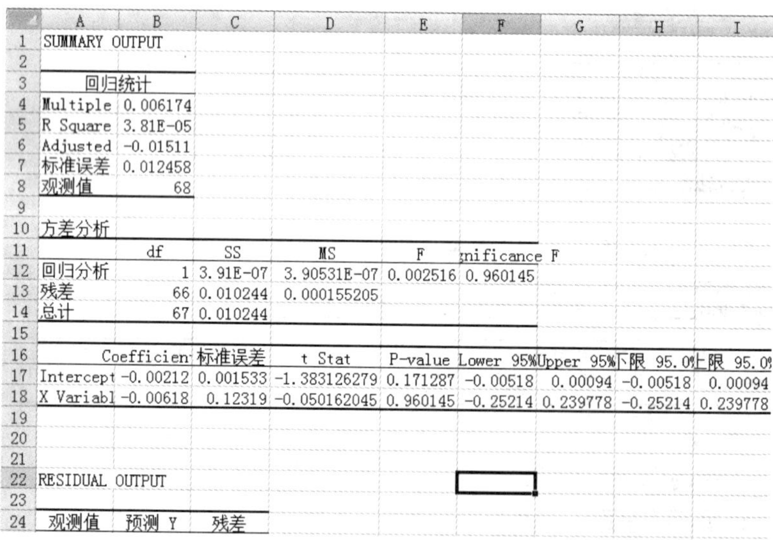

SUMMARY OUTPUT								
回归统计								
Multiple	0.006174							
R Square	3.81E-05							
Adjusted	-0.01511							
标准误差	0.012458							
观测值	68							
方差分析								
	df	SS	MS	F	gnificance F			
回归分析	1	3.91E-07	3.90531E-07	0.002516	0.960145			
残差	66	0.010244	0.000155205					
总计	67	0.010244						
	Coefficien	标准误差	t Stat	P-value	Lower 95%	Upper 95%	下限 95.0%	上限 95.0%
Intercept	-0.00212	0.001533	-1.383126279	0.171287	-0.00518	0.00094	-0.00518	0.00094
X Variabl	-0.00618	0.12319	-0.050162045	0.960145	-0.25214	0.239778	-0.25214	0.239778
RESIDUAL OUTPUT								
观测值	预测 Y	残差						

图 7.7.5　MA(1)回归结果

最后，将 $DP-1$ 复制到最后一列，将 DP 与 $DP-1$ 及 $u-1$ 列进行回归，得到 ARMA(1,1) 回归模型，设置如图 7.7.6，结果如图 7.7.7。

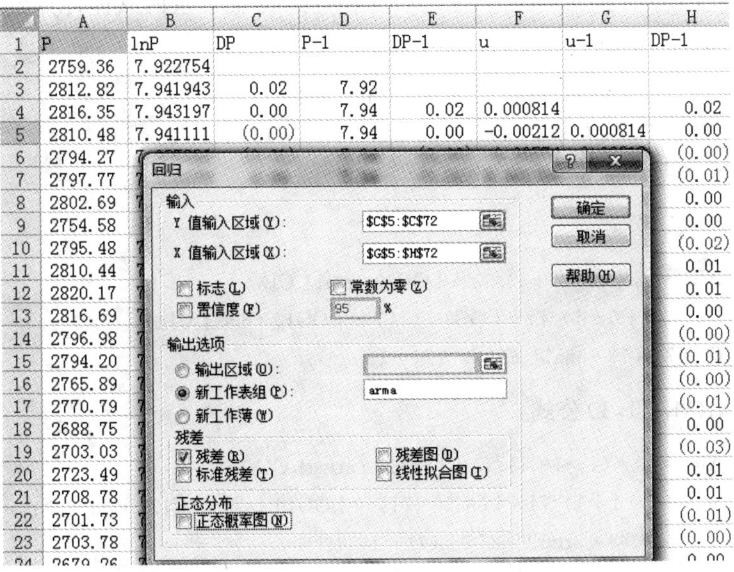

图 7.7.6 ARMA(1,1) 回归设置

	A	B	C	D	E	F	G	H	I
1	SUMMARY OUTPUT								
2									
3	回归统计								
4	Multiple	0.075776							
5	R Square	0.005742							
6	Adjusted	-0.02485							
7	标准误差	0.012518							
8	观测值	68							
9									
10	方差分析								
11		df	SS	MS	F	gnificance F			
12	回归分析	2	5.88E-05	2.94E-05	0.187691	0.829318			
13	残差	65	0.010185	0.000157					
14	总计	67	0.010244						
15									
16		Coefficien	标准误差	t Stat	P-value	Lower 95%	Upper 95%	下限 95.0%	上限 95.0
17	Intercept	-0.00226	0.001557	-1.4507	0.151672	-0.00537	0.000851	-0.00537	0.000851
18	X Variabl	3.221721	5.287484	0.609311	0.544442	-7.33811	13.78156	-7.33811	13.78156
19	X Variabl	-3.2297	5.288975	-0.61065	0.543563	-13.7925	7.333117	-13.7925	7.333117
20									
21									
22									
23	RESIDUAL OUTPUT								
24									
25	观测值	预测 Y	残差						

图 7.7.7 ARMA(1,1) 回归结果

(五)确定模型

接下来进行模型的选取和确定，主要依据 AIC/SC 标准以及 Q 统计量，其计算公式见 7.7.4～7.7.6 关于 AIC、SC 及 Q 统计量的具体计算公式。

1. AR (1)公式：

```
AIC =LOG10 ('ar1'! C13) +2 * (1+0+1)/71
SC=LOG10 ('ar1'! C14) + (1+0+1)/71 * LOG10 (71)
Q= 71 * 73 * 'ar1'! E26^2/ (71-1)
```

2. MA(1)公式：

```
AIC = 2 * (1+0+1)/71+LOG10 (ma1! C13)
SC= (1+0+1)/71 * LOG10 (71) +LOG10 (ma1! C14)
Q= 71 * 73 * ma1! E26^2/ (71-1)
```

3. ARMA(1,1)公式：

```
AIC = 2 * (1+1+1)/71+LOG10 (arma! C13)
SC= (1+1+1)/71 * LOG10 (71) +LOG10 (arma! C13)
Q= 71 * 73 * arma! E27^2/ (71-1)
```

最终计算结果如图 7.7.8：

J	K	L	M
	ar(1)	arma(1,1)	ma(1)
aic	-1.932725191	-1.933213085	-1.90753
sc	-1.936914652	-1.937386433	-1.91381
Q统计量	0.003654682	0.000371215	0.009481

图 7.7.8　统计量计算结果

由于三个统计量的选取标准皆为越小越好，同时 Q 统计量表示模型拟合的能力，因此 Q 统计量越小，模型拟合越好，故选取 ARMA(1,1)作为最终的回归模型，最终的回归模型经整理后如下：

$$D(\ln p)_t = -0.0023(1+3.2297)+3.2297D(\ln p)_{t-1}+v_t-3.2217v_{t-1} \quad (7.7.7)$$

(六)预测

将 $\ln p_0 = 7.922754$ 和 $\ln p_1 = 7.941943$ 作为最初给定值带入(7.7.7)式中得到静态预测值 lnpf，并将相应结果绘制成折线图，如图 7.7.9 所示。

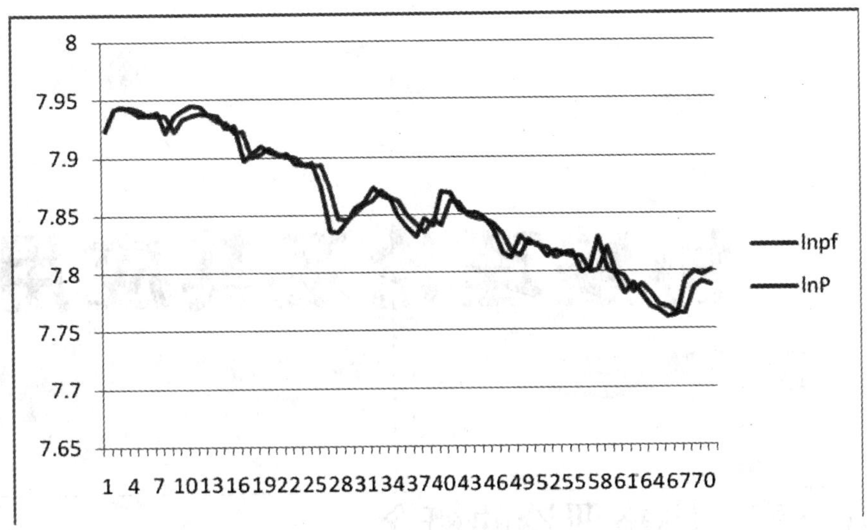

图 7.7.9 预测结果折线图

由图可见，模型拟合度良好，预测值与实际值十分接近，表明模型选取正确，至此 ARMA 模型应用介绍结束。

第八章

协整理论及其应用

第一节　协整理论的概念

20世纪70年代以前的计量经济学建模技术都是以"经济时间序列平稳"为假设前提的，但是，多数宏观经济和金融的时间序列一般都是非平稳的，即其均值与方差是随时间的变化而变化的。如果用非平稳时间序列建立回归模型会带来虚假回归问题。所谓虚假回归(或称伪回归)是指：当经济过程非平稳时，蒙特卡罗实验模拟表明，检验回归系数显著性的 t 统计量的分布随着样本容量的增大而发散，同时可决系数 R^2 的值很高，这样会导致用非平稳时间序列建立的回归模型的估计结果毫无解释意义。

协整(co-integration)理论及误差修正模型(ECM)是20世纪70年代发展起来的计量经济学新理论。协整概念指经济变量之间存在的长期稳定关系，可以说经济变量的协整性是对非平稳经济变量长期均衡关系的统计描述。协整概念的提出为在两个或多个非平稳变量间寻找均衡关系，以及用存在协整关系的变量建立误差修正模型奠定了理论基础。经济学、金融学中的某些序列通常存在稳定的均衡关系，因此协整理论广泛应用于经济建模、金融研究等各个领域。

目前对于协整理论的研究有以下观点：

1. 协整概念指明具有协整关系的高阶单整变量的线性组合可以降低单整阶数。例如，如果若干个一阶单整变量具有协整性，则这些变量可以组合成一个平稳的时间序列。这个平稳的时间序列可以用来描述原变量间的均衡关系。只要均衡关系存在，原变量间的平稳的线性组合就存在。当且仅当若干个平稳变量具有协整性时，由这些变量建立的回归模型才有意义。所以，协整性检验也是区别真实回归和虚假回归的有效方法。

2. 根据格兰杰(Granger)定理，如果若干个非平稳变量存在协整关系，则这些变量必有误差修正模型(ECM)表达式存在，反之也成立。误差修正模型改进了时间序列模型只考虑用平稳变量建立模型，却忽视了原非平稳变量信息的弱点，以及经典计量模型忽视虚假回归的问题。误差修正模型提供了结合上述两种模型的优点并克服其缺点的途径，把长期关系(协整方程)和短期关系(误差修正方程)特征结合在一个模型中，既可以研究经济问题的静态特征，又可以研究其动态特征。

3. 不存在协整关系的非平稳变量之间不能进行格兰杰因果关系检验，因此在做格兰杰因果检验之前需要对非平稳序列进行协整性检验，否则就是虚假回归。

本章其他章节安排如下：

第二节介绍对时间序列的平稳性检验的方法及其实现过程；第三节介绍如何检验两个非平稳时间序列的协整性，对于存在协整关系的时间序列，如何建立误差修正模型 ECM；第四节简单介绍对于多元的时间序列，如何利用 VAR 模型进行协整检验；第五节介绍如何在已确定两时间序列具有协整性的前提下，检验二者间的格兰杰因果关系。

第二节　时间序列的平稳性检验

一、理论基础

根据上面的观点 1，在检验一组时间序列是否存在协整关系或长期关系之前，应该先检验这些时间序列的非平稳性(或称单整性)及其单整阶数。若被检验的是两个时间序列，则这两个时间序列的单整阶数应该相同。统计方法中利用单位根检验法来检验变量的非平稳性(单整性)，常用的单位根统计检验方法有 DF 和 ADF 检验。

DF 检验适用于 AR(1)过程，且误差项 u_t 不存在序列相关的单位根检验，其检验式为：

$$y_t=\beta y_{t-1}+u_t$$

对于 AR(p)过程：

$$y_t=\varphi_1 y_{t-1}+\varphi_2 y_{t-2}+\cdots+\varphi_p y_{t-p}+u_t$$

且误差项 u_t存在序列相关时，可用如下的 ADF 检验式：

$$y_t=\beta y_{t-1}+\sum_{j=1}^{p-1}\varphi_j^* \Delta y_{t-j}+v_t \text{ 或者：} \Delta y_t=\rho y_{t-1}+\sum_{j=1}^{p-1}\varphi_j^* \Delta y_{t-j}+\lambda t+v_t$$

对于单位根检验的零假设和备择假设分别是：

H_0:$\beta=1$ 或 $\rho=0$(含有单位根，y_t 非平稳)

H_1:$\beta<1$ 或 $\rho<0$(不含单位根，y_t 平稳)

当 $DF>$临界值时，接受原假设，则序列含有单位根，y_t 非平稳；当 $DF<$临界值时，拒绝原假设，序列中不含单位根，y_t 平稳。

二、实证检验

(一)数据选取

【例 8.2.1】选取 2009 年美国的道·琼斯指数以及上海的上证指数作为协整分析的实例，以两指数每日收盘价作为样本值，样本数据选取的时间范围从 2009 年 1 月 5 日至 2009 年 9 月 30 日，共 180 个数据。这里以 usa 表示道琼斯指数，用 china 表示上证指数，并分别对原始数据取对数以消除异方差，所得数据如下图 8.2.1 中的 ln(usa)和 ln(china)。(注：下文中所出现的 usa 或 china 值全部为取对数后结果)

	A	B	C	D	E
1		usa	china	ln(usa)	ln(china)
2	2009-1-5	8952.89	1,880.72	9.099732	7.53941
3	2009-1-6	9015.1	1,937.15	9.106656	7.568973
4	2009-1-7	8769.7	1,924.01	9.079058	7.562167
5	2009-1-8	8742.46	1,878.18	9.075947	7.538059
6	2009-1-9	8599.18	1,904.86	9.059422	7.552164
7	2009-1-12	8473.97	1,900.35	9.044754	7.549793
8	2009-1-13	8448.56	1,863.37	9.041751	7.530142
9	2009-1-14	8200.14	1,928.87	9.011907	7.56469
10	2009-1-15	8212.49	1,920.21	9.013411	7.56019

图 8.2.1　例 8.2.1 的数据

(二)模型检验

这里首先需要对原时间序列进行平稳性分析,利用以下 3 种模型逐步对时间序列作 ADF 检验:即先检验是否带有时间趋势项 t,再检验是否带有常数项 α,最后如果 t 和 α 均不显著,则选用不带常数项,仅包含滞后项的检验模型做最终的检验:

$$\Delta y_t = \alpha + \lambda t + \rho y_{t-1} + \sum_{j=1}^{p-1} \varphi_j^* \Delta y_{t-j} + v_t \tag{8.2.1}$$

$$\Delta y_t = \alpha + \rho y_{t-1} + \sum_{j=1}^{p-1} \varphi_j^* \Delta y_{t-j} + v_t \tag{8.2.2}$$

$$\Delta y_t = \rho y_{t-1} + \sum_{j=1}^{p-1} \varphi_j^* \Delta y_{t-j} + v_t \tag{8.2.3}$$

一般检验时都要先从模型(8.2.1)开始回归,但观察 ln(usa)和 ln(china)的图形可以发现,两者的时间序列不具有明显的时间趋势(趋势性增长或下降),说明不存在 t 值,因此可以从模型(8.2.2)开始回归,需要分别求出 ln(usa)和 ln(china)的差分项、一阶滞后项和差分滞后项(一阶滞后和二阶滞后项)。

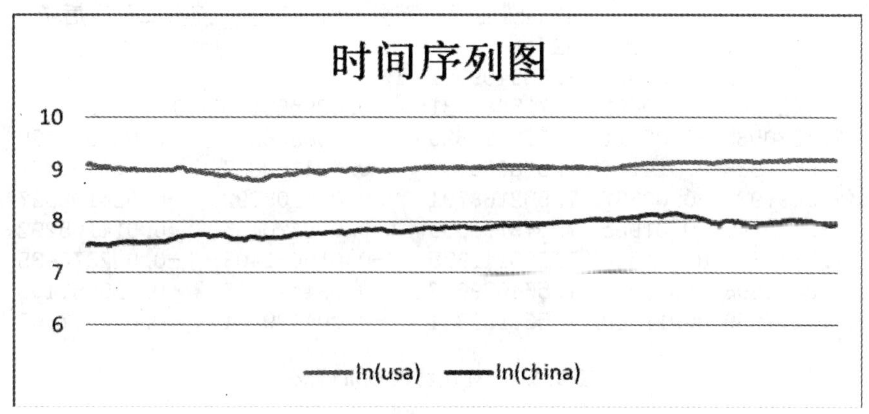

图 8.2.2 时间序列图

(三)数据处理

对原数据进行如下处理,以 usa 为例:

1. 选取 5 列,分别命名为 ln(usa)差分项、usa 滞后项、差分一阶滞后项、差分二阶滞后项;

2. 在 C3 单元格输入"=b3-b2",如图 8.2.3 所示,求出差分;

3. 在 D3 单元格输入"＝b2"，求出 usa 一阶滞后项；

4. 在 E4 单元格输入："＝c3"，求出差分一阶滞后项；

5. 在 F5 单元格输入："＝c3"，求出差分二阶滞后项，这里选取二阶滞后项以消除自相关；

	A	B	C	D	E	F
1		ln(usa)	差分项	usa滞后项	差分一阶滞后项	差分二阶滞后项
2	2009-1-5	9.099732	=b3-b2	=b2		
3	2009-1-6	9.106656	0.006925	9.099731664	=c3	
4	2009-1-7	9.079058	-0.0276	9.106656228	0.006924564	=c3
5	2009-1-8	9.075947	-0.00311	9.079057877	-0.027598351	0.006924564
6	2009-1-9	9.059422	-0.01652	9.075946894	-0.003110984	-0.027598351
7	2009-1-12	9.044754	-0.01467	9.059422129	-0.016524765	-0.003110984
8	2009-1-13	9.041751	-0.003	9.044754391	-0.014667738	-0.016524765
9	2009-1-14	9.011907	-0.02984	9.041751292	-0.003003099	-0.014667738
10	2009-1-15	9.013411	0.001505	9.011906506	-0.029844785	-0.003003099
11	2009-1-16	9.021746	0.008334	9.013411445	0.001504939	-0.029844785

图 8.2.3　处理结果 usa 部分

6. 类似方法处理 china 的数据，得到结果如图 8.2.3、图 8.2.4。

H	I	J	K	L
ln(china)	差分	china滞后项	差分一阶滞后项	差分二阶滞后项
7.53941	=H3-H2	=h2		
7.5689731	0.029563	7.539409961	=i3	
7.5621668	-0.00681	7.5689731	0.029563139	=i3
7.5380585	-0.02411	7.562166829	-0.006806271	0.029563139
7.5521638	0.014105	7.538058502	-0.024108327	-0.006806271
7.5497934	-0.00237	7.552163794	0.014105292	-0.024108327
7.530142	-0.01965	7.549793359	-0.002370435	0.014105292
7.5646896	0.034548	7.530141955	-0.019651403	-0.002370435
7.5601898	-0.0045	7.564689618	0.034547663	-0.019651403
7.577859	0.017669	7.560189834	-0.004499784	0.034547663

图 8.2.4　处理结果 china 部分

（四）单位根检验的 Excel 操作

下面开始分别对 usa 和 china 时间序列进行 ADF 检验，调出数据选项卡下的数据分析工具栏，点击数据分析功能，选回归，见图 8.2.5。

以 usa 为例，在弹出的对话框中，y 值框选取 usa 差分项，x 值框选 usa 滞后项、差分一阶滞后项、差分二阶滞后项以及时间序列，注意由于前四行数据不完全故舍弃，从第五行开始选取。在输出选项中选择新工作表组，命名为

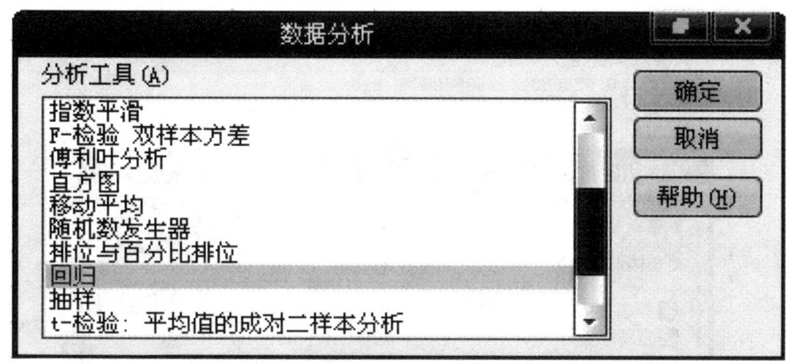

图 8.2.5 数据分析功能中的回归选项

adf(usa)，类似方法设置得到 china 的 ADF 检验结果，如图 8.2.6 和 8.2.7。

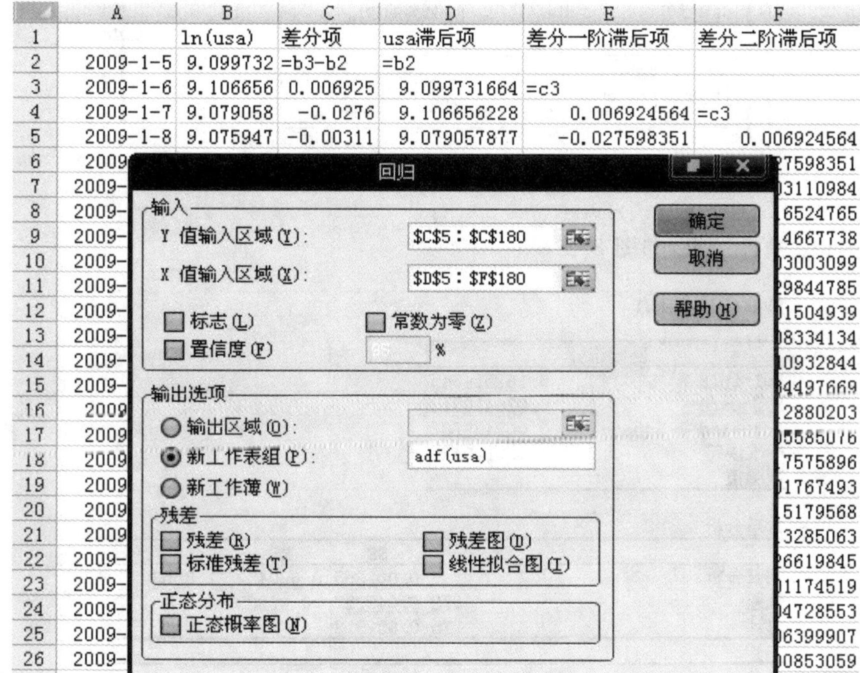

图 8.2.6 usa 单位根检验的设置窗口

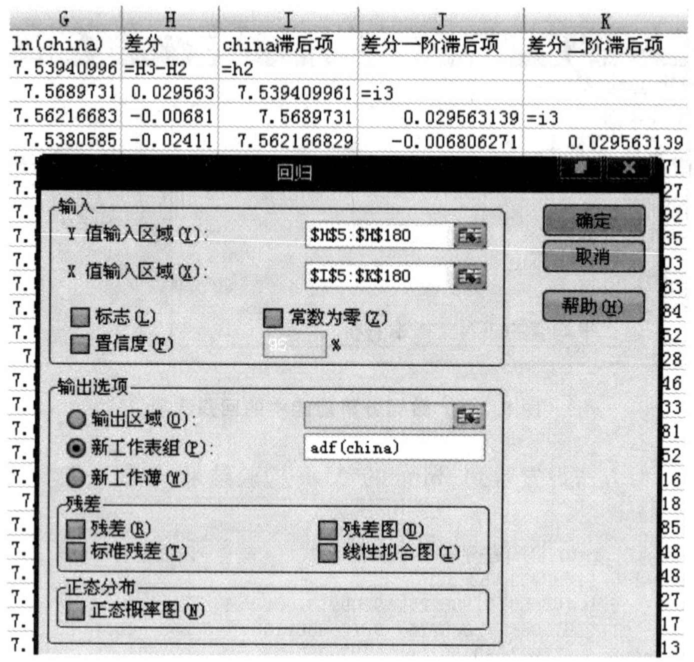

图 8.2.7　china 单位根检验的设置窗口

usa 输出结果,如图 8.2.8。

SUMMARY OUTPUT				
回归统计				
Multiple R	0.162514345			
R Square	0.026410912			
Adjusted R Square	0.009429707			
标准误差	0.0170425			
观测值	176			
方差分析				
	df	SS	MS	F
回归分析	3	0.001355	0.000452	1.555302597
残差	172	0.049957	0.00029	
总计	175	0.051312		
	Coefficients	标准误差	t Stat	P-value
Intercept	0.077790229	0.124931	0.622665	0.534329222
X Variable 1	-0.008541408	0.013826	-0.6178	0.537524352
X Variable 2	-0.129752939	0.076233	-1.70206	0.090551457
X Variable 3	0.061084002	0.076031	0.803407	0.42284827

图 8.2.8　usa 的输出结果

china 输出结果如图 8.2.9。

SUMMARY OUTPUT				
回归统计				
Multiple R	0.149157579			
R Square	0.022247983			
Adjusted R Square	0.005194169			
标准误差	0.019952457			
观测值	176			
方差分析				
	df	SS	MS	F
回归分析	3	0.001558	0.000519	1.304575219
残差	172	0.068473	0.000398	
总计	175	0.070031		
	Coefficients	标准误差	t Stat	P-value
Intercept	0.14451606	0.074855	1.930624	0.055174255
X Variable 1	-0.018113988	0.009511	-1.90463	0.058497511
X Variable 2	0.016880575	0.075398	0.223887	0.823111191
X Variable 3	0.031364073	0.075029	0.418027	0.676448563

图 8.2.9 china 的输出结果

（五）结果分析

1. usa 的常数项的 t 值不显著，应舍弃常数项即使用模型（8.2.3）重新估计。

$$\Delta y_t = \rho y_{t-1} + \sum_{j=1}^{p-1} \varphi_j^* \Delta y_{t-j} + v_t \tag{8.2.3}$$

本例中二阶滞后项 t 值不显著，重新回归时舍弃该项，得到图 8.2.10 的结果。

2. 如图 8.2.9 所示，china 的差分一阶和二阶滞后项 t 值均不显著，应舍弃差分滞后项重新估计。

3. 如图 8.2.10 所示，usa 的一阶滞后项 t 值为 0.3766＞－1.95（5％临界值水平下的 adf 值），所以接受原假设，usa 含有单位根，是非平稳序列，usa 检验结束。

4. china 回归结果中的常数项 t 值 1.93＞5％临界值－2.53（查表得），所以接受原假设，常数项为零，需重新利用模型（8.2.3）估计，得到结果如图 8.2.11。

SUMMARY OUTPUT				
回归统计				
Multiple R	0.149769449			
R Square	0.022430888			
Adjusted R Square	0.011130493			
标准误差	0.017065177			
观测值	177			
方差分析				
	df	SS	MS	F
回归分析	2	0.001169388	0.000584694	2.007738021
残差	175	0.050963546	0.00029122	
总计	177	0.052132934		
	Coefficients	标准误差	t Stat	P-value
Intercept	0	#N/A	#N/A	#N/A
X Variable 1	5.34811E-05	0.000141993	0.376645437	0.706893398
X Variable 2	-0.147864347	0.074744305	-1.978269068	0.049467764

图 8.2.10 adf(usa)的输出结果

SUMMARY OUTPUT				
回归统计				
Multiple R	0.106210074			
R Square	0.01128058			
Adjusted R Square	0.005630862			
标准误差	0.020015724			
观测值	178			
方差分析				
	df	SS	MS	F
回归分析	1	0.000809	0.000809	2.019443135
残差	177	0.070911	0.000401	
总计	178	0.07172		
	Coefficients	标准误差	t Stat	P-value
Intercept	0	#N/A	#N/A	#N/A
X Variable 1	0.000271015	0.000191	1.421071	0.157055456

图 8.2.11 adf(china)的输出结果

5. china 一阶滞后项的 t 值 1.421 大于临界值 −1.95，因此接受原假设，china 时间序列含有单位根，序列非平稳，china 时间序列的检验结束。

6. 进一步利用模型(8.2.5)：

$$\Delta^2 y_t = \Delta y_{t-1} + v_t \qquad (8.2.4)$$

对两个时间序列进行单整阶数的检验，这里需要求出残差的二阶差分序列，这里以 china 序列为例进行回归，如图在 L4 单元格输入"＝H4－H3"，得到二阶差分序列，见图 8.2.12。

G	H	I	J	K	L
ln(china)	差分	china滞后项	差分一阶滞后项	差分二阶滞后项	二阶差分
7.53940996	=H3-H2	=h2			
7.5689731	0.029563	7.539409961	=i3		=H4-H3
7.56216683	-0.00681	7.5689731	0.029563139	=i3	-0.03637
7.5380585	-0.02411	7.562166829	-0.006806271	0.029563139	-0.0173
7.55216379	0.014105	7.538058502	-0.024108327	-0.006806271	0.038214
7.54979336	-0.00237	7.552163794	0.014105292	-0.024108327	-0.01648
7.53014196	-0.01965	7.549793359	-0.002370435	0.014105292	-0.01728
7.56468962	0.034548	7.530141955	-0.019651403	-0.002370435	0.054199
7.56018983	-0.0045	7.564689618	0.034547663	-0.019651403	-0.03905
7.57785899	0.017669	7.560189834	-0.004499784	0.034547663	0.022169

图 8.1.12　二阶差分列

7. 根据模型(8.2.7)，以二阶差分为 y 值，差分一阶滞后项作为 x 值进行回归，如图 8.2.13 设置。

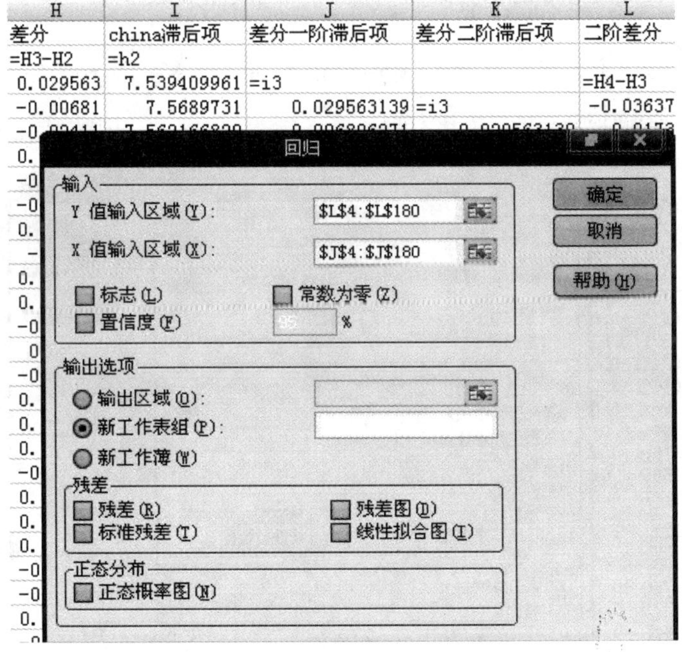

图 8.2.13　模型 8.2.5 的回归设置

SUMMARY OUTPUT				
回归统计				
Multiple R	0.703271233			
R Square	0.494590427			
Adjusted R Square	0.491702373			
标准误差	0.02001318			
观测值	177			
方差分析				
	df	SS	MS	F
回归分析	1	0.068591845	0.068591845	171.2538294
残差	175	0.070092288	0.000400527	
总计	176	0.138684133		
	Coefficients	标准误差	t Stat	P-value
Intercept	0.002005568	0.001512995	1.325561643	0.186712768
X Variable 1	-0.984165313	0.075205207	-13.08639864	9.97719E-28

图 8.2.14 模型 8.2.5 的输出结果

观察回归结果，可以看到 x 的 t 值(−13.086)明显小于临界值−1.95，说明 china 的差分序列是一个平稳序列，所以 china 时间序列为 I(1)单整时间序列，同样方法得到 usa 的检验结果，见图 8.2.15、图 8.2.16。

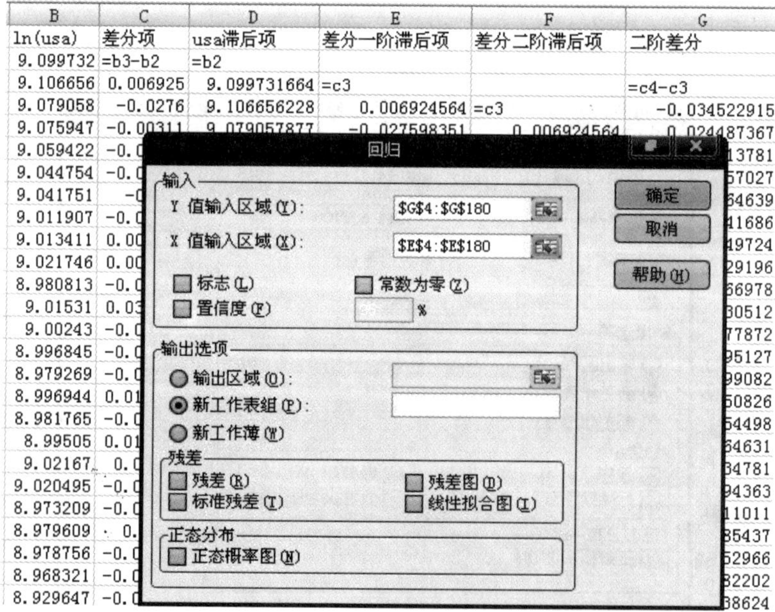

图 8.2.15 usa 的检验设置

SUMMARY OUTPUT				
回归统计				
Multiple R	0.75766903			
R Square	0.574062359			
Adjusted R Square	0.57162843			
标准误差	0.017064943			
观测值	177			
方差分析				
	df	SS	MS	F
回归分析	1	0.068685	0.068684822	235.858265
残差	175	0.050962	0.000291212	
总计	176	0.119647		
	Coefficients	标准误差	t Stat	P-value
Intercept	0.00049142	0.001283	0.382971715	0.702205515
X Variable 1	-1.147841651	0.074741	-15.35767772	2.92614E-34

图 8.2.16 usa 的检验结果

同样可以看到 t 值(－15.3576)明显小于临界值－1.95,所以同样得到 usa 时间序列是随机游走序列的结论,usa 序列与 china 序列的单整阶数相同,符合协整性检验的条件,至此对于时间序列平稳性的检验全部结束。

(六)归纳总结

可以发现,对于时间序列平稳性的检验应首先从模型(8.2.1)至(8.2.3)式开始,判断趋势项 t 和常数项是否有显著性,由于本例中观察时间列的图形可以直接判断出没有趋势项,因此从模型(8.2.2)式开始回归,如果一阶滞后项的 t 值显著,且常数项不显著,则需要进一步用模型(8.2.3)式来判断时间序列是否存在单位根,在本例中可以看到 usa、china 的常数项都不显著,一直检验到模型(8.2.3)才能判断出最后结果。另外如果出现常数项显著的情况,则说明时间序列是随机趋势序列(带漂移项),也仍然是非平稳序列,则不需要进一步进行检验。最后通过模型(8.2.4)来判断是几阶差分平稳,判断单整阶数是否相等,本例中两时间序列都是随机游走序列,且单整阶数相同,服从 I(1)分布,符合协整性检验对于时间序列需要单整阶数相同的要求。

第三节　协整性检验及误差修正模型(ECM)

一、协整回归

在对时间序列进行单整性检验后，如果符合相同单整阶数的条件，就可以用由恩格尔—格兰杰(Engel-Granger 1987)提出的 EG 两步法进行协整性检验，这种检验是以残差为基础的，因此 EG 两法的第一步是用最小二乘法(OLS)估计协整参数向量。把这种 OLS 回归称作协整回归或静态回归。假设两个 I(1)变量 y_t和 x_t具有如下关系：

$$y_t = kx_t + u_t \tag{8.3.1}$$

实际检验中，利用无常数项的一元直线回归来实现，对两个时间序列进行 OLS 协整回归：

$$y_t = \hat{k}x_t + \hat{u}_t \tag{8.3.2}$$

其中 $\hat{k}$ 是对协整参数 k 的 OLS 估计，残差项 $\hat{u}_t$ 是对 u_t的估计，当确切关系未知时，如有必要也可以在协整回归式中加入常数项或趋势项。

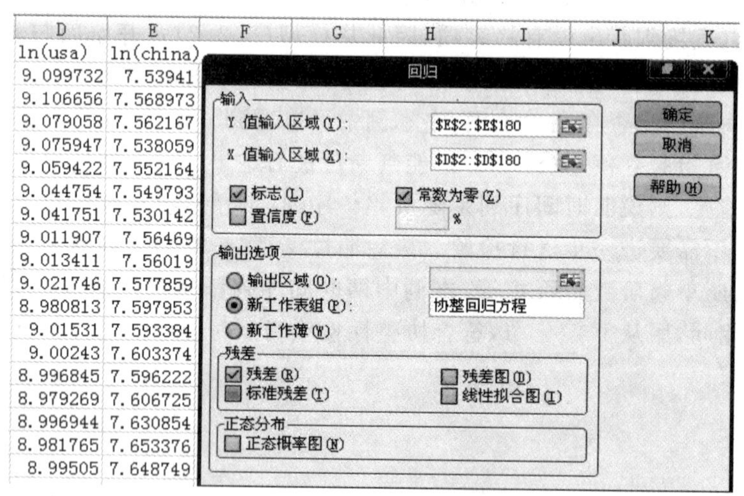

图 8.3.1　协整性检验的回归设置

SUMMARY OUTPUT					
回归统计					
Multiple	0.999877087				
R Square	0.99975419				
Adjusted	0.994136213				
标准误差	0.123685599				
观测值	179				
方差分析					
	df	SS	MS	F	Significance F
回归分析	1	11075.21259	11075.21	723958.7	0
残差	178	2.723066662	0.015298		
总计	179	11077.93565			
	Coefficients	标准误差	t Stat	P-value	Lower 95%
Intercept	0	#N/A	#N/A	#N/A	#N/A
ln(usa)	0.870268768	0.001022814	850.8576	0	0.868250367
RESIDUAL OUTPUT					
观测值	预测 ln(china)	残差			
1	7.919212266	-0.379802305			
2	7.925238498	-0.356265398			
3	7.901220515	-0.339053686			

图 8.3.2　协整性检验的回归结果

具体操作步骤如下：

对 ln(usa)和 ln(china)进行一阶线性回归，即用最小二乘法进行线性回归，以 ln(china)作为 y 值，ln(usa)作为 x 值，由于协整回归没有常数项，因此勾选常数项为零，并且可以将标签项选上。由于需要残差进行进一步分析，应勾选残差项，以得到残差结果，如图 8.3.1 那样设置。图 8.3.2 为输出的回归结果。

二、协整检验

在完成协整回归并得到参数的 OLS 估计值后，还要检验所涉及的变量是否存在协整关系，也就是检验上述协整回归式的残差 $\hat{u}_t$ 是否平稳，采用的方法是对回归结果的残差项进行 ADF 检验，对 u_t 进行单位根检验：

（一）原假设与备择假设

$H_0: u_t$ 有单位根（不存在协整）

$H_1: u_t$ 不含单位根（存在协整）

（二）对 $\hat{u}_t$ 作 DF 回归

$$\Delta\hat{u}_t=\rho\hat{u}_{t-1}+\varepsilon \tag{8.3.3}$$

或 ADF 回归：

$$\Delta\hat{u}_t=\rho\hat{u}_{t-1}+\sum_{i=1}^{k}\gamma_i\Delta\hat{u}_{t-i}+\varepsilon \tag{8.3.4}$$

(8.3.3)式和(8.3.4)式分别称为 EG 和 AEG 检验，而所用统计量分别称为 EG 和 AEG 统计量，其计算公式和检验方法与 DF 和 ADF 检验相同，但统计量的分布不同，因此不能采用 DF 和 ADF 检验临界值，其临界值可以从麦金农（Mackinnon 1991）提供的 EG、AEG 临界值表中查到。

具体操作如下，首先将输出结果中所得的残差（residual output）复制到一个新的工作表中，并对数据进行如下处理：

1. 在残差项后分别列出一阶差分、一阶滞后、差分一阶滞后、差分 ln(usa)、差分 ln(china)5 列，具体计算结果见图 8.3.3，得到有关残差的五列数据，将 usa 和 china 的差分项复制到工作表中，如图 8.3.3，E、F 两列为差分 ln(usa)和差分 ln(china)。

	A	B	C	D	E	F
1	残差	一阶差分	一阶滞后	差分一阶滞后项	差分ln（usa）	差分ln(china)
2	-0.3798					
3	-0.35627	0.023537	-0.3798		0.006924564	0.029563139
4	-0.33905	0.017212	-0.35627	0.023536907	-0.027598351	-0.006806271
5	-0.36045	-0.0214	-0.33905	0.017211712	-0.003110984	-0.024108327
6	-0.33197	0.028486	-0.36045	-0.021400935	-0.016524765	0.014105292
7	-0.32157	0.010394	-0.33197	0.028486279	-0.014667738	-0.002370435
8	-0.33861	-0.01704	-0.32157	0.010394439	-0.003003099	-0.019651403
9	-0.27809	0.060521	-0.33861	-0.0170379	-0.029844785	0.034547663
10	-0.2839	-0.00581	-0.27809	0.060520648	0.001504939	-0.004499784

图 8.3.3　中间计算过程

2. 根据公式(8.3.4)，以一阶差分为 y 值，一阶滞后和差分一阶滞后作为 x 值，对残差进行恩格尔—格兰杰检验，即 EG 检验，方法同之前的 ADF 检验，但需勾选常数为零项。

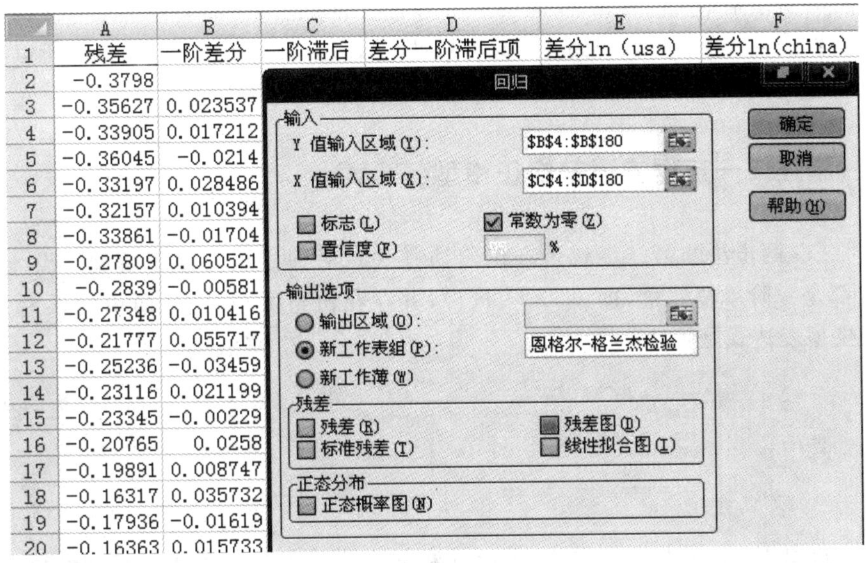

图 8.3.4 AEG 检验的回归选项

SUMMARY OUTPUT

回归统计	
Multiple R	0.260916074
R Square	0.068077198
Adjusted R Square	0.057037639
标准误差	0.022841128
观测值	177

方差分析

	df	SS	MS	F
回归分析	2	0.006669525	0.003335	6.391897
残差	175	0.091300497	0.000522	
总计	177	0.097970022		

	Coefficients	标准误差	t Stat	P-value
Intercept	0	#N/A	#N/A	#N/A
X Variable 1	-0.044068948	0.014245142	-3.09361	0.002302
X Variable 2	-0.139653405	0.072879014	-1.91624	0.056965

图 8.3.5 AEG 检验的输出结果

3. 从结果中可以看到，残差的一阶滞后项的 t 值为－3.09361，而 AEG 5% 的临界值通过查表可以得到为－3.3711，即 AEG＝－3.09361＜－1.94，所以拒绝原假设，残差项不含有单位根，原数据列 usa、china 具有协整性。

三、建立单一方程的误差修正模型(ECM)

EG 两步法的第二步就是在确定协整关系后建立误差修正模型。设 y_t，x_t 都是一阶单整变量，即 $y_t, x_t \sim I(1)$，并存在协整关系，则最简单的误差修正模型表达式是：

$$\Delta y_t = \beta_0 \Delta x_t + \beta_1 ECM_{t-1} + v_t \tag{8.3.5}$$

其中：

$$ECM_t = y_t - kx_t \tag{8.3.6}$$

这里 ECM_t 是非均衡误差，表示 y_t 和 x_t 之间的长期关系；k 是长期参数，β_0 和 β_1 是短期参数；$\beta_1 ECM_{t-1}$ 为误差修正项，β_1 是修正系数，表示误差修正项对 Δy_t 的修正速度，根据误差修正模型的推导原理，β_1 的值应该为负。误差修正机制应该是一个负反馈过程。

当然在上面的检验已经证明，usa 与 china 具有协整性，因此可以建立误差修正模型，具体的操作方法如下：

(1)以 china 的差分项作为 y 值。

(2)以协整回归分析中的残差的一阶滞后项、usa 的差分项、china 的差分一阶滞后项、usa 的差分一阶滞后项作为 x 值回归。

(3)得到的新回归模型即为误差修正模型，如图 8.3.6、8.3.7。

估计结果中，残差一阶滞后项 t 值显著，且系数为负，误差修正模型对 $d\ln(\text{china})$ 的修正速度为 0.02723，其经济含义是当上证综指与道琼斯指数偏离均衡状态 $\ln(\text{china})_t = 0.087\ln(\text{usa})_t$ 时，该经济系统将以这种偏离(误差)的 0.02723 倍强度在下一期回归均衡点。

当然这种误差修正模型是由单一方程决定的，而多方程误差修正模型是在向量自回归(VAR)模型基础上建立起来的，称为向量误差修正模型(VEC)。其原理与单一方程的误差修正模型相同，只是需要建立多个包含滞后项的方程来对原方程的误差进行修正，但是序列间必须通过协整性检验才可以使用。

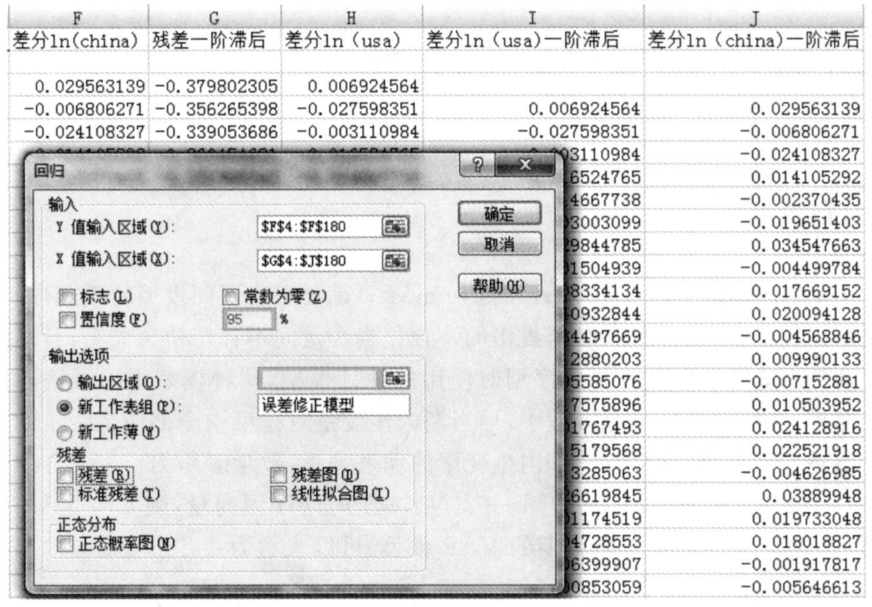

图 8.3.6　误差修正模型的回归选项

SUMMARY OUTPUT

回归统计	
Multiple R	0.265385
R Square	0.070429
Adjusted R Square	0.048812
标准误差	0.019466
观测值	177

方差分析

	df	SS	MS	F	gnificance F
回归分析	4	0.004938	0.001234	3.25792	0.01321
残差	172	0.065172	0.000379		
总计	176	0.07011			

	Coefficien	标准误差	t Stat	P-value	Lower 95%	Upper 95%	下限 95.0%	上限 95.0%
Intercept	0.001916	0.001472	1.301436	0.19485	-0.00099	0.004822	-0.00099	0.004822
X Variable 1	-0.02723	0.012475	-2.1826	0.030421	-0.05185	-0.0026	-0.05185	-0.0026
X Variable 2	-0.0059	0.07368	-0.08002	0.936315	-0.15133	0.139538	-0.15133	0.139538
X Variable 3	0.205986	0.088341	2.331721	0.020874	0.031614	0.380357	0.031614	0.380357
X Variable 4	0.231741	0.087467	2.649474	0.008813	0.059095	0.404388	0.059095	0.404388

图 8.3.7　误差修正模型的输出结果

第四节 向量自回归模型(VAR)

一、模型形式

VAR 模型(vector autoregressive model)是动态自回归模型的联立形式，是由西姆斯(Sims)于 1980 年提出的。它是当变量间不存在协整关系，且时间序列经过差分后转化为平稳序列时使用的估计模型，这种模型不以经济理论为基础，在模型的每一个方程中，用当期内生变量对模型中全部内生变量的滞后值进行回归，从而估计全部内生变量的动态关系，数学表示为：

若 $\boldsymbol{Y}_t=(y_{1t},y_{2t},\cdots,y_{Nt})'$ 是一个 $N\times1$ 阶时间序列向量，则 k 阶 VAR 模型(即含有 N 个变量滞后 k 期的 VAR 模型)可以表示为：

$$\boldsymbol{Y}_t=\boldsymbol{\mu}+\sum_{i=1}^{k}\boldsymbol{\Pi}_i\boldsymbol{Y}_{t-i}+\boldsymbol{U}_t=\boldsymbol{\mu}+\boldsymbol{\Pi}_1\boldsymbol{Y}_{t-1}+\boldsymbol{\Pi}_2\boldsymbol{Y}_{t-2}+\cdots+\boldsymbol{\Pi}_k\boldsymbol{Y}_{t-k}+\boldsymbol{U}_t$$

用 VAR(k)表示。其中有：$\boldsymbol{\mu}=(\mu_1,\mu_2,\cdots,\mu_N)'$；$\boldsymbol{\Pi}_i=\begin{pmatrix}\pi_{11,i} & \pi_{12,i} & \cdots & \pi_{1N,i}\\ \pi_{21,i} & \pi_{22,i} & \cdots & \pi_{2N,i}\\ \vdots & \vdots & \ddots & \vdots\\ \pi_{N1,I} & \pi_{N2,i} & \cdots & \pi_{NN,i}\end{pmatrix}$；$i=1,2,\cdots,k$；$\boldsymbol{U}_t=(u_{1t},u_{2t},\cdots,u_{Nt})'$；$\boldsymbol{U}_t\sim IID(0,\Omega)$；$\boldsymbol{\mu}$ 为 $N\times1$ 阶常数项列向量；$\boldsymbol{U}_t$ 是 $N\times1$ 阶随机误差列向量；$\boldsymbol{\Pi}_1,\boldsymbol{\Pi}_2,\cdots,\boldsymbol{\Pi}_k$ 均为 $N\times N$ 阶参数矩阵。

二、实际操作

在上例中，usa 与 china 之间的协整性分析表明，二者不具有协整关系(残差回归方程，AEG 检验的 t 值为－3.09361＞临界值－3.3711，说明残差项显著含有单位根)，此时就无法建立误差修正模型(VEC)来对两者的回归模型进行修正，这时就需要用到 VAR 模型。

假定模型如下：

$$\Delta\ln(china)=\pi_{11}+\pi_{12}\Delta\ln(china)_{t-1}+\pi_{13}\Delta\ln(usa)_{t-1}$$

$$\Delta \ln(usa) = \pi_{21} + \pi_{22} \Delta \ln(china)_{t-1} + \pi_{23} \Delta \ln(usa)_{t-1}$$

复制以下列至同一工作表中：差分 ln(usa)、差分 ln(china)、差分 ln(usa)一阶滞后、差分 ln(china)一阶滞后，如图 8.4.1。

F	G	H	I
差分ln (usa)	差分ln(china)	差分ln (usa)一阶滞后	差分ln (china)一阶滞后
0.006924564	0.029563139		
-0.027598351	-0.006806271	0.006924564	0.029563139
-0.003110984	-0.024108327	-0.027598351	-0.006806271
-0.016524765	0.014105292	-0.003110984	-0.024108327
-0.014667738	-0.002370435	-0.016524765	0.014105292
-0.003003099	-0.019651403	-0.014667738	-0.002370435
-0.029844785	0.034547663	-0.003003099	-0.019651403
0.001504939	-0.004499784	-0.029844785	0.034547663

图 8.4.1 差分的计算

以差分 ln(usa)一阶滞后、差分 ln(china)一阶滞后作为 x 值，分别对差分 ln(usa)和差分 ln(china)进行回归，首先是差分 ln(usa)的回归结果，如图 8.4.2。

SUMMARY OUTPUT				
回归统计				
Multiple	0.149737836			
R Square	0.02242142			
Adjusted	0.011184884			
标准误差	0.017109081			
观测值	177			
方差分析				
	df	SS	MS	F
回归分析	2	0.001168192	0.000584096	1.995403277
残差	174	0.050933394	0.000292721	
总计	176	0.052101585		
	Coefficients	标准误差	t Stat	P-value
Intercept	0.000449002	0.001293594	0.347096879	0.728937985
X Variabl	-0.150625327	0.075458411	-1.996137008	0.047478734
X Variabl	0.020291403	0.064742263	0.313418188	0.754338355

图 8.4.2 差分 ln(usa)的回归结果输出

结果中可以看出 $\Delta \ln(usa)$ 与 $\Delta \ln(usa)_{t-1}$ 有着显著的负向关系，但与

$\Delta\ln(china)_{t-1}$没有显著联系。同时常数项没有显著性，说明不带漂移项。对于差分 ln(china)的回归结果如图 8.4.3。

SUMMARY OUTPUT				
回归统计				
Multiple R	0.158344251			
R Square	0.025072902			
Adjusted R Square	0.013866843			
标准误差	0.019819905			
观测值	177			
方差分析				
	df	SS	MS	F
回归分析	2	0.001757862	0.000878931	2.237441599
残差	174	0.068352183	0.000392829	
总计	176	0.070110045		
	Coefficients	标准误差	t Stat	P-value
Intercept	0.001957802	0.001498555	1.306459563	0.193120568
X Variable 1	0.183979234	0.087414312	2.104680917	0.036755382
X Variable 2	-0.002744897	0.075000259	-0.036598499	0.970847094

图 8.4.3 差分 ln(china)的回归结果输出

结果中可以看出$\Delta\ln(china)$与$\Delta\ln(china)_{t-1}$有着显著的正向关系，但与$\Delta\ln(usa)_{t-1}$没有显著联系。常数项具有一定的显著性，在估计时不能被忽略。

以上就是对 VAR 模型的简单介绍及其应用，当然更复杂的模型还要借助矩阵形式来予以计算，这里就不做介绍了。

第五节　格兰杰因果性检验

一、理论介绍

格兰杰因果性检验的正式名称应该是格兰杰非因果性检验，这种因果关系与逻辑上的因果关系是有区别的，如果说“x_t 是 y_t 的格兰杰原因”只是表明“x_t 中包括了预测 y_t 的有效信息”，以两变量为例，格兰杰非因果性检验定义如下：

如果由 y_t 和 x_t 滞后值所决定的 y_t 的条件分布与仅由 y_t 滞后值所决定的条件分布相同(见下式)，则称 x_{t-1} 对 y_t 不存在格兰杰因果性关系。

$$f(y_t \mid y_{t-1}, \cdots, x_{t-1}, \cdots) = f(y_t \mid y_{t-1}, \cdots)$$

格兰杰因果性的实践检验中往往利用另一种定义，即其他条件不变，若加上 x_t 的滞后变量对 y_t 的预测精度不存在显著性改善，则称 x_{t-1} 对 y_t 不存在格兰杰因果性关系，为简便总是把 x_{t-1} 对 y_t 存在(或不存在)格兰杰因果性关系表述为 x_t 对 y_t 存在(或不存在)格兰杰因果关系。根据以上定义，格兰杰因果检验式如下：

$$y_t = \sum_{i=1}^{k} \alpha_i y_{t-i} + \sum_{i=1}^{k} \beta_i x_{t-i} + u_{1t} \tag{8.5.1}$$

常数项、趋势项、季节虚拟变量等都可以包括在(8.5.1)式中。检验 x_t 对 y_t 不存在格兰杰因果关系的零假设是

$$H_0 = \beta_1 = \beta_2 = \cdots = \beta_k = 0$$

显然如果(8.5.1)式中的 x_t 的滞后变量的回归参数估计值全部不存在显著性，则上述假设不能被拒绝，即如果 x_t 的任意一个滞后变量的回归参数估计值存在显著性，则结论应是 x_t 对 y_t 存在格兰杰因果关系，而检验所有解释变量显著性的方法可通过 F 统计量完成。

$$F = \frac{(SSE_r - SSE_u)/q}{SSE_u/(T-k)} \tag{8.5.2}$$

其中 SSE_r 表示施加约束(零假设成立时，无 x_t 滞后项的回归式)条件下模型的残差平方和，SSE_u 表示不施加约束条件下模型的残差平方和，q 表示最大滞后期，T 表示样本容量，k 表示无约束回归中待估参数的个数。零假设条件下，F 统计量渐进服从 $F(q, T-k)$ 分布。注意不存在协整关系的非平稳变量之间不能进行格兰杰因果关系检验。

二、实际操作

接本章开始的 usa(道指)与 china(上证综指)的例子，由于二者协整，因此可以检验两者的格兰杰因果关系，新建工作表“格兰杰检验用表”，选取 ln(usa)一阶滞后，并在单元格 C3 输入“＝b3”得到二阶滞后项，同样方法得到 china 的二阶滞后项，如图 8.5.1。

	A	B	C	D	E	F
1	ln(usa)	usa滞后项	二阶滞后	china滞后项	二阶滞后	ln(china)
2	9.099732	=a2		=f2		7.539409961
3	9.106656	9.099731664	=b3	7.539409961	=d3	7.5689731
4	9.079058	9.106656228	9.099731664	7.5689731	7.539409961	7.562166829
5	9.075947	9.079057877	9.106656228	7.562166829	7.5689731	7.538058502
6	9.059422	9.075946894	9.079057877	7.538058502	7.562166829	7.552163794
7	9.044754	9.059422129	9.075946894	7.552163794	7.538058502	7.549793359
8	9.041751	9.044754391	9.059422129	7.549793359	7.552163794	7.530141955
9	9.011907	9.041751292	9.044754391	7.530141955	7.549793359	7.564689618
10	9.013411	9.011906506	9.041751292	7.564689618	7.530141955	7.560189834

图 8.5.1　格兰杰检验用表

（一）检验 china 是不是 usa 变化的格兰杰原因

以 ln(usa)作为 y 值，以 usa 一阶滞后、二阶滞后和 china 的一阶滞后、二阶滞后等四项（即中间四列）作为解释变量 x 进行回归，设置如下图 8.5.2，注意数据的完整性，从第四行开始选取。

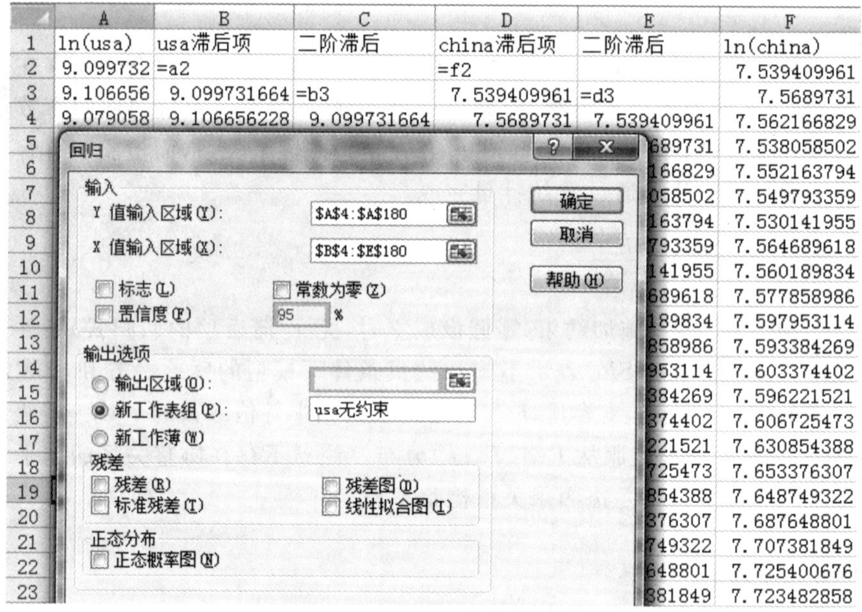

图 8.5.2　usa 无约束回归方程

回归结果如图 8.5.3。

	A	B	C	D	E	F	G	H	I
1	SUMMARY OUTPUT								
2									
3	回归统计								
4	Multiple R	0.984693							
5	R Square	0.969621							
6	Adjusted R Square	0.968914							
7	标准误差	0.01673							
8	观测值	177							
9									
10	方差分析								
11		df	SS	MS	F	gnificance F			
12	回归分析	4	1.536619	0.384155	1372.432	2.7E-129			
13	残差	172	0.048144	0.00028					
14	总计	176	1.584763						
15									
16		Coefficien	标准误差	t Stat	P-value	Lower 95%	Upper 95%	下限 95.0%	上限 95.0%
17	Intercept	0.151138	0.124778	1.211251	0.227461	-0.09516	0.397432	-0.09516	0.397432
18	X Variable 1	0.795706	0.075723	10.50811	2.9E-20	0.64624	0.945172	0.64624	0.945172
19	X Variable 2	0.158771	0.074588	2.128631	0.034708	0.011545	0.305997	0.011545	0.305997
20	X Variable 3	0.044628	0.064241	0.694688	0.488188	-0.08218	0.171431	-0.08218	0.171431
21	X Variable 4	-0.01149	0.063627	-0.18051	0.856962	-0.13708	0.114104	-0.13708	0.114104

残差平方和SSE_u

图 8.5.3　usa 无约束回归方程结果

约束回归方程设置如图 8.5.4。

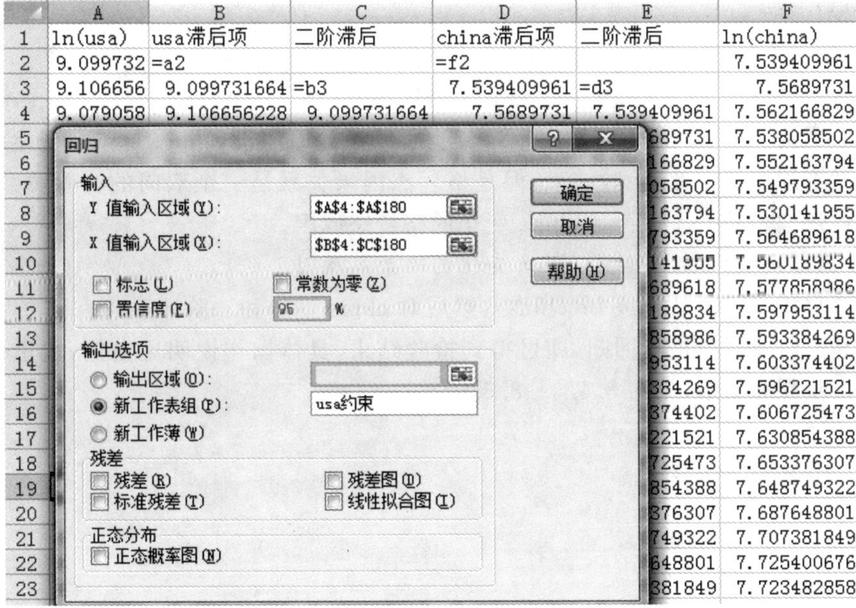

图 8.5.4　usa 约束回归方程

回归结果如图 8.5.5。

	A	B	C	D	E	F	G	H	I
1	SUMMARY OUTPUT								
2									
3	回归统计								
4	Multiple R	0.983824							
5	R Square	0.967911							
6	Adjusted R Square	0.967542							
7	标准误差	0.017096							
8	观测值	177							
9									
10	方差分析								
11		df	SS	MS	F	gnificance F			
12	回归分析	2	1.533909	0.766954	2624.175	1.1E-130			
13	残差	174	0.050854	0.000292					
14	总计	176	1.584763						
15									
16		Coefficien	标准误差	t Stat	P-value	Lower 95%	Upper 95%	下限 95.0%	上限 95.0%
17	Intercept	0.076052	0.124278	0.611951	0.541369	-0.16923	0.321338	-0.16923	0.321338
18	X Variable 1	0.849405	0.075012	11.32355	1.27E-22	0.701354	0.997457	0.701354	0.997457
19	X Variable 2	0.142233	0.075442	1.885336	0.061051	-0.00667	0.291131	-0.00667	0.291131

残差平方和SSE_r

图 8.5.5 usa 约束回归方程结果

回归结果中残差平方和 SSE_r、SSE_u 已经用箭头表示出来，$SSE_r=0.0509$，$SSE_u=0.0481$，$T=179$，$q=2$，$k=5$，依据公式 8.5.2 计算 F 统计量的值，

$$F=\frac{(SSE_r-SSE_u)/q}{SSE_u/(T-k)}=\frac{(0.0509-0.0481)/2}{0.0481/(179-5)}=5.064$$

因为 $5.064>F_{0.05}(2,174)=3.05$，所以拒绝原假设，china 是 usa 变化的格兰杰原因。至此，检验结束，但是格兰杰因果关系是一个双向的检验关系，因此还应检验 usa 是否是 china 变化的格兰杰原因。

（二）检验 usa 是否是 china 变化的格兰杰原因

只需将 y 值替换成 ln(china)，然后对 china 一阶和二阶滞后项、usa 的一阶和二阶滞后项进行回归，即可得到检验结果，具体操作说明见前例，这里仅列出步骤和结果，见图 8.5.6～8.5.9。

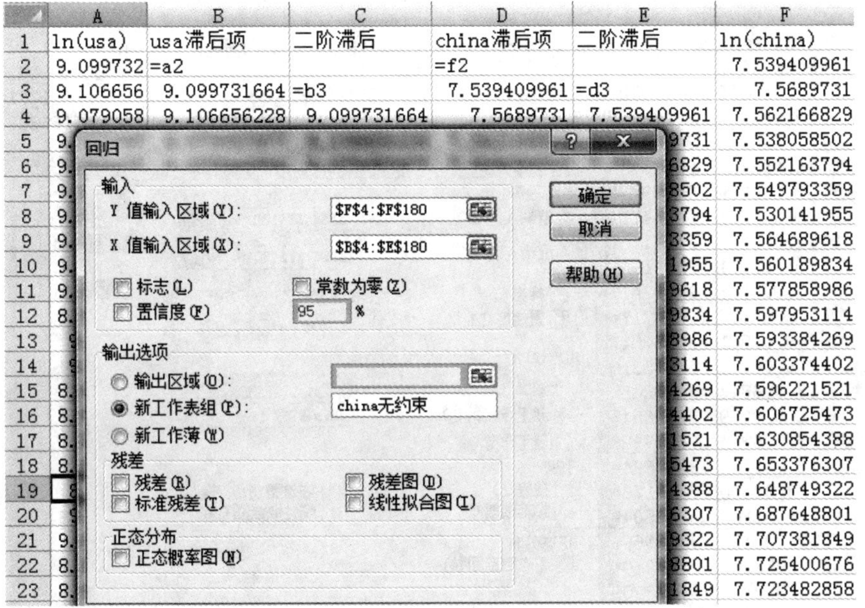

图 8.5.6　china 无约束回归方程

	A	B	C	D	E	F	G	H	I
1	SUMMARY OUTPUT								
2									
3	回归统计								
4	Multiple R	0.99243							
5	R Square	0.984918							
6	Adjusted R Square	0.984567							
7	标准误差	0.019663							
8	观测值	177							
9									
10	方差分析								
11		df	SS			nificance F			
12	回归分析	4	4.3425			1.9E-155			
13	残差	172	0.0664						
14	总计	176	4.409086						
15									
16		Coefficien	标准误差	t Stat	P-value	Lower 95%	Upper 95%	下限 95.0%	上限 95.0%
17	Intercept	0.204013	0.146647	1.39118	0.165968	-0.08545	0.493473	-0.08545	0.493473
18	X Variable 1	0.203902	0.088994	2.29118	0.023166	0.02824	0.379563	0.02824	0.379563
19	X Variable 2	-0.21108	0.087661	-2.40793	0.017101	-0.38411	-0.03805	-0.38411	-0.03805
20	X Variable 3	0.970354	0.0755	12.8523	6.24E-27	0.821327	1.11938	0.821327	1.11938
21	X Variable 4	0.012209	0.074778	0.163265	0.870501	-0.13539	0.159809	-0.13539	0.159809

残差平方和SSE

图 8.5.7　china 无约束回归方程结果

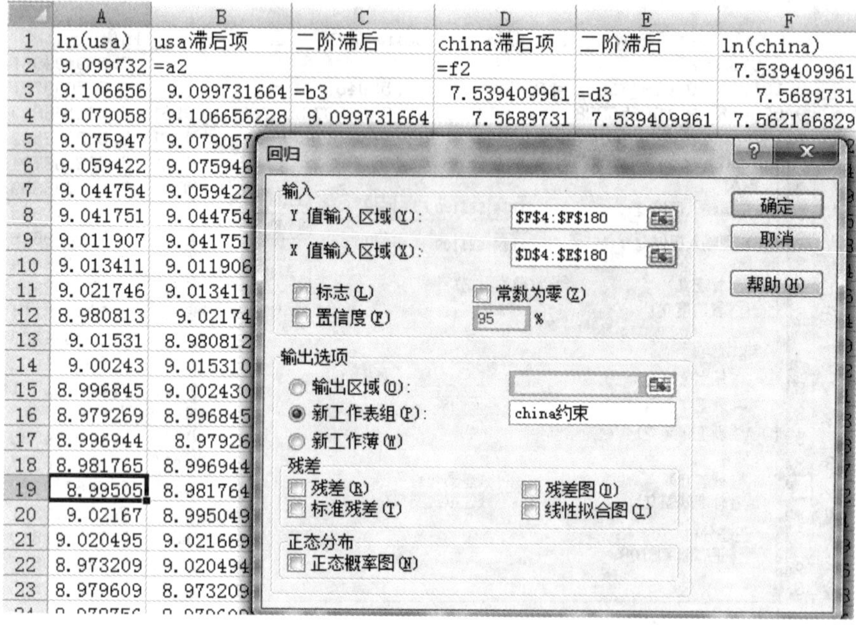

图 8.5.8　china 约束回归方程

	A	B	C	D	E	F	G	H	I
1	SUMMARY OUTPUT								
2									
3	回归统计								
4	Multiple R	0.992172							
5	R Square	0.984406							
6	Adjusted R Square	0.984227							
7	标准误差	0.019878							
8	观测值	177							
9									
10	方差分析								
11		df	SS	MS	F	gnificance F			
12	回归分析	2	4.34033	2.170165	5492.085	6.1E-158			
13	残差	174	0.068755	0.000395					
14	总计	176	4.409086						
15									
16		Coefficien	标准误差	t Stat	P-value	Lower 95%	Upper 95%	下限 95.0%	上限 95.0%
17	Intercept	0.137763	0.073813	1.866383	0.063671	-0.00792	0.283446	-0.00792	0.283446
18	X Variable 1	0.994613	0.075584	13.1591	6.78E-28	0.845434	1.143792	0.845434	1.143792
19	X Variable 2	-0.01187	0.074729	-0.15883	0.873991	-0.15936	0.135624	-0.15936	0.135624

残差平方和SSE_r

图 8.5.9　china 约束回归方程结果

回归结果中残差平方和 SSE_r、SSE_u 已经用箭头表示出来，$SSE_r=0.0688$，$SSE_u=0.0665$，$T=179$，$q=2$，$k=5$，依据公式 7.5.2 计算 F 统计量的值，

$$F=\frac{(SSE_r-SSE_u)/q}{SSE_u/(T-k)}=\frac{(0.0688-0.0665)/2}{0.0665/(179-5)}=3.009$$

因为 $3.009<F_{0.05}(2,174)=3.05$，所以接受原假设，usa 不是 china 变化的格兰杰原因，至此全部格兰杰因果检验结束。

第九章

面板数据分析

第一节 面板数据简介

一、面板数据及其特点

面板数据(panel data),也称综合数据、平行数据,是指在时间序列上取多个截面,在这些截面上同时选取样本观测值所构成的样本数据。换言之,面板数据是将截面数据与时间序列数据综合起来的一种二维数据类型。下图9.1.1即为一个典型的面板数据。

华北地区2000-2009年城镇居民人均可支配收入(单位:元)					
	北京市	河北省	内蒙古自治区	山西省	天津市
2000	10349.70	5661.20	5129.10	4724.10	8140.50
2001	11577.80	5984.80	5535.90	5391.10	8958.70
2002	12463.90	6679.70	6051.00	6234.40	9337.60
2003	13882.62	7239.06	7012.90	7005.03	10312.91
2004	15637.84	7951.31	8122.99	7902.86	11467.16
2005	17653.00	9107.10	9136.80	8913.90	12638.60
2006	19977.52	10304.56	10357.99	10027.70	14283.09
2007	21988.70	11690.50	12377.80	11565.00	16357.40
2008	24724.89	13441.09	14432.55	13119.05	19422.53
2009	26738.48	14718.25	15849.19	13996.55	21402.01

图9.1.1 数据实例

面板数据在结构上一般表现出两种特征:个体多、时间短(K 大,T 小),或个体少、时间长(K 小,T 大)。另外,根据面板数据内部观测值是否完整,可以将其分为平衡面板数据和非平衡面板数据。如果每个个体在相同的时期内都有观测值，则称此面板数据为平衡面板数据；反之，若数据中存在个体观测值缺失，则称其为非平衡面板数据。

面板数据分析相比于单纯的横截面分析和时间序列分析有其特定的优势：首先，面板数据将横截面和时间序列数据合并后进行综合分析，有助于识别并度量二者单独建模所不能发现的影响因素，进而能够建立并检验出更加复杂的模型行为；其次，面板数据分析可以有效克服时间序列分析受多重共线性的困扰，能够提供更多的信息、更多的变化、更多的自由度以及更高的估计效率。通过几十年的应用和发展，面板数据分析方法日趋完善，在金融计量领域逐渐发挥出越来越重要的作用。

二、面板数据模型

面板数据模型的基本方程形式为：

$$\begin{cases} y_{it} = \boldsymbol{X}'_{it}\boldsymbol{\beta} + u_{it} \\ u_{it} = \alpha_i + \varepsilon_{it} \end{cases} \tag{9.1.1}$$

其中 y_{it} 是被解释变量；$\boldsymbol{X}_{it}=(x_{it}^1, x_{it}^2, \cdots, x_{it}^k)'$ 是解释变量；β 是 k 维参数向量，α_i 是截距项；ε_{it} 是随机误差项；$t=1,2,\cdots,T$，$i=1,2,\cdots,K$ 分别表示时间、横截面。

根据 α_i 和 β 的不同，面板数据模型可以分为三种类型：

（一）不变系数模型

在此模型里，α_i、β 分别是一个不变的常数和参数向量。该模型将面板数据中的截面个体和时间序列数据混合起来，采用最小二乘法一起建模，故又称作混合模型。

（二）变截距模型

在此模型中，α_i 随个体（时间）的不同而发生变化，系数向量 β 不变，这表示个体（时间）之间只存在截距项的不同，而不存在结构上的差异。根据截距项 α_i 的表现形式，变截距模型可进一步分为固定效应模型和随机效应模型。固定效应模型中，α_i 是一个常数，表示个体（时间）之间存在固定差异；随机效应模型中的 α_i 是一个随机变量，表示个体（时间）之间的差异是随机变动的。另外，根据截距项是表征个体或时间的单一特性还是双重特性，又有单因素误差模型和双因素误差模型的区分。

（三）变系数模型

在此模型中，个体成员间存在结构上的差异，表现为β随横截面的不同而变化。同时，根据β是固定的参数向量还是随机变量，也可以分为固定效应变系数模型和随机效应变系数模型。在面板数据分析中，变系数模型的应用情况相对较少，最常见的是混合模型和固定效应模型。在接下来的几节中，我们先行对变系数模型的应用进行简单的介绍，然后再具体讲解混合模型和固定效应模型在Excel中的实现。

三、注意事项

面板数据模型较单纯的截面和时间序列模型有一定的优势，对面板数据的应用与研究，已经成为现今金融计量的一个热点问题。需要读者注意的是，尽管Excel拥有强大的计量和统计功能，但是在处理面板数据的过程中依然会面临一些瓶颈。例如，在面板数据固定效应模型分析中，截面数据经常会涉及大量个体，需要引入大量的虚拟变量来表征个体差异。但是Excel数据回归的解释变量个数不能超过15个，这在一定程度上限制了面板数据的应用。另外，在Excel中对面板数据建立随机效应模型也存在较大困难。遇到这种情况时建议采用专业的经济计量软件开展进一步的分析。

第二节　变系数模型

变系数模型假定面板数据中个体成员之间存在着结构性差异，在方程式中体现为β随截面的变化而不同，因此不同个体的回归方程形式也各不相同。在实际应用中我们可以对不同个体循环使用时间序列建模以得到各自的回归结果。在本节中，我们将结合实例讲解如何在Excel中简洁、高效地实现这一过程。

例9.2.1：研究不同基金公司在特定时期的市场时机把握能力。

一、模型简介

在我国基金市场快速发展的今天，无论对于基金管理公司还是普通投资者而言，对基金动态资产配置能力的研究都有非常重要意义。Fama(1972)认为，基金资产配置能力可以通过对基金的两种预测能力进行分析：一是"微观预测"能力，即预测个股价格走势的能力；二是"宏观预测"能力，即预测整个股票市场的总体价格走势的能力。前者通常被称为证券选择能力，后者被称为市场时机的把握能力。Treynor 和 Mazuy 沿用 CAPM 形式引入一个传统的二次项回归模型来描述基金的整体业绩，通过加入一个二次项来衡量基金经理的市场把握能力。具备市场把握能力的基金经理应该能够预测市场的走势，进而积极地调整基金的投资组合，即当市场为牛市时，增加投资组合所承担的风险，以获得高收益；反之则减少投资组合承担的风险，以减少损失。如果基金能够对市场收益作出判断的话，基金的组合收益与市场收益之间可能存在一种非线性的函数关系。该模型的表达式为

$$R_p - R_f = \alpha + \beta(R_m - R_f) + \gamma(R_m - R_f)^2 + \varepsilon \tag{9.2.1}$$

其中 R_p 表示基金的收益率；R_f 表示无风险资产收益率；R_m 表示市场基准组合的收益率；α 表示超额收益；β 表示基金投资组合的系统风险；γ 表示市场时机把握能力指标；ε 表示随机干扰项。

在模型中 γ 是判断基金经理是否具有市场时机把握能力的指标，当 $\gamma>0$ 时，表明基金经理具有市场时机把握能力；当 $\gamma<0$ 时，则表明基金经理不具有市场时机把握能力。现实应用中，我们可以通过建立变系数模型，观察在特定时期的特定基金是否存在市场时机把握能力。

二、数据处理

（一）样本选取

选取两只开放式基金"国泰金牛"和"华夏复兴"自 2008 年 12 月 31 日至 2009 年 12 月 31 日期间 52 周周末的基金净值作为研究样本，录入到 Excel 工作表中[①]。

由于样本选取的两只基金都属于股票型基金，因此我们选择同期沪深 300 指数水平作为市场基准组合。另外，本节选取 2009 年中国人民银行公布的一年期定期存款利率（2.25%）为无风险收益率，周化后的无风险利率为 0.0433%。

① 数据来源：WIND 数据库。

（二）收益率计算

收益率的计算公式为：

$$R_t = \ln\left(\frac{N_t}{N_{t-1}}\right) \tag{9.2.2}$$

其中 N_t 表示 t 时刻的基金净值或股指水平，R_t 表示 t 时刻的收益率，通过计算会损失一个样本点。

在 Excel 中收益率的计算方法如图 9.2.1，在单元格 E2 中输入“＝ln(D3/D2)”后确定，得到“国泰金牛”在 2009 年 1 月 9 日的周末收益率，然后将光标移至单元格右下角，当光标变成十字架时双击，该列单元格计算公式向下顺延递推，这样就得到了该基金在 2009 年的 51 个收益率序列。同理可以得到另外一只基金以及股指的收益率序列。

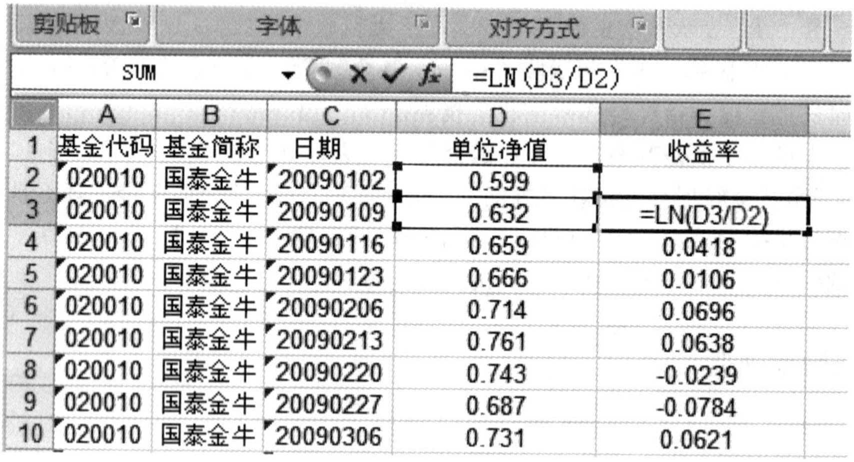

剪贴板 | 字体 | 对齐方式

SUM | =LN(D3/D2)

	A	B	C	D	E
1	基金代码	基金简称	日期	单位净值	收益率
2	020010	国泰金牛	20090102	0.599	
3	020010	国泰金牛	20090109	0.632	=LN(D3/D2)
4	020010	国泰金牛	20090116	0.659	0.0418
5	020010	国泰金牛	20090123	0.666	0.0106
6	020010	国泰金牛	20090206	0.714	0.0696
7	020010	国泰金牛	20090213	0.761	0.0638
8	020010	国泰金牛	20090220	0.743	-0.0239
9	020010	国泰金牛	20090227	0.687	-0.0784
10	020010	国泰金牛	20090306	0.731	0.0621

图 9.2.1 收益率计算

（三）添加数据

新建一个工作表，按照时间顺序先后录入两只基金的收益率序列 R_p，对应的市场基准组合收益率序列 R_m，以及无风险利率序列 R_f，这是一个 $K=2$，$T=51$ 的平衡面板数据。

为了建立模型 $R_p-R_f=\alpha+\beta(R_m-R_f)+\gamma(R_m-R_f)^2+\varepsilon$，在工作表 G 列添加被解释变量序列 R_p-R_f，在 H 列、I 列添加解释变量序列 R_m-R_f，$(R_m-R_f)^2$。

Excel 操作：在 G2 单元格中输入“＝D2－F2”，然后依公式向下递推，得到完整序列；在 H2 单元格中输入“＝E2－F2”，向下递推，得到完整序列；在 I2 单元格中输入：“＝H2^2”，向下递推，得到完整序列；最终处理完全的面板数据形式如图 9.2.2。

G2 =D2-F2

	A	B	C	D	E	F	G	H	I
1	基金代码	日期	基金简称	基金收益率Rp	沪深300收益率Rı	无风险利率Rf	Rp-Rf	Rm-Rf	(Rm-Rf)^2
2	020010	20090109	国泰金牛	0.0536	0.0539	0.0433	0.0103	0.0106	0.00011236
3	020010	20090116	国泰金牛	0.0418	0.0368	0.0433	-0.0015	-0.0065	0.00004225
4	020010	20090123	国泰金牛	0.0106	0.0211	0.0433	-0.0327	-0.0222	0.00049284
5	020010	20090206	国泰金牛	0.0696	0.0959	0.0433	0.0263	0.0526	0.00276676
6	020010	20090213	国泰金牛	0.0638	0.0698	0.0433	0.0205	0.0265	0.00070225
7	020010	20090220	国泰金牛	-0.0239	-0.0231	0.0433	-0.0672	-0.0664	0.00440896
8	020010	20090227	国泰金牛	-0.0784	-0.0910	0.0433	-0.1217	-0.1343	0.01803649
9	020010	20090306	国泰金牛	0.0621	0.0660	0.0433	0.0188	0.0227	0.00051529
10	020010	20090313	国泰金牛	-0.0221	-0.0361	0.0433	-0.0654	-0.0794	0.00630436
11	020010	20090320	国泰金牛	0.0505	0.0761	0.0433	0.0072	0.0328	0.00107584
12	020010	20090327	国泰金牛	0.0366	0.0488	0.0433	-0.0067	0.0055	3.025E-05
13	020010	20090403	国泰金牛	0.0216	0.0282	0.0433	-0.0217	-0.0151	0.00022801
14	020010	20090410	国泰金牛	0.0063	0.0097	0.0433	-0.0370	-0.0336	0.00112896
15	020010	20090417	国泰金牛	0.0210	0.0210	0.0433	-0.0223	-0.0223	0.00049729

图 9.2.2　添加后的数据

三、建立模型

用 Excel 处理变系数面板数据模型有两种方法，一是对面板数据中的不同个体独立回归，分别得到各自的回归方程；另一种方法是在面板数据中引入虚拟变量后统一回归，通过对虚拟变量取不同值表征个体差异。本节将先后采用两种方法分别进行回归。

(一)循环独立回归

案例中只选取了两只基金，因此单独回归每只基金的工作量相对比较轻松。如果面板数据中存在大量个体，为提高数据处理效率，可以利用 Excel 中的筛选功能。筛选功能可以对列数据按照不同的标准显示或者排序，进而提高操作的简易性和可视性。

1. 选中工作表中的第一行表头，在工具栏中打开【数据】选项卡，点击【筛选】，见图 9.2.3。我们看到在工作表第一行右侧出现了一个筛选标志▼，点击单元格 C1“基金简称”右侧的筛选标志，在弹出的下拉菜单中剔除“文本筛选”的全选，单独选中“华夏复兴”。操作完毕后，我们发现工作表中只出现了我们所选择的那只基金数据，其他数据自动隐藏。

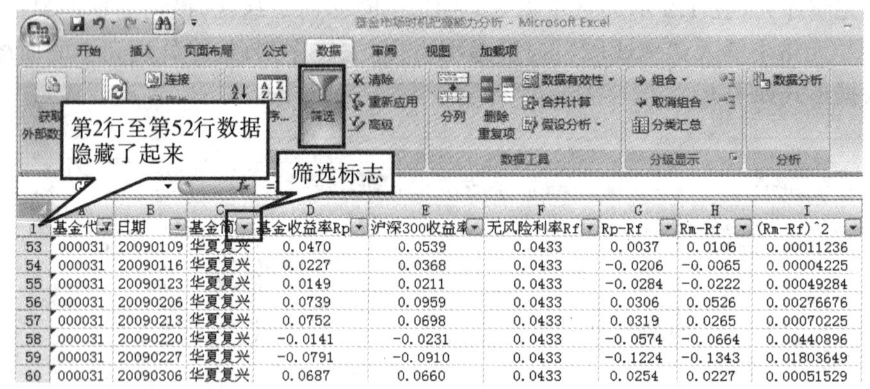

图 9.2.3　数据筛选

2. 在工具栏【数据】选项卡中，点击【数据分析】，在弹出的窗口中选择【回归】，见图 9.2.4。

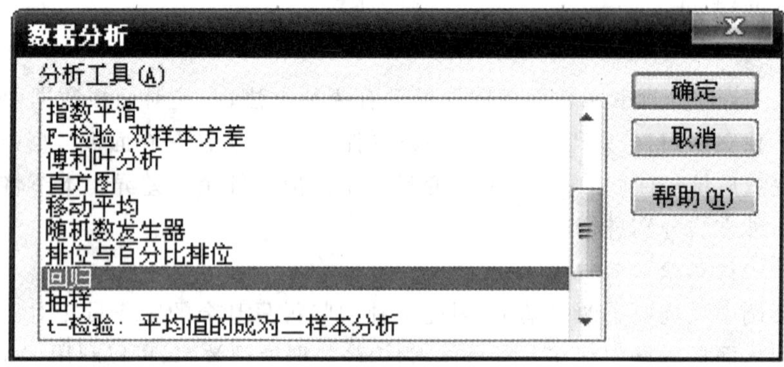

图 9.2.4　数据分析窗口

3. 回归分析窗口中，在【Y 值输入区域】中输入 R_p-R_f 序列所在区域：\$G\$53：\$G\$103；在【X 值输入区域】中输入 R_m-R_f，$(R_m-R_f)^2$ 序列所在区域：\$H\$53：\$I\$103；在【输出选项】中选择将回归结果输出到新工作表组中，新工作表命名为"华夏复兴"，见图 9.2.5。

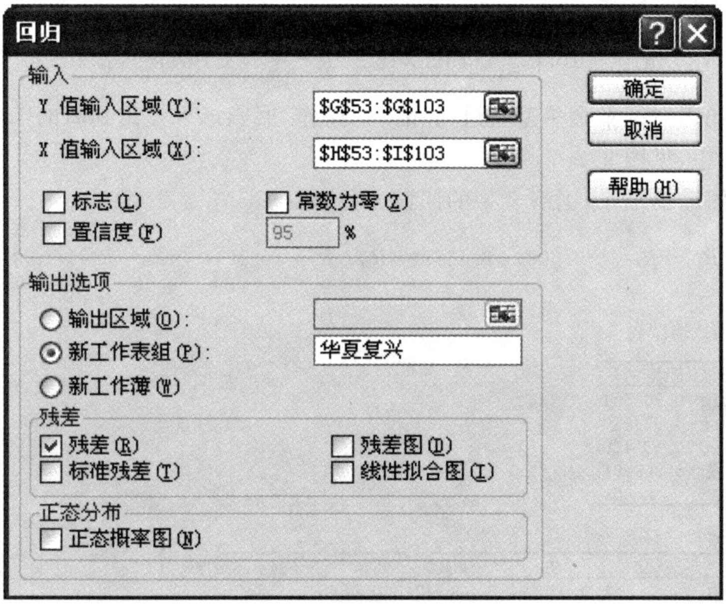

回归

输入

Y 值输入区域(Y): $G$53:$G$103

X 值输入区域(X): $H$53:$I$103

标志(L)　常数为零(Z)

置信度(F) 95 %

输出选项

输出区域(O):

新工作表组(P): 华夏复兴

新工作薄(W)

残差

残差(R)　残差图(D)

标准残差(T)　线性拟合图(I)

正态分布

正态概率图(N)

确定　取消　帮助(H)

图 9.2.5　回归功能窗口

4. 点击"确定"后，华夏复兴基金的回归结果输出到新的工作表中，见图 9.2.6。

SUMMARY OUTPUT								
回归统计								
Multiple	0.970483							
R Square	0.941837							
Adjusted	0.939414							
标准误差	0.00982							
观测值	51							
方差分析								
	df	SS	MS	F	gnificance F			
回归分析	2	0.074948	0.037474	388.6358	2.25E-30			
残差	48	0.004628	9.64E-05					
总计	50	0.079576						
	Coefficien	标准误差	t Stat	P-value	Lower 95%	Upper 95%	下限 95.0%	上限 95.0%
Intercept	-0.00249	0.001706	-1.45897	0.151087	-0.00592	0.000941	-0.00592	0.000941
X Variabl	0.79214	0.059987	13.20513	1.35E-17	0.671528	0.912753	0.671528	0.912753
X Variabl	-1.06514	0.672461	-1.58395	0.119773	-2.41722	0.28693	-2.41722	0.28693

图 9.2.6　华夏复兴基金的回归结果

依照输出结果，华夏复兴的回归方程是：

$$R_{p2}-R_f=-0.0025+0.7921\times(R_m-R_f)-1.0651\times(R_m-R_f)^2+u_t \quad (9.2.3)$$

5. 同理对国泰金牛基金进行相同的操作，回归结果输出到新的工作表“国泰金牛”中，见图 9.2.7。

依照输出结果，国泰金牛的回归方程是：

$$R_{p1}-R_f=-0.0084+0.7323\times(R_m-R_f)-0.1218\times(R_m-R_f)^2+u_t \quad (9.2.4)$$

SUMMARY OUTPUT

回归统计	
Multiple	0.966554
R Square	0.934226
Adjusted	0.931486
标准误差	0.008891
观测值	51

方差分析

	df	SS	MS	F	gnificance F
回归分析	2	0.053894	0.026947	340.8875	4.3E-29
残差	48	0.003794	7.9E-05		
总计	50	0.057688			

	Coefficien	标准误差	t Stat	P-value	Lower 95%	Upper 95%	下限 95.0%	上限 95.0%
Intercept	-0.00839	0.001545	-5.43463	1.81E-06	-0.0115	-0.00529	-0.0115	-0.00529
X Variabl	0.732319	0.054314	13.48295	6.1E-18	0.623113	0.841526	0.623113	0.841526
X Variabl	-0.12182	0.608868	-0.20007	0.84227	-1.34603	1.102395	-1.34603	1.102395

图 9.2.7 国泰金牛基金的回归结果

回归结果中两只基金的 γ 系数分别为 -0.1218 和 -1.0651，均为负值，表明两只基金在市场处于震荡阶段的 2009 年都不具有市场时机把握能力。

（二）合并回归

除了上述方法外，我们还可以通过合并回归的方法对两只基金的数据进行处理，这时需要在工作表中加入虚拟变量以表征个体差异。

1. 虚拟变量赋值

在面板数据中新增解释变量 D，D_1，D_2，其中，D 赋值为 0（国泰金牛）或 1（华夏复兴），$D_1=D\times(R_m-R_f)$，$D_2=D\times(R_m-R_f)^2$。

Excel 操作：在工作表 J 列、K 列、L 列分别加入虚拟变量 D，D_1，D_2 序列，对单元格 J2 至 J52 区域赋值为 0，对 J53 至 J103 区域赋值为 1；在单元格 K2 中输入“=J2×H2”，然后向下递推；单元格 L2 中输入“=J2×I2”，向下递推。赋值完全后的面板数据形式见图 9.2.8。

K53 f_x =J53*H53

	A	B	C	G	H	I	J	K	L
1	基金代码	日期	基金简称	Rp-Rf	Rm-Rf	(Rm-Rf)^2	D	D1	D2
41	020010	20091016	国泰金牛	-0.0253	-0.0189	0.00035721	0	0	0
42	020010	20091023	国泰金牛	-0.0016	0.0083	0.00006889	0	0	0
43	020010	20091030	国泰金牛	-0.0509	-0.0830	0.006889	0	0	0
44	020010	20091106	国泰金牛	0.0071	0.0166	0.00027556	0	0	0
45	020010	20091113	国泰金牛	-0.0262	-0.0331	0.00109561	0	0	0
46	020010	20091120	国泰金牛	-0.0221	-0.0119	0.00014161	0	0	0
47	020010	20091127	国泰金牛	-0.0872	-0.1142	0.01304164	0	0	0
48	020010	20091204	国泰金牛	0.0162	0.0310	0.000961	0	0	0
49	020010	20091211	国泰金牛	-0.0554	-0.0623	0.00388129	0	0	0
50	020010	20091218	国泰金牛	-0.0934	-0.0959	0.00919681	0	0	0
51	020010	20091225	国泰金牛	-0.0188	-0.0336	0.00112896	0	0	0
52	020010	20091231	国泰金牛	-0.0256	-0.0002	4E-08	0	0	0
53	000031	20090109	华夏复兴	0.0037	0.0106	0.00011236	1	0.0106	0.000112
54	000031	20090116	华夏复兴	-0.0206	-0.0065	0.00004225	1	-0.0065	4.23E-05
55	000031	20090123	华夏复兴	-0.0284	-0.0222	0.00049284	1	-0.0222	0.000493
56	000031	20090206	华夏复兴	0.0306	0.0526	0.00276676	1	0.0526	0.002767
57	000031	20090213	华夏复兴	0.0319	0.0265	0.00070225	1	0.0265	0.000702
58	000031	20090220	华夏复兴	-0.0574	-0.0664	0.00440896	1	-0.0664	0.004409
59	000031	20090227	华夏复兴	-0.1224	-0.1343	0.01803649	1	-0.1343	0.018036
60	000031	20090306	华夏复兴	0.0254	0.0227	0.00051529	1	0.0227	0.000515

图 9.2.8 赋值后的面板数据

2. 以 R_p-R_f 为被解释变量，R_m-R_f，$(R_m-R_f)^2$，D，D_1，D_2 为解释变量进行回归估计，回归结果输出到新的工作表“合并回归”中，见图 9.2.9。输出的回归结果见图 9.2.10。

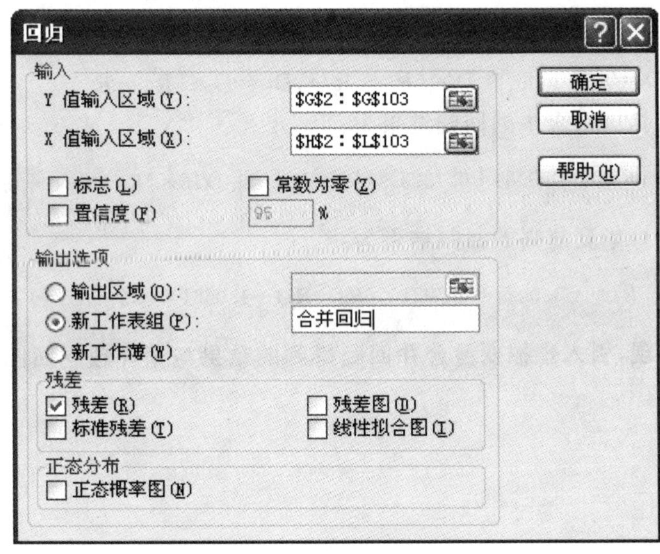

图 9.2.9 回归功能窗口

	A	B	C	D	E	F	G	H	I
1	SUMMARY OUTPUT								
2									
3	回归统计								
4	Multiple	0.968846							
5	R Square	0.938662							
6	Adjusted	0.935468							
7	标准误差	0.009367							
8	观测值	102							
9									
10	方差分析								
11		df	SS	MS	F	gnificance F			
12	回归分析	5	0.128895	0.025779	293.8219	1.53E-56			
13	残差	96	0.008423	8.77E-05					
14	总计	101	0.137318						
15									
16		Coefficien	标准误差	t Stat	P-value	Lower 95%	Upper 95%	下限 95.0%	上限 95.0%
17	Intercept	-0.00839	0.001627	-5.15855	1.34E-06	-0.01162	-0.00516	-0.01162	-0.00516
18	X Variabl	0.732319	0.057221	12.79803	1.8E-22	0.618736	0.845903	0.618736	0.845903
19	X Variabl	-0.12182	0.641453	-0.18991	0.849782	-1.39509	1.151458	-1.39509	1.151458
20	X Variabl	0.005905	0.002301	2.566131	0.01183	0.001337	0.010473	0.001337	0.010473
21	X Variabl	0.059821	0.080923	0.739235	0.461568	-0.10081	0.220452	-0.10081	0.220452
22	X Variabl	-0.94333	0.907152	-1.03988	0.301009	-2.74401	0.857356	-2.74401	0.857356

图 9.2.10　回归结果

根据输出结果得到模型的回归方程：

$$R_p-R_f=-0.0084+0.7323\times(R_m-R_f)-0.1218\times(R_m-R_f)^2+0.0059\times D+0.0598\times D_1-0.9433\times D_2+u_t \tag{9.2.5}$$

其中，$D=0$ 或 1，$D_1=D\times(R_m-R_f)$，$D_2=D\times(R_m-R_f)^2$。

$D=0$ 时，国泰金牛的回归结果为：

$$R_{p_1}-R_f=-0.0084+0.7323\times(R_m-R_f)-0.1218\times(R_m-R_f)^2+u_t \tag{9.2.6}$$

$D=1$ 时，华夏复兴的回归结果为：

$$R_{p_2}-R_f=-0.0025+0.7921\times(R_m-R_f)-1.0651\times(R_m-R_f)^2+u_t \tag{9.2.7}$$

容易发现，引入虚拟变量合并回归得到的结果与循环独立回归得到的结果是一致的。

第三节 混合模型与个体固定效应模型

在第一节中提到，面板数据的一般方程形式为：

$$\begin{cases} y_{it} = \boldsymbol{X}'_{it}\boldsymbol{\beta} + u_{it} \\ u_{it} = \alpha_i + \varepsilon_{it} \end{cases} \tag{9.3.1}$$

其中，u_{it}是包含截距变动的随机误差项。若假定不同个体之间不存在截距上的差异，将截面和时间序列数据混合后建立混合模型，则 $\alpha_i = \alpha_0$ 为一个不变常数。若假定不同个体间虽然在结构上保持一致，但是截距项上存在固定差异，则建立固定效应模型，这样在最终得到的回归方程中 α_i 将随个体的不同而变化。现实应用中，混合模型和个体固定效应模型也是最常使用的两种模型。本节将结合实例介绍这两个模型在 Excel 中的实现。

【例 9.3.1】考察汇率变动对股票价格波动的影响

根据 Jorion 于 1990 年建立的汇率影响模型，一国汇率变动与国内股票市场价格变动存在如下关系：

$$R_{it} = a + bR_{mt} + cPCXR_t \tag{9.3.2}$$

其中 R_{it} 表示第 i 只股票在 t 时期的股票收益率，R_{mt} 表示同时期的市场组合收益率，$PCXR_t$ 表示同期汇率变动率，c 表示汇率变动对公司股票收益率的边际影响。本节将以该模型为基础，通过面板数据的方法实证检验汇率变动与股票价格波动的关系。

一、数据处理

（一）样本选取

根据 Wind 行业标准，本节挑选了 13 家于 2007 年至 2009 年间在沪市上市且持续经营的贸易公司，以各公司在 2006 年 12 月至 2009 年 12 月期间的月末股价以及同期美元兑人民币汇率作为样本数据，展开进一步研究，同时选取沪深 300 指数作为同期市场组合。将这些数据导入到工作表“原始数据”中，见图 9.3.1。

B4 f_x 8.94

	A	B	C	D	L	M	N	O	P
1		600051.SH	600058.SH	600153.SH	600787.SH	600822.SH	600826.SH	000300.SH	
2		宁波联合	五矿发展	建发股份	中储股份	上海物贸	兰生股份	沪深300	汇率
3	2006-12-29	6.7	7.3	8.2	6.3	9.1	10.0	2041.05	7.8075
4	2007-01-31	8.9	9.4	10.6	8.4	10.8	11.8	2385.34	7.7748
5	2007-02-28	10.2	14.1	12.1	9.4	10.9	12.1	2544.57	7.738
6	2007-03-30	12.5	16.8	13.9	10.3	13.3	13.0	2781.78	7.7323
7	2007-04-30	12.8	22.3	17.5	14.4	15.5	24.7	3558.71	7.7055
8	2007-05-31	12.2	27.2	17.7	13.6	13.7	21.2	3927.95	7.6475
9	2007-06-29	9.7	22.7	19.1	10.5	9.9	19.0	3764.08	7.6135
10	2007-07-31	10.6	30.3	23.9	13.4	12.6	22.8	4460.56	7.572

原始数据 / 股价汇率变动率

图 9.3.1　原始面板数据

(二)计算收益率和汇率变动率

收益率/汇率变动率的计算公式为:

$$R_t = \ln\left(\frac{N_t}{N_{t-1}}\right) \tag{9.3.3}$$

其中 N_t 表示 t 时刻的股票价格或汇率,R_t 表示 t 时刻的收益率或汇率变动率,通过计算会损失一个样本点。

在 Excel 中根据原始数据大量计算收益率的方法见图 9.3.2。由于涉及换算数据较多,我们在 Excel 中新建一个工作表"股价汇率变动率",并将"原始数据"表中的表头数据(第一至三行以及列 A)保留到新的工作表中。在单元格 B4 中输入"=LN(原始数据! B4/原始数据! B3)"后回车确定,即得到

B4 f_x =LN(原始数据!B4/原始数据!B3)

	A	B	C	L	M	N	O	P
1		600051.SH	600058.SH	600787.SH	600822.SH	600826.SH		
2		宁波联合	五矿发展	中储股份	上海物贸	兰生股份	市场收益率	汇率变动率
3	2006-12-29							
4	2007-01-31	0.2944	0.2448	0.2897	0.1663	0.1573	0.1559	-0.0042
5	2007-02-28	0.1279	0.4072	0.1142	0.0120	0.0252	0.0646	-0.0047
6	2007-03-30	0.2081	0.1764	0.0938	0.1975	0.0782	0.0891	-0.0007
7	2007-04-30	0.0190	0.2833	0.3398	0.1572	0.6375	0.2463	-0.0035
8	2007-05-31	-0.0433	0.2020	-0.0636	-0.1246	-0.1512	0.0987	-0.0076
9	2007-06-29	-0.2301	-0.1820	-0.2512	-0.3304	-0.1075	-0.0426	-0.0045
10	2007-07-31	0.0887	0.2871	0.2431	0.2452	0.1807	0.1698	-0.0055

原始数据 / 股价汇率变动率

图 9.3.2　股票收益率和汇率变动率

2007 年 1 月 31 日时宁波联合的股票收益率。然后，将光标移到 B4 单元格的右下角，当光标变成十字架时，向右拖动光标移至列 P，单元格计算公式得以顺延，这样就得到了 2007 年 1 月 31 日截面上的所有个体数据。接着，选中单元格组 B4:P4，移动光标到右下角变成十字架后双击，单元格计算公式沿时间序列向下递推，这样就得到了一个 $K=13$，$T=36$ 的平衡面板数据。

（三）汇率选取及数据结构

根据宏观经济学观点，汇率变动对一国贸易的影响存在一定的滞后性，为了贴近现实情况，在本例中我们决定在 t 时期采用 $t-3$ 时期的汇率变动率作为解释变量，以期提高模型的精确程度，这样处理的结果是在时间序列上损失了 3 个样本点。另外，为了方便进一步的回归分析，我们对面板数据结构进行一定的处理，将待回归数据单独成列。处理后的数据结构如图 9.3.3，这是一个 $K=13$，$T=33$ 的平衡面板数据。

E432 ▾ fx

	A	B	C	D	E
1	日期	公司	个股收益率	市场收益率	t-3期汇率变动率
2			R_{it}	R_{mt}	$PCXR_{t-3}$
3	2007-04-30	宁波联合	0.0190	0.24630539	-0.0042
4	2007-05-31	宁波联合	-0.0433	0.09872033	-0.0047
5	2007-06-29	宁波联合	-0.2301	-0.04261523	-0.0007
33	2009-10-30	宁波联合	0.0292	0.08774416	0.0002
34	2009-11-30	宁波联合	0.2468	0.06813459	-0.0003
35	2009-12-31	宁波联合	-0.0909	0.01806506	-0.0006
36	2007-04-30	五矿发展	0.2833	0.24630539	-0.0042
37	2007-05-31	五矿发展	0.2020	0.09872033	-0.0047
428	2009-9-30	兰生股份	0.1644	0.05984021	0.0004
429	2009-10-30	兰生股份	-0.0966	0.08774416	0.0002
430	2009-11-30	兰生股份	0.0979	0.06813459	-0.0003
431	2009-12-31	兰生股份	0.0506	0.01806506	-0.0006
432					
433					

混合模型 / 个体固定效应模型 / 面板数据结构 / F检验

图 9.3.3 数据处理后的面板数据①

① 由于面板数据涉及样本数目过多，本节对部分中间数据进行了隐藏，不影响实际回归结果。

二、混合模型

建立混合模型的 Excel 操作步骤如下：

（一）数据回归

1. 在工具栏【数据】选项卡中，选择【数据分析】，在弹出的窗口中选择【回归】；

2.【回归】窗口中，在【Y 值输入区域】中输入个股收益率 R_{it} 序列所在单元格区域：$C$3：$C$431；【X 值输入区域】中输入 R_{mt} 和 $PCXR_{t-3}$ 序列所在单元格区域：$D$3：$E$431；【输出选项】中选择在新工作表组中生成回归结果，新工作表命名为“混合模型”。见图 9.3.4。

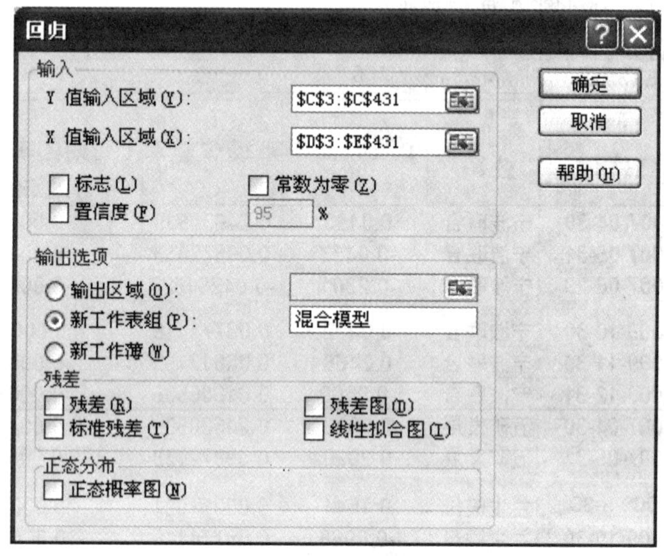

图 9.3.4　回归功能窗口

（二）输出结果

“混合模型”工作表中生成的回归结果见图 9.3.5。

通过输出结果得到混合模型的回归方程为：

$$R_t = 0.0102 + 1.0171\,R_{mt} + 3.5619\,PCXR_{t-3} \tag{9.3.4}$$

混合模型的回归结果显示，汇率降低会给公司股价带来正向的影响，即人民币贬值会带来未来股价的提升。而且汇率每变动 1%，样本贸易公司三个

	A	B	C	D	E	F	G	H	I
1	SUMMARY OUTPUT								
3	回归统计								
4	Multiple	0.741739							
5	R Square	0.550176							
6	Adjusted	0.548064							
7	标准误差	0.132862							
8	观测值	429							
10	方差分析								
11		df	SS	MS	F	gnificance F			
12	回归分析	2	9.197478	4.598739	260.5186	1.25E-74			
13	残差	426	7.519858	0.017652					
14	总计	428	16.71734						
16		Coefficien	标准误差	t Stat	P-value	Lower 95%	Upper 95%	下限 95.0%	上限 95.0%
17	Intercept	0.010151	0.008661	1.172044	0.241834	-0.00687	0.027174	-0.00687	0.027174
18	X Variabl	1.017094	0.048133	21.13076	2.58E-68	0.922486	1.111702	0.922486	1.111702
19	X Variabl	3.561873	1.402967	2.538815	0.011478	0.804274	6.319471	0.804274	6.319471

图 9.3.5　混合模型回归结果

月后的股价变动 3.56%。

三、个体固定效应模型

由于不太可能从面板数据中直接观察出个体之间是否存在显著差异，经常会把混合模型和个体固定效应模型同时建立，然后通过假设检验比较二者优劣。我们将在这部分讲解如何在 Excel 中建立个体固定效应模型。

(一)增添虚拟变量

个体固定效应模型中，假设个体之间存在截距项上的差异，因此在 Excel 回归中需要增添虚拟变量以表征个体差异。本例中面板数据个体数是 13 个，因此需要添加 12 个虚拟变量。

Excel 操作：在“面板数据结构”工作表中，从第 F 列到第 Q 列分别录入 12 个虚拟变量 $D_1, D_2, \cdots, D_{12}$；对第 1 组“宁波联合”所在序列 $D_1, D_2, \cdots, D_{12}$ 均赋值为 0；对第 2 组“五矿发展”，令 $D_1=1$，其余变量赋值为 0；第 3 组“建发股份”，令 $D_2=1$，其余赋值为 0；依次赋值，第 13 组“兰生股份”，令 $D_{12}=1$，其余均赋值为 0。赋值完全后的数据情况如图 9.3.6。

(二)数据回归

在工具栏中【数据】选项卡中选择【数据分析】，在弹出的窗口中选择【回归】进入到回归分析窗口；在【Y 值输入区域】中输入被解释变量 R_{it} 序列所在单元格区域：$C$3：$C$431；在【X 值输入区域】中输入市场收益率、汇率

	A	B	C	D	E	F	G	H	I	J	K	L	M	N	O	P	Q
1 2	日期	公司	股收益 R_{it}	场收益 R_{mt}	汇率变 $PCXR_{t-3}$	D1	D2	D3	D4	D5	D6	D7	D8	D9	D10	D11	D12
3	2007-04-30	宁波联合	0.0190	0.2463	-0.0042	0	0	0	0	0	0	0	0	0	0	0	0
4	2007-05-31	宁波联合	-0.0433	0.0987	-0.0047	0	0	0	0	0	0	0	0	0	0	0	0
35	2009-12-31	宁波联合	-0.0909	0.0181	-0.0006	0	0	0	0	0	0	0	0	0	0	0	0
36	2007-04-30	五矿发展	0.2833	0.2463	-0.0042	1	0	0	0	0	0	0	0	0	0	0	0
37	2007-05-31	五矿发展	0.2020	0.0987	-0.0047	1	0	0	0	0	0	0	0	0	0	0	0
67	2009-11-30	五矿发展	0.0458	0.0681	-0.0003	1	0	0	0	0	0	0	0	0	0	0	0
68	2009-12-31	五矿发展	-0.0015	0.0181	-0.0006	1	0	0	0	0	0	0	0	0	0	0	0
69	2007-04-30	建发股份	0.2302	0.2463	-0.0042	0	1	0	0	0	0	0	0	0	0	0	0
70	2007-05-31	建发股份	0.0120	0.0987	-0.0047	0	1	0	0	0	0	0	0	0	0	0	0
99	2009-10-30	建发股份	0.0984	0.0877	0.0002	0	1	0	0	0	0	0	0	0	0	0	0
100	2009-11-30	建发股份	0.1792	0.0681	-0.0003	0	1	0	0	0	0	0	0	0	0	0	0
366	2007-04-30	中储股份	0.3398	0.2463	-0.0042	0	0	0	0	0	0	0	0	0	0	1	0
367	2007-05-31	中储股份	-0.0636	0.0987	-0.0047	0	0	0	0	0	0	0	0	0	0	1	0
397	2009-11-30	中储股份	0.1175	0.0681	-0.0003	0	0	0	0	0	0	0	0	0	0	1	0
398	2009-12-31	中储股份	-0.0235	0.0181	-0.0006	0	0	0	0	0	0	0	0	0	0	1	0
399	2007-04-30	兰生股份	0.6375	0.2463	-0.0042	0	0	0	0	0	0	0	0	0	0	0	1
400	2007-05-31	兰生股份	-0.1512	0.0987	-0.0047	0	0	0	0	0	0	0	0	0	0	0	1
430	2009-11-30	兰生股份	0.0979	0.0681	-0.0003	0	0	0	0	0	0	0	0	0	0	0	1
431	2009-12-31	兰生股份	0.0506	0.0181	-0.0006	0	0	0	0	0	0	0	0	0	0	0	1

图 9.3.6　增添虚拟变量后的面板数据

变动率以及虚拟变量 D1 至 D12 序列所在单元格区域：$D$3：$Q$431；【输出选项】中选择在新工作表组中生成回归结果，新工作表命名为"个体固定效应模型"，然后点击"确定"。见图 9.3.7。

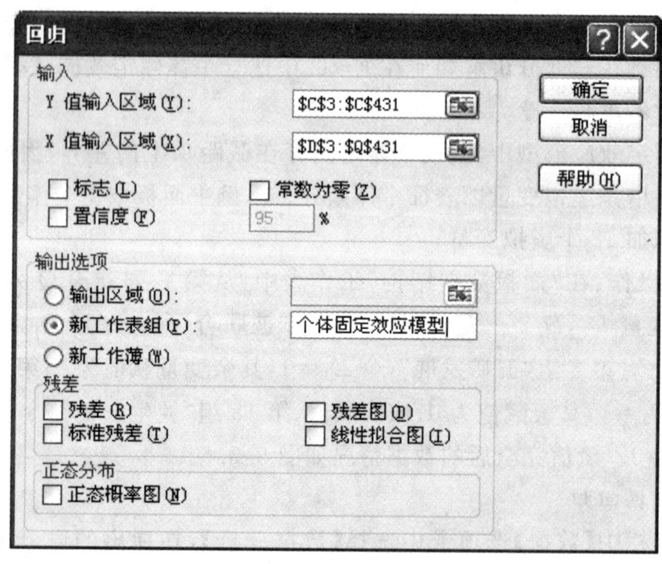

图 9.3.7　回归功能窗口

（三）回归结果

新工作表中个体固定效应模型的回归结果见图 9.3.8。

	A	B	C	D	E	F	G	H	I
1	SUMMARY OUTPUT								
3	回归统计								
4	Multiple	0.742208							
5	R Square	0.550873							
6	Adjusted	0.535685							
7	标准误差	0.134669							
8	观测值	429							
10	方差分析								
11		df	SS	MS	F	gnificance F			
12	回归分析	14	9.209133	0.657795	36.27063	3.79E-63			
13	残差	414	7.5082	0.018136					
14	总计	428	16.71734						
16		Coefficien	标准误差	t Stat	P-value	Lower 95%	Upper 95%	下限 95.0%	上限 95.0%
17	Intercept	0.006996	0.024173	0.289408	0.772414	-0.04052	0.054514	-0.04052	0.054514
18	X Variabl	1.017094	0.048788	20.84718	1.64E-66	0.921191	1.112997	0.921191	1.112997
19	X Variabl	3.561873	1.422051	2.504743	0.012637	0.766532	6.357213	0.766532	6.357213
20	X Variabl	0.004223	0.033153	0.127367	0.898712	-0.06095	0.069392	-0.06095	0.069392
29	X Variabl	0.001743	0.033153	0.052571	0.958099	-0.06343	0.066913	-0.06343	0.066913
30	X Variabl	-0.00203	0.033153	-0.0613	0.951148	-0.0672	0.063137	-0.0672	0.063137
31	X Variabl	0.007478	0.033153	0.225544	0.821668	-0.05769	0.072647	-0.05769	0.072647

图 9.3.8　个体固定效应模型回归结果

个体固定效应模型的回归方程为：

$$R_{it}=0.0070+1.0171\times R_{mt}+3.5619\times PCXR_{t-3}+0.0042\times D_1+\cdots-0.0020\times D_{11}+0.0075\times D_{12} \tag{9.3.5}$$

其中，当 D_i 取不同值时，表征不同个体公司的股票收益率与汇率变动率的关系。例如，当 $D_1=D_2=\cdots=D_{12}=0$ 时，回归方程表征宁波联合公司股价变动与汇率变动的关系；当 $D_1=D_2=\cdots=D_{11}=0, D_{12}=1$ 时，回归方程表征兰生股份公司股价变动与汇率变动的关系，等等。回归结果表明，汇率每变动 1%，三个月后的公司股价平均变动 3.56%。

在本例中，F 统计量为 36.27，模型是显著的，但是虚拟变量 D_1 至 D_{12} 的 t 统计量过低，不具备显著性，因此针对本例建立混合模型更佳。此外，我们还可以通过 F 检验来验证是否应该建立固定效应模型。

四、模型选取——F 检验

在面板数据分析中，建立混合模型或者固定效应模型经常会得到不同的结论。在这种情况下,我们需要利用F统计量检验来比较二者优劣。

(一)F检验原理

1.建立假设

原假设 $H_0:D_i=0,i=1,2,\cdots,12$,即模型中不同个体的截距项相同。

备择假设 H_1:模型中不同个体的截距项不同。

2.建立F统计量

$$F=\frac{(RSS_r-RSS_u)/[(NT-k)-(NT-N-k)]}{RSS_u/(NT-N-k)}=\frac{(RSS_r-RSS_u)/N}{RSS_u/(NT-N-k)} \tag{9.3.6}$$

其中,RSS_r 表示约束模型,即混合模型的残差平方和;RSS_u 表示非约束模型,即个体固定效应模型的残差平方和;N 为约束条件个数;k 表示约束模型中回归参数的个数;NT 表示样本数据个数。F 统计量在 H_0 成立的条件下服从自由度为 $(N,NT-N-k)$ 的 F 分布。

因此,若用样本计算的 $F\leqslant F_\alpha(N,NT-N-k)$,则接受原假设,建立混合模型。若用样本计算的 $F>F_\alpha(N,NT-N-k)$,则拒绝原假设,应当建立个体固定效应模型。

(二)F检验的Excel操作

为了数据处理的方便,我们新建一个F检验工具表,通过输入相关数据直接生成F检验结果,见图9.3.9。

	A	B	C	D
1	F检验			
2				
3	输入数据			
4	N	12	约束条件个数	
5	NT	429	样本数据个数	
6	K	2	约束模型回归参数个数	
7	RSS_r	7.519858	约束模型残差平方和	
8	RSS_u	7.508202	非约束模型残差平方和	
9	alpha	0.05	置信度	
10				
11	计算结果			
12	F_α(N,NT-N-k)	1.775533		
13	F统计量	0.053688		
14	结论	接受原假设,建立混合模型更佳		

图9.3.9 F检验工具表

1. 输入数据

参数 $N=12$, $NT=429$, $K=2$ 直接从面板数据结构中可以观察到；

$RSS_r=7.5199$ 在“混合模型”工作表中的方差分析中得到，见图 9.3.10。

方差分析					
	df	SS	MS	F	gnificance F
回归分析	2	9.197478	4.598739	260.5186	1.253E-74
残差	426	7.51986	0.017652		
总计	428	16.71734			

图 9.3.10　混合模型方差分析

$RSS_u=7.5082$ 在“个体固定效应模型”工作表中的方差分析中得到，见图 9.3.11。

方差分析					
	df	SS	MS	F	gnificance F
回归分析	14	9.209133	0.657795	36.27063	3.79E-63
残差	414	7.5082	0.018136		
总计	428	16.71734			

图 9.3.11　个体固定效应模型方差分析

2. 计算结果

B12 单元格内输入：“= FINV(B9,B4,B5－B4－B6)”；B13 单元格内输入：“= ((B7－B8)/B4)/ (B8/(B5－B4－B6))”；B15 单元格内输入：“=IF(B13>B12,"拒绝原假设，建立个体时间双固定效应模型更优","接受原假设，建立混合模型更佳")”。

根据 F 检验输出结果，本例中建立混合模型更佳。

第四节　双因素误差回归模型

上节我们讨论了混合模型及单因素误差模型——个体固定效应模型在 Excel 中的实现，本节我们将结合实例，介绍双因素误差回归模型在 Excel 中的实现。

双因素误差回归模型的基本方程形式为

$$\begin{cases} y_{it}=\boldsymbol{X}'_{it}\boldsymbol{\beta}+u_{it} \\ u_{it}=\mu_i+\lambda_t+\varepsilon_{it} \end{cases} \tag{9.4.1}$$

其中，μ_i 表示未观测到的个体效应，λ_t 表示未观测到的时间效应，ε_{it} 表示剩余的随机误差项。这里需要注意的是，λ_t 仅随时间变化而不随个体变化，它可以表示所有未包含在回归模型中的发生在特定时期的影响。

【例 9.3.1】上市公司的股票价格会受到公司经营业绩的影响。每股收益作为一项重要的财务指标，与股价存在何种关系？本节将以旅游行业面板数据为例，建立模型研究公司股价与其每股收益之间的关系。

一、数据处理

按照证监会的行业划分体系，本例中的样本选取 15 家旅游行业公司在 2006 年至 2009 年 12 月 31 日的股票收盘价及每股收益。为了提高拟合精度，剔除 2 家 B 股企业，1 家 ST 企业，最终得到 12 家企业的面板数据。

为消除经济数据存在的异方差性，提高模型解释能力，我们对股票价格取自然对数，以对数股价 ln$P$ 为被解释变量，以每股收益 EPS 为解释变量构造模型。在 Excel 中按照如下步骤生成 ln$P$ 序列：单元格 E2 中输入"＝LN(D2)"后确定，随即得到华侨城 A 在 2006 年末的对数股价数据，移动光标至 E2 右下角，待光标变成十字架后双击，单元格计算公式自动向下递推，得到全部 ln$P$ 序列。最终我们得到一个 $N=12$，$T=4$ 平衡面板数据，见图 9.4.1。

E2 =LN(D2)

	A	B	C	D	E	F
1	年度	证券代码	证券简称	收盘价（P）	对数收盘价（lnP）	每股收益（EPS）
2	2006	000069.SZ	华侨城A	22.01	3.09	0.5000
3	2006	000610.SZ	西安旅游	4.42	1.49	0.0478
4	2006	000802.SZ	北京旅游	6.35	1.85	0.1021
5	2006	000888.SZ	峨眉山A	9.59	2.26	0.1754
6	2006	000978.SZ	桂林旅游	11.15	2.41	0.2560
7	2006	002033.SZ	丽江旅游	13.22	2.58	0.4800
8	2006	002059.SZ	云南旅游	7.06	1.95	0.1000
9	2006	600054.SH	黄山旅游	11.28	2.42	0.3000
10	2006	600138.SH	中青旅	12.81	2.55	0.3700
11	2006	600358.SH	国旅联合	4.19	1.43	0.0400
12	2006	600593.SH	大连圣亚	4.73	1.55	-0.4500
13	2006	600749.SH	西藏旅游	8.35	2.12	0.1006
14	2007	000069.SZ	华侨城A	50.25	3.92	0.6600
15	2007	000610.SZ	西安旅游	8.68	2.16	0.0457
16	2007	000802.SZ	北京旅游	24.26	3.19	0.0380
17	2007	000888.SZ	峨眉山A	16.35	2.79	0.1971
18	2007	000978.SZ	桂林旅游	23.39	3.15	0.3000

图 9.4.1 数据处理后的面板数据

二、混合模型

假定模型的截距项和系数对于时间序列和截面个体来说都是一样的数据，混合所有数据，不区分时间和个体影响，用 NT 个观测值进行混合最小二乘回归。

混合模型的方程形式为：

$$\ln P = \alpha + \beta \times EPS_{it} + u_{it} \tag{9.4.2}$$

Excel 操作步骤：

1. 在工具栏“数据”选项卡中，选择“数据分析”，在弹出的窗口中选择“回归”。

2. 在“Y 值输入区域”中输入对数收盘价序列所在单元格区域：$E$2:$E$49；在“X 值输入区域”中输入每股收益序列所在单元格区域：$F$2:$F$49；“输出选项”中选择在新工作表组中生成回归结果，新工作表命名为“混合模型”，然后点击“确定”。

回归结果见图 9.4.2。

根据输出结果，得到混合模型的回归方程：

$$\ln P = 1.9926 + 1.8528 \times EPS_{it} + u_{it} \tag{9.4.3}$$

$$(22.37) \quad (6.25)$$

	A	B	C	D	E	F	G	H	I
1	SUMMARY OUTPUT								
2									
3	回归统计								
4	Multiple	0.677906							
5	R Square	0.459556							
6	Adjusted	0.447807							
7	标准误差	0.474258							
8	观测值	48							
9									
10	方差分析								
11		df	SS	MS	F	gnificance F			
12	回归分析	1	8.797802	8.797802	39.11519	1.2E-07			
13	残差	46	10.34634	0.22492					
14	总计	47	19.14414						
15									
16		Coefficien	标准误差	t Stat	P-value	Lower 95%	Upper 95%	下限 95.0%	上限 95.0%
17	Intercept	1.992647	0.08909	22.36655	2.34E-26	1.813317	2.171976	1.813317	2.171976
18	X Variabl	1.852784	0.296246	6.254214	1.2E-07	1.256472	2.449096	1.256472	2.449096

图 9.4.2 混合模型回归结果

调整后的可决系数 $R^2=0.4478$，$F=39.12$，模型总体显著；回归参数的 t 统计量显著；残差平方和 $RSS=10.3463$。混合模型回归结果表明，旅游业公司的股票价格与每股收益之间存在正向关系，其中每股收益每增加1%，平均股价上升1.85%。

三、个体时间双固定效应模型

混合模型假定样本范围内所有数据都有相同的系数项及截距项，然而事实上，这种假设是不现实的。通过观察股价序列，从截面上来看，不同公司的股价存在各自的差异；从时间序列上来看，不同年份该行业的平均股价也有着较大程度的变动。因此，我们引入允许截距项随个体和时间同时变化的虚拟变量 α_i 和 λ_t，建立个体时间双固定效应模型，来表征这两种固定差异。

个体时间双固定效应模型的方程形式如下：

$$\ln P=\alpha_i+\gamma_t+\beta\times EPS_{it}+u_{it} \tag{9.4.4}$$

(一)添加虚拟变量

我们在面板数据中分别添加虚拟变量 D_i 及 T_i 以表征个体、时间差异。

1.在面板数据所在工作表中，从序列G到Q录入11个虚拟变量 $D_1,\cdots,D_{11}$；从序列R到T录入虚拟变量 T_1、T_2、T_3。

2.选中工作表的第A列至第T列，打开工具栏中“数据”选项卡，点击“筛选”，这时第一行表头所在单元格右侧出现下拉菜单标志▼，点击单元格B1(“证券代码”)右侧下拉菜单，选择按升序排序。

3.对第一组证券“华侨城A”，虚拟变量 D_1 至 D_{11} 均赋值为0；第二组证券“西安旅游”，令 $D_1=1$，其余 D_i 均为0，然后向下依次类推赋值，最后一组证券“西藏旅游”，令 $D_{11}=1$，其余 $D_i=0$。

4.点击单元格A1(“年度”)右侧下拉菜单标志，选择按升序排序，令2006年度的 T_1、T_2、T_3 赋值为0，2007年度 T_1 赋值为1，T_2、T_3 为0，依次赋值完全。添加虚拟变量后的面板数据形式如图9.4.3。

(二)建立模型

1.在工具栏中选择“数据”选项卡，点击“数据分析”，在“数据分析”窗口中选择回归分析；

2.“回归”窗口中，在“Y值输入区域”中输入对数收盘价序列所在区域：$E$2:$E$49；在“X值输入区域”中输入每股收益及虚拟变量序列所在区

	A	C	D	E	F	G	H	I	J	K	L	M	N	O	P	Q	R	S	T
1	年度	证券简称	收盘价	lnp	每股收益EPS	D1	D2	D3	D	D	D	D	D	D	D	D11	T1	T2	T3
2	2006	华侨城A	22.01	3.0915	0.5000	0	0	0	0	0	0	0	0	0	0	0	0	0	0
3	2006	西安旅游	4.42	1.4861	0.0478	1	0	0	0	0	0	0	0	0	0	0	0	0	0
4	2006	北京旅游	6.35	1.8485	0.1021	0	1	0	0	0	0	0	0	0	0	0	0	0	0
5	2006	峨眉山A	9.59	2.2607	0.1754	0	0	1	0	0	0	0	0	0	0	0	0	0	0
6	2006	桂林旅游	11.15	2.4114	0.2560	0	0	0	1	0	0	0	0	0	0	0	0	0	0
7	2006	丽江旅游	13.22	2.5817	0.4800	0	0	0	0	1	0	0	0	0	0	0	0	0	0
8	2006	云南旅游	7.06	1.9544	0.1000	0	0	0	0	0	1	0	0	0	0	0	0	0	0
9	2006	黄山旅游	11.28	2.423	0.3000	0	0	0	0	0	0	1	0	0	0	0	0	0	0
10	2006	中青旅	12.81	2.5502	0.3700	0	0	0	0	0	0	0	1	0	0	0	0	0	0
11	2006	国旅联合	4.19	1.4327	0.0400	0	0	0	0	0	0	0	0	1	0	0	0	0	0
12	2006	大连圣亚	4.73	1.5539	-0.4500	0	0	0	0	0	0	0	0	0	1	0	0	0	0
13	2006	西藏旅游	8.35	2.1223	0.1006	0	0	0	0	0	0	0	0	0	0	1	0	0	0
14	2007	华侨城A	50.25	3.917	0.6600	0	0	0	0	0	0	0	0	0	0	0	1	0	0
15	2007	西安旅游	8.68	2.161	0.0457	1	0	0	0	0	0	0	0	0	0	0	1	0	0
16	2007	北京旅游	24.26	3.1888	0.0380	0	1	0	0	0	0	0	0	0	0	0	1	0	0
17	2007	峨眉山A	16.35	2.7942	0.1971	0	0	1	0	0	0	0	0	0	0	0	1	0	0
18	2007	桂林旅游	23.39	3.1523	0.3000	0	0	0	1	0	0	0	0	0	0	0	1	0	0
19	2007	丽江旅游	27.79	3.3247	0.6700	0	0	0	0	1	0	0	0	0	0	0	1	0	0

图 9.4.3　添加了虚拟变量后的面板数据

域：\$F\$2：\$T\$49；在“输出选项”中选择在新工作表中输出回归结果，新工作表命名为“个体时间双固定模型”，见图 9.4.4。

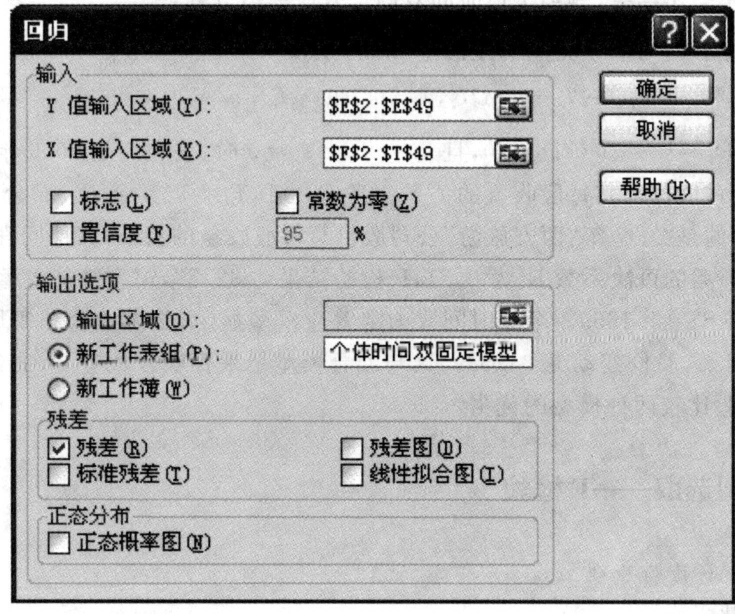

图 9.4.4　回归功能窗口

在新工作表中得到输出结果如图 9.4.5。

	A	B	C	D	E	F	G	H	I
1	SUMMARY OUTPUT								
3	回归统计								
4	Multiple	0.969045							
5	R Square	0.939048							
6	Adjusted	0.910476							
7	标准误差	0.190958							
8	观测值	48							
10	方差分析								
11		df	SS	MS	F	gnificance F			
12	回归分析	15	17.97726	1.198484	32.86667	3.39E-15			
13	残差	32	**1.16688**	0.036465					
14	总计	47	19.14414						
16		Coefficien	标准误差	t Stat	P-value	Lower 95%	Upper 95%	下限 95.0%	上限 95.0%
17	Intercept	2.36824	0.17946	13.19647	1.72E-14	2.002692	2.733788	2.002692	2.733788
18	X Variabl	0.842491	0.293647	2.869061	0.007234	0.244352	1.440629	0.244352	1.440629
19	X Variabl	-0.86907	0.195594	-4.44325	9.94E-05	-1.26749	-0.47066	-1.26749	-0.47066
20	X Variabl	-0.15623	0.205889	-0.75882	0.453516	-0.57561	0.26315	-0.57561	0.26315
31	X Variabl	-0.3427	0.078815	-4.34817	0.00013	-0.50324	-0.18216	-0.50324	-0.18216
32	X Variabl	0.34026	0.079232	4.29446	0.000152	0.178869	0.501651	0.178869	0.501651

图 9.4.5 个体时间双固定效应模型回归结果

根据输出结果，得到个体时间双固定效应模型方程：

$$\ln P = 2.3682 + 0.8425 \times EPS_{it} - 0.8691 \times D_1 + \cdots - 0.4283 D_{11} + 0.7465 \times T_1 - 0.3427 \times T_2 + 0.3403 \times T_3 + u_{it} \quad (9.4.5)$$

当 $D_1 = D_2 = \cdots = D_{11} = 0$，且 $T_1 = T_2 = T_3 = 0$ 时，表达的是 2006 年“华侨城 A”公司股价与其每股收益的关系。当 $D_1 = 1, T_1 = 1$，其余 D_i、T_i 分别为 0 时，表达的是 2007 年“西安旅游”公司股价与每股收益的关系，其他同理。

调整后的可决系数 R^2 为 0.91，F 检验结果为 32.87，模型整体显著；残差平方和 RSS＝1.1669。个体时间双固定效应模型显示，旅游业公司每股收益每变动 1％，股价变动 0.8425％，这与混合模型结果存在较大差异，我们将通过 F 检验比较两种模型的优劣。

四、模型选取——F 检验

(一)F 检验原理

1. 建立假设

原假设 $H_0: D_1 = D_2 = \cdots = D_{11}$，且 $T_1 = T_2 = T_3 = 0$，模型中不同个体和时间的截距项相同。

备择假设 H_1：模型中不同个体和时间的截距项不同。

2. 建立 F 统计量

$$F=\frac{(RSS_r-RSS_u)/(N+T)}{RSS_u/(NT-N-T-k)} \tag{9.4.6}$$

其中，RSS_r 表示约束模型，即混合模型的残差平方和，RSS_u 表示非约束模型，即个体时间双固定效应模型的残差平方和，N 为个体约束条件个数，T 为时间约束条件个数，k 表示混合模型中回归参数的个数，F 统计量在 H_0 成立的条件下服从自由度为$(N+T,NT-N-T-k)$的 F 分布。

若 $F\leqslant F_\alpha(N+T,NT-N-T-k)$，则接受原假设，建立混合模型。

若 $F>F_\alpha(N+T,NT-N-T-k)$，则拒绝原假设，建立个体时间双固定效应模型。

(二)F 检验的 Excel 操作

新建一个工作表“F 检验”，在工作表中输入如图 9.4.6 所示的 F 检验流程。

	A	B	C	D	E
1	F检验				
2					
3	输入数据				
4	N	11	个体约束条件个数		
5	T	3	时间约束条件个数		
6	NT	48	样本数据个数		
7	K	1	非约束模型回归参数个数		
8	RSS_r	10.34633631	约束模型残差平方和		
9	RSS_u	1.166880603	非约束模型残差平方和		
10	alpha	0.05	置信度		
11					
12	计算结果				
13	F统计量	18.51284696			
14	F_α(N+T,NT-N-T-k)	2.004481711			
15	结论	拒绝原假设，建立个体时间双固定效应模型更优			
16	p值	1.01998E-11			

图 9.4.6　F 检验工具表

1. 在“输入数据”栏目中，按照要求输入相关数据 N,T,NT,K,α,RSS_r 和 RSS_u。其中 RSS_r,RSS_u 的值分别从前面混合模型和个体时间双固定效应模型的回归结果中得到。

2. “计算结果”栏目中，在 B13 单元格内输入：“=((B8－B9)/(B4＋B5))/(B9/(B6－B4－B5－B7))”；在 B14 单元格内输入：“=FINV(B10,B4

＋B5，B6－B4－B5－B7)"；在 B15 单元格内输入："＝IF(B13＞B14，"拒绝原假设，建立个体时间双固定效应模型更优"，"接受原假设，建立混合模型更佳")"；在 B16 单元格内输入："＝FDIST(B13，B4＋B5，B6－B4－B5－B7)"。

3. F 检验结果，因为 $F=18.54>2.00=F_{\alpha}(14,33)$，拒绝原假设，应当建立个体时间双固定效应模型。即在分析公司股价与其每股收益关系时，建立个体时间双固定效应模型比混合模型具有更好的拟合优势。

第十章

ARCH 模型与 GARCH 模型

第一节　金融时间序列的异方差

一、异方差数据的特征

在一般的计量回归模型中，很重要的一个假设条件就是回归模型残差的同方差性。回归残差的同方差性保证了回归系数的无偏性、有效性与一致性，然而当回归残差的方差不能够保证相同方差时，即产生所谓的异方差性时，回归估计系数的有效性和一致性则无法保证，从而导致回归系数估计的偏差。在实际的金融时间序列中，回归残差几乎都存在一定的异方差性，实际金融数据一般包括下面的一些基本特征：

1. 与正态分布相比，金融数据的时间序列实际分布的尾部明显更厚，而峰度则更高，即所谓的“尖峰厚尾性”。

2. 金融时间序列的波动性存在明显的聚集性和爆发性。

3. 金融市场中尤其是股票市场，价格运动与波动性负相关，负的回报要比正的回报导致更大的条件方差，这种现象叫做“杠杆作用”。

4. 金融序列的波动性具有一定的持久性。

5. 金融序列有时存在一定的自相关性，或者其平方序列存在自相关性。

根据实际金融序列的诸多特性，人们为应对这种情况，做出更加有效的回归模型。其中 ARCH 模型和 GARCH 模型通过预测被解释变量的方差，很好地解决了时间序列中的异方差问题。ARCH 模型和 GARCH 模型在分析金融时间序列中有着广泛的应用。

下面对我国沪深股市指数收益率的波动性进行相关分析。首先选取的指数为沪深 300，时间区间为 2007 年 1 月 5 日—2010 年 12 月 23 日的日收盘指数，共 967 个样本点。首先计算股指的日收益率，其计算公式为：

$$R_t=\ln(P_t/P_{t-1}) \tag{10.1.1}$$

其中 R_t 为 t 时刻股指的日收益率；P_t 为 t 时刻股指的收盘价格。

在 Excel 中的计算方法如图 10.1.1，在 C4 中输入“=LN(B4/B3)”后按回车键，于是我们就可以得到 2007-1-8 的日收益率，然后把光标放在 C4 单元格的右下角，当光标变成十字架时，向下拖至最后一个单元格，本节选取的数据是到单元格 C969，这样我们就可以算出每天的日收益率数据。通过计算会损失一个样本点。

金融时间序列波动的聚集性和爆发性，以及“尖峰厚尾性”可以分别通过 Excel 中序列的折线图和直方图表现出来。

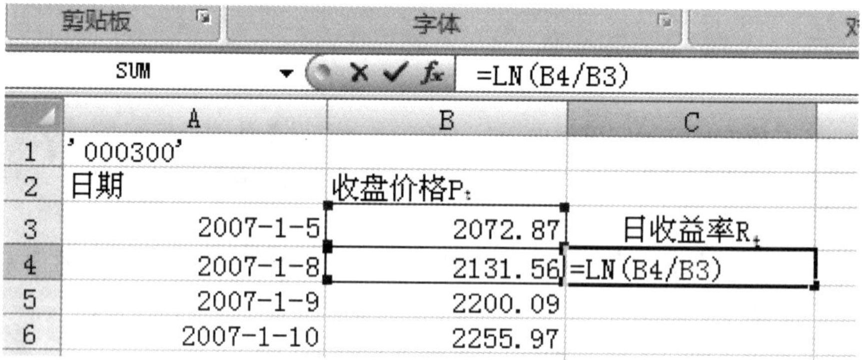

剪贴板　字体

SUM　=LN(B4/B3)

	A	B	C
1	'000300'		
2	日期	收盘价格P_t	
3	2007-1-5	2072.87	日收益率R_t
4	2007-1-8	2131.56	=LN(B4/B3)
5	2007-1-9	2200.09	
6	2007-1-10	2255.97	

图 10.1.1　Excel 的公式输入

二、Excel 中折线图的画法

第一步，选中日收益率数据 C3:C969。

第二步，在 Excel 中选择【插入】菜单中图表区的【折线图】，如图 10.1.2。单击其中第一个折线图示例，便会出现日收益率的折线图，结果如图 10.1.3 所示。

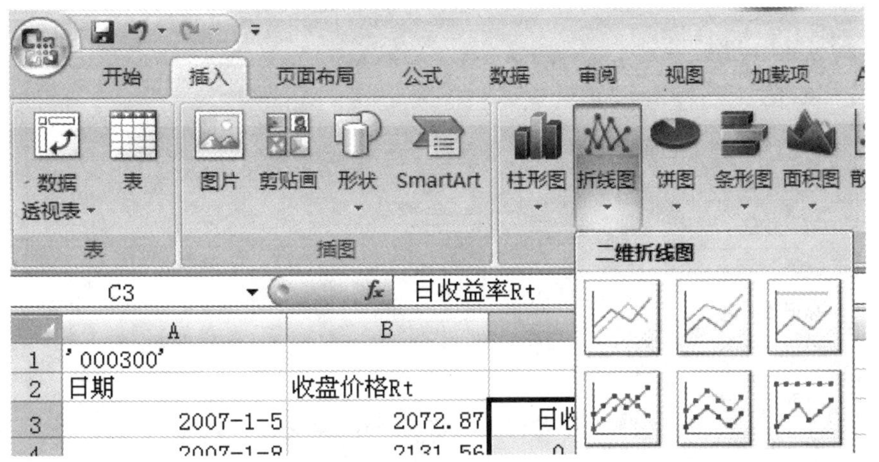

图 10.1.2　Excel 的图形选择

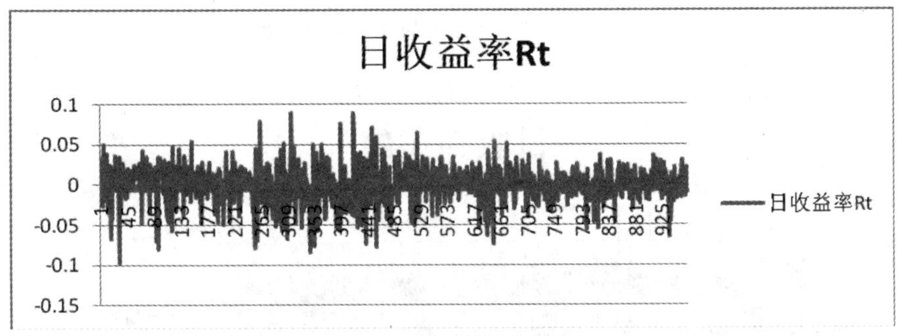

图 10.1.3　Excel 的图形

第三步，在得到的折线图上单击右键，选择【设置数据系列格式】会弹出【设置数据系列格式】的对话框，如图 10.1.4 所示，可以对得到的图表的格式进行设置。

选择宽度为 1.25 磅，线条颜色为■后，单击【关闭】后结果如图 10.1.5 所示。

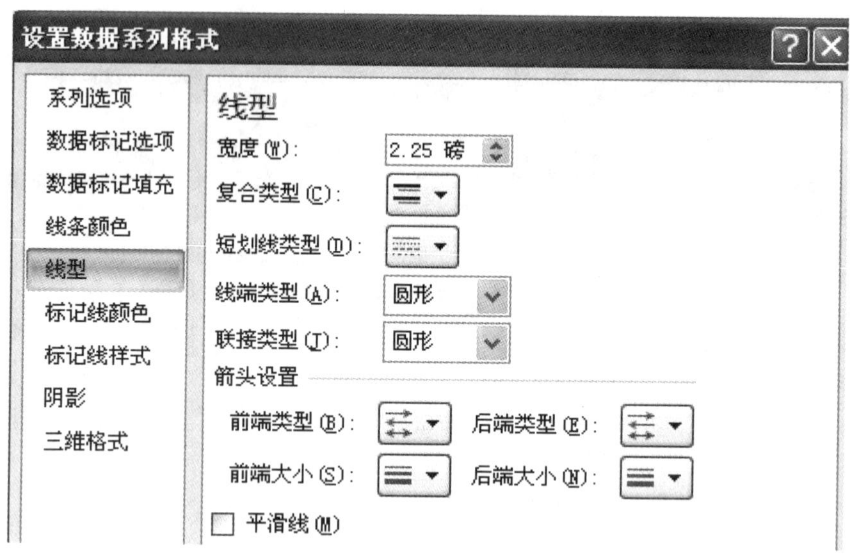

图 10.1.4　Excel 图形的数据系列格式

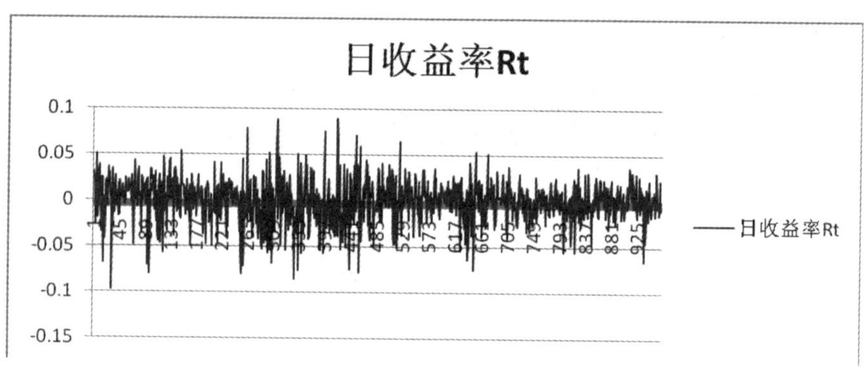

图 10.1.5　图形的调整

三、加载分析工具库

在用 Excel 画直方图前首先要确保 Excel 中已经加载了“分析工具库”，其具体加载方法如下。

第一步，单击 Excel 右上角的 OFFICE 按钮，如图 10.1.6 所示，单击“Excel 选项”会弹出“Excel 选项”对话框，如图 10.1.7 所示。

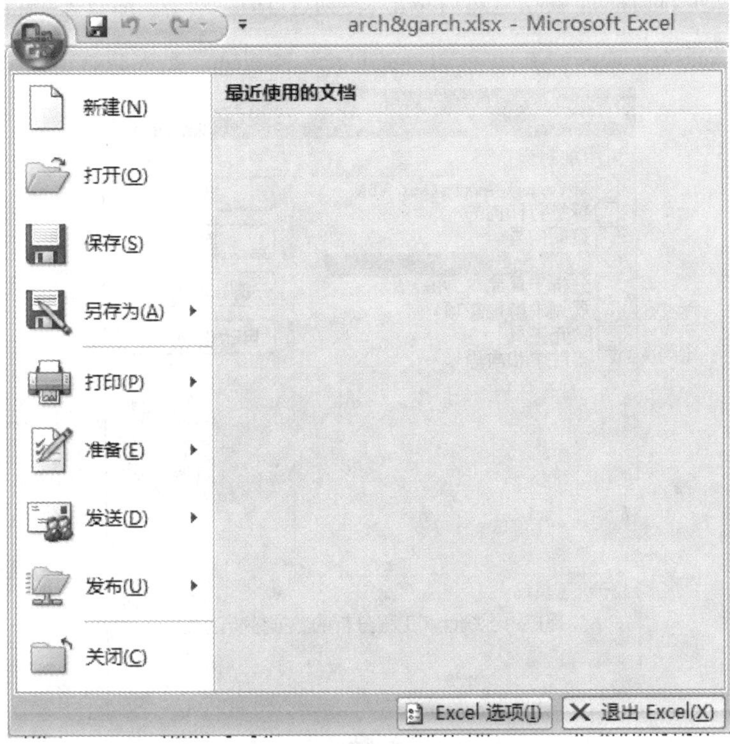

图 10.1.6 Excel2007 的开始菜单

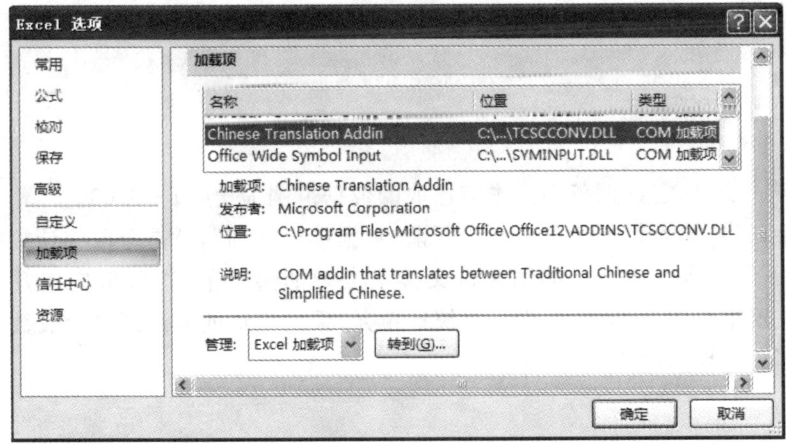

图 10.1.7 Excel 选项菜单

第二步，选择“加载项”，然后单击“转到(G)…”，弹出“加载宏”窗口，如图 10.1.8 所示。

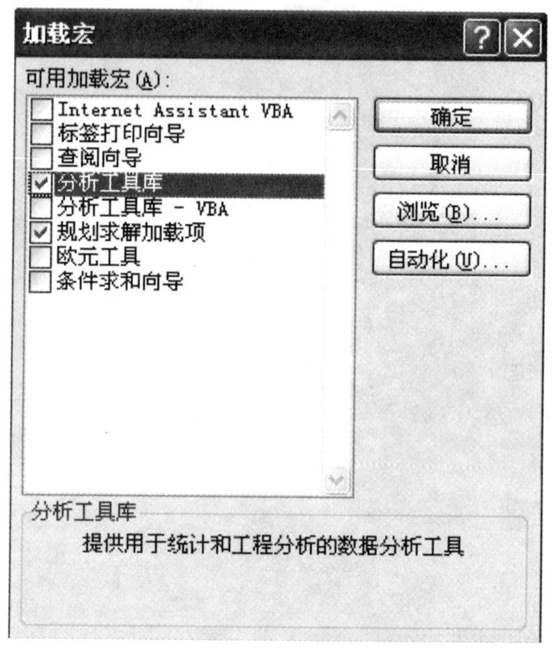

图 10.1.8　Excel 加载选项的加载宏菜单

第三步，选择“分析工具库”，另外下文还会用到“规划求解加载项”，所以也要选上，然后单击“确定”即可。

四、直方图的画法

第一步，确定数据范围。本节选取的数据范围为−0.1～0.09。

第二步，输入数据接受序列。所谓“数据接受序列”，就是分段统计数据间隔，该区域包含一组可选的用来定义接受区域的边界值，这些值应按升序排列。在这里采用 0.0025 作为一个统计单元，采用拖动的方法即可生成数据接受序列。结果如图 10.1.9 所示。

A	B	C	D	E
'000300'				日收益率（接受区域）
日期	收盘价格Rt			-0.1
2007-1-5	2072.87	日收益率R_t		-0.0975
2007-1-8	2131.56	0.027919986		-0.095
2007-1-9	2200.09	0.031644163		-0.0925
2007-1-10	2255.97	0.025081767		-0.09
2007-1-11	2231.62	-0.010852257		-0.0875
2007-1-12	2173.75	-0.026273992		-0.085
2007-1-15	2287.34	0.050935784		-0.0825
2007-1-16	2353.87	0.028671212		-0.08
2007-1-17	2308.92	-0.019280899		-0.0775
2007-1-18	2317.09	0.003532205		-0.075
2007-1-19	2396.09	0.033526154		-0.0725

图 10.1.9 Excel 生成的数据

第三步，选择“数据”菜单中的“数据分析”，会出现“数据分析”的对话框，如图 10.1.10 所示。

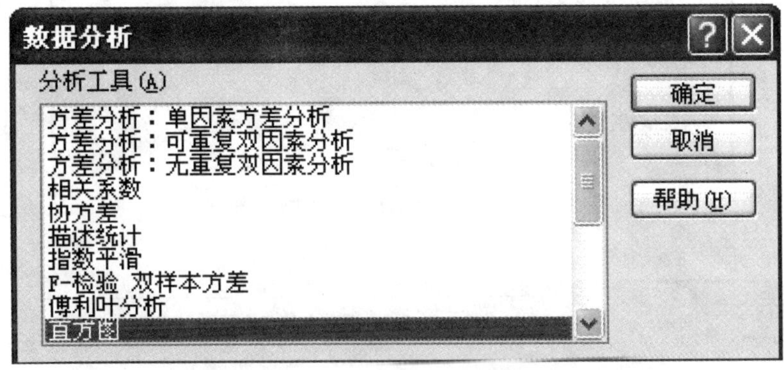

图 10.1.10 数据菜单中的数据分析对话框

选择“直方图”后单击“确定”，出现“直方图”对话框，如图 10.1.11 所示。在“输入区域”选择原始数据“日收益率”区域“C4:C969”；“接受区域”选择数据接受序列“E2:E78”。如果选择“输出区域”，则新对象直接插入当前表格中；选中“柏拉图”，此复选框可在输出表中按降序来显示数据；若选择“累计百分率”，则会在直方图上叠加累计频率曲线。

第四步，单击“确定”即可得到相应的直方图，结果如图 10.1.12 所示。

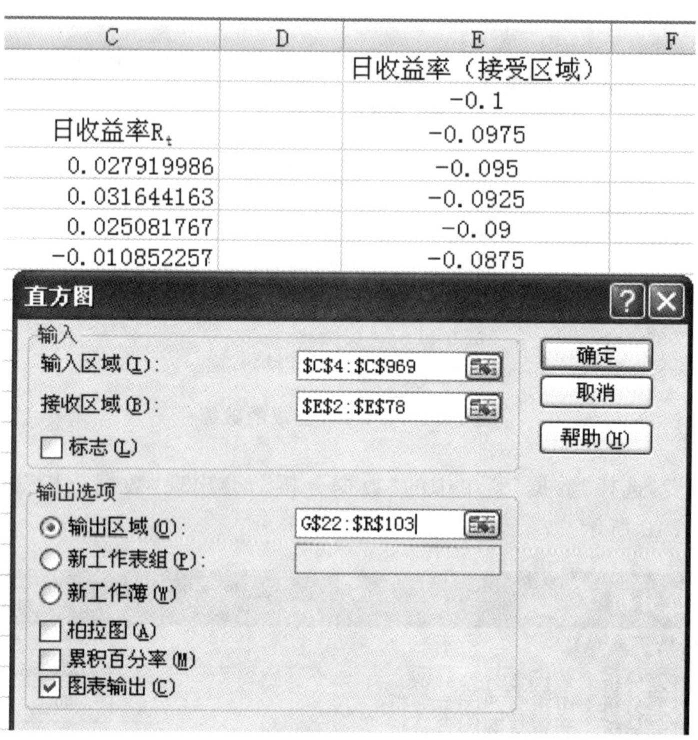

图 10.1.11　Excel 的直方图选项

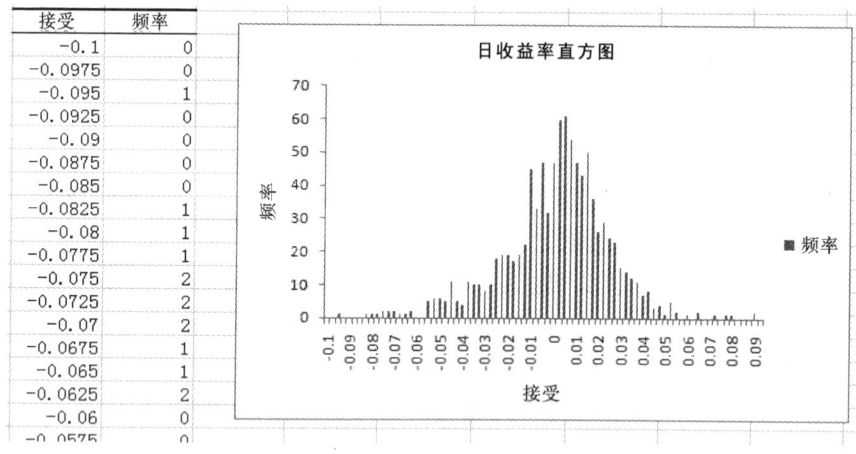

接受	频率
-0.1	0
-0.0975	0
-0.095	1
-0.0925	0
-0.09	0
-0.0875	0
-0.085	0
-0.0825	1
-0.08	1
-0.0775	1
-0.075	2
-0.0725	2
-0.07	2
-0.0675	1
-0.065	1
-0.0625	2
-0.06	0
-0.0575	0

图 10.1.12　直方图的生成

第二节 ARCH 模型的参数估计与检验

一、ARCH 模型的定义

若一个平稳随机变量 x_t 可以表示为 AR(p)形式，其随机误差项的方差可用误差项平方的 q 阶分布滞后模型描述，

$$x_t=\beta_0+\beta_1 x_{t-1}+\beta_2 x_{t-2}+\cdots+\beta_1 x_{t-p}+u_t \tag{10.2.1}$$

$$h_t=\sigma_t^2=E(u_t^2)=\alpha_0+\alpha_1 u_{t-1}^2+\alpha_2 u_{t-2}^2+\cdots+\alpha_q u_{t-q}^2 \tag{10.2.2}$$

则称 u_t 服从 q 阶的 ARCH 过程，作 $u_t \sim \text{ARCH}(q)$。其中(10.2.1)式为均值方程，(10.2.2)式称为 ARCH 方程。ARCH 方程应该满足以下几个条件。

(一)方差的非负性

方程(10.2.2)应满足：$\alpha_0>0,\alpha_i\geqslant 0,i=1,2,\cdots,q$。当全部 $\alpha_i=0,i=1,2,\cdots,q$ 时，条件方差 $\sigma_t^2=\alpha_0$。因为方差的非负性，所以要求 $\alpha_0>0$。

(二)特征根在单位圆外

为保证 σ_t^2 是一个平稳过程，ARCH 方程的特征方程应满足 $1-a_1L-a_2L^2-\cdots-a_qL^q=0$ 的根都应在单位圆之外。

(三)其余约束

对于 $a_i(i=1,2,\cdots,q)$的另一个约束是：$0\leqslant a_1+a_2+\cdots+a_q\leqslant 1$。

二、ARCH 模型的极大似然估计

假设下面的多元回归模型：

$$y_t=\boldsymbol{x}_t{}'\boldsymbol{\beta}+u_t \tag{10.2.3}$$

其中 $\boldsymbol{\beta}=(\beta_0,\beta_1,\cdots,\beta_{k-1})'$，$\boldsymbol{x}_t=(1,x_1,\cdots,x_{k-1})'$($x_t$ 的分量也可以包括 y_t的滞后变量)，$u_t\sim\text{ARCH}(q)$。

为了计算方便，我们假定 y_t服从正态分布，根据(10.2.2)式的定义，y_t概率密度函数为：

$$f(y_t|\boldsymbol{x}_t,\boldsymbol{a}_t,\boldsymbol{\beta})=\frac{1}{\sqrt{2\pi h_t}}\exp(-\frac{(y_t-\boldsymbol{x}_t\boldsymbol{\beta})^2}{2h_t}) \tag{10.2.4}$$

其中：

$$h_t = a_0 + a_1 (y_{t-1} - \boldsymbol{x}_{t-1}'\boldsymbol{\beta})^2 + \cdots + \boldsymbol{a}_q (y_{t-q} - \boldsymbol{x}_{t-q}'\boldsymbol{\beta})^2 \tag{10.2.5}$$

用参数 $\boldsymbol{\beta}=(\beta_0,\beta_1,\cdots,\beta_{k-1})'$ 和 $\alpha=(\alpha_0,\alpha_1,\cdots,\alpha_q)'$ 组成参数向量 $\boldsymbol{\gamma}$：

$$\gamma=\begin{pmatrix}\beta\\ \alpha\end{pmatrix} \tag{10.2.6}$$

回归方程(10.2.3)的对数似然函数是：

$$\begin{aligned}\ln L(\gamma) &= \sum_{t=1}^{T}\ln f(y_t \mid \boldsymbol{x}_t,\boldsymbol{\gamma})\\ &= -\frac{T}{2}\ln(2\pi) - \frac{1}{2}\sum_{t=1}^{T}\ln(h_t) - \frac{1}{2}\sum_{t=1}^{T}\frac{(y_t - \boldsymbol{x}'_t\boldsymbol{\beta})^2}{h_t}\end{aligned} \tag{10.2.7}$$

下面我们仍然用时间区间为 2007 年 1 月 5 日—2010 年 12 月 23 日的沪深 300 的日收盘指数来介绍 ARCH 模型的极大似然估计在 Excel 中的实现。设 Y_t 为沪深 300 的收盘价，则 Y_t 满足如下回归模型：

$$\ln(Y_t)=\beta_0+\beta_1\times\ln(Y_{t-1})+u_t \tag{10.2.8}$$

$$h_t=\alpha_0+\alpha_1 u_{t-1}^2+\varepsilon_t \tag{10.2.9}$$

所以回归方程(10.2.8)的对数似然函数为：

$$\ln L(\alpha_0,\alpha_1,\beta_0,\beta_1) = -\frac{T}{2}\ln(2\pi) - \frac{1}{2}\sum_{t=1}^{T}\ln(h_t) - \frac{1}{2}\sum_{t=1}^{T}\frac{{u_t}^2}{h_t} \tag{10.2.10}$$

其中：

$$u_t=\ln(Y_t)-\beta_0-\beta_1\times\ln(Y_{t-1}) \tag{10.2.11}$$

在参数估计的过程中要对似然函数(10.2.10)求最大值，显然对(10.2.10)求最大值等价于对下式求最大值。

$$\ln L(\alpha_0,\alpha_1,\beta_0,\beta_1) = -\sum_{t=1}^{T}\ln(h_t) - \sum_{t=1}^{T}\frac{{u_t}^2}{h_t} \tag{10.2.12}$$

所以在对参数进行似然估计时，只需对式(10.2.12)进行最大化即可。

三、参数估计的具体步骤

第一步，设定可变单元格。可变单元格是我们可以进行更改或调整以优化目标的单元格。在这里，就是存放模型参数的单元格。如图 10.2.1 所示，把“B4:B7”作为可变单元格，分别存放参数 $\alpha_0,\alpha_1,\beta_0,\beta_1$ 的估计值。

第二步，对沪深 300 的收盘价 Y_t 取对数。如图 10.2.1，在 B12 单元格输入：“=ln(A12)”，然后把光标放在 B12 单元格的右下角，当光标变成十字架的时候往下拖至最后一行。

第三步，计算模型的条件方差 h_t。如图 10.2.1，在 C14 单元格输入：“=$B$4+$B$5*(B13- $B$6-$B$7*B12)^2”，然后把光标放在 C14 单元格的右下角，当光标变成十字架的时候往下拖至最后一行。

第四步，计算每个样本点的对数似然函数。这里我们用到的是按式(10.2.12)计算得出的似然函数值。如图 10.2.1，在 D14 单元格输入：“=-LN(C14)-(B14-$B$6-$B$7*B13)^2/C14”，然后把光标放在“D14”单元格的右下角，当光标变成十字架的时候往下拖至最后一行。

第五步，设定目标单元格。目标单元格用于存放模型目标函数。在这里用来存放对数似然函数。如图 10.2.1，在单元格 D4 中输入：“=SUM(D14:D978)”，即对每个样本点的对数似然函数求和。

	A	B	C	D
1	ARCH模型参数估计			
2				
3	可变单元格（参数输出）		目标单元格	
4	α_0	0.000500992	对数似然函数logL	6286.329972
5	α_1	0.090370826		
6	β_0	0.037084982		
7	β_1	0.995440449		
8				
9–11	收盘价Yt	ln(Yt)	$h_t = \alpha_0+\alpha_1\left[\log(Y_{t-1})-\beta_0-\beta_1*\log(Y_{t-2})\right]^2$	$-\log(h_t)-\dfrac{(\log(Y_t)-\beta_0-\beta_1*\log(Y_{t-1}))^2}{h_t}$
12	2072.87	7.636689399		
13	2131.56	7.664609385		
14	2200.09	7.696253548	0.000560472	5.933352866
15	2255.97	7.721335315	0.000579671	6.533447129
16	2231.62	7.710483058	0.000549166	7.211954931
17	2173.75	7.684209066	0.00051564	6.027575093
18	2287.34	7.735144849	0.000572872	3.292936258
19	2353.87	7.763816061	0.000716976	6.234588147
20	2308.92	7.744535162	0.000566167	6.700192274
21	2317.09	7.748067367	0.000540718	7.516891117
22	2396.09	7.781593521	0.000501272	5.58496021
23	2491.31	7.820563956	0.0005922	5.073983724

图 10.2.1　ARCH 模型的参数估计

第六步，运行规划求解。在 Excel 中选择【数据】菜单中的【规划求解】，弹出【规划求解参数】对话框，如图 10.2.2 所示。

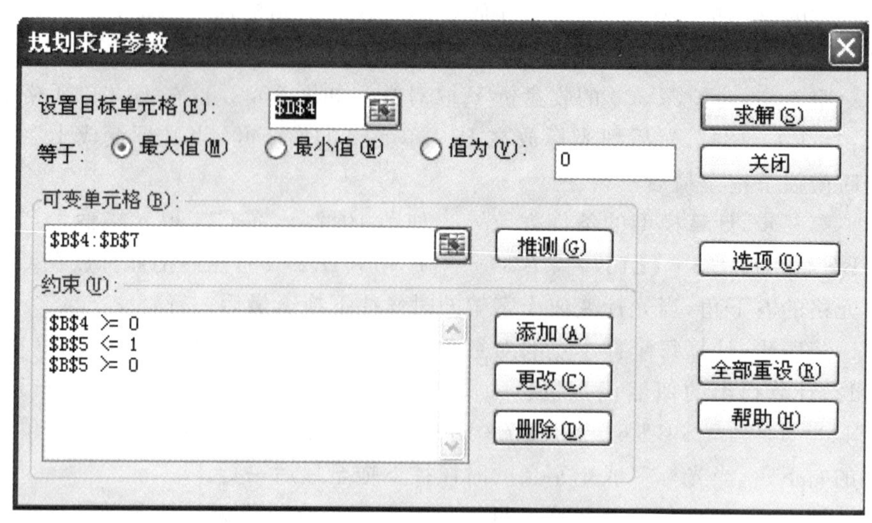

图 10.2.2　Excel 的规划求解

在【设置目标单元格】中选择 D4 单元格，并单击【最大值】选项。在【可变单元格】中选择“B4:B7”单元格。在【约束】栏可以通过单击右侧的【添加】键弹出添加约束界面，如图 10.2.3 所示。

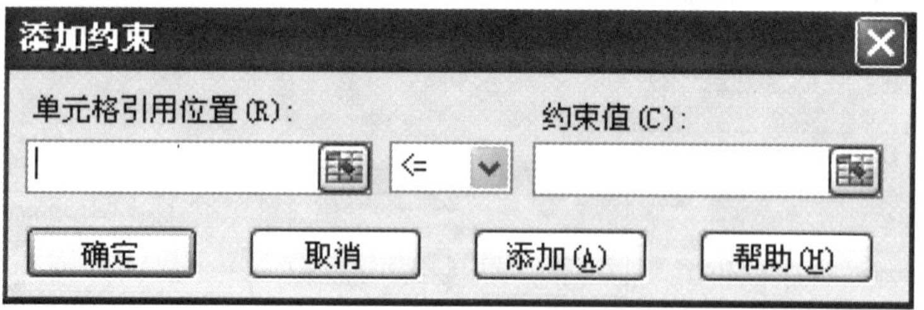

图 10.2.3　向规划问题中添加约束

在对话框中分别添加约束条件为 $\alpha_0>0$，$0\leqslant\alpha_1<1$。以 $\alpha_1\geqslant 0$ 为例，在【单元格引用位置】选择单元格“D5”在旁边的按钮选择“>=”，在【约束值】中输入“0”，然后按【添加】，效仿前面依次添加其他条件。在【约束】栏右侧的【更改】和【删除】按钮，分别可以对已经添加的约束条件进行修改和删除。在约束条件添加完毕后按【确定】返回图 10.2.2，然后按【求解】执行规划求解程序。得到的最后结果如图 10.2.1 所示。

所以该 ARCH 模型的估计结果为：

$$\begin{cases}\ln(Y_t)=0.037085+0.995440\times\ln(Y_{t-1})+u_t \\ h_t=0.000501+0.090371u_{t-1}^2\end{cases} \qquad (10.2.13)$$

如果规划模型设置的约束条件矛盾,或在限制条件下无可行解,系统将会给出规划求解失败的信息。规划求解失败也可能是当前设置的最大求解时间太短,最大求解次数太少或是精度过高等原因引起。对此可以修改规划求解选项。

如图 10.2.2,单击规划求解参数对话框中的【选项】按钮,将弹出【规划求解选项】对话框。如图 10.2.4 所示。每一个选项的设置要求如下。

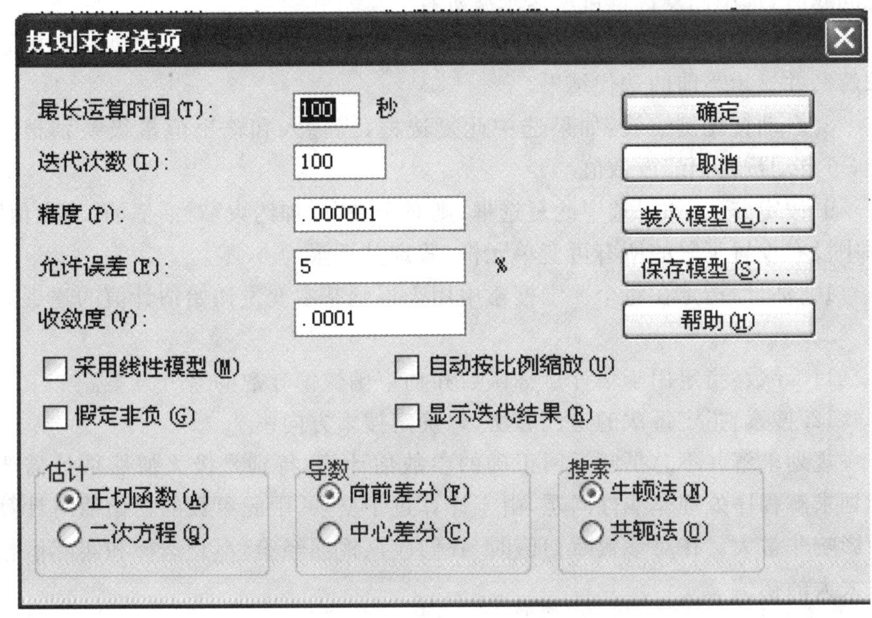

图 10.2.4　规划求解功能菜单的选项

1. 最长运算时间:在此设定求解过程的时间。可输入的最大值为 32 767(秒),默认值 100(秒)可以满足大多数小型规划求解要求。

2. 迭代次数:在此设定求解过程中迭代运算的次数,限制求解过程的时间。可输入的最大值为 32 767,默认值 100 次可满足大多数小型规划求解要求。

3. 精度:在此输入用于控制求解精度的数字,以确定约束条件单元格中的数值是否满足目标值或上下限。精度值必须表示为小数(0 到 1 之间),输入数字的小数位越多,精度越高。例如,0.0001 比 0.01 的精度高。

4. 允许误差:在此输入满足整数约束条件并可被接受的目标单元格求解结果与真实的最佳结果间的百分偏差。这个选项只应用于具有整数约束条件的问题。设置的允许误差值越大,求解过程就越快。

5. 收敛度:在此输入收敛度数值,当最近五次迭代后目标单元格中数值的变化小于"收敛度"框中设置的数值时,"规划求解"停止运行。收敛度只应用于非线性规划求解问题,并且必须表示为小数(0 到 1 之间)。设置的数值越小,收敛度就越高。

6. 采用线性模型:当模型中的所有关系都是线性的,并且希望解决线性优化问题时,选中此复选框可加速求解进程。

7. 显示迭代结果:如果选中此复选框,每进行一次迭代后都将中断"规划求解",并显示当前的迭代结果。

8. 自动按比例缩放:如果选中此复选框,当输入和输出值量级差别很大时,可自动按比例缩放数值。

9. 假定非负:如果选中此复选框,则对于在"添加约束"对话框的"约束值"框中没有设置下限的所有可变单元格,假定其下限为 0(零)。

10. 估计:指定在每个一维搜索中用来得到基本变量初始估计值的逼近方案。

11. 导数:指定用于估计目标函数和约束函数偏导数的差分方案。

12. 搜索:指定每次的迭代算法,以确定搜索方向。

规划求解并不总是能返回正确的参数估计值,特别是极大似然估计需要规划求解程序处理非线性问题,由于计算过于复杂,因此参数的初始值对计算的影响非常大。在对参数赋初值时,我们应该根据经验,不要选择和实际值相差太大的初值。

四、关于 ARCH 模型的检验

如果回归方程 $y_t = \boldsymbol{x}_t'\boldsymbol{\beta} + u_t$ 中的误差项 u_t 服从 ARCH(q)过程,则对系数 $\boldsymbol{\beta}$ 作最小二乘估计就是不合理的,因为方程不满足最小二乘估计的假设条件。最优的估计方法则是用 ARCH 模型,采用极大似然估计法对系数进行估计,得到 $\boldsymbol{\beta}$ 和 $\boldsymbol{\alpha}$ 的一致估计值。但采用这种估计方法的计算量比较大,因此在决定估计方法之前,应该对误差项 u_t 是否服从 ARCH 过程进行检验。下面介绍 LM、F 检验。

(一)自回归条件异方差的 LM 检验

1.建立假设:

$H_0: \alpha_1=\alpha_2=\cdots=\alpha_q=0$

$H_1: \alpha_1, \alpha_2, \cdots, \alpha_q$ 不全为零

2.估计 $y_t=\boldsymbol{x}_t'\boldsymbol{\beta}+u_t$,求 $\hat{u}_t$,计算 $\hat{u}_t^2$。

3.估计辅助回归式:

$$\hat{u}_t^2=\alpha_0+\alpha_1\hat{u}_{t-1}{}^2+\cdots+\alpha_q\hat{u}_{t-q}^2+v_t \tag{10.2.14}$$

4.用第 2 步得到的可决系数 R^2 构造统计量 $LM=TR^2$。其中 T 表示辅助回归式的样本容量。在原假设成立条件下有:

$$LM=TR^2\sim\chi^2_{(q)} \tag{10.2.15}$$

若 $LM<\chi^2{}_{\alpha(q)}$,接受 H_0,说明 u_t 不存在自回归条件异方差。

若 $LM>\chi^2{}_{\alpha(q)}$,接受 H_1,说明 u_t 存在自回归条件异方差。

(二)实证检验

使用沪深 300 的收盘价格数据,LM 检验在 Excel 中实现的方法如下。

1.对收盘价格数据进行取对数

并分成 $\ln(Y_t)$ 和 $\ln(Y_{t-1})$ 两列。整理后的数据如图 10.2.5 所示。

A	B	C
ln(Yt)	ln(Yt-1)	
7.664609	7.636689	
7.696254	7.664609	
7.721335	7.696254	
7.710483	7.721335	
7.684209	7.710483	

图 10.2.5　对数数据

2.估计回归模型

$$\ln(Y_t)=\beta_0+\beta_1\ln(Y_{t-1})+u_t \tag{10.2.16}$$

求出 $\hat{u}_t$,并计算 $\hat{u}_t^2$ 和 $\hat{u}_{t-1}^2$。在 Excel 的【数据】菜单中选择【数据分析】按钮,弹出【数据分析】对话框,如图 10.2.6 所示。

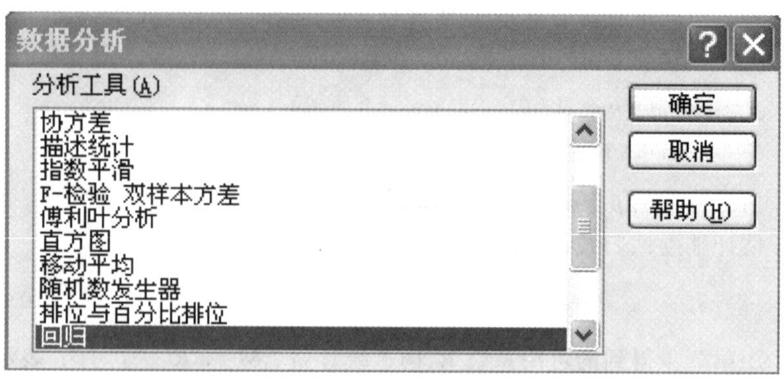

图 10.2.6　数据分析菜单

选择【回归】后,单击确定,弹出【回归】对话框,如图 10.2.7 所示。

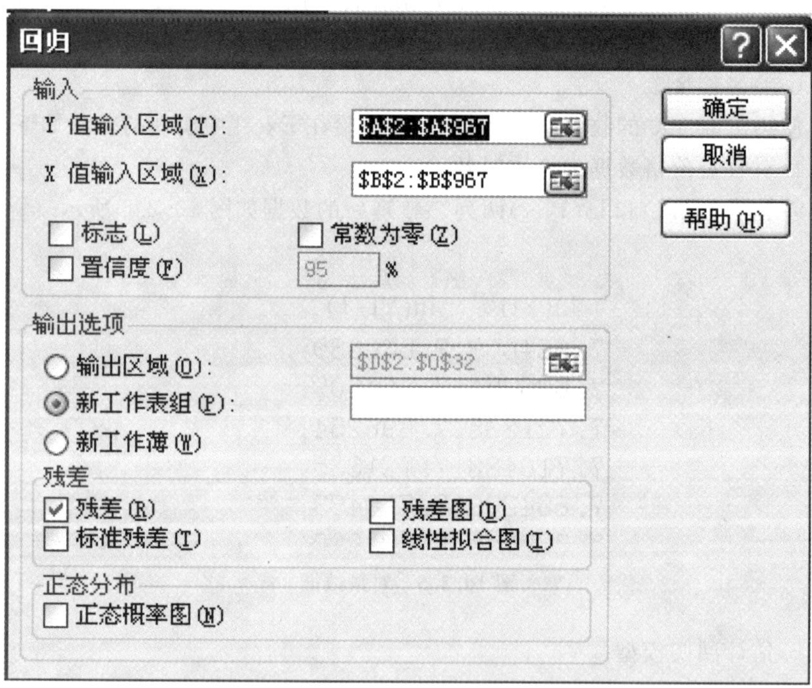

图 10.2.7　回归菜单

在【Y 值输入区域】选择“ln(Y_t)”的区域，在【X 值输入区域】选择“ln(Y_{t-1})”的区域，在【输出选项】选择【新工作表组】，在【残差】中选中【残差】，然后单击“确定”，即可得到回归结果和残差 $\hat{u}_t$，结果如图 10.2.8 所示。在单元格 D26 输入“=C26^2”可以计算出 $\hat{u}_t^2$，在单元格 E26 输入“=C25^2”可以计算出 $\hat{u}_{t-1}^2$。

	A	B	C	D	E	F	G	H	I
1	SUMMARY OUTPUT								
2									
3	回归统计								
4	Multiple	0.996541							
5	R Square	0.993094							
6	Adjusted	0.993087							
7	标准误差	0.023492							
8	观测值	966							
9									
10	方差分析								
11		df	SS	MS	F	gnificance F			
12	回归分析	1	76.50598	76.50598	138625	0			
13	残差	964	0.532024	0.000552					
14	总计	965	77.038						
15									
16		Coefficien	标准误差	t Stat	P-value	Lower 95%	Upper 95%	下限 95.0%	上限 95.0%
17	Intercept	0.037905	0.021574	1.756975	0.079239	-0.00443	0.080242	-0.00443	0.080242
18	X Variabl	0.995355	0.002673	372.3237	0	0.990109	1.000602	0.990109	1.000602
19									
20									
21									
22	RESIDUAL OUTPUT								
23									
24	观测值	预测 Y	残差	$\hat{u}_t^2$	$\hat{u}_{t-1}^2$				
25	1	7.639125	0.025485						
26	2	7.666915	0.029339	0.000861	0.000649				
27	3	7.698412	0.022923	0.000525	0.000861				
28	4	7.723377	-0.01289	0.000166	0.000525				
29	5	7.712576	-0.02837	0.000805	0.000166				
30	6	7.686424	0.048721	0.002374	0.000805				

图 10.2.8　ARCH 模型的计算模板

3. 利用和(10.2.2)中类似的方法估计回归模型

$$\hat{u}_t^2 = \alpha_0 + \alpha_1 \hat{u}_{t-1}{}^2 + v_t \tag{10.2.17}$$

4. 计算统计量 LM=TR^2。其中 T 表示辅助回归式的样本容量，R^2 表示可决系数。

3、4 的结果如图 10.2.9 所示，LM=7.15。在 5%的置信度下，$\chi^2_{(1)}$ 的临界值为 3.84，所以回归模型(10.2.15)的残差序列中存在条件异方差。

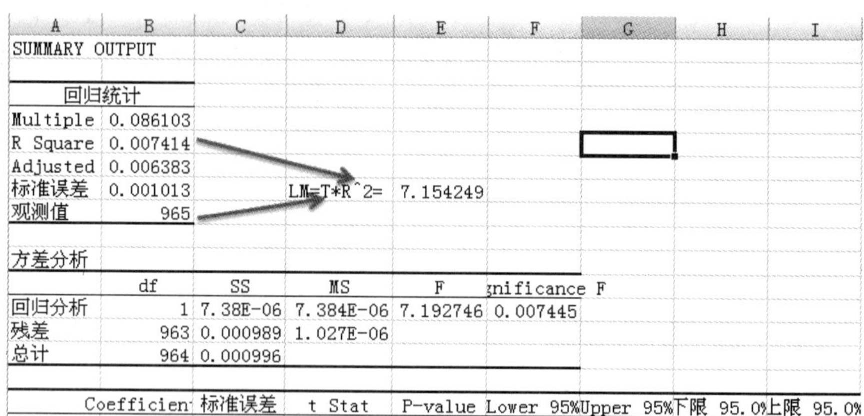

A	B	C	D	E	F	G	H	I
SUMMARY OUTPUT								
回归统计								
Multiple	0.086103							
R Square	0.007414							
Adjusted	0.006383							
标准误差	0.001013		LM=T*R^2=	7.154249				
观测值	965							
方差分析								
	df	SS	MS	F	gnificance F			
回归分析	1	7.38E-06	7.384E-06	7.192746	0.007445			
残差	963	0.000989	1.027E-06					
总计	964	0.000996						
	Coefficien	标准误差	t Stat	P-value	Lower 95%	Upper 95%	下限 95.0%	上限 95.0%
Intercept	0.000503	3.71E-05	13.55906	1.86E-38	0.00043	0.000576	0.00043	0.000576
X Variabl	0.086112	0.032108	2.6819296	0.007445	0.023102	0.149123	0.023102	0.149123

图 10.2.9 计算结果

(三)自回归条件异方差的 F 检验

1. 建立假设

$$H_0: \alpha_1 = \alpha_2 = \cdots = \alpha_q = 0$$

$H_1: \alpha_1, \alpha_2, \cdots, \alpha_q$ 不全为零

2. 估计 $y_t = \boldsymbol{x}_t{}'\boldsymbol{\beta} + u_t$,求 $\hat{u}_t$,计算 $\hat{u}_t^2$。

3. 用 $\hat{u}_t^2$ 估计 2 个辅助回归式

$$\hat{u}_t^2 = a_0 + v_t \tag{10.2.18}$$

$$\hat{u}_t^2 = a_0 + a_1\hat{u}_{t-1}^2 + \cdots + a_q\hat{u}_{t-q}^2 + v_t \tag{10.2.19}$$

4. 构造 F 统计量,在原假设成立条件下有:

$$F = \frac{(SSE_r - SSE_u)/q}{SSE_u/(T-q-1)} \sim F_{(q, T-q-1)} \tag{10.2.20}$$

其中,SSE_r、SSE_u 分别表示由(10.2.18)和(10.2.19)得到的残差平方和。若 $F < F_{\alpha(q, T-q-1)}$,接受 H_0,即 u_t 不存在自回归条件异方差。若 $F > F_{\alpha(q, T-q-1)}$,接受 H_1,即 u_t 存在自回归条件异方差。

(四)F 检验在 Excel 中的实现

1. 对数据进行整理

2. 估计回归模型 $\ln(Y_t) = \beta_0 + \beta_1 \ln(Y_{t-1}) + u_t$,求 $\hat{u}_t$,计算 $\hat{u}_t^2$。

3. 估计回归模型

$$\hat{u}_t^2 = \alpha_0 + \alpha_1 \hat{u}_{t-1}^2 + \nu_t \qquad (10.2.21)$$

以上三个步骤与 LM 检验的前三个步骤完全相同，式(10.2.20)的回归结果见图 10.2.9。

4. 估计回归模型

$$\hat{u}_t^2 = \alpha_0 + v_t \qquad (10.2.22)$$

其回归结果如图 10.2.10 所示。

A	B	C	D	E	F	G	H	I
SUMMARY OUTPUT								
回归统计								
Multiple	65535							
R Square	-2.2E-16							
Adjusted	-0.00104							
标准误差	0.001016		SSE_r					
观测值	965							
方差分析								
	df	SS	MS	F	gnificance F			
回归分析	1	-2.2E-19	-2.2E-19	0	1			
残差	964	0.000996	1.03E-06					
总计	965	0.000996						
	Coefficien	标准误差	t Stat	P-value	Lower 95%	Upper 95%	下限 95.0%	上限 95.0%
Intercept	0.000551	3.27E-05	16.82805	6.56E-56	0.000486	0.000615	0.0004864	0.0006149
X Variabl	0	0	65535	#NUM!	0	0	0	0

图 10.2.10　回归结果

所以，统计量：

$$F = \frac{(0.000996 - 0.000989)/1}{0.000989/(965-1-1)} = 7.192746$$

在 5% 的置信度下，F(1,963)的临界值为 3.84，小于 F 统计量的值，所以回归模型(10.2.16)的残差序列中存在条件异方差。

第三节　GARCH 模型的参数估计与检验

一、GARCH 模型的定义

广义自回归条件异方差模型简记为 GARCH 模型(generalized autoregressive conditional heteroscedasticity model),它是在 ARCH 模型的基础上发展起来的,其目的也是描述实际金融数据中存在的条件异方差现象。GARCH 模型在形式上比 ARCH 模型更加简单,其中 GARCH(1,1)模型形式最为简单,由波勒斯勒夫(Bollerslev)(1986)提出。仍然假设存在下面的回归方程式:

$$y_t=\mu_t+u_t \tag{10.3.1}$$

其中 y_t 为因变量,μ_t 为自变量表达式 $\boldsymbol{x}_t'\boldsymbol{\beta}$,也可以只是一个常数,$u_t$ 为回归方程的随机误差项(计算中可用其残差项代替)。

如果 u_t 的方差可以表示为如下形式:

$$h_t=\sigma_t{}^2=\alpha_0+\alpha_1 u_{t-1}{}^2+\gamma_1\sigma_{t-1}{}^2 \tag{10.3.2}$$

则我们认为 u_t 服从 GARCH(1,1)的过程,其中 $\alpha_0>0,\alpha_1,\gamma_1\geqslant 0$。从(10.3.2)式可以看出,$u_t$ 的方差由三部分组成:常数项、前一期随机误差的平方 $u_{t-1}{}^2$ 和前一期随机误差的方差 $\sigma_{t-1}{}^2$。在 GARCH(1,1)模型关于条件异方差的表述中,其与 ARCH 模型的区别在于加入了残差方差的滞后项,实际上,该残差方差的滞后项代替了众多的残差滞后项的表达式,从而简化了参数的估计过程,也简化了对条件异方差的描述。

二、GARCH 模型的极大似然估计

与 ARCH 模型一样,GARCH 模型最常见的也是在回归模型分析中,一般也是采用极大似然法对参数进行估计。考虑下面回归方程参数的最大似然估计:

$$y_t=\boldsymbol{x}_t'\boldsymbol{\beta}+u_t \tag{10.3.3}$$

$$u_t=\sqrt{h_t}v_t \tag{10.3.4}$$

$$h_t=\alpha_0+\sum_{i=1}^{q}\gamma_i h_{t-i}+\sum_{i=1}^{p}\alpha_i u_{t-i};\ v_t\sim N(0,1) \tag{10.3.5}$$

令:

$$\boldsymbol{\theta}=(\boldsymbol{\beta}',\boldsymbol{\delta}')\quad \boldsymbol{\delta}=(\alpha_0,\alpha_1,\cdots,\alpha_p,\gamma_1,\cdots,\gamma_q)$$

可将上面 GARCH 模型的对数似然函数表示为:

$$L(\theta)=\sum_{t=1}^{T}l_t(\theta)=-\frac{T}{2}\ln(2\pi)-\frac{1}{2}\sum_{t=1}^{T}\ln(h_t)-\frac{1}{2}\sum_{t=1}^{T}u_t{}^2h_t{}^{-1} \tag{10.3.6}$$

求回归方程系数估计值的方法与 ARCH 模型类似，也是求得关于 $L(\theta)$ 取最大值的 θ 值，这样就求出了有关 β 和 δ 的值，其中 β 为回归方程估计系数，δ 为 GARCH 方程的估计系数。

与上一节相似，我们仍用时间区间为 2007 年 1 月 5 日—2010 年 12 月 23 日的沪深 300 的日收盘指数来介绍 GARCH 模型的极大似然估计在 Excel 中的实现。设 Y_t 为沪深 300 的收盘价，R_t 为沪深 300 的日收益率，h_t 为条件异方差，则 h_t，R_t 满足如下回归模型：

$$R_t=\beta_0+u_t \tag{10.3.7}$$

$$h_t=\alpha_0+\alpha_1 u_{t-1}^2+\gamma h_{t-1} \tag{10.3.8}$$

所以回归方程(10.3.7)式的对数似然函数为

$$\ln L(\alpha_0,\alpha_1,\beta_0,\gamma)=-\frac{T}{2}\ln(2\pi)-\frac{1}{2}\sum_{t=1}^{T}\ln(h_t)-\frac{1}{2}\sum_{t=1}^{T}\frac{{u_t}^2}{h_t} \tag{10.3.9}$$

其中：

$$u_t=R_t-\beta_0 \tag{10.3.10}$$

在参数估计的过程中要对似然函数(10.3.9)式求最大值，显然对(10.3.9)式求最大值等价于对下式求最大值。

$$\ln L(\alpha_0,\alpha_1,\beta_0,\gamma)=-\sum_{t=1}^{T}\ln(h_t)-\sum_{t=1}^{T}\frac{{u_t}^2}{h_t} \tag{10.3.11}$$

下面我们介绍利用 Excel 对 GARCH 模型进行参数估计的具体步骤。

第一步，设定可变单元格。可变单元格是我们可以进行更改或调整以优化目标的单元格。在这里，就是存放模型参数的单元格。如图 10.3.1 所示，把“B4:B7”作为可变单元格，分别存放参数 α_0，α_1，β_0，γ 的估计值。

第二步，计算沪深 300 的收盘价的日收益率 R_t。如图 10.3.1，在 B14 单元格输入：“=ln(A14/A13)”，然后把光标放在 B14 单元格的右下角，当光标变成十字架的时候往下拖至最后一行。

第三步，计算模型的条件异方差 h_t。在 C15 单元格输入：“=\$B\$4+\$B\$5*(B14-\$B\$6)^2”，在 C16 单元格输入：“=\$B\$4+\$B\$5*(B15-\$B\$6)^2+\$B\$7*C15”，然后把光标放在 C16 单元格的右下角，当光标变成十字架的时候往下拖至最后一行。

第四步，计算每个样本点的对数似然函数。这里我们用到的是按式(10.

	A	B	C	D
1	GARCH模型参数估计			
2				
3	可变单元格（参数输出）		目标单元格	
4	α_0	2.06696E-05	对数似然函数logL	6348.170335
5	α_1	0.096191303		
6	β_0	0.000948005		
7	γ	0.871579911		
8				
9				
10			$h_t =$	
11				$-\log(h_t) - \frac{(R_t-\beta_0)^2}{h_t}$
12	收盘价Yt			
13	2072.87	日收益率Rt	$\alpha_0 + \alpha_1(R_{t-1}-\beta_0)^2 + \gamma h_{t-1}$	
14	2131.56	0.027919986		
15	2200.09	0.031644163	9.06476E-05	-1.08616536
16	2255.97	0.025081767	0.000190313	5.506414779
17	2231.62	-0.010852257	0.000242568	7.750178514
18	2173.75	-0.026273992	0.000245481	5.293577915
19	2287.34	0.050935784	0.000305907	-0.076184844

图 10.3.1　GARCH 模型的参数估计

3.11)计算得出的似然函数值。如图，在 D15 单元格输入"＝－LN(C15)－(B15－＄B＄6)^2/C15"，然后把光标放在"D15"单元格的右下角，当光标变成十字架的时候往下拖至最后一行。

第五步，设定目标单元格。目标单元格用于存放模型目标函数。在这里用来存放对数似然函数。如图 10.3.1，在单元格 D4 中输入："＝SUM(D15：D979)"，即对每个样本点的对数似然函数求和。

第六步，运行规划求解。在 Excel 中选择"数据"菜单中分析区的"规划求解"，弹出"规划求解参数"对话框，如图 10.3.2。

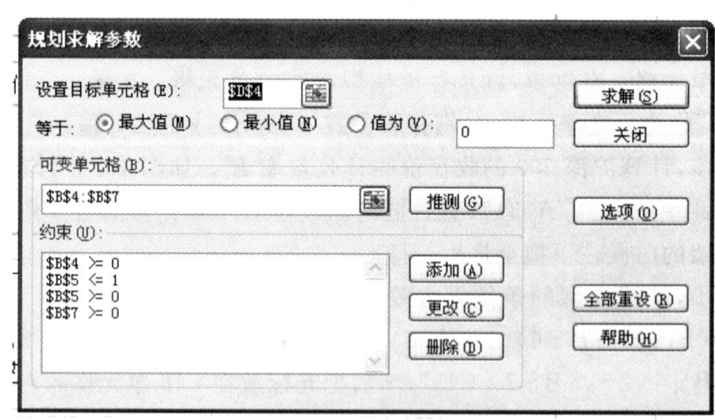

图 10.3.2　规划求解的参数选项

在“设置目标单元格”中选择 D4 单元格，并单击“最大值”选项。在“可变单元格”中选择“B4:B7”单元格。在“约束”栏可通过单击右侧的“添加”键弹出添加约束界面，如图 10.3.3 所示。

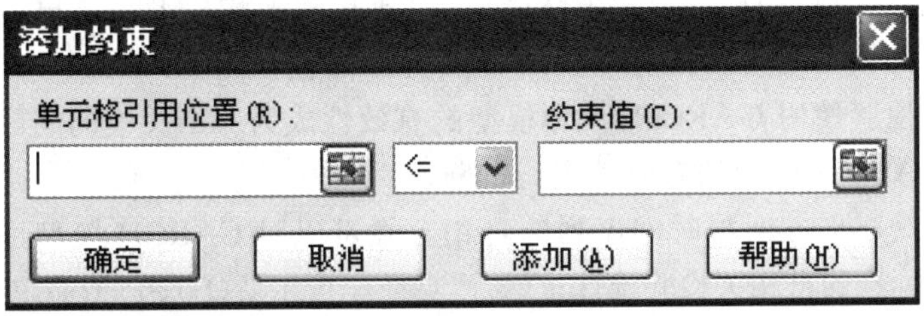

图 10.3.3

在对话框中分别添加约束条件为 $\alpha_0>0$，$0\leqslant\alpha_1<1$。以 $\alpha_1\geqslant0$ 为例，在“单元格引用位置”选择单元格“D5”，在旁边的按钮选择“>=”，在“约束值”中输入“0”，然后按“添加”，效仿前面依次添加其他条件。在“约束”栏右侧的“更改”和“删除”按钮，分别可以对已经添加的约束条件进行修改和删除。在约束条件添加完毕后按“确定”返回图 10.3.2，然后按“求解”执行规划求解程序。得到的最后结果如图 10.3.1 所示。

所以该 GARCH 模型的估计结果为：

$$\begin{cases} R_t = 0.000948 + u_t \\ h_t = 0.00002067 + 0.96191303u_{t-1}^2 + 0.871579911h_{t-1} \end{cases} \tag{10.3.12}$$

通过观察 h_t 的折线图 10.3.4，我们可以直观地看到条件异方差随着时间的变化趋势。

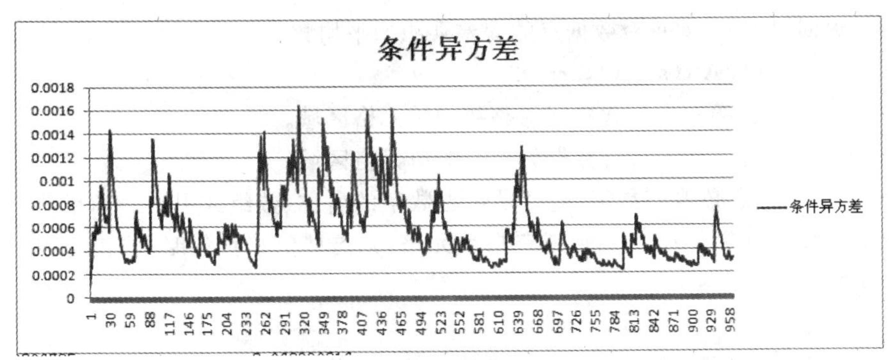

图 10.3.4　条件异方差的图形

三、关于 GARCH 模型的检验

GARCH (1,1)模型形式虽然简单,但比移动平均模型具有更多的优点,是最常用的模型之一。目前许多的金融机构都在使用 GARCH (1,1)模型,但是如何检验使用 GARCH(1,1)模型的有效性成为一个关键的问题,这样就需要对 GARCH 模型的有效性进行诊断。

通过观察平方回报时间序列的自相关性可以对 GARCH 模型进行诊断。一般采取标准的自相关检验统计量(如博克斯—皮尔斯(Box-Pierce)统计量 Q),来分析时间序列的自相关性,如果拟合模型有效,则下列统计量应该足够小:

$$Q = T(T+2)\sum_{n=1}^{p}\frac{\rho_n^2}{T-n} \tag{10.3.13}$$

其中 Q 统计量为近似 χ^2 分布,T 为建模样本数量,$\rho(n)$ 为残差平方序列的 n 阶自相关系数:

$$\rho(n)=\frac{\mathrm{Cov}(\nu_t^2,\nu_{t-n}^2)}{\sqrt{\mathrm{Var}(\nu_t^2)}\sqrt{\mathrm{Var}(\nu_{t-n}^2)}} \tag{10.3.14}$$

进行诊断时,首先应该将残差序列标准化,即回报除以 GARCH 模型估计的标准差得到标准化的残差序列,然后检验平方标准化残差序列的自相关性,如果序列的自相关性消除了,就说明模型是有效的。

在用 Excel 计算统计量 Q 时会用到几个函数,这里先做简单的介绍,具体可以参照 Excel 的帮助系统。

1. COVAR

返回协方差,即每对数据点的偏差乘积的平均数。

语法:COVAR(array1,array2)

Array1 为第一个所含数据为整数的单元格区域。

Array2 为第二个所含数据为整数的单元格区域。

说明:参数必须是数字,或者是包含数字的名称、数组或引用。如果数组或引用参数包含文本、逻辑值或空白单元格,则这些值将被忽略;但包含零值的单元格将计算在内。

2. STDEV

估算基于样本的标准偏差。标准偏差反映数值相对于平均值的离散程度。

语法:STDEV(number1,number2,…)

Number1,number2,…为对应于总体样本的 1 到 255 个参数。也可以不使用这种用逗号分隔参数的形式,而用单个数组或对数组的引用。

3. OFFSET

以指定的引用为参照系,通过给定偏移量得到新的引用。返回的引用可以为一个单元格或单元格区域。并可以指定返回的行数或列数。

语法:OFFSET(reference,rows,cols,height,width)

Reference:作为偏移量参照系的引用区域。Reference 必须为对单元格或相连单元格区域的引用;否则,函数 OFFSET 返回错误值 #VALUE!。

Rows:相对于偏移量参照系的左上角单元格,上(下)偏移的行数。如果使用 5 作为参数 Rows,则说明目标引用区域的左上角单元格比 reference 低 5 行。行数可为正数(代表在起始引用的下方)或负数(代表在起始引用的上方)。

Cols:相对于偏移量参照系的左上角单元格,左(右)偏移的列数。如果使用 5 作为参数 Cols,则说明目标引用区域左上角的单元格比 reference 靠右 5 列。列数可为正数(代表在起始引用的右边)或负数(代表在起始引用的左边)。

Height:高度,即所要返回的引用区域的行数。Height 必须为正数。

Width:宽度,即所要返回的引用区域的列数。Width 必须为正数。

下面各步骤介绍如何利用 Excel 计算回归模型(10.3.12)中残差平方序列的 Q 统计量。

	A	B	C	D	E	F	G
1	β_0	0.000948005					
2							
3			标准化v_t^2				
4	日收益率Rt	条件异方差		时滞值n	ACF ($\rho(n)$)		Q
5	0.031644163	9.06470E-05	10.39469668	1	-0.01488	0.213524	0.213524
6	0.025081767	0.000190313	3.060426507	2	-0.01302	0.16366	0.377184
7	-0.010852257	0.000242568	0.574050140	3	0.015378	0.228429	0.605612
8	-0.026273992	0.000245481	3.018712224	4	-0.00022	4.47E-05	0.605657
9	0.050935784	0.000305907	8.168412935	5	-0.02136	0.441623	1.04728
10	0.028671212	0.000527653	1.45659387	6	0.003969	0.015263	1.062543
11	-0.019280899	0.000554492	0.737988586	7	0.013741	0.183157	1.2457
12	0.003532205	0.000543316	0.012291364	8	-0.00303	0.008944	1.254644
13	0.033526154	0.000494855	2.14474078	9	-0.03768	1.379804	2.634449
14	0.038970434	0.000554067	2.609262485	10	0.031405	0.959734	3.594183
15	0.006728779	0.000642647	0.051999529				
16	0.011220125	0.000584002	0.180678116				
17	-0.033515121	0.000539824	2.200174116				
18	0.024202964	0.000605417	0.893257934				
19	0.025149464	0.000600358	0.975602158				
20	-0.009764545	0.00060027	0.191178549				

图 10.3.5 数据整理

第一步,整理数据。利用 GARCH 模型参数估计计算结果,将我们会用

到的 β_0，日收益率 R_t 和条件异方差整理到一个 Excel 工作中，如图 10.3.5 所示。

第二步，计算标准化的残差平方序列。如图 10.3.5，在单元格 C5 中输入："=(A5－$B$1)^2/B5"，然后把光标放在 C5 单元格的右下角，当光标变成十字架的时候往下拖至最后一行。

第三步，确定自相关系数的个数。在这里我们取了 10 个自相关系数，如图 10.3.5，在单元格 D5:D14 分别输入 1,2,3,4,5,6,7,8,9,10。

第四步，计算残差平方序列的自相关系数。如图 10.3.5，在单元格 E5 中输入："=COVAR (OFFSET($C$5:$C$969,D5,0,965－D5),OFFSET($C$5:$C$969,0,0,965－D5))/(STDEV(OFFSET($C$5:$C$969,0,0,965－D5))*STDEV(OFFSET($C$5:$C$969,0,0,965－D5)))"，然后把光标放在 E5 单元格的右下角，当光标变成十字架的时候往下拖至最后一行。

第五步，计算残差平方序列的 Q 统计量。如图 10.3.5，在单元格 F5 中输入："=965*(965－2)* E5^2/(965－D5)"，然后把光标放在 F5 单元格的右下角，当光标变成十字架的时候往下拖至最后一行。在单元格 G5 中输入"=SUM($F$5:F5)"，然后把光标放在 G5 单元格的右下角，当光标变成十字架的时候往下拖至最后一行。在 G5 到 G14 单元格中，分别计算出了滞后期分别为 1～10 的 Q 统计量。

为了检验 GARCH 模型是否消除了条件异方差，我们还可以观察残差平方序列的各个滞后期的自相关系数。在 Excel 中可以用柱形图来直观地显示结果。具体操作步骤如下。

第一步，选择单元格区域。如图 10.3.6 所示。

	D	E	F	G
3				
4	时滞值n	ACF ($\rho(n)$)		Q
5	1	-0.01488	0.213524	0.213524
6	2	-0.01302	0.16366	0.377184
7	3	0.015378	0.228429	0.605612
8	4	-0.00022	4.47E-05	0.605657
9	5	-0.02136	0.441623	1.04728
10	6	0.003969	0.015263	1.062543
11	7	0.013741	0.183157	1.2457
12	8	-0.00303	0.008944	1.254644
13	9	-0.03768	1.379804	2.634449
14	10	0.031405	0.959734	3.594183

图 10.3.6　选择单元格区域

第二步，选择 Excel 中的“插入”菜单，单击“柱形图”按钮。然后选择“二维柱形图”的第一个图标，如图 10.3.7 所示。单击后就会弹出自相关系数的柱形图，然后可以对图形的格式进行设置，最后结果如图 10.3.8 所示。

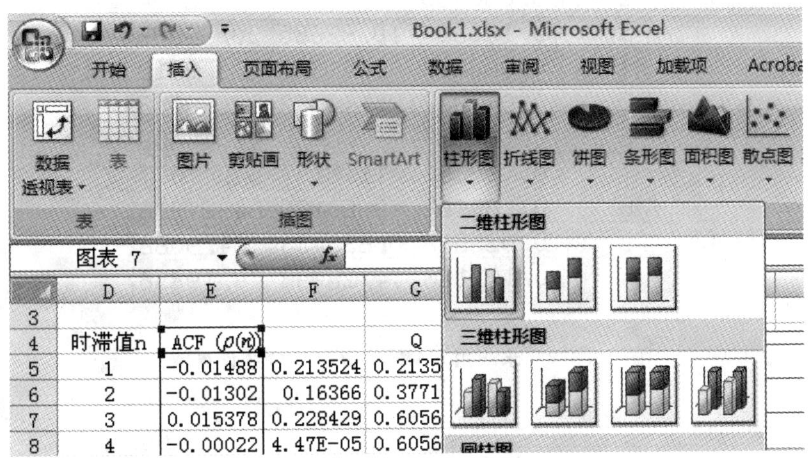

图 10.3.7 图形选择

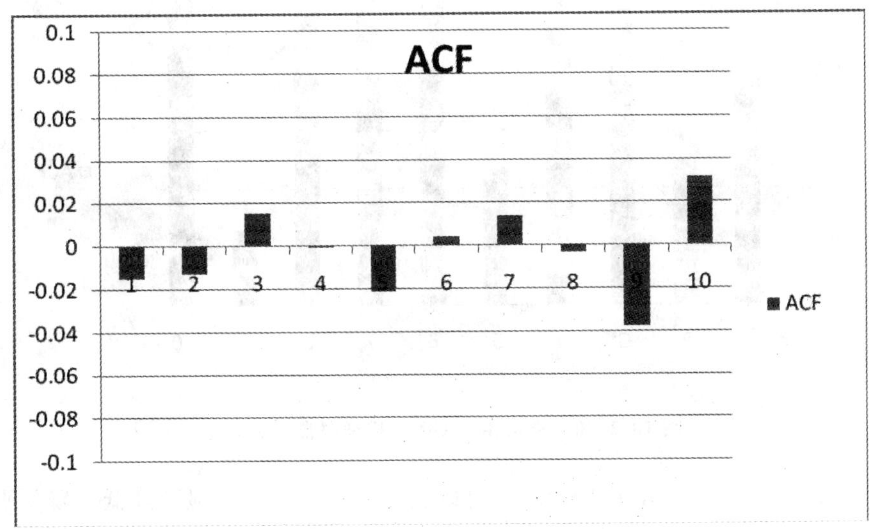

图 10.3.8 应用 GARCH 模型后自相关系数

用类似的方法，我们可以计算回归模型 $R_t = \beta_0 + u_t$ 的残差平方序列的 Q 统计量和自相关系数的柱形图，得到的结果如图 10.3.9 和图 10.3.10 所示。

时滞值	ACF		Q
1	0.089232	7.675749	7.675749
2	0.050359	2.447296	10.12304
3	0.105867	10.82685	20.94989
4	0.096319	8.971303	29.9212
5	0.047022	2.140382	32.06158
6	0.104557	10.5935	42.65508
7	0.110366	11.8157	54.47077
8	0.100467	9.80139	64.27216
9	0.025588	0.636438	64.9086
10	0.121183	14.28996	79.19856

图 10.3.9　未应用 GARCH 模型时 Q 统计量值

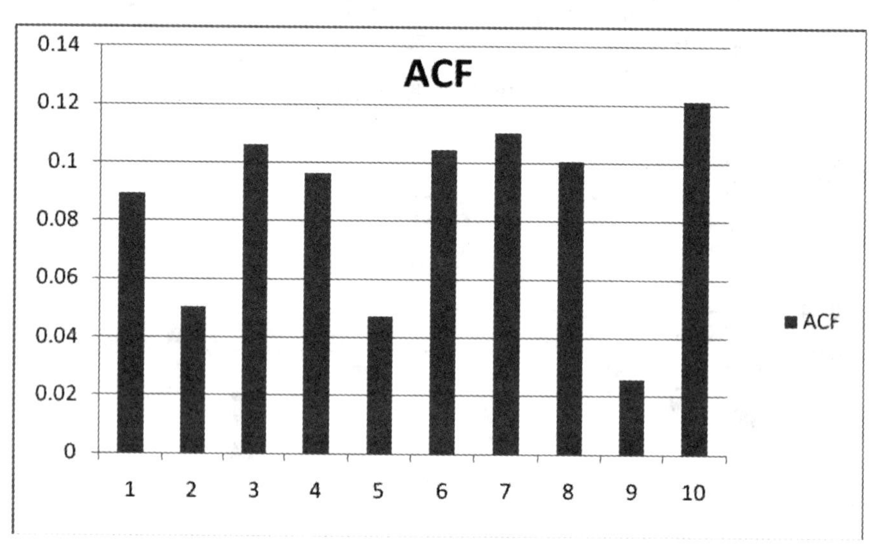

图 10.3.10　未应用 GARCH 模型时自相关系数

比较图 10.3.8 和图 10.3.10，可以发现 GARCH 模型显著降低了残差平方序列与其滞后项的相关性。比较图 10.3.6 和图 10.3.9，回归模型 $R_t=\beta_0+u_t$ 的残差平方序列的 Q 统计量为 79.20，而 GARCH 模型的残差平方序列的 Q 统计量为 3.59，说明均值方程在配有 GARCH 模型后，已消除了残差序列中的自回归条件异方差成分。

第十一章

主成分分析及因子分析的 Excel 实现

实际分析中，经常会遇到研究多个变量的问题，而且在多数情况下，多个变量之间常常存在一定相关性。如何将多个变量综合成少数几个代表性变量，既能够代表原始变量的绝大多数信息，又互不相关，并且在新的综合变量的基础上可以进一步分析，此时就需要采用主成分分析。在主成分分析的基础上，又发展出因子分析。因子分析由研究原始数据相关矩阵的内部依赖关系出发，把一些具有错综复杂关系的多个变量或样品综合为少数几个因子，并给出原始变量与综合因子之间的相关关系。本章主要介绍主成分分析和因子分析的基本原理、数学模型、分析步骤及其在 Excel 中的实现过程。

第一节　主成分分析的基本思想与模型

一、主成分分析的基本思想

主成分分析也称主分量分析，由 Hotelling 于 1933 年首先提出。主成分分析采取数学降维的方法，用几个综合变量代替原来众多的变量，使这些综合变量尽可能多地代表原来变量所包含的信息量，而且彼此之间互不相关，从而达到多个变量化为少数几个互不相关的综合变量的目的，简化分析。

由于多个变量之间往往存在着一定程度的相关性，人们自然希望通过线性组合的方式，从这些指标中尽可能多地提取信息。当第一个线性组合不能提取更多的信息时，再考虑用第二个线性组合继续提取，……，直到所提取的信息与原指标相差不多。这就是主成分分析的思想。通过主成分分析，用较少的主成分就可以得到较多的信息量。若再以各个主成分为分量，就能得到一个更低维的随机向量。

那么如何测量新变量所代表的信息量呢？我们知道，当一个变量只取一个数据时，这个变量（数据）提供的信息量是非常有限的，当这个变量取一系列不同数据时，我们可以从中读出最大值、最小值、平均数等信息。变量的变异性越大，说明它对各种场景的"遍历性"越强，提供的信息就更加充分，信息量就越大。主成分分析中的信息，就是指标的变异性，用标准差或方差表示它。假设将选取的第一个线性组合即第一个综合变量记为 F_1，则 F_1 应该尽可能多地包含原变量信息，在所有新的综合变量中包含信息最多，即 $\mathrm{Var}(F_1)$在所有新变量的方差中最大，称 F_1 为第一主成分。如果第一主成分不足以代表原来 p 个变量信息，再考虑选取第二个线性组合 F_2，为了更有效反映原来信息，F_1 中所包含的信息就不再需要出现在 F_2 中了，数学表示即 $\mathrm{Cov}(F_1, F_2)=0$，称 F_2 为第二主成分，依此类推可以构造出第三、第四、……、第 p 个主成分。

二、主成分分析的几何意义

主成分分析数学模型中的正交变换，在几何上就是作一个坐标旋转。因此，主成分分析在二维空间中有明显的几何意义。假设共有 n 个样品，每个样品都测量了两个指标(x_1, x_2)，它们大致分布在一个椭圆内如图 11.1.1 所示。

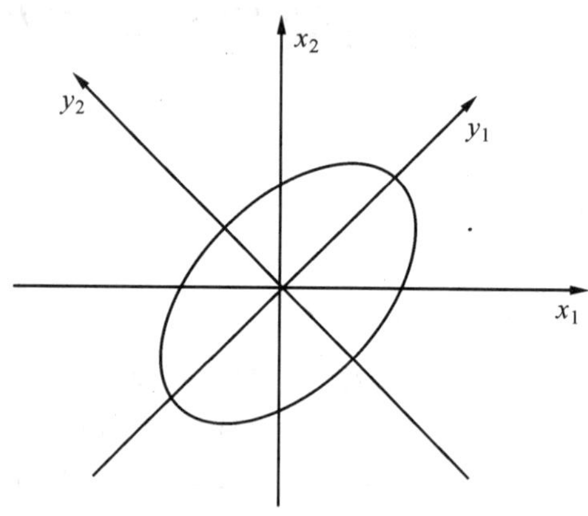

图 11.1.1　主成分分析的几何意义

事实上，散点的分布总有可能沿着某一个方向略显扩张，这个方向就把它看作椭圆的长轴方向。显然，在坐标系 x_1Ox_2 中，单独看这 n 个点的分量 x_1 和 x_2，它们沿着 x_1 方向和 x_2 方向都具有较大的离散性，其离散的程度可以分别用 x_1 的方差和 x_2 的方差测定。如果仅考虑 x_1 或 x_2 中的任何一个分量，那么包含在另一分量中的信息将会损失，因此，直接舍弃某个分量不是"降维"的有效办法。

如果我们将该坐标系按逆时针方向旋转某个角度 θ 变成新坐标系 y_1Oy_2，这里 y_1 是椭圆的长轴方向，y_2 是椭圆的短轴方向。旋转公式为

$$\begin{cases} y_1 = x_1\cos\theta + x_2\sin\theta \\ y_2 = -x_1\sin\theta + x_2\cos\theta \end{cases} \tag{11.1.1}$$

我们看到新变量 y_1 和 y_2 是原变量 x_1 和 x_2 的线性组合，它的矩阵表示形式为：

$$\begin{bmatrix} y_1 \\ y_2 \end{bmatrix} = \begin{pmatrix} \cos\theta & \sin\theta \\ -\sin\theta & \cos\theta \end{pmatrix} \begin{bmatrix} x_1 \\ x_2 \end{bmatrix} = \boldsymbol{AX} \tag{11.1.2}$$

其中，$\boldsymbol{A}$ 为旋转变换矩阵，它是正交矩阵，即有 $\boldsymbol{A}'=\boldsymbol{A}^{-1}$ 或 $\boldsymbol{A}'\boldsymbol{A}=\boldsymbol{I}$。

易见，n 个点在新坐标系下的坐标 y_1 和 y_2 几乎不相关。称它们为原始变量 x_1 和 x_2 的综合变量，n 个点 y_1 在轴上的方差达到最大，即在此方向上包含了有关 n 个样品的最大量信息。因此，欲将二维空间的点投影到某个一维方向上，则选择 y_1 轴方向能使信息的损失最小。我们称 y_1 为第一主成分，称 y_2 为第二主成分。第一主成分的效果与椭圆的形状有很大的关系，椭圆越是扁平，n 个点在 y_1 轴上的方差就相对越大，在 y_2 轴上的方差就相对越小，用第一主成分代替所有样品所造成的信息损失也就越小。

三、主成分分析的数学模型

设对于一个样本资料，观测 p 个变量 $\boldsymbol{x}_1,\boldsymbol{x}_2,\cdots,\boldsymbol{x}_p$，$n$ 个样本的数据资料为矩阵：

$$\boldsymbol{X} = \begin{bmatrix} x_{11} & x_{12} & \cdots & x_{1p} \\ x_{21} & x_{22} & \cdots & x_{2p} \\ \vdots & \vdots & \vdots & \vdots \\ x_{n1} & x_{n2} & \cdots & x_{np} \end{bmatrix} = (\boldsymbol{x}_1,\boldsymbol{x}_2,\cdots,\boldsymbol{x}_p) \tag{11.1.3}$$

其中，$\boldsymbol{x}_j=(x_{1j},x_{2j},\cdots,x_{nj})'$，$j=1,2,\cdots,p$。主成分分析就是将 p 个观测变量综合成为 p 个新的综合变量，即有：

$$\begin{cases} F_1=a_{11}x_1+a_{12}x_2+\cdots+a_{1p}x_p \\ F_2=a_{21}x_1+a_{22}x_2+\cdots+a_{2p}x_p \\ \cdots\cdots\cdots\cdots \\ F_p=a_{p1}x_1+a_{p2}x_2+\cdots+a_{pp}x_p \end{cases} \tag{11.1.4}$$

用矩阵表示为：

$$\boldsymbol{F}=\boldsymbol{AX} \tag{11.1.5}$$

其中 $\boldsymbol{F}=(\boldsymbol{F}_1,\boldsymbol{F}_2,\cdots,\boldsymbol{F}_p)'$，$\boldsymbol{X}=(\boldsymbol{x}_1,\boldsymbol{x}_2,\cdots,\boldsymbol{x}_p)'$。

记：

$$\boldsymbol{A}=\begin{bmatrix} a_{11} & a_{12} & \cdots & a_{1p} \\ a_{21} & a_{22} & \cdots & a_{2p} \\ \vdots & \vdots & \vdots & \vdots \\ a_{p1} & a_{p2} & \cdots & a_{pp} \end{bmatrix}=\begin{bmatrix} \boldsymbol{a}'_1 \\ \boldsymbol{a}'_2 \\ \vdots \\ \boldsymbol{a}'_p \end{bmatrix} \tag{11.1.6}$$

其中，$\boldsymbol{a}_i=(\boldsymbol{a}_{i1},\boldsymbol{a}_{i2},\cdots,\boldsymbol{a}_{ip})'$，则有：

$$\boldsymbol{F}_i=a_{i1}x_1+a_{i2}x_2+\cdots+a_{ip}x_p=\boldsymbol{a}_i'\boldsymbol{X},(i=1,2,\cdots,p) \tag{11.1.7}$$

模型应该满足以下条件：

1. F_i 与 $F_j(i\neq j,i,j=1,2,\cdots,p)$相互无关；

2. F_1 的方差大于 F_2 的方差大于 F_3 的方差，依此类推，称 F_1 为第一主成分，F_2 为第二主成分，依此类推，共有 p 个主成分。主成分又称主分量，a_{ij} 称为主成分系数。

3. 为了保持信息不丢失，F 的各分量方差和与 X 的各分量方差和相等。

四、主成分分析的数学导出

根据主成分分析的数学模型，进行主成分分析就是根据原始数据寻找到主成分系数，使其满足模型的两个条件，从而确定新的综合变量，得到简化后的主成分模型。这里，我们希望寻找一组新的变量 $F_1,\cdots,F_m(m\leqslant p)$，这组新的变量要求充分地反映原变量 $x_1,\cdots,x_p$ 的信息，而且相互独立。

继续以上数学模型，设 $\mu=E(X)$，$V=D(X)$，这里我们应该注意到，对于

$F_1,\cdots,F_m$ 有：

$$D(F_i)=D(\boldsymbol{a}'_i\boldsymbol{X})=\boldsymbol{a}'_i\boldsymbol{X}(\boldsymbol{a}'_i\boldsymbol{X})'=\boldsymbol{a}'_iD(\boldsymbol{X})\boldsymbol{a}_i=\boldsymbol{a}'_i\boldsymbol{V}\boldsymbol{a}_i(i=1,2,\cdots,m) \quad (11.1.8)$$

$$Cov(F_i,F_k)=Cov(\boldsymbol{a}'_i\boldsymbol{X},\boldsymbol{a}'_k\boldsymbol{X})=\boldsymbol{a}'_i\boldsymbol{X}(\boldsymbol{a}'_k\boldsymbol{X})'=\boldsymbol{a}'_iD(\boldsymbol{X})a_k=\boldsymbol{a}'_i\boldsymbol{V}\boldsymbol{a}_k$$
$$i,k=1,2,\cdots,m \quad (11.1.9)$$

这样，我们所要解决的问题就转化为，在新的变量 $F_1,\cdots,F_m$ 相互独立的条件下，求 $\boldsymbol{a}_i$ 使得 $D(F_i)=\boldsymbol{a}'_i\boldsymbol{V}\boldsymbol{a}_i,i=1,2,\cdots,m$，达到最大。

下面介绍如何具体导出主分量的思路。首先应该注意到，使得 $D(F_i)$ 达到最大的线性组合，显然用常数乘以 a_i 后，$D(F_i)$ 也随之增大，为了消除这种不确定性，不妨假设 $\boldsymbol{a}_i$ 满足 $\boldsymbol{a}'_i\boldsymbol{a}_i=1$。那么，问题可以更加明确。

第一主成分为，满足 $a'_1a_1=1$，使得 $\boldsymbol{D}(\boldsymbol{F}_1)=a'_1\boldsymbol{V}a_1$ 达到最大的 $\boldsymbol{F}_1=\boldsymbol{a}'_1\boldsymbol{X}$。

第二主成分为，满足 $a'_2a_2=1$，且 $\mathrm{Cov}(\boldsymbol{F}_2,\boldsymbol{F}_1)=\mathrm{Cov}(\boldsymbol{a}'_2\boldsymbol{X},\boldsymbol{a}'_1\boldsymbol{X})=0$，使得 $\boldsymbol{D}(\boldsymbol{F}_2)=\boldsymbol{a}'_2\boldsymbol{V}\boldsymbol{a}_2$ 达到最大的 $\boldsymbol{F}_2=\boldsymbol{a}'_2\boldsymbol{X}$。

一般情形，第 k 主成分为，满足 $\boldsymbol{a}'_k\boldsymbol{a}_k=1$，且 $\mathrm{Cov}(\boldsymbol{F}_k,\boldsymbol{F}_i)=\mathrm{Cov}(\boldsymbol{a}'_k\boldsymbol{X},\boldsymbol{a}'_i\boldsymbol{X})=0(i\neq k)$，使得 $\boldsymbol{D}(\boldsymbol{F}_k)=\boldsymbol{a}'_k\boldsymbol{V}\boldsymbol{a}_k$ 达到最大的 $\boldsymbol{F}_k=\boldsymbol{a}'_k\boldsymbol{X}$。

下面具体介绍各主成分的导出过程。

(一)求第一主成分

构造目标函数为：

$$\boldsymbol{L}_1(a_1,\lambda)=\boldsymbol{a}'_1\boldsymbol{V}\boldsymbol{a}_1-\lambda(\boldsymbol{a}'_1\boldsymbol{a}_1-1) \quad (11.1.10)$$

目标函数 $\boldsymbol{L}_1(a_1,\lambda)$ 对 a_1 求导有：

$$\frac{\partial \boldsymbol{L}_1}{\partial a_1}=2\boldsymbol{V}\boldsymbol{a}_1-2\lambda\boldsymbol{a}_1=0 \quad (11.1.11)$$

即有：

$$(\boldsymbol{V}-\lambda\boldsymbol{I})\boldsymbol{a}_1=0 \quad (11.1.12)$$

由(11.1.12)式两边左乘 $\boldsymbol{a}'_1$ 得到

$$\boldsymbol{a}'_1\boldsymbol{V}\boldsymbol{a}_1=\lambda \quad (11.1.13)$$

由于 $\boldsymbol{X}$ 的协差阵 $\boldsymbol{V}$ 为非负定的，其特征方程(11.1.12)的根均大于零，不妨设 $\lambda_1\geqslant\lambda_2\geqslant\cdots\geqslant\lambda_p\geqslant0$。由(11.1.13)知道 F_1 的方差为 λ，那么，F_1 的最大方差值为 λ_1，其相应的单位化特征向量为 $\boldsymbol{a}_1$。

（二）求第二主成分

在求第二主成分之前，首先明确，因为 $\boldsymbol{F}_2$ 与 $\boldsymbol{F}_1$ 相互独立，有 $\mathrm{Cov}(\boldsymbol{F}_2,\boldsymbol{F}_1)=\boldsymbol{a}'_2\boldsymbol{V}\boldsymbol{a}_1=0$，又由（11.1.13）得：$\mathrm{Cov}(\boldsymbol{F}_1,\boldsymbol{F}_2)=\lambda\boldsymbol{a}'_2\boldsymbol{a}_1$，则有：$\boldsymbol{a}'_2\boldsymbol{a}_1=0$，或：$\boldsymbol{a}'_1\boldsymbol{a}_2=0$。这时，我们可以构造如下第二主成分的目标函数：

$$\boldsymbol{L}_2(\boldsymbol{a}_2,\boldsymbol{\lambda},\boldsymbol{\rho})=\boldsymbol{a}'_2\boldsymbol{V}\boldsymbol{a}_2-\boldsymbol{\lambda}(\boldsymbol{a}'_2\boldsymbol{a}_2-1)-2\boldsymbol{\rho}(\boldsymbol{a}'_1\boldsymbol{a}_2) \tag{11.1.14}$$

对目标函数 $\boldsymbol{L}_2(\boldsymbol{a}_2,\boldsymbol{\lambda},\boldsymbol{\rho})$ 求导有：

$$\frac{\partial \boldsymbol{L}_2}{\partial \boldsymbol{a}_2}=2\boldsymbol{V}\boldsymbol{a}_2-2\boldsymbol{\lambda}\boldsymbol{a}_2-2\boldsymbol{\rho}\boldsymbol{a}_1=0 \tag{11.1.15}$$

用 $\boldsymbol{a}'_1$ 左乘（11.1.15）式就有：

$$\boldsymbol{a}'_1\boldsymbol{V}\boldsymbol{a}_2-\lambda\boldsymbol{a}'_1\boldsymbol{a}_2-\rho\boldsymbol{a}'_1\boldsymbol{a}_1=0 \tag{11.1.16}$$

因为：$\boldsymbol{a}'_1\boldsymbol{V}\boldsymbol{a}_2=0$，$\boldsymbol{a}'_1\boldsymbol{a}_2=0$，则有：$\rho\boldsymbol{a}'_1\boldsymbol{a}_1=0$，即有：$\rho=0$。从而由（11.1.16）式有：

$$(\boldsymbol{V}-\lambda\boldsymbol{I})\boldsymbol{a}_2=0 \tag{11.1.17}$$

且有：

$$\boldsymbol{a}'_2\boldsymbol{V}\boldsymbol{a}_2=\boldsymbol{\lambda} \tag{11.1.18}$$

如果 $\boldsymbol{X}$ 的协差阵 $\boldsymbol{V}$ 的特征根为 $\lambda_1\geqslant\lambda_2\geqslant\cdots\geqslant\lambda_p\geqslant0$，由（11.1.18）可知 $\boldsymbol{F}_2$ 的最大方差值为第二大特征根 λ_2，其相应的单位化的特征向量为 $\boldsymbol{a}_2$。

（三）求第 k 个主成分

针对一般情形，第 k 主成分应该是在 $\boldsymbol{a}'_k\boldsymbol{a}_k=1$ 且 $\boldsymbol{a}'_k\boldsymbol{a}_i=0$ 或 $\boldsymbol{a}'_i\boldsymbol{a}_k=0$（$i\neq k$）的条件下，使得 $\boldsymbol{D}(\boldsymbol{F}_k)=\boldsymbol{a}'_k\boldsymbol{V}\boldsymbol{a}_k$ 达到最大的 $\boldsymbol{F}_k=\boldsymbol{a}'_k\boldsymbol{X}$。这样我们构造目标函数为：

$$\boldsymbol{L}_k(\boldsymbol{a}_k,\lambda,\rho_i)=\boldsymbol{a}'_k\boldsymbol{V}\boldsymbol{a}_k-\lambda(\boldsymbol{a}'_k\boldsymbol{a}_k-1)-2\sum_{i=1}^{k-1}\rho_i(\boldsymbol{a}'_i\boldsymbol{a}_k) \tag{11.1.19}$$

目标函数 $\boldsymbol{L}_k(a_k,\lambda,\rho_i)$ 对 a_k 求导有：

$$\frac{\partial \boldsymbol{L}_k}{\partial \boldsymbol{a}_k}=2\boldsymbol{V}\boldsymbol{a}_k-2\boldsymbol{\lambda}\boldsymbol{a}_k-2\sum_{i=1}^{k-1}\rho_i a_i=0 \tag{11.1.20}$$

用 $\boldsymbol{a}'_i$ 左乘（11.1.18）式有：

$$\boldsymbol{a}'_i\boldsymbol{V}\boldsymbol{a}_k-\lambda\boldsymbol{a}'_i\boldsymbol{a}_k-\boldsymbol{a}'_i\left(\sum_{i=1}^{k-1}\rho_i a_i\right)=0 \tag{11.1.21}$$

则有：$\rho_i \boldsymbol{a}'_i \boldsymbol{a}_i = 0, \rho_i = 0 (i = 1, 2, \cdots, k-1)$，从而有：

$$(\boldsymbol{V} - \lambda \boldsymbol{I}) \boldsymbol{a}_k = 0 \tag{11.1.22}$$

且有：

$$\boldsymbol{a}'_k \boldsymbol{V} \boldsymbol{a}_k = \boldsymbol{\lambda} \tag{11.1.23}$$

对于 $\boldsymbol{X}$ 的协差阵 $\boldsymbol{V}$ 的特征根 $\lambda_1 \geqslant \lambda_2 \geqslant \cdots \geqslant \lambda_p \geqslant 0$。由(11.1.21)和(11.1.22)知道 $\boldsymbol{F}_k$ 的最大方差值为第 k 大特征根 λ_k，其相应的单位化的特征向量为 a_k。

综上所述，设 $\boldsymbol{X} = (x_1, \cdots, x_p)'$ 的协差阵为 $\boldsymbol{V}$，其特征根为 $\lambda_1 \geqslant \lambda_2 \geqslant \cdots \geqslant \lambda_p \geqslant 0$，相应的单位化的特征向量为 $\boldsymbol{a}_1, \boldsymbol{a}_2, \cdots, \boldsymbol{a}_p$。那么，由此所确定的主成分为 $\boldsymbol{F}_1 = \boldsymbol{a}'_1 \boldsymbol{X}, \boldsymbol{F}_2 = \boldsymbol{a}'_2 \boldsymbol{X}, \cdots, \boldsymbol{F}_m = \boldsymbol{F}'_m \boldsymbol{X}$，其方差分别为 $\boldsymbol{V}$ 的特征根。

第二节　主成分分析在 Excel 中的实现

本节介绍主成分分析法在 Excel 中的实现。需要提醒的是，在 Excel 中实现主成分分析需要自行加载 XLSTAT 插件或下载一款多元统计分析系统软件。

本节选取偏股型开放基金的各项风险收益指标，试图通过主成分分析法建立基金绩效综合评价体系，共选取 20 个偏股型开放基金，8 个原始指标：持仓比例(%)、净值增长率(%)、标准差(衡量基金波动率)、夏普指标、特雷诺指标、贝塔值、证券选择、市场时机把握。下文介绍主成分分析在 Excel 中的具体操作。

一、主成分分析在 Excel 中的操作步骤

(一)录入数据

从华夏证券网上查询原始数据并整理如图 11.2.1。

	A	B	C	D	E	F	G	H	I
1	基金简称	持仓比例（%）	净值增长率(%)	标准差	夏普指标	特雷诺指标	贝塔值	证券选择	市场时机把握
2	华夏成长	73.07	8.99	3.85	0.0213	0.0975	0.8427	-0.802101	0.54555
3	国泰金鹰增长	74.05	5.37	3.894	0.0118	0.0623	0.7384	0.009555	-0.01028
4	华安创新	68.97	4.15	3.986	0.0085	0.0505	0.6686	0.89581	-0.41754
5	华安180	75.35	4	4.023	0.008	0.0432	0.7747	-1.069851	0.220559
6	博时价值增长	75.29	7.28	4.054	0.016	0.0861	0.7556	0.787605	0.122451
7	博时裕富	76.25	2.53	4.135	0.0042	0.0205	0.8559	0.711304	-0.50991
8	嘉实成长收益	67.12	6.87	4.109	0.0148	0.0836	0.7292	3.3814	-1.05571
9	嘉实理财增长	30.33	17.46	4.197	0.0398	0.2978	0.5603	6.599385	-1.27814
10	嘉实理财稳健	73.76	6.55	3.681	0.0157	0.0842	0.686	2.415077	-0.74004
11	长盛成长价值	52.26	5.15	3.767	0.0116	0.0967	0.4528	-0.954882	0.36746
12	大成价值增长	70.44	8.35	3.893	0.0197	0.1218	0.6219	-1.16181	0.635917
13	银河稳健	73.76	1.11	3.919	0.0009	0.0045	0.7538	9.298526	-3.54458
14	融通新蓝筹	62.28	5.38	3.742	0.0123	0.0701	0.6574	-1.90611	0.65568
15	融通100	78.41	7.95	3.818	0.0188	0.0703	1.0212	-1.006217	0.44028
16	蓝筹成长	71.52	11.18	3.942	0.0264	0.1351	0.7702	-7.260818	2.95083
17	合丰成长基金	76.71	9.25	3.959	0.0467	0.2181	0.847	8.924857	4.146416
18	合丰周期基金	62.17	3.67	2.269	0.0128	0.0372	0.7787	5.9551138	-2.24003
19	合丰稳定基金	78.35	7.04	2.211	0.0283	0.1738	0.3606	4.1015	-1.1837
20	银华优势企业	69.70	8.08	2.306	0.0317	0.0768	0.7517	5.29878	-1.68942
21	南方稳健成长	73.33	6.56	2.37	0.0244	0.0914	0.6332	-1.2385	0.541866

图 11.2.1　录入的数据

（二）启动多元统计分析系统

在其中选择主成分分析，见图 11.2.2。

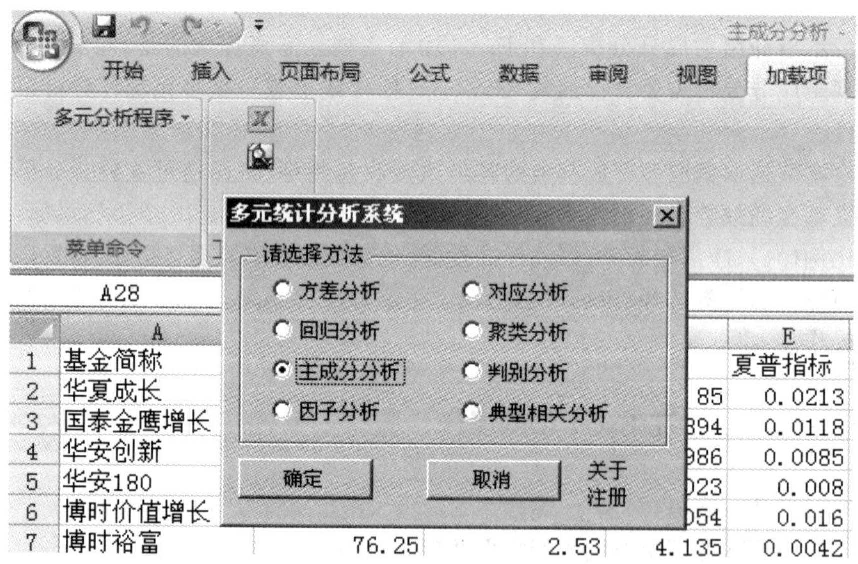

图 11.2.2　多元统计分析系统选择项对话框

（三）确定并输入系统要求信息

其中样品数为 $n=20$，$p=8$，特征值贡献率一般选择为 85%。输出选项新工作表组命名为“主成分分析”，具体输入值如图 11.2.3 所示。

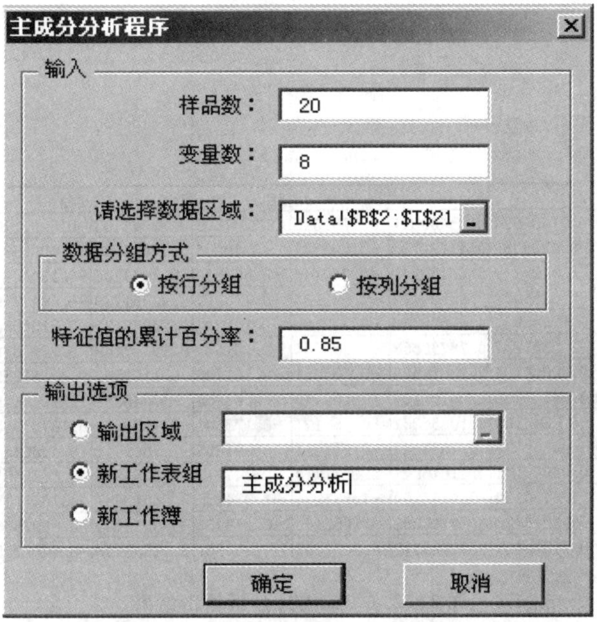

主成分分析程序

输入

样品数： 20

变量数： 8

请选择数据区域： Data!$B$2:$I$21

数据分组方式

按行分组 按列分组

特征值的累计百分率： 0.85

输出选项

输出区域

新工作表组 主成分分析

新工作簿

确定 取消

图 11.2.3 主成分分析对话框

这里需要注意的是，贡献率指的是某个主成分方差占所有主成分方差之和的比重，即某个特征值占全部特征值之和的比重，第 k 个主成分 F_k 的贡献率为：

$$\varphi_k = \lambda_k / \sum_{k=1}^{p} \lambda_k \tag{11.2.1}$$

第一主成分的贡献率最大，这表明 $F_1 = \boldsymbol{a}'_1 \boldsymbol{X}$ 综合原始变量 $x_1, x_2, \cdots, x_p$ 的能力最强，而 $F_2, F_3, \cdots, F_p$ 的综合解释能力依次递减。若只取 $m(<p)$ 个主成分，则称：

$$\psi_m = \sum_{k=1}^{m} \lambda_k / \sum_{k=1}^{p} \lambda_k \tag{11.2.2}$$

为主成分 $F_1, \cdots, F_m$ 的累计贡献率，累计贡献率表明 $F_1, \cdots, F_m$ 综合 $\boldsymbol{X}_1, \boldsymbol{X}_2, \cdots, \boldsymbol{X}_p$ 的能力。一般要求取 m 使得累计贡献率达 85%以上，这样才能保证综合变量能包含原始变量的绝大部分信息。

（四）最后的运算

单击“确定”，在工作表“主成分分析”中得到运行结果，见图 11.2.4。

	A	B	C	D	E	F	G	H
1								
2	***** 主 成 分 分 析 结 果 *****							
3	样 品 数 N = 20							
4	变 量 数 P = 8							
5								
6	标准化数据							
7	Z1	Z2	Z3	Z4	Z5	Z6	Z7	Z8
8	0.3516845	0.61434924	0.35400871	0.2261315	0.0207605	0.89045103	-0.5993113	0.3875033
9	0.4397405	-0.4229382	0.41791182	-0.595379	-0.49206	0.17441046	-0.4008502	0.0549467
10	-0.016713	-0.7725212	0.55152741	-0.880745	-0.663972	-0.3047806	-0.1841486	-0.18872
11	0.5565493	-0.8155028	0.60526412	-0.923983	-0.770324	0.42361729	-0.6647799	0.1930591
12	0.5511581	0.12435987	0.65028676	-0.232185	-0.145324	0.29249193	-0.2106062	0.1343605
13	0.637417	-1.2367217	0.76792658	-1.252587	-1.101035	0.98107169	-0.2292628	-0.243985
14	-0.182941	0.0068704	0.73016565	-0.335954	-0.181745	0.1112506	0.42361259	-0.570541
15	-3.488632	3.0413259	0.85797187	1.8259146	2.9388864	-1.048282	1.21045445	-0.703622
16	0.4136831	-0.0848169	0.10856267	-0.258127	-0.173004	-0.1853261	0.18733325	-0.381673
17	-1.518156	-0.4859778	0.2334642	-0.612674	0.0091055	-1.7862912	-0.6366684	0.2809509
18	0.1153712	0.43096141	0.41645947	0.0877719	0.3747818	-0.6253856	-0.6872651	0.4415704
19	0.4136831	-1.6436134	0.4542204	-1.537954	-1.334136	0.28013457	1.87043177	-2.059647
20	-0.617829	-0.4200728	0.19715562	-0.552141	-0.378424	-0.3816709	-0.8692568	0.4533947
21	0.8314994	0.31634401	0.30753372	0.0099446	-0.37551	2.11588958	-0.6492205	0.3245196

图 11.2.4 主成分分析输出结果

二、主成分分析具体输出结果

下面结合主成分分析的一般步骤和 Excel 中的具体输出结果，进一步加深主成分分析在 Excel 中各输出结果的具体含义。

(一)对原始数据进行标准化处理

在上一节中所讨论的主成分计算是从协方差矩阵 **V** 出发的，其结果受变量单位的影响。不同的变量往往有不同的单位，对同一变量单位的改变会产生不同的主成分，主成分倾向于多归纳方差大的变量的信息，对于方差小的变量就可能体现得不够，也存在“大数吃小数”的问题。为使主成分分析能够均等地对待每一个原始变量，消除由于单位的不同可能带来的影响，我们常常将各原始变量作标准化处理，即令：

$$x_j^* = \frac{x_j - E(x_j)}{\sqrt{D(x_j)}} \quad (j=1,2,\cdots,p) \tag{11.2.3}$$

其中 $E(x_j) = \frac{1}{n}\sum_{i=1}^{n} x_{ij}$,$D(x_j) = \frac{1}{n-1}\sum_{i=1}^{n}[x_{ij} - E(x_j)]^2$,$j=1,2,\cdots,p$。

显然，$\boldsymbol{X}^* = (x_1^*, \cdots, x_p^*)'$ 的协方差矩阵就是 $\boldsymbol{X}$ 的相关系数矩阵 $\boldsymbol{R}$。这

里，需要进一步强调的是，从相关矩阵求得的主成分与协差矩阵求得的主成分一般情况是不相同的。实际表明，这种差异有时很大。我们认为，如果各指标之间的数量级相差悬殊，特别是各指标有不同的物理量纲的话，较为合理的做法是使用 **R** 代替 **V**。对于研究经济问题所涉及的变量单位大都不统一，采用 **R** 代替 **V** 后，可以看作是用标准化的数据做分析，这样使得主成分有现实经济意义，不仅便于剖析实际问题，又可以避免突出数值大的变量。

用 Excel 进行主成分分析，主成分分析的输出结果里将直接给出标准化数据表。结果如图 11.2.5 所示。

标准化数据

Z1	Z2	Z3	Z4	Z5	Z6	Z7	Z8
0.3516845	0.61434924	0.35400871	0.2261315	0.0207605	0.89045103	-0.5993113	0.3875033
0.4397405	-0.4229382	0.41791182	-0.595379	-0.49206	0.17441046	-0.4008502	0.0549467
-0.016713	-0.7725212	0.55152741	-0.880745	-0.663972	-0.3047806	-0.1841486	-0.18872
0.5565493	-0.8155028	0.60526412	-0.923983	-0.770324	0.42361729	-0.6647799	0.1930591
0.5511581	0.12435987	0.65028676	-0.232185	-0.145324	0.29249193	-0.2106062	0.1343605
0.637417	-1.2367217	0.76792658	-1.252587	-1.101035	0.98107169	-0.2292628	-0.243985
-0.182941	0.00687704	0.73016565	-0.335954	-0.181745	0.1112506	0.42361259	-0.570541
-3.488632	3.04137259	0.85797187	1.8259146	2.9388864	-1.048282	1.21045445	-0.703622
0.4136831	-0.0848169	0.10856267	-0.258127	-0.173004	-0.1853261	0.18733325	-0.381673
-1.518156	-0.4859778	0.2334642	-0.612674	0.0091055	-1.7862912	-0.6366684	0.2809509
0.1153712	0.43096141	0.41645947	0.0877719	0.3747818	-0.6253856	-0.6872651	0.4415704
0.4136831	-1.6436134	0.4542204	-1.537954	-1.334136	0.28013457	1.87043177	-2.059647
-0.617829	-0.4200728	0.19715562	-0.552141	-0.378424	-0.3816709	-0.8692568	0.4533947
0.8314994	0.31634401	0.30753372	0.0099446	-0.37551	2.11588958	-0.6492205	0.3245196
0.2124124	1.24187948	0.4876243	0.6671528	0.5685465	0.39272388	-2.178557	1.8265974
0.6787494	0.68885055	0.51231414	2.4225905	1.7777549	0.91997139	1.77906453	2.541924
-0.627713	-0.9100621	-1.9421462	-0.508904	-0.857737	0.4510781	1.05292123	-1.279127
0.8261083	0.05558944	-2.0263821	0.8314548	1.1323581	-2.4192629	0.59968701	-0.647118
0.04088	0.35359466	-1.8884095	1.125469	-0.280813	0.26571764	0.89243853	-0.949693
0.3750463	-0.0819514	-1.7954595	0.4942033	-0.068109	-0.5478088	-0.7060169	0.3852991

图 11.2.5 标准化数据表

(二)计算样本的相关系数矩阵

$$\boldsymbol{R}=\begin{bmatrix} r_{11} & r_{12} & \cdots & r_{1p} \\ r_{21} & r_{22} & \cdots & r_{2p} \\ \vdots & \vdots & & \vdots \\ r_{p1} & r_{p2} & \cdots & r_{pp} \end{bmatrix} \tag{11.2.4}$$

其中 $r_{ij}(i,j=1,2,\cdots,p)$ 为原变量 x_i 与 x_j 的相关系数，其计算公式为：

$$r_{ij}=\frac{\sum_{k=1}^{n}(x_{ki}-\overline{x}_i)(x_{kj}-\overline{x}_j)}{\sqrt{\sum_{k=1}^{n}(x_{ki}-\overline{x}_i)^2\sum_{k=1}^{n}(x_{kj}-\overline{x}_j)^2}}=\frac{1}{n-1}\sum_{t=1}^{n}x_{ti}^{*}x_{tj}^{*},(i,j=1,2,\cdots,p) \tag{11.2.5}$$

在 Excel 中,直接输出相关系数矩阵,结果如图 11.2.6:

***** 相 关 系 数 矩 阵 *****							
1	-0.5164209	-0.1237818	-0.228279	-0.502029	0.41903995	-0.1696121	0.2017142
-0.516421	1	0.12021557	0.8094912	0.8804129	-0.1211726	-2.74E-02	0.3442881
-0.123782	0.12021557	1	-0.215103	0.0512216	0.30409696	-0.1901796	0.2949731
-0.228279	0.80949119	-0.2151026	1	0.8672483	-0.1109164	0.24402888	0.4589941
-0.502029	0.88041292	0.05122163	0.8672483	1	-0.3664389	0.20324638	0.3733305
0.4190399	-0.1211726	0.30409696	-0.110916	-0.366439	1	-4.70E-02	0.1988591
-0.169612	-2.74E-02	-0.1901796	0.2440289	0.2032464	-4.70E-02	1	-0.459802
0.2017142	0.34428809	0.29497312	0.4589941	0.3733305	0.19885905	-0.459802	1

图 11.2.6 相关系数矩阵

(三)求 $\boldsymbol{R}$ 的特征根和特征向量

特征根分别为:$\lambda_1^* \geqslant \cdots \geqslant \lambda_p^* \geqslant 0$,相应的特征向量为:$\boldsymbol{a}_1^*,\boldsymbol{a}_2^*,\cdots,\boldsymbol{a}_p^*$;直接的输出结果如图 11.2.7 和图 11.2.8 所示。

***** 特 征 向 量(列向量) *****							
-0.317769	0.29056606	-0.5719399	-0.045193	-0.330672	0.60931394	0.0204533	6.64E-02
0.5159374	0.11086288	7.06E-02	5.91E-02	0.3794525	0.43541687	-0.1920653	0.5853032
6.04E-03	0.4002408	0.62076674	0.397506	-0.39945	0.23505488	-0.2186668	-0.1838
0.4974452	0.04997645	-0.4001965	7.68E-02	2.91E-02	-0.0398226	-0.5123911	-0.564817
0.546428	-8.68E-03	-1.04E-02	0.0260775	-0.206761	0.16771202	0.76179164	-0.222146
-0.185447	0.41388872	-0.1996442	0.6127049	0.5286377	-0.1469211	0.26049917	-0.100684
8.20E-02	-0.4628286	-0.2364802	0.6485848	-0.399096	-0.1614704	-6.43E-02	0.3361589
0.2136521	0.59581955	-0.1628069	-0.183851	-0.323699	-0.5536481	-4.15E-03	0.3573796

图 11.2.7 特征向量(列向量)

Excel 中对特征向量以列向量示意。由累计方差贡献率确定主成分的个数(m),并写出主成分表达式为:$F_i=(\boldsymbol{a}_i^*)'\boldsymbol{X},(i=1,2,\cdots,m)$。

这里,主成分分析的目的是减少变量的个数,所以一般不会使用所有 p 个主成分,忽略一些带有较小方差的主成分将不会给总方差带来太大的影响。主成分的表达式见下文分析部分,这里不作赘述。

Excel 中直接输出了累计贡献率表(见图 11.2.8),同时给出了碎石图(见图 11.2.9),以主成分为横轴,特征值为纵轴的碎石图,非常直观地表现了第一主成分、第二主成分直至第八主成分的贡献率。

累计贡献率表			
NO	特 征 值	百 分 率 LH	累 计 率
1	3.21415076	0.401768845	0.4017688
2	1.88895068	0.236118835	0.6378877
3	1.16279638	0.145349548	0.7832372
4	1.0157304	0.1269663	0.9102035
5	0.47208555	0.059010694	0.9692142
6	0.22058783	0.027573479	0.9967877
7	0.02205199	0.002756499	0.9995442
8	0.0036464	0.0004558	1

图 11.2.8　累计贡献率表

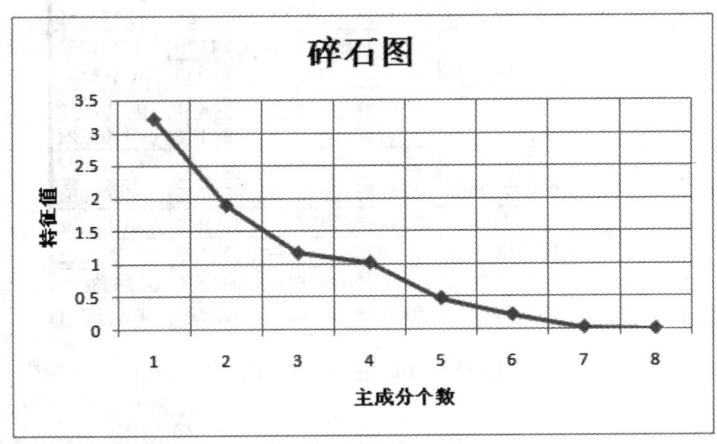

图 11.2.9　碎石图

由累计贡献率表可以得到特征值及对应的主成分贡献率(百分率),可见贡献率是递减的。同时,根据之前选择的方差贡献率 85%,由累计贡献率可得出应选择主成分个数 $M=4$。

(四)计算主成分得分

将标准化后的原始数据,按照各个样本,分别代入主成分表达式,可得到用主成分表示的各个样本的新数据,即为主成分得分,具体形式如下:

$$\begin{bmatrix} F_{11} & F_{12} & \cdots & F_{1m} \\ F_{21} & F_{22} & \cdots & F_{2m} \\ \vdots & \vdots & & \vdots \\ F_{n1} & F_{n2} & \cdots & F_{nm} \end{bmatrix} \tag{10.2.6}$$

Excel直接输出了主成分得分表和主成分得分图，分别如图11.2.10和图11.2.11所示。

***** 主成分得分 *****				
序号	主成分1	主成分2	主成分3	主成分4
1	0.1997067	1.199913956	-0.127876	0.2646984
2	-0.9739325	0.513116507	0.2724864	-0.100546
3	-1.1897613	-0.061368751	0.7919057	-0.182132
4	-1.5663162	0.872103291	0.4188519	-0.130942
5	-0.3447588	0.722451863	0.1611907	0.237226
6	-2.3135716	0.669210109	0.4356647	0.5756686
7	-0.3081324	-0.265318135	0.6652192	0.7161817
8	5.3404176	-1.680699175	2.0188265	1.1675821
9	-0.4293162	-0.247964255	-0.015257	0.0732272
10	0.2723921	-0.709519294	1.6854581	-1.473199
11	0.59062869	0.571460468	0.3994179	-0.707782
12	-2.8094136	-1.922420633	0.3958035	1.675197
13	-0.4042744	0.342998578	0.8789481	-0.851819
14	-0.6756732	1.773095803	-0.584138	0.9100221
15	1.35753475	2.682137427	0.1353527	-1.184444
16	2.83767958	1.656172878	-2.027792	1.6963551
17	-1.2742623	-2.141353476	-0.829049	0.3355428
18	1.14582942	-2.197537436	-1.624466	-1.720526
19	0.38288938	-1.51264525	-1.732226	0.2633998
20	0.16233419	-0.263834474	-1.318323	-1.563711

图11.2.10 主成分得分表

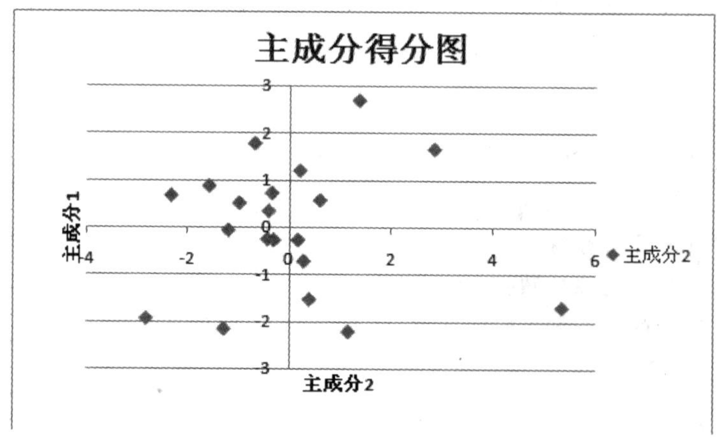

图11.2.11 主成分得分图

三、分析结论

从相关系数矩阵图 11.2.6 可看出，8 个指标之间存在一定相关性，说明指标所包含的信息可能存在重叠，因而可以利用主成分分析法把这些变量转换为个数较少的互不相关的新综合变量。

由累计贡献率图 11.2.8，选择 4 个重要主成分，各主成分之间相互独立，方差递减。其中由特征向量图 11.2.7，可得这四个主成分表达式如下：

$$F_1=-0.3178x_1+0.5159x_2+0.006x_3+0.4974x_4+0.5464x_5-0.1854x_6+0.082x_7+0.2137x_8$$

$$F_2=0.2906x_1+0.1109x_2+0.4002x_3+0.05x_4-0.0087x_5+0.4139x_6-0.4628x_7+0.5958x_8$$

$$F_3=-0.5719x_1+0.0706x_2+0.6208x_3-0.4002x_4-0.0104x_5-0.1996x_6-0.2365x_7-0.1628x_8$$

$$F_4=-0.0452x_1+0.0591x_2+0.3975x_3+0.0768x_4-0.0261x_5+0.6127x_6+0.6486x_7-0.1839x_8$$

确定基金绩效综合排名。

(一)确定上述四个主成分的贡献率并计算相应主成分对应权数

$$W_1=\frac{\lambda_1}{\sum_{i=1}^{4}\lambda_i}=\frac{3.2142}{3.2142+1.9+1.1628+1.0157}=\frac{3.2142}{7.2927}=0.44$$

$$W_2=\frac{\lambda_2}{\sum_{i=1}^{4}\lambda_i}=\frac{1.9}{3.2142+1.9+1.1628+1.0157}=0.26$$

$$W_3=\frac{\lambda_3}{\sum_{i=1}^{4}\lambda_i}=\frac{1.1628}{3.2142+1.9+1.1628+1.0157}=0.16$$

$$W_4=\frac{\lambda_4}{\sum_{i=1}^{4}\lambda_i}=\frac{1.0157}{3.2142+1.9+1.1628+1.0157}=0.14$$

(二)计算各个基金绩效的综合得分并排名

$$F=0.44F_1+0.26F_2+0.16F_3+0.14F_4$$

最后，在 Excel 中计算主成分综合得分，并利用 Excel 自定义排序功能对基金表现进行升序排名，最后结果如图 11.2.12。

运用主成分综合评价得分，可以看出业绩排名靠前的基金各项指标都比较优秀，但同时单项指标优秀并不意味整体绩效表现良好。排名靠前的基金不仅净值增长率较高，同时在风险防范和获得超额收益方面表现突出。主成分法通过赋予各项指标不同权重，将基金获取超额收益的能力突出，在减少变量个数的同时，保留了基金评价所需信息。

F2　=0.44*B2+0.26*C2+0.16*D2+0.14*E2

	A	B	C	D	E	F
1	基金简称	主成分1	主成分2	主成分3	主成分4	综合得分
2	嘉实理财增长	5.3404176	-1.680699	2.0188265	1.1675821	2.399276
3	合丰成长基金	2.8376796	1.6561729	-2.027792	1.6963551	1.592227
4	蓝筹成长	1.3575347	2.6821374	0.1353527	-1.184444	1.150505
5	华夏成长	0.1997067	1.199914	-0.127876	0.2646984	0.416446
6	大成价值增长	0.5906287	0.5714605	0.3994179	-0.707782	0.373274
7	融通100	-0.675673	1.7730958	-0.584138	0.9100221	0.19765
8	博时价值增长	-0.344759	0.7224519	0.1611907	0.237226	0.095146
9	嘉实成长收益	-0.308132	-0.265318	0.6652192	0.7161817	0.00214
10	长盛成长价值	0.2723921	-0.709519	1.6854581	-1.473199	-0.0012
11	融通新蓝筹	-0.404274	0.3429986	0.8789481	-0.851819	-0.06732
12	嘉实理财稳健	-0.429316	-0.247964	-0.015257	0.0732272	-0.24556
13	国泰金鹰增长	-0.973933	0.5131165	0.2724864	-0.100546	-0.2656
14	华安180	-1.566316	0.8721033	0.4188519	-0.130942	-0.41375
15	南方稳健成长	0.1623342	-0.263834	-1.318323	-1.563711	-0.42702
16	华安创新	-1.189761	-0.061369	0.7919057	-0.182132	-0.43824
17	银华优势企业	0.3828894	-1.512645	-1.732226	0.2633998	-0.4651
18	合丰稳定基金	1.1458294	-2.197537	-1.624466	-1.720526	-0.56798
19	博时裕富	-2.313572	0.6692101	0.4356647	0.5756686	-0.69368
20	合丰周期基金	-1.274262	-2.141353	-0.829049	0.3355428	-1.2031
21	银河稳健	-2.809414	-1.922421	0.3958035	1.675197	-1.43812

图 11.2.12　主成分综合得分及排名表

第三节　因子分析及其在 Excel 中的实现

一、因子分析的基本思想

因子分析法从研究变量内部相关的依赖关系出发，把一些具有错综复杂关系的变量归结为少数几个综合因子，把原始变量表示成少数几个综合变量的线性组合，以再现原始变量与综合变量之间的相关关系。它的基本思想是将观测变量进行分类，将相关性较高，即联系比较紧密的分在同一类中，而不同类变量之间的相关性则较低，那么每一类变量实际上就代表了一个基本结构，即公共因子。对于所研究的问题就是试图用最少个数的不可测的所谓公共因子的线性函数与特殊因子之和来描述原来观测的每一分量。

二、因子分析与主成分分析的比较

主成分分析主要是作为一种探索性的技术，在分析者进行多元数据分析之前，用主成分分析来分析数据，让自己对数据有一个大致的了解是非常重要的。主成分分析一般很少单独使用，经常和聚类分析、判别分析一起使用，对变量进行简化。比如和判别分析一起使用时，当变量很多，样本数不多，直接使用判别分析可能无解，这时候可以使用主成分法对变量简化。另外，在多元回归中，主成分分析可以帮助判断是否存在共线性(条件指数)，还可以用来处理共线性。

主成分分析和因子分析存在以下区别和联系：

1. 因子分析中是把变量表示成各因子的线性组合，而主成分分析中则是把主成分表示成各变量的线性组合。

2. 主成分分析的重点在于解释各变量的总方差，而因子分析则把重点放在解释各变量之间的协方差。

3. 主成分分析中不需要有假设，因子分析则需要一些假设。因子分析的假设包括：各个共同因子之间不相关，特殊因子之间也不相关，共同因子和特殊因子之间也不相关。

4. 主成分分析中，当给定的协方差矩阵或者相关矩阵的特征值是唯一的时候，主成分一般是独特的；而因子分析中因子不是独特的，可以旋转得到不同的因子。

5. 在因子分析中，因子个数需要分析者指定，而指定的因子数量不同会导致结果不同。在主成分分析中，成分的数量是一定的，一般有几个变量就有几个主成分。和主成分分析相比，由于因子分析可以使用旋转技术帮助解释因子，因此在解释方面更加有优势。大致说来，当需要寻找潜在的因子，并对这些因子进行解释的时候，更加倾向于使用因子分析，并且借助旋转技术帮助更好解释。而如果想把现有的变量变成少数几个新的变量(新的变量几乎带有原来变量所有的信息)来进入后续的分析，则可以使用主成分分析。当然，这种情况也可以使用因子分析做到。所以这种区分不是绝对的。

在算法上，主成分分析和因子分析很类似，不过，在因子分析中所采用的协方差矩阵的对角元素不再是变量的方差，而是和变量对应的共同度（变量方差中被各因子所解释的部分）。

主成分分析通过线性组合将原变量综合成几个主成分，用较少的综合指标来代替原来较多的指标（变量）。在多变量分析中，某些变量间往往存在相关性。是什么原因使变量间有关联呢？是否存在不能直接观测到的，但影响可观测变量变化的公共因子？因子分析法就是寻找这些公共因子的模型分析方法，它是在主成分的基础上构筑若干意义较为明确的公共因子，以它们为框架分解原变量，以此考察原变量间的联系与区别。

三、因子分析的数学模型

（一）基本模型

一个样本具有 p 个描述指标，则 n 个样本的数据资料可表示为如下矩阵：

$$\boldsymbol{X}=\begin{bmatrix} x_{11} & x_{12} & \cdots & x_{1p} \\ x_{21} & x_{22} & \cdots & x_{2p} \\ \vdots & \vdots & \vdots & \vdots \\ x_{n1} & x_{n2} & \cdots & x_{np} \end{bmatrix}=(\boldsymbol{x}_1,\boldsymbol{x}_2,\cdots,\boldsymbol{x}_p) \tag{11.3.1}$$

其中，$\boldsymbol{x}_j=(x_{1j},x_{2j},\cdots,x_{nj})'$，$j=1,2,\cdots,p$。

因子分析就是将 p 个观测变量综合成为 $m(m<p)$ 个新的综合变量（公共因子），即有：

$$\begin{cases} \boldsymbol{X}_1=a_{11}\boldsymbol{F}_1+a_{12}\boldsymbol{F}_2+\cdots+a_{1p}\boldsymbol{F}_m+\varepsilon_1 \\ \boldsymbol{X}_2=a_{21}\boldsymbol{F}_1+a_{22}\boldsymbol{F}_2+\cdots+a_{2p}\boldsymbol{F}_m+\varepsilon_2 \\ \cdots\cdots\cdots\cdots \\ \boldsymbol{X}_p=a_{p1}\boldsymbol{F}_1+a_{p2}\boldsymbol{F}_2+\cdots+a_{pp}\boldsymbol{F}_m+\varepsilon_p \end{cases} \tag{11.3.2}$$

用矩阵表示为：

$$\boldsymbol{X}=\boldsymbol{AF}+\boldsymbol{\varepsilon} \tag{11.3.3}$$

其中 $\boldsymbol{X}=(X_1,X_2,\cdots,X_p)'$，$\boldsymbol{A}=\begin{bmatrix} a_{11} & a_{12} & \cdots & a_{1m} \\ a_{21} & a_{22} & \cdots & a_{2m} \\ \vdots & \vdots & \vdots & \vdots \\ a_{p1} & a_{p2} & \cdots & a_{pm} \end{bmatrix}$，$\boldsymbol{F}=(F_1,F_2,\cdots$

$F_m)'$，$\boldsymbol{\varepsilon}=(\varepsilon_1,\varepsilon_2,\cdots\varepsilon_p)'$。

模型应该满足以下条件：

1. F_i 与 $F_j(i\neq j,i,j=1,2,\cdots,m)$相互无关，且方差都为 $1,m\leqslant p$；

2. $\boldsymbol{F}$ 与 $\boldsymbol{\varepsilon}$ 互不相关；

3. $\varepsilon_1,\varepsilon_2,\cdots,\varepsilon_p$ 互不相关且方差不等，即有：$\boldsymbol{D}(\boldsymbol{\varepsilon})=\begin{pmatrix}\sigma_1^2 & & & \\ & \sigma_2^2 & & \\ & & \ddots & \\ & & & \sigma_p^2\end{pmatrix}$。

称 $\boldsymbol{F}$ 为公共因子，是在各个原观测变量的表达式中都共同出现的因子，是相互独立的不可观测的理论变量。公共因子的含义，必须结合具体问题的实际意义而定。$\boldsymbol{\varepsilon}$ 为 $\boldsymbol{X}$ 的特殊因子，是向量 $\boldsymbol{X}$ 的分量 $\boldsymbol{X}_i(i=1,2,\cdots,p)$所特有的因子。

$\mathbf{A}=\begin{bmatrix}a_{11} & a_{12} & \cdots & a_{1m}\\ a_{21} & a_{22} & \cdots & a_{2m}\\ \vdots & \vdots & \vdots & \vdots\\ a_{p1} & a_{p2} & \cdots & a_{pm}\end{bmatrix}$称为因子载荷矩阵。$\mathbf{A}=(a_{ij})$，$a_{ij}$ 为因子载荷。

数学上可以证明，因子载荷 a_{ij} 是第 i 变量与第 j 因子的协方差和相关系数，反映了第 i 变量在第 j 因子上的相对重要性，也就是表示变量 $\boldsymbol{X}_i$ 与公共因子 $\boldsymbol{F}_j$ 间的密切程度。可将 a_{ij} 看作第 i 个变量在第 j 个公共因子上的权，a_{ij} 的绝对值越大，表明 $\boldsymbol{X}_i$ 与 $\boldsymbol{F}_j$ 的相依程度越大，或称公共因子 $\boldsymbol{F}_j$ 对于 $\boldsymbol{X}_i$ 的载荷量越大。

为了得到因子分析结果的经济解释，因子载荷矩阵 $\mathbf{A}$ 中有两个统计量十分重要，即变量共同度和公共因子的方差贡献。

变量共同度即因子载荷矩阵 $\mathbf{A}$ 中第 i 行元素之平方和。即 $h_i^2=\sum_{j=1}^{m}a_{ij}^2$，$(i=1,2,\cdots,p)$，是全部公共因子对 $\boldsymbol{X}_i$ 的方差所做出的贡献，反映了全部公共因子对变量 $\boldsymbol{X}_i$ 的影响。h_i^2 大表明 $\boldsymbol{X}$ 的第 i 个分量 $\boldsymbol{X}_i$ 对于 $\boldsymbol{F}$ 的每一分量 $F_1,F_2,\cdots,F_m$ 的共同依赖程度大。

公共因子方差贡献指的是因子载荷矩阵 $\mathbf{A}$ 的第 j 列$(j=1,2\cdots,m)$的各元素的平方和，记为 g_i^2，称为公共因子 Fj 对 X 的方差贡献。g_i^2 就表示第 j 个公共因子 $\boldsymbol{F}_j$ 对于 $\boldsymbol{X}$ 的每一分量 $\boldsymbol{X}_i(i=1,2,\cdots,p)$所提供方差的总和，它是衡量公共因子相对重要性的指标。g_i^2 越大，表明公共因子 $\boldsymbol{F}_j$ 对 $\boldsymbol{X}$ 的贡献越大，即对 $\boldsymbol{X}$ 的影响和作用就越大。如果将因子载荷矩阵 $\mathbf{A}$ 的所有 $g_i^2(j=1,2,\cdots,m)$都计算出来，使其按照大小排序，就可以依此提炼出最有影响力的公共因子。

(二)因子载荷矩阵的估计

进行因子分析的关键问题是如何求出因子载荷矩阵,主因子载荷矩阵的估计方法很多,其中最常用的是主成分方法。

找出主因子后,更重要的是知道每个主因子的意义,以便对实际问题进行分析。如果求出主因子解后,各个主因子的典型代表变量不很突出,则还需要进行因子旋转,通过适当的旋转得到比较满意的主因子。

旋转的方法有很多,正交旋转和斜交旋转是因子旋转的两类方法。最常用的方法是最大方差正交旋转法。进行因子旋转,就是要使因子载荷矩阵中因子载荷的平方值向0和1两个方向分化,使大的载荷更大,小的载荷更小。因子旋转过程中,如果因子对应轴相互正交,则称为正交旋转;如果因子对应轴相互间不是正交的,则称为斜交旋转。常用的斜交旋转方法有Promax法等。

(三)因子得分

因子分析模型建立后,还有一个重要的作用是应用因子分析模型去评价每个样品在整个模型中的地位,即进行综合评价。

设公共因子 F 由变量 $\boldsymbol{X}$ 表示的线性组合为:

$$F_j=\beta_{j1}X_1+\beta_{j2}X_2\cdots+\beta_{jp}X_p,(j=1,2,\cdots,p)$$

该式称为因子得分函数,由它来计算每个样品的公共因子得分。若取 $m=2$,则将每个样品的 p 个变量代入上式即可算出每个样品的因子得分 F_1 和 F_2,并将其在平面上做因子得分散点图,进而对样品进行分类或对原始数据进行更深入的研究。

但因子得分函数中方程的个数 m 小于变量的个数 p,所以并不能精确计算出因子得分,只能对因子得分进行估计。估计因子得分的方法较多,常用的有回归估计法、Bartlett估计法、Thomson估计法。

四、因子分析的基本步骤

因子分析的核心问题有两个:一是如何构造因子变量;二是如何对因子变量进行命名解释。因子分析的基本步骤和解决思路就是围绕这两个核心问题展开的。

(一)因子分析的基本步骤

1.确认待分析的原变量是否适合作因子分析。

2.构造因子变量。

3. 利用旋转方法使因子变量更具有可解释性。

4. 计算因子变量得分。

（二）因子分析的计算过程

1. 将原始数据标准化，以消除变量间在数量级和量纲上的不同。

2. 求标准化数据的相关系数矩阵。

3. 求相关系数矩阵的特征值、特征值贡献率、累计贡献率和特征向量。

4. 计算因子得分矩阵。

5. 因子旋转。若所得的 m 个因子无法确定或其实际意义不是很明显，这时需将因子进行旋转以获得较为明显的实际含义。

6. 用原指标的线性组合来求各因子得分。通常采用回归估计法、Bartlett 估计法或 Thomson 估计法计算因子得分。

7. 计算综合得分，对得分进行排序，根据结果做进一步统计分析。

五、因子分析的 Excel 实现

使用上一节介绍的多元统计分析系统可以在 Excel 中实现因子分析。下文将通过案例具体介绍因子分析在 Excel 中的实现。

（一）模型简介及数据选取

收益率、β 系数、收益标准差 σ、Sharpe 指数、Treynor 指数、市场组合收益率，Jensen 指数可以作为基金投资效率评价的因子。这七种传统单因素业绩评价指标在理论上都是最经典、最基础的方法。但是，从对各项指标的界定上可以清晰地看出，它们对投资组合业绩的测度角度有所不同，独立使用每一项指标，衡量的结果往往具有一定的局限性和片面性。更为关键的是，不同的指标对同一时期投资基金的相对业绩往往会产生不一致的评价结果。而合理的基金绩效评价应是考虑多因素共同变化时对基金投资效率的影响。因此，寻找可以代替各评估指标大部分信息的因子建立基金绩效综合评价模型是非常必要的。

本节将采用因子分析法对基金投资效率进行综合评价。本例选取 2005 年及之前成立至今仍在运作的 40 只股票型开放式基金。因为选取的这 40 只基金已经运作至少五年时间，经营具有一定的稳定性，并且属于同种类型的基金，使得基金业绩比较的结果更具有说服力，评价结果更加可靠。指标则选取了上文提及的对基金业绩效率有影响的七个影响的因子进行分析。因子分析法的应用体现在对基金业绩评估的指标进行降维转化成两个综合的新的基金业绩评估指标，并用其作为评价投资基金绩效的综合测量指标。

（二）因子分析的 Excel 操作

1. 录入原始数据

录入选取的 40 只基金的 2008 年度至 2010 年度的周平均收益率（x1）、β 系数（x2）、σ 系数（x3）、Sharpe 指数（x4）、Treynor 指数（x5）、业绩比较基准周平均收益率（x6）（基金业绩比较基准指的是其在招募说明书中指定的市场基准组合，对股票型基金，可以理解为 80% 的上证综指和 20% 的债券构成的组合）、Jensen 指数（x7）。数据来源为 Wind 资讯。录入的数据如图 11.3.1 所示。

基金名称	周平均收益（x1）	β 系数（x2）	σ 系数（x3）	Sharpe指数（x4）	Terynor指数（x5）	业绩比较基准收益率（x6）	Jensen指数（x7）
国泰金鹰增长	0.06	0.97	0.04	0.00	1.01E-04	-0.30	1.21E-03
华安MSCI中国A股	-0.18	1.23	0.05	-0.05	-1.93E-03	-0.22	-9.56E-04
博时裕富沪深300	-0.23	1.24	0.05	-0.06	-2.24E-03	-0.25	-1.36E-03
易方达上证50	-0.32	1.17	0.05	-0.08	-3.15E-03	-0.34	-2.33E-03
南方高增长	-0.10	1.06	0.04	-0.04	-1.44E-03	-0.27	-3.11E-04
博时主题行业	-0.09	0.92	0.04	-0.04	-1.53E-03	-0.18	-3.55E-04
嘉实沪深300	-0.22	1.26	0.05	-0.06	-2.15E-03	-0.25	-1.26E-03
融通深证100	-0.06	1.31	0.05	-0.02	-8.53E-04	-0.14	3.84E-04
融通巨潮100	-0.28	1.22	0.05	-0.07	-2.74E-03	-0.27	-1.95E-03
招商优质成长	-0.11	1.06	0.04	-0.04	-1.52E-03	-0.25	-3.97E-04
万家公用事业	-0.08	1.05	0.04	-0.03	-1.31E-03	-0.21	-1.67E-04
泰达宏利成长	0.18	0.73	0.03	0.04	1.76E-03	-0.12	2.12E-03
泰达宏利周期	0.11	0.87	0.03	0.02	6.63E-04	-0.11	1.57E-03
泰达宏利稳定	-0.08	0.82	0.03	-0.04	-1.60E-03	-0.16	-3.72E-04
泰达宏利行业精选	0.06	0.96	0.04	0.00	4.86E-05	-0.13	1.15E-03
景顺长城鼎益	-0.18	0.94	0.04	-0.06	-2.48E-03	-0.22	-1.25E-03
广发小盘成长	-0.05	1.24	0.05	-0.02	-8.31E-04	-0.05	3.93E-04
银华道琼斯88精选	-0.16	1.03	0.04	-0.05	-2.10E-03	-0.31	-9.84E-04
长城久泰沪深300	-0.20	1.25	0.05	-0.05	-2.06E-03	-0.23	-1.13E-03
宝盈泛沿海增长	-0.41	0.96	0.04	-0.12	-4.80E-03	-0.23	-3.52E-03
招商安泰股票	-0.09	0.86	0.03	-0.04	-1.61E-03	-0.21	-3.97E-04
华宝兴业动力组合	-0.05	0.95	0.04	-0.03	-1.07E-03	-0.20	7.26E-05
国联安精选	-0.13	1.21	0.05	-0.04	-1.50E-03	-0.22	-4.21E-04
景顺长城优选股票	-0.14	0.94	0.04	-0.05	-2.03E-03	-0.19	-8.35E-04
景顺长城增长	0.05	1.05	0.04	0.00	1.58E-05	-0.19	1.22E-03
广发聚丰	-0.09	1.07	0.04	-0.04	-1.37E-03	-0.17	-2.34E-04
华夏收入	0.01	0.90	0.04	-0.01	-4.37E-04	-0.10	6.43E-04
申万菱信新动力	-0.20	1.11	0.04	-0.06	-2.30E-03	-0.20	-1.28E-03
诺安股票	-0.10	1.01	0.04	-0.04	-1.52E-03	-0.18	-3.74E-04
光大保德信核心	-0.16	1.26	0.05	-0.04	-1.70E-03	-0.25	-6.96E-04
上投摩根阿尔法	-0.10	0.94	0.04	-0.04	-1.63E-03	-0.15	-4.47E-04
华泰柏瑞盛世中国	-0.08	1.02	0.04	-0.03	-1.26E-03	-0.15	-1.18E-04
工银瑞信核心价值	0.03	0.87	0.03	-0.01	-2.55E-04	-0.17	7.76E-04
华夏上证50ETF	-0.33	1.20	0.05	-0.08	-3.19E-03	-0.34	-2.46E-03
银华核心价值优选	0.07	1.04	0.04	0.00	1.55E-04	-0.21	1.36E-03
海富通股票	-0.09	1.13	0.04	-0.03	-1.28E-03	-0.17	-1.50E-04
万家上证180	-0.26	1.21	0.05	-0.07	-2.61E-03	-0.28	-1.77E-03
交银精选股票	-0.10	0.93	0.04	-0.04	-1.60E-03	-0.18	-4.24E-04
长信银利精选	-0.09	1.08	0.04	-0.04	-1.34E-03	-0.22	-2.10E-04
建信恒久价值	0.02	0.99	0.04	-0.01	-3.65E-04	-0.16	7.76E-04

图 10.3.1 原始数据表

1.启动多元统计分析系统,选择因子分析。

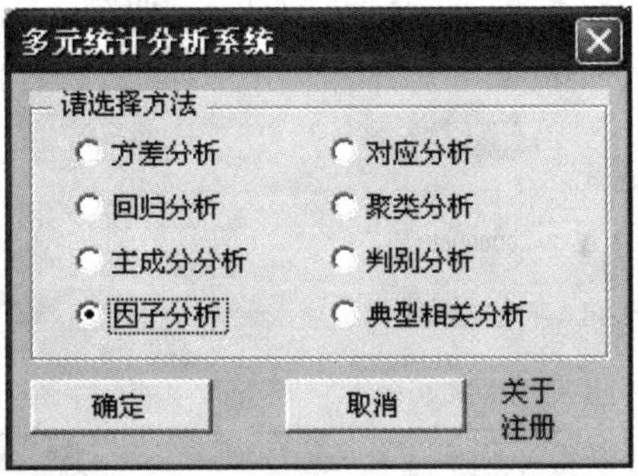

图 11.3.2 多元统计分析系统对话框

2.根据系统信息要求填写。

样品数 $n=40$,变量数 $p=7$。给定雅克比迭代精度 0.00000001,方差极大正交旋转精度 0.00000001,方差贡献比率一般选择 85%,如图 11.3.3 所示。数据区域即指标的数据区域,不包括标题栏,这里为 B2:H41。输出选项选择新工作表组,并命名为“因子分析”。

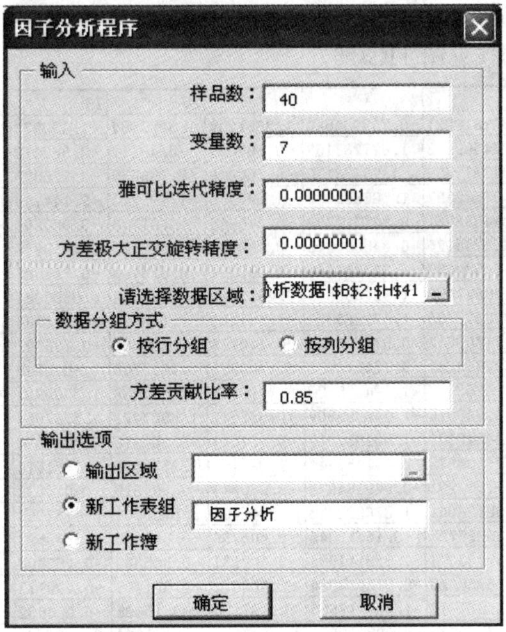

图 11.3.3 因子分析对话框

4. 单击“确定”，得到因子分析运行结果如图 11.3.4 所示。

	A	B	C	D	E	F	G
1							
2	<< 因 子 分 析 结 果 >>						
3							
4	变 量 P=7						
5	样 品 N=40						
6							
7	雅 可 比 迭 代 精 度 E=.00000001						
8							
9	方差极大正交旋转精度 EE=.00000001						
10							
11							
12	标准化数据						
13	Z1	Z2	Z3	Z4	Z5	Z6	Z7
14	1.351021	-0.607818221	-0.739964564	1.3691236	1.3223604	-1.490973	1.359953715
15	-0.645225	1.24309278	1.027287168	-0.500097	-0.43247	-0.300412	-0.514818431
16	-0.988113	1.343973999	1.23798135	-0.769048	-0.708036	-0.725023	-0.867518019
17	-1.705868	0.807582857	1.308850388	-1.397965	-1.492223	-2.144149	-1.711476093
18	0.0353655	0.044638361	-0.147727883	-0.045643	-0.01349	-0.962564	0.044157524
19	0.1279684	-0.922245125	-0.845005248	-0.069681	-0.092175	0.4015875	0.00659897
20	-0.926039	1.476582453	1.373831164	-0.683294	-0.626468	-0.725023	-0.782344066
21	0.3688638	1.789647469	1.624655089	0.4933696	0.496202	1.0503061	0.647712954

图 11.3.4 因子分析输出结果

（三）因子分析的 Excel 输出结果

输出结果包括：

1. 标准化数据（见图 11.3.5）

Z1	Z2	Z3	Z4	Z5	Z6	Z7
1.351021	-0.607818221	-0.739964564	1.3691236	1.3223604	-1.490973	1.359953715
-0.645225	1.24309278	1.027287168	-0.500097	-0.43247	-0.300412	-0.514818431
-0.988113	1.343973999	1.23798135	-0.769048	-0.708036	-0.725023	-0.867518019
-1.705868	0.807582857	1.308850388	-1.397965	-1.492223	-2.144149	-1.711476093
0.0353655	0.044638361	-0.147727883	-0.045643	-0.01349	-0.962564	0.044157524
0.1279684	-0.922245125	-0.845005248	-0.069681	-0.092175	0.4015875	0.00659897
-0.926039	1.476582453	1.373831164	-0.683294	-0.626468	-0.725023	-0.782344066
0.3688638	1.789647469	1.624655089	0.4933696	0.496202	1.0503061	0.647712954
-1.445602	1.202318708	1.372268338	-1.147203	-1.139777	-1.088588	-1.377145436
-0.037301	0.071803047	-0.074773313	-0.110124	-0.082051	-0.725023	-0.029770571
0.1616674	-0.022880292	0.124013672	0.1303527	0.1037705	-0.0948	0.16978275
2.3147603	-2.26262587	-1.794525222	2.7000919	2.7594088	1.3360923	2.157453246
1.7399279	-1.283940076	-1.178329809	1.8562619	1.8097421	1.5387086	1.680597366
0.2067844	-1.624242301	-1.561881379	-0.121541	-0.150716	0.7041335	-0.008274534
1.3102395	-0.627806873	-0.631453244	1.321151	1.2773638	1.1161615	1.313484102
-0.616807	-0.77972291	-0.949384973	-0.980677	-0.909019	-0.3032	-0.770316661
0.436577	1.330128041	1.276222953	0.5242428	0.5156503	2.4787944	0.655229826
-0.487112	-0.130296725	-0.15612046	-0.606739	-0.583645	-1.659527	-0.539724611
-0.805048	1.369883074	1.229111588	-0.605131	-0.545383	-0.465904	-0.667940278
-2.479483	-0.616956645	-0.278918984	-2.806612	-2.921262	-0.430713	-2.74074922
0.1461881	-1.31864712	-1.280717505	-0.137135	-0.15605	-0.064532	-0.02993102
0.4445103	-0.6966439	-0.903930023	0.2947041	0.3072864	0.1012266	0.377249773
-0.194152	1.106642174	1.134328967	-0.065537	-0.06059	-0.159146	-0.051365465
-0.283028	-0.758254625	-0.870860288	-0.560498	-0.524456	0.242678	-0.410070917

1.285712	-0.031141689	0.210354068	1.2915206	1.2489456	0.242678	1.371569179
0.0901283	0.102241999	-0.052911252	0.0284731	0.0509475	0.5585479	0.110906671
0.9519718	-1.03896159	-1.129718586	0.8844605	0.8568705	1.6668741	0.87195156
-0.798544	0.407459581	0.286593843	-0.818574	-0.75834	0.1300091	-0.797011348
0.0292776	-0.295815534	-0.488470718	-0.114314	-0.079691	0.4015875	-0.010478596
-0.46648	1.480512527	1.597816984	-0.236275	-0.236624	-0.773731	-0.289967247
0.0384809	-0.813304073	-0.946057239	-0.196541	-0.172346	0.8308828	-0.073772575
0.2297902	-0.23893108	-0.260593607	0.1456373	0.1411738	0.8837949	0.212150599
1.0923741	-1.28284929	-1.378137348	1.0482924	1.0142614	0.5937996	0.987738418
-1.837222	1.058985868	1.527348102	-1.45039	-1.527984	-2.144149	-1.816516829
1.4037636	-0.059345684	0.00911886	1.4156395	1.3698639	-0.155636	1.493921808
0.1000836	0.547898649	0.494930664	0.1210181	0.1266869	0.5124073	0.184551327
-1.288167	1.108857185	1.183047144	-1.054968	-1.02675	-1.163493	-1.22186939
0.0601877	-0.836675806	-0.752106469	-0.130626	-0.152498	0.3596471	-0.053845443
0.1000381	0.178090118	-0.061304703	0.0375986	0.0726142	-0.302899	0.132232755
0.9785098	-0.421233458	-0.534867524	0.9466728	0.9188958	0.7295679	0.987664209

图 11.3.5　标准化数据

2.相关系数矩阵(见图 11.3.6)

1	-0.546419897	-0.577614273	0.9807537	0.9792598	0.6297331	0.992968786
-0.54642	1	0.98211591	-0.431378	-0.421869	-0.385569	-0.443436258
-0.577614	0.98211591	1	-0.44833	-0.443784	-0.42846	-0.479348318
0.9807537	-0.431377883	-0.448330269	1	0.9990059	0.5775877	0.988631746
0.9792598	-0.421868854	-0.4437841	0.9990059	1	0.5793645	0.988376978
0.6297331	-0.385569133	-0.428459797	0.5775877	0.5793645	1	0.619443735
0.9929688	-0.443436258	-0.479348318	0.9886317	0.988377	0.6194437	1

图 11.3.6　相关系数矩阵

3.特征向量表(列向量)(见图 11.3.7)

特征向量表(列向量)						
-0.435933	0.132333818	-0.118177678	0.3228017	0.3728044	0.0797147	0.727286635
0.295639	0.640177792	0.104530402	0.5109363	-0.446063	-0.150297	0.096053816
0.3071941	0.621949418	0.056837514	-0.464004	0.5238172	0.1609225	2.82899E-08
-0.419424	0.252620535	-0.178507676	-0.383634	-0.144464	-0.74857	-1.31584E-07
-0.418554	0.259222237	-0.172944768	-0.305473	-0.503696	0.6169949	1.08452E-07
-0.310927	0.030844462	0.947430904	-0.06707	-0.015267	-0.003988	-7.00446E-10
-0.424749	0.232108578	-0.111699273	0.4176802	0.3359279	0.0640676	-0.679579146

图 11.3.7　特征向量表

4.累计贡献率表(见图 11.3.8)

NO	特征值 CH	比例值 LH	累计比例值
1	5.078085745	0.725440821	0.7254408
2	1.320795034	0.188685005	0.9141258
3	0.565593656	0.080799094	0.9949249
4	0.027109938	0.003872848	0.9987978
5	0.00803669	0.001148099	0.9999459
6	0.000378937	5.41339E-05	1
7	4.07379E-16	5.8197E-17	1

图 11.3.8 累计贡献率表

由累计贡献率表可以看出，在 85% 的累计贡献率要求下，特征值的累计比例确定的主因子数 $M=2$。

5. 每个特征值的贡献率也可以直观地从碎石图(图 11.3.9)中看出。

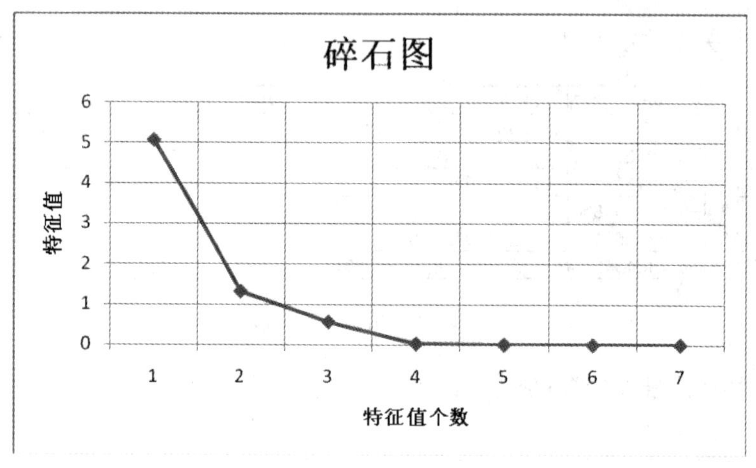

图 11.3.9 碎石图

6. 因子载荷矩阵 **A** 如图 11.3.10 所示：

-0.982358	0.152085761
0.6662108	0.735729751
0.6922498	0.714780638
-0.945155	0.29032629
-0.943196	0.297913351
-0.700663	0.03544826
-0.957156	0.26675275

图 11.3.10 因子载荷矩阵

7. 极大正交旋转后的总方差和方差极大正交旋转矩阵(见图 11.3.11 和图 11.3.12)。

第1次方差极大正交旋转后的总方差			
(1)VA=9.51161304713137E-02			
第2次方差极大正交旋转后的总方差			
(2)VA=.300349542785826			
因子载荷矩阵方差 .300349542786339			

图 11.3.11 极大正交旋转后的总方差

-0.941164	-0.337951496
0.2352871	0.971925913
0.2677426	0.963490479
-0.980004	-0.198975608
-0.981548	-0.191213581
-0.901407	-0.432972497
-0.974449	-0.224608123

图 11.3.12 方差极大正交旋转矩阵

8. 正交因子得分图及得分表(见图 11.3.13 和图 11.3.14)

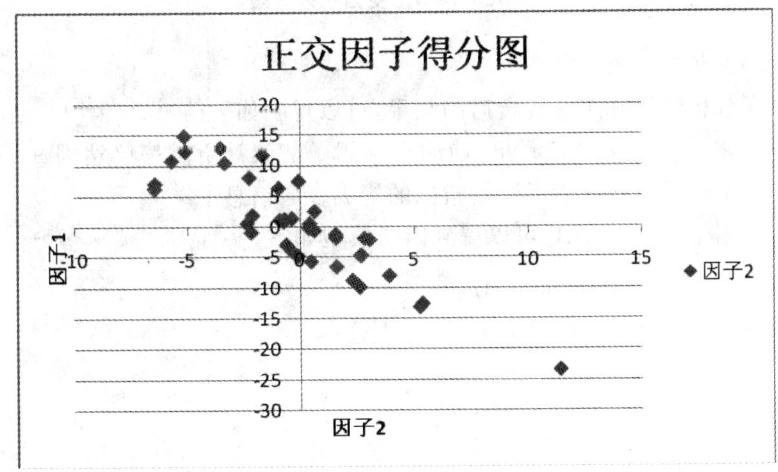

图 11.3.13 正交因子得分图

序号	因子1	因子2	序号	因子1	因子2
1	-1.671875	11.734375	21	2.8308105	-1.863647
2	-0.621094	-2.925781	22	0.6210938	2.578125
3	0.46875	-5.671875	23	-2.359863	0.6218262
4	5.359375	-12.54688	24	2.6640625	-4.710938
5	0.4030762	0.5478516	25	-5.710938	10.84375
6	1.5618896	-1.205383	26	-0.728516	0.9033203
7	-0.101563	-4.789063	27	-0.960938	6.359375
8	-6.449219	7.0898438	28	1.6015625	-6.523438
9	2.625	-9.859375	29	0.6062622	-0.574463
10	0.373291	-0.138306	30	-2.171875	-0.861328
11	-0.905273	1.1474609	31	1.5756836	-1.8479
12	-5.15625	14.851563	32	-0.699219	1.2607422
13	-3.53125	12.921875	33	-0.085938	7.4648438
14	3.0581055	-2.128967	34	5.25	-13.07031
15	-3.351563	10.484375	35	-5.101563	12.40625
16	3.90625	-7.984375	36	-2.114258	1.9365234
17	-6.464844	6.2773438	37	2.3125	-8.765625
18	2.6992188	-4.664063	38	1.5615234	-1.644287
19	-0.355469	-4.019531	39	-0.379883	1.387207
20	11.421875	-23.29688	40	-2.257813	8.0742188

图 11.3.14　正交因子得分表

(四)分析及结论

根据分析结果和正交旋转后的结果，可以得到如下结论。

1. 由累计贡献率可以看出，前两个主因子的累计贡献率已达到 91.4%，说明前两个因子已经代表了原始指标的绝大多数信息。

2. 由因子载荷矩阵 **A**，可以得到因子模型如下。

$$\begin{cases} x_1 = -0.9824F_1 + 0.1521F_2 \\ x_2 = 0.6662F_1 + 0.7357F_2 \\ x_3 = 0.6922F_1 + 0.7149F_2 \\ x_4 = -0.9452F_1 + 0.2903F_2 \\ x_5 = -0.9432F_1 + 0.2979F_2 \\ x_6 = -0.7007F_1 + 0.0354F_2 \\ x_7 = -0.9572F_1 + 0.2668F_2 \end{cases}$$

3. 由方差极大正交旋转后的载荷矩阵可以看出，第一因子与指标一、四、五、六、七的相关系数绝对值最大，定义为“收益因子”，第二因子与指标二、三的相关系数最大，定义为“风险因子”。

4. 计算综合因子得分，并以综合因子得分进行排名。综合因子得分计算公式如下：

$$F = W_1 F_1 + W_2 F_2,$$

其中，$W_i = \lambda_i / \sum_{i=1}^{2} \lambda_i$，

$$W_1 = \lambda_1 / (\lambda_1 + \lambda_2) = 5.0781/(5.078 + 1.3208) = 0.7936$$

$$W_1 = \lambda_2 / (\lambda_1 + \lambda_2) = 1 - 0.7936 = 0.2064$$

由此，在 Excel 中计算综合因子得分，并进行各基金的排名。操作及结果如图 11.3.15 所示。

为使结果更加清晰，首先将正交因子得分表的数据复制到新工作表中，导入对应的基金名称，设计表格格式内容如下，并命名新表为“正交因子综合得分表”。单元格 D2，E2 显示的数据为计算综合得分的权重 W1，W2。在“综合得分”列计算每只基金的综合因子得分，D4 的公式见批注，这里 \$B4，\$C4 表示计算的时候引用数据来源于 B 列和 C 列，而行数是可变的，\$D\$2、\$E\$2 表示对单元格 D2，E2 的绝对引用，因为在计算样本综合得分时权重是不变的。将 D4 的公式向下拖拽，则可以得到每个基金的综合得分。在综合排名列，通过 rank() 函数返回每只基金的排名。在 E4 单元格中，输入公式，如图 10.3.15 所示，rank 函数的第一个参数为目标数值，第二个参数为数据比较区域，本例中是区域 \$D\$4：\$D\$43，第三个参数为排序方式，0 代表降序，本例中得分越高的排名越靠前，1 代表升序。当然也可以类似第二节直接用“数据”—“排序”功能，使得基金按得分进行排序。排名的结果显示在图 11.3.15。

通过以上案例，可以发现收益和风险是影响基金投资效率的主要因素。通过比较基金中收益因子 F1 和风险因子 F2 对综合排名的影响程度，可以发现收益因子和风险因子在决定基金综合排名方面具有重要的影响。并且收益因子对基金综合排名起决定性作用，权重为 79.36%。这说明投资者投资基金时比起风险更看重基金的收益大小。

	A	B	C	D	E	F
1				W1	W2	
2	正 交 因 子 综 合 得 分 表			0.79359	0.20641	
3	基金名称	因子1	因子2	综合得分	综合排名	
4	国泰金鹰增长	-1.671875	11.734375	1.0953134	10	
5	华安MSCI中国A股	-0.621094	-2.925781	-1.096805	32	
6	博时裕富沪深300	0.46875	-5.671875	-0.798738	29	
7	易方达上证50	5.359375	-12.54688	1.6633402	4	
8	南方高增长	0.4030762	0.5478516	0.4329593	16	
9	博时主题行业	1.5618896	-1.205383	0.990696	12	
10	嘉实沪深300	-0.101563	-4.789063	-1.069111	31	
11	融通深证100	-6.449219	7.0898438	-3.654617	39	
12	融通巨潮100	2.625	-9.859375	0.0480962	19	
13	招商优质成长	0.373291	-0.138306	0.2676922	18	
14	万家公用事业	-0.905273	1.1474609	-0.481568	27	
15	泰达宏利成长	-5.15625	14.851563	-1.026431	30	
16	泰达宏利周期	-3.53125	12.921875	-0.135155	24	
17	泰达宏利稳定	3.0581055	-2.128967	1.9874401	2	
18	泰达宏利行业精选	-3.351563	10.484375	-0.495682	28	
19	景顺长城鼎益	3.90625	-7.984375	1.4519023	7	
20	广发小盘成长	-6.464844	6.2773438	-3.834725	40	
21	银华道琼斯88精选	2.6992188	-4.664063	1.1793615	8	
22	长城久泰沪深300	-0.355469	-4.019531	-1.111769	33	
23	宝盈泛沿海增长	11.421875	-23.29688	4.2555667	1	
24	招商安泰股票	2.8308105	-1.863647	1.861826	3	
25	华宝兴业动力组合	0.6210938	2.578125	1.0250452	11	
26	国联安精选	-2.359863	0.6218262	-1.744412	36	
27	景顺长城优选股票	2.6640625	-4.710938	1.1417864	9	
28	景顺长城增长	-5.710938	10.84375	-2.293879	38	
29	广发聚丰	-0.728516	0.9033203	-0.391688	26	
30	华夏收入	-0.960938	6.359375	0.5500506	15	
31	申万菱信新动力	1.6015625	-6.523438	-0.075521	22	
32	诺安股票	0.6062622	-0.574463	0.3625484	17	
33	光大保德信核心	-2.171875	-0.861328	-1.901365	37	
34	上投摩根阿尔法	1.5756836	-1.8479	0.8690205	14	
35	华泰柏瑞盛世中国	-0.699219	1.2607422	-0.294663	25	
36	工银瑞信核心价值	-0.085938	7.4648438	1.4726217	5	
37	华夏上证50ETF	5.25	-13.07031	1.4684984	6	
38	银华核心价值优选	-5.101563	12.40625	-1.487769	35	
39	海富通股票	-2.114258	1.9365234	-1.278135	34	
40	万家上证180	2.3125	-8.765625	0.0258607	20	
41	交银精选股票	1.5615234	-1.644287	0.8998111	13	
42	长信银利精选	-0.379883	1.387207	-0.015137	21	
43	建信恒久价值	-2.257813	8.0742188	-0.125175	23	

=RANK($D4,$D$4:$D$43,0)

=$B4*$D$2+$C4*$E$2

图 11.3.15 综合得分及排名

第十二章

一些检验方法简介

第一节 股市有效性的动态游程统计量检验

一、理论简介

定义一个表示价格状态的变量，叫做价格示性数 I_t：

$$I_t=\begin{cases}1,\text{当 } p_t>p_{t-1}\text{ 时}\\0,\text{其他情况下}\end{cases} \tag{12.1.1}$$

再定义一个表示价格转折的变量，叫做游程示性数 R_t：

$$R_t=I_t(1-I_{t-1})+I_{t-1}(1-I_t) \tag{12.1.2}$$

当价格连续两天上涨时，$I_{t-1}=I_t=1$，此时价格没有发生转折：$R_t=0$，记录不到新的游程数；当价格连续两天下降时，$I_{t-1}=I_t=0$，此时价格也没有发生转折，仍然有：$R_t=0$，也记录不到新的游程数；而当价格反转时，无论是 $I_{t-1}=1,I_t=0$，还是 $I_{t-1}=0,I_t=1$，都可得到：$R_t=1$，可以记录到一个新的游程数。所以，$R_t=1$ 表示价格转折并进入新的游程；而 $R_t=0$ 表示价格在持续并仍然位于原来的游程中。于是，对 R_t 进行累加就可以得到过去一段时间内（例如说 T 日内）的价格转折累计日数，也即游程数 CR_t。而对 I_t 以及 $1-I_t$ 进行累加则可分别得到一段时间内（例如说 T 日内）的价格上升日数 CI_t 和价格非上升日数 $T-CI_t$。

在一个有效的股票市场中，价格应该遵从随机游走，因而，表示价格转折累计的累计游程数 CR_t 应遵从一个正态分布：

$$CR_t \sim N(E_t, SD_t^2) \tag{12.1.3}$$

构造标准正态统计量可用于检验原假设 H_0：{股市有效}，也即 H_0：{股市价格随机}：

$$Z_t = (CR_t - E_t)/SD_t \sim N(0,1) \tag{12.1.4}$$

其中累计游程数 CR_t 的数学期望 E_t 与其标准差 SD_t 的经验计算公式分别为：

$$ECR_t = [2CI_t(T-CI_t)+T]/T \tag{12.1.5}$$

$$SD_t = \sqrt{\frac{2CI_t(T-CI_t)\times[2CI_t(T-CI_t)-T]}{T^2(T-1)}} \tag{12.1.6}$$

对给定的置信度 $\alpha=1\%$，正态分布在大样本情况下的单边检验临界值为：±2.33；也可以在置信度 $\alpha=2.5\%$ 下，使用正态分布在大样本情况下的单边检验临界值±1.99，一般来说置信度越精细，接受原假设的可能性就越大。因此，当 $-2.33 \leqslant Z_t \leqslant 2.33$ 时，可接受假设 H_0，表示累计游程数 CR_t 遵从正态分布时价格是随机的；而当 $Z_t \leqslant -2.33$ 或者 $Z_t \geqslant 2.33$ 时，可拒绝假设 H_0，表示累计游程数不遵从正态分布时价格是非随机的，

在视 T 为一个变量时，可以得到动态计算的游程统计量。通常有两种动态计算方法：其一是定基期的计算，即在每一天都检验市场价格在这一天以前所有时间内的累计游程数 CR_t 是否遵从正态分布，用于刻画股市中长期的有效性强弱；其二是定样本容量的计算，即在每一天都检验市场价格在这一天以前一定天数内(例如说一年大约 255 个交易日内)的累计游程数 CR_t 是否遵从正态分布，用以刻画股市短期的有效性强弱。

在所有市场有效性的检验方法中，随机游程统计量的检验方法结论性较强，这是指：通过了该检验的市场肯定是有效的，而即使没有通过该检验的市场，使用其他检验方法也有可能通过检验。换句话说，即使是已经用其他方法验证了有效性的市场，可能在该方法下也无法通过检验。基于严格检验和计算便利的考虑，所以我们选择了这种检验方法。

二、实证检验

仅以上证指数的实证检验为例，我们选取了上证指数 1990 年 12 月 19 日

至 2011 年 11 月 3 日的收盘数据共计 5 112 个数据进行实证检验。图 12.1.1 为数据与计算结果的部分截图，A、B、C 三列为原始数据，D 至 M 列为计算结果，计算公式分别为：

J4 =SQRT((2*F4*G4*(2*F4*G4-A4))/(A4*A4*(A4-1)))

	A	B	C	D	E	F	G	H	I	J	K	L	M
1	序号	日期	收盘价	I	R	N1	N2	CR	E	SD	Z	Z1	z2
2	1	1990-12-19	99.98	0	1	0	1	1	1	0.5	0	2.33	-2.33
3	2	1990-12-20	104.39	1	1	1	1	2	2	0.5	0	2.33	-2.33
4	3	1990-12-21	109.13	1	0	2	1	2	2.3333	0.4714	-0.707	2.33	-2.33
5	4	1990-12-24	114.55	1	0	3	1	2	2.5	0.5	-1	2.33	-2.33
6	5	1990-12-25	120.25	1	0	4	1	2	2.6	0.4899	-1.225	2.33	-2.33
7	6	1990-12-26	125.27	1	0	5	1	2	2.6667	0.4714	-1.414	2.33	-2.33
8	7	1990-12-27	125.28	1	0	6	1	2	2.7143	0.4518	-1.581	2.33	-2.33
9	8	1990-12-28	126.45	1	0	7	1	2	2.75	0.433	-1.732	2.33	-2.33
10	9	1990-12-31	127.61	1	0	8	1	2	2.7778	0.4157	-1.871	2.33	-2.33
11	10	1991-01-02	128.84	1	0	9	1	2	2.8	0.4	-2	2.33	-2.33
12	11	1991-01-03	130.14	1	0	10	1	2	2.8182	0.3857	-2.121	2.33	-2.33

图 12.1.1 数据与计算整理的结果

D2 单元格："=IF(C2>C1,1,0)"；

E2 单元格："=D2 * (1-D1)+D1 * (1-D2)"；

F2 单元格："=SUM($D$2:D2)"；

G2 单元格："=A2-F2"；

H2 单元格："=SUM($E$2:E2)"；

I2 单元格："=(2 * F2 * G2+A2)/A2"；

J2 单元格："=SQRT((2 * F2 * G2 * (2 * F2 * G2-A2))/(A2 * A2 * (A2-1)))"；

K2 单元格："=(H2-I2)/J2"；

L2 单元格："=2.33"；

D2 单元格："=-2.33"。

然后用鼠标画黑 D2:M2 区域，将鼠标放到该区域的右下角，当出现鼠标十字星时双击该区域的右下角，可以将这些公式完全复制下去。有些单元格里可能由于应用的非数字以及分母为零而结果为："#VALUE!"，可以将这些单元格赋予适当的值，例如：E2 赋予 1，J2、J3 赋予 0.5，都是与后面的数字近似的数字。最后，选中 C 列单独作光滑的折线图，选中 K、L、M 列做检验图。

为了美观，需要对这些图形进行调整，例如：双击图形中心的绘图区，会弹出"绘图区格式"窗口，选中区域中的"自动"，可以消除绘图区的阴影见图 12.1.2；双击坐标轴附近，会弹出"坐标轴格式"窗口，可以调整刻度、字体、数

字格式等，见图 12.1.3；双击曲线会弹出数据系列格式窗口，可以调整线形的

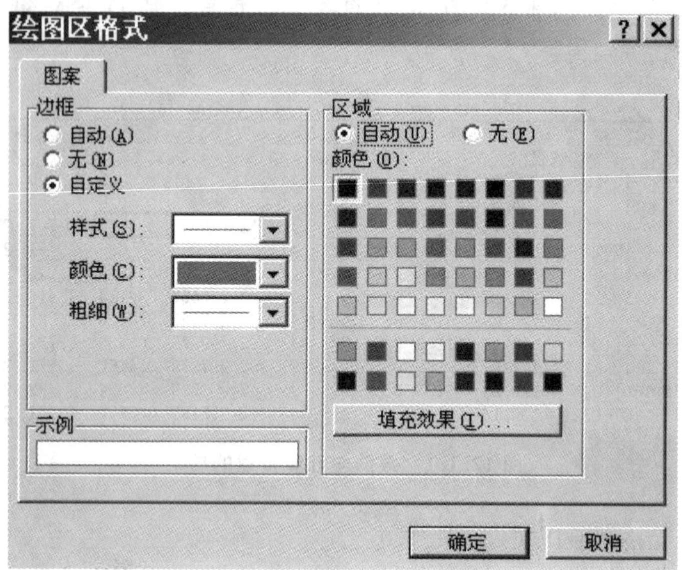

图 12.1.2　绘图区格式调整

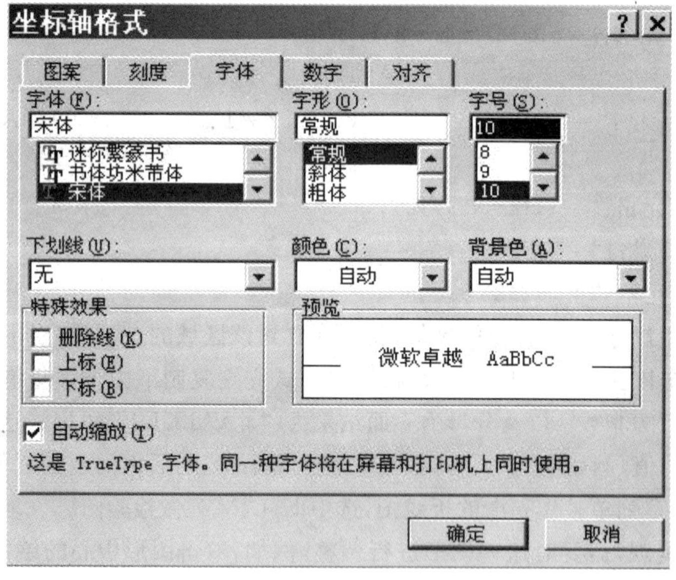

图 12.1.3　坐标轴格式调整

样式、颜色、粗细，调整坐标轴的主次(做双标度图形)等，见图 12.1.4。最后，得出图形 12.1.5 的上图和下图中的深色曲线。

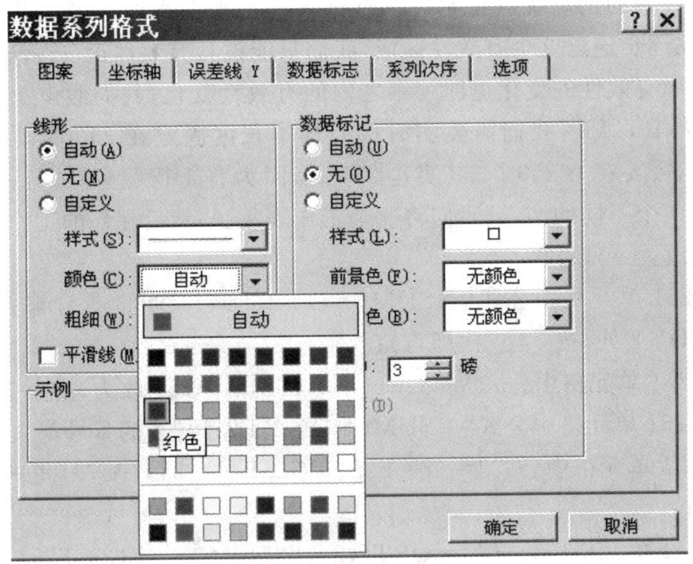

图 12.1.4 数据系列格式调整

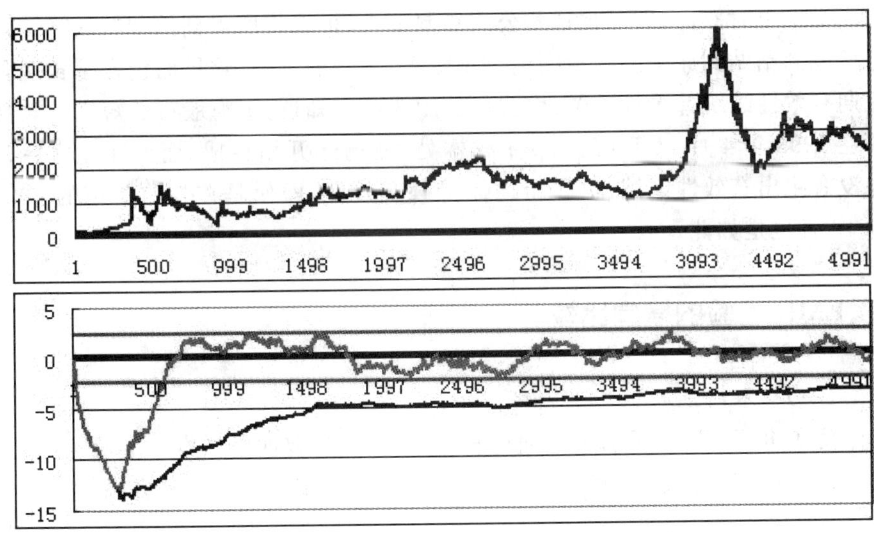

图 12.1.5 最后的检验图

图 12.1.5 中下图里的浅色曲线是短期有效性的正态统计量图。由于历史上上海股市的游程数过低，历史包袱的沉重造成由深色曲线表示的上证指数游程统计量的正态统计量始终没有进入两条水平直线所表示的有效性区域，只是在逐步逼近这个有效性区域，我们只能说其有效性正在逐渐变好。为了检验短期有效性的变化也即 1 年之内的有效性变化，我们假设 1 年平均有 250 个交易日，那么，我们需要实时检验样本长度固定在 250 的动态统计量值。因此，需要在第 250 行(其实是 251 行，因为有 1 行题头)进行一些修改。为了比较两个不同的结果，我们将这个工作表复制，然后在新的工作表里进行如下的修改：

将 F251 单元格中公式"＝SUM(＄D＄2:D251)"里的＄号都去掉(将光标放在＄D＄2 处，按 F4 三次即可)；

将 G251 单元格中公式"＝A251－F251"里的 A251 改为 250；

将 H251 单元格中公式"＝SUM(＄E＄2:E251)"里的＄号都去掉；

将 I251 单元格中公式"＝(2＊F251＊G251＋A251)/A251"里的 A251 都改为 250；

将 J251 单元格中公式"＝SQRT((2＊F251＊G251＊(2＊F251＊G251－A251))/(A251＊A251＊ (A251－1)))"里的 A251 都改为 250。

然后用鼠标画黑 F251 至 J251 区域，将鼠标放在该区域的右下角，在光标出现十字星时双击，即可将这些公式复制下去，可以将所得到的新的计算结果直接复制粘贴到原来的检验图里。见图 12.1.5 的下图，这里面包含了长期和短期有效性的统计量检验图，由浅色的图线可以知道，上海股市的短期有效性早在 1993 年 4 月 14 日(第 590 个样本处)就已经开始达成，而且在此之后再也没有跑出有效性区域，也即始终保持着有效性，即使是在空前牛市的 2007 年 10 月也是如此。

三、EMH 检验的横向比较

(一)样本的选取

为了进行 EMH 检验的横向比较，下面我们选取四组样本：

1. 上证综合指数 1990 年 12 月 19 日至 2011 年 6 月 2 日共计 5 011 个样本；

2. 深圳成分股指数 1991 年 4 月 3 日至 2011 年 6 月 2 日共计 4 920 个样本；

3. 香港恒生指数自 1986 年 12 月 31 日至 2011 年 6 月 2 日共计 6 037 个样本；

4. 美国 S&P500 指数自 1990 年 1 月 2 日至 2011 年 6 月 2 日共计 5 401 个样本。

(二)计算结果比较

将前面计算的工作表复制粘贴到另外一个新的工作表，然后将深成指及其对应日期两列数据复制粘贴到上证指数及其对应日期所在的两列，由于 Excel 的工作表具有模板性质，只要原始数据改变，前面所进行的所有计算都会重复进行，马上就可以得到深成指的检验统计量。但由于深成指的样本较短，所以，需要删除 4 922 行至 5 012 行的内容。

再选择两个新的工作表，将上证指数的计算内容复制粘贴到这两个工作表里，然后可以分别将恒生指数和 S&P500 指数及其对应日期复制粘贴到相应上证指数及其对应日期所在的两列，但由于此时新的数据较多，需要将其余的各列补齐。这只需要将其余各列的最后一行用鼠标画黑形成一个区域，然后将鼠标放到这个区域的右下角，双击出现的十字星就可以实现。然后分别画出指数图形和检验统计量的图形，见图 12.1.6、12.1.7、12.1.8、12.1.9。

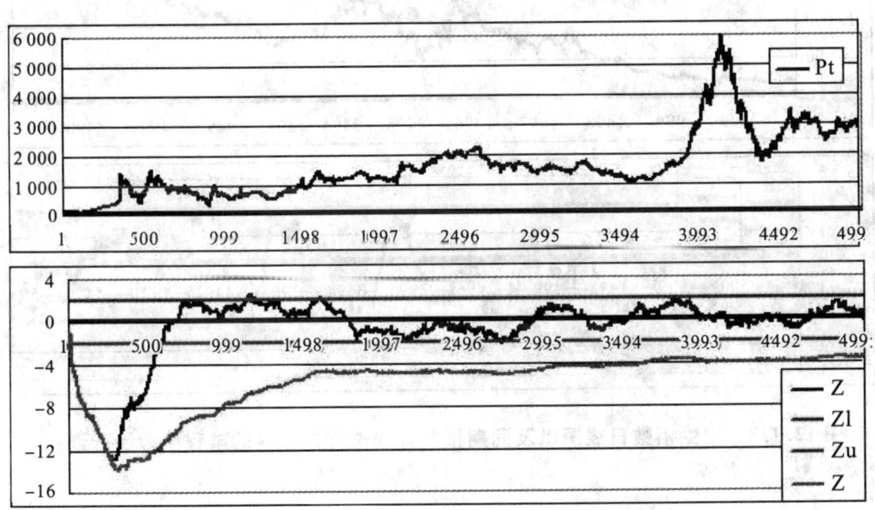

图 12.1.6 上证指数日线图以及同期按两种动态方法计算的游程检验统计量图

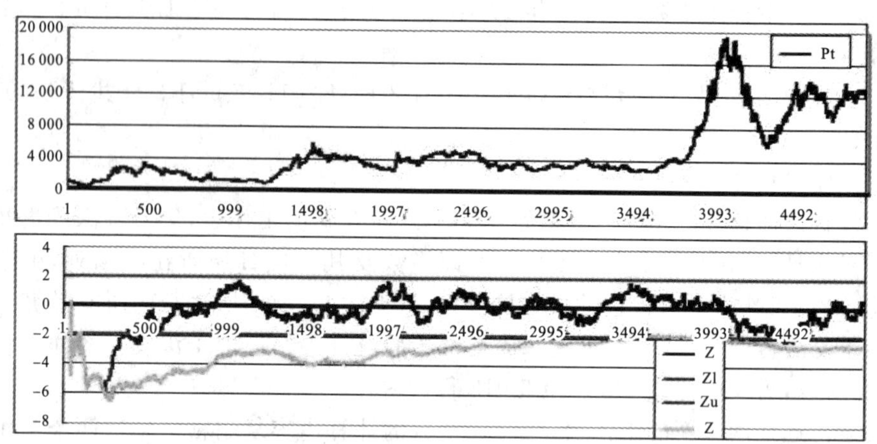

图 12.1.7　深成指日线图以及同期按两种动态方法计算的游程检验统计量图

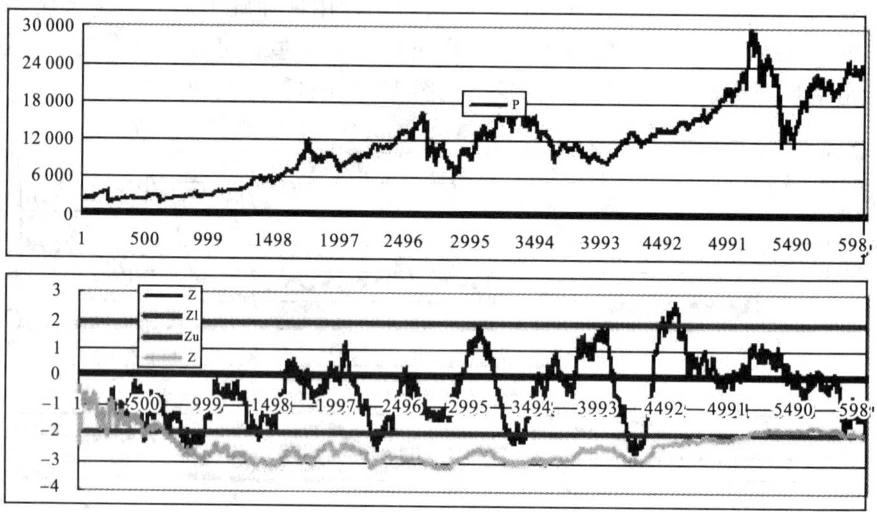

图 12.1.8　恒生指数日线图以及同期按两种动态方法计算的游程检验统计量图

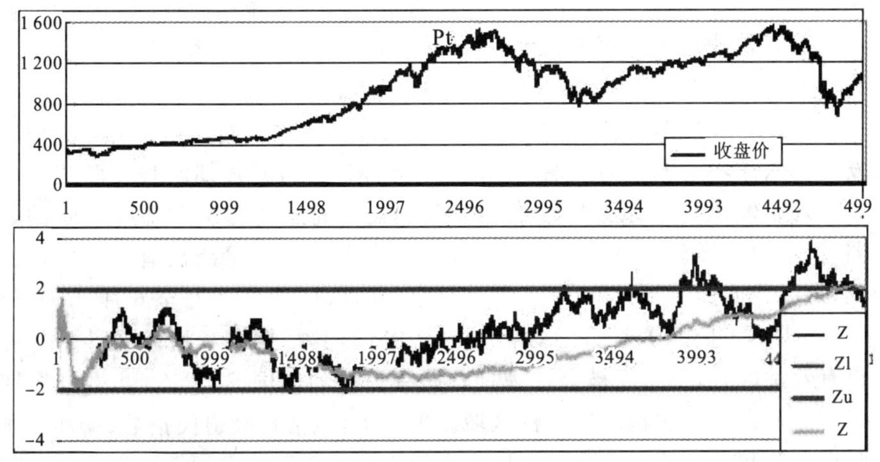

图 12.1.9　S&P500 日线图以及同期按两种动态方法计算的游程检验统计量图

从这些图中我们发现如下结论：

1. 沪、深两地股市按定基期动态计算的游程统计量都尚未进入有效性区域，也即尚未达成中长期的弱有效性；恒生指数样的游程统计量大多数时间位于有效性区域外部，但在样本期末端开始进入有效性区域；美国 S&P500 指数的游程统计量大多数时间位于有效性区域内，但在样本期末端反而开始跑出有效性区域。

2. 比较而言，沪、深、港、美四地股市的中长期弱有效性一个比一个好。其中上证指数的随机游程统计量最大负值出现在早期，为－12 左右；深成指的相应值也出现在早期，为－6 左右；而恒生指数的相应值则出现在中期，为－5 左右；美国 S&P500 几乎全部位于有效性区域内。

3. 上证指数虽始终没有达成中长期的弱有效性，但其游程统计量有趋向于有效性区域的趋势；深成指曾已达成中长期的弱有效性，但近期其游程统计量又跑出了有效性区域；恒生指数由于没有包含早期数据，其中长期游程统计量先是在有效性区域内，中段大部分时间位于有效性区域下方，但近期又开始重新进入，可以说游程统计量始终在临界值附近徘徊。

4. 沪、深股市中长期的游程检验统计量仍然没有进入有效区域的原因，一方面是因为随机游程统计量检验方法的结论性较强，即能通过检验的肯定是有效的，而没有通过检验的也不一定是无效的。另一方面，也是由于定基期的中长期动态计算方法总不能合理地甩掉股市初期由于效率低下而背负上的大包袱，这个包袱在沪、深股市的早期是由其价格管制政策所造成的。而香港股市中长期有效性的不稳定是由于国际游资的不断冲击所带来的股市波动率较大造成的。

5. 在使用定样本长度的动态计算方法对 4 个指数进行短期弱有效性检验时发现：沪、深两地股市的短期动态弱有效性都不错，其短期游程检验统计量一旦进入有效性区域后就没有再跑出来过；反而是恒生指数和 S&P500 的短期弱有效性相对较差一些，经常能见到其短期游程统计量跑出有效性区域的情况，例如香港恒生指数在 1986 年 9 月至 10 月、1987 年 1 月至 6 月、1990 年 4 月至 9 月、同年 12 月以及这以后的许多时候，其短期游程检验统计量都曾跑出有效性区域，而已经被公认为具有弱有效性的美国 S&P500 指数其短期游程统计量也曾多次跑出有效性区域。事实上，包括日经道氏指数、新加坡海峡时报指数和马来西亚吉隆坡指数在内的亚洲主要股市其短期游程统计量都曾频繁进出有效性区域。

6. 深成指的短期游程统计量是从 1993 年 2 月(16 个计算月)开始进入有效性区域的；上证指数的短期游程统计量则是从 1993 年 3 月(28 个计算月)开始进入有效性区域的。事实上恒生指数是从 1974 年 4 月(52 个计算月)开始进入有效性区域的；新加坡海峡时报指数是从 1991 年 5 月(42 个计算月)开始进入有效性区域的；马来西亚吉隆坡指数是从 1995 年 8 月(21 个计算月)开始进入有效性区域的。①

因此，我们可以得出结论说：从横向比较来看，中国沪、深两地股市的中长期效率介于美、日与亚洲其他国家和地区之间，比美、日的股市效率差，但要比香港、新加坡和马来西亚等其他亚洲国家和地区的股市效率强；中国沪、深两地股市的短期效率并不输给美、日、港、新、马任何一个比较样本；而从纵向比较来看，中国沪、深两地股市的中长期效率正逐渐变强，正在接近达成弱有效性，而短期有效性早已达成。

---

① 见周爱民(2009)第十一章。

第二节　股市有效性的动态 MDL 检验

一、理论简介

这是一种市场有效性的另类检验方法，起源于 20 世纪 60 年代中期。Kolmogorov(1965)、Solomonoff(1964)以及 Chaitin(1969)分别独立地对复杂性给出了相近的定义，他们的复杂性基于计算的概念而非基于概率的个体信息。他们将二进制数串中的信息复杂性定义为用来生成该二进制数串的最短程序的长度。到了 20 世纪 70 年代末期，Rissanen(1978)又提出了计算法随机性的概念①，并开始用最小描述长度 MDL(minimum description length)原理来度量市场价格的随机性。②

考虑两个由 0、1 组成的二进制数串：

010101010101010101…;11010011001111000101…

数串 1 非常有规律，很容易预测；而数串 2 则没什么规律，很难预测。如果别人告诉我们这两个数串的其中之一是股市指数的升降示性变量(该变量在价格上升时为 1，其他情况下为 0)的话，显然该变量应该是第二个数串。

记 $X_n=\{x_1,x_2,\cdots,x_n\}$是一个长度为 n 的二进制数串，$x_k=0$ 或 1 $(k=1,\cdots,n)$。再假定有一台宇宙计算机 U(universal computer)，它可以打印所有的二进制数串 X_n，我们将这件事记为：$U(p)=X_n$。打印是依靠程序(p)来完成的，而所有程序都是以汇编语言写成，因此不同的程序都一一对应着不同的二进制数串。不同的程序打印 X_n 需要不同的语句，因此这些程序有着不同的长度 $l(p)$。

我们定义 X_n 的科尔莫哥洛夫复杂性也即计算法复杂性(algorithmic complexity)为那些能打印 X_n 的所有程序(p)中最短的一个程序的二进制码的长度：

---

① Rissanen, J. (1978), "Modeling by Shortest Data Description", *Automatica*, Vol. 14, pp465－471.

② Rissanen, J. (1983), "A Universal Data Compression System", *IEEEE Transactions on Information Theory*, Vol. IT－29, No. 5, pp656－664.

$$K_U(X_n)=\min_{p:U(p)=X_n} l(p) \tag{12.2.1}$$

由于二进制数字只有0、1，所以，我们找到程序 p_1:00 的概率为$\frac{1}{2^2}$，而找到程序 p_2:10110 的概率为$\frac{1}{2^5}$。我们可以说找到程序 p_2 要比找到程序 p_1 困难得多，也可以说程序 p_2 要比程序 p_1 复杂得多。因此，程序二进制数串的长度可以给出复杂性的度量。

瑞萨南定义随机复杂性(stochastic complexity)是由模型类 M_k 所取得的最短数据码的长度：

$$I(X_n|M_k)=-\ln P(X_n) \tag{12.2.2}$$

其中 M_k 为模型类，$P(X_k)$为边缘分布：

$$M_k=\{P(X_n|\theta),\pi(\theta)\} \tag{12.2.3}$$

$$P(X_k)=\int P(X_n|\theta)\mathrm{d}\pi(\theta) \tag{12.2.4}$$

在选定了模型类 M_k 之后，先将 X_n 的二进制码 $C(X_n,\theta)$分解为两部分：给定模型参数后的数据码 $C(X_n|\theta)$以及给定模型的参数码 $C(\theta)$。所以，X_n 的长度应为：

$$L(X_n,\theta)=L(X_n|\theta)+L(\theta) \tag{12.2.5}$$

然后在该方程下，使得其描述码长度之和以及相对于模型的数据描述码长度之和最小化。为了说明如何对描述码的长度进行最小化，我们分别对马尔科夫模型类和贝努利模型类进行随机复杂性的计算。

我们假设马尔科夫模型类的两个参数分别为：

$$P(x_{k+1}=0|x_k=0)=\theta_1;P(x_{k+1}=0|x_k=1)=\theta_2 \tag{12.2.6}$$

(12.2.6)式分别描述的是市场价格连续下跌或者市场价格由上涨转为下跌的概率，它们同时也确定了市场价格由下跌转为上涨或者市场价格连续上涨的概率：

$$P(x_{n+1}=1|x_n=0)=1-\theta_1;P(x_{n+1}=1|x_n=1)=1-\theta_2 \tag{12.2.7}$$

假设在二进制数串 X_n 中出现数字“00”、“10”、“01”的次数分别为：T_1、T_2、T_3，则出现数字“11”的次数就一定是：$T_4=n-1-T_1-T_2-T_3$。而且，由(12.2.6)、(12.2.7)两式可知，出现数字“00”、“10”、“01”、“11”一次的概率分

别为：θ_1、θ_2、$(1-\theta_1)$、$(1-\theta_2)$，所以，X_n 的概率分布应为：

$$P(X_n|\theta_1,\theta_2)=\theta_1^{T_1}\theta_2^{T_2}(1-\theta_1)^{T_3}(1-\theta_2)^{T_4} \tag{12.2.8}$$

于是，X_n 的似然函数可以被写成：

$$-\ln P(X_n|\theta_1,\theta_2)=-T_1\ln\theta_1-T_2\ln\theta_2-T_3\ln(1-\theta_1)-T_4\ln(1-\theta_2) \tag{12.2.9}$$

二进制串 X_n 相对于马尔科夫模型类的最小描述长度 MDL(2)(X_n)可以通过令(12.2.9)式关于 θ_1 和 θ_2 的一阶偏导数为零而得到。首先求似然函数(12.2.9)式关于 θ_1 和 θ_2 的一阶偏导数，并令它们为 0：

$$\frac{\partial[-\ln P(X_n|\boldsymbol{\theta})]}{\partial\theta_1}=\frac{T_3\theta_1-T_1(1-\theta_1)}{\theta_1(1-\theta_1)}=0 \tag{12.2.10}$$

$$\frac{\partial[-\ln P(X_n|\boldsymbol{\theta})]}{\partial\theta_2}=\frac{T_4\theta_2-T_2(1-\theta_2)}{\theta_2(1-\theta_2)}=0 \tag{12.2.11}$$

由此可解得 θ_1 和 θ_2 的最大似然估计量：

$$\hat{\theta}_1=\mathrm{T}_1/(\mathrm{T}_1+\mathrm{T}_3),\hat{\theta}_2=\mathrm{T}_2/(\mathrm{n}-1-\mathrm{T}_1-\mathrm{T}_3) \tag{12.2.12}$$

令 $\boldsymbol{\theta}=\begin{bmatrix}\theta_1\\\theta_2\end{bmatrix}$，似然函数在 $\hat{\theta}$ 处的二阶泰勒展开式应为：

$$-\ln P(X_n|\boldsymbol{\theta})=-\ln P(X_n|\hat{\theta})+\sum{}_{k=1}^{2}(\theta_k-\hat{\theta}_k)\frac{\partial[-\ln P(X_n|\boldsymbol{\theta})]}{\partial\theta_k}|_{\theta=\hat{\theta}}+$$

$$+\frac{1}{2}(\theta-\hat{\theta})^T\frac{\partial^2[-\ln P(X_n|\boldsymbol{\theta})]}{\partial\theta^2}|_{\theta=\hat{\theta}}(\theta-\hat{\theta}) \tag{12.2.13}$$

其中：

$$\frac{\partial^2[-\ln P(X_n|\boldsymbol{\theta})]}{\partial\theta^2}|_{\theta=\hat{\theta}}=\begin{bmatrix}\frac{T_1}{\hat{\theta}_1^2}+\frac{T_3}{(1-\hat{\theta}_1)^2} & 0\\ 0 & \frac{T_2}{\hat{\theta}_2^2}+\frac{T_4}{(1-\hat{\theta}_2)^2}\end{bmatrix} \tag{12.2.14}$$

而由(12.2.10)式和(12.2.11)式知：

$$\sum_{k=1}^{2}(\theta_k-\hat{\theta}_k)\frac{\partial[-lnP(X_n|\boldsymbol{\theta})]}{\partial\theta_k}|\boldsymbol{\theta}=\hat{\theta}=0 \tag{12.2.15}$$

考虑对某个精度 $\rho_k=2^{-q_k}$，参数 $\hat{\theta}_k$ 是被截尾的数字，其中 q_k 是被截尾的二进制的分数数字。也就是说，此时应有：

$$|\theta_k-\hat{\theta}_k|<\rho_k=2^{-q_k} \tag{12.2.16}$$

例如，参数 $\hat{\theta}_k=0.56$ 是被截尾的数字，原来的概率是：$\theta_k=0.5621$，于是，对于参数 θ_k 来说，精度 $\rho_k=2^{-q_k}=0.0021$，可以算出被截尾的二进制分数数字近似的是 $q_k=1001$。

于是，我们最小化的目标函数变为：

$$-\ln P(X_n|\boldsymbol{\theta})+(q_1+q_2)\ln 2 \tag{12.2.17}$$

也即：

$$-\ln P(X_n|\boldsymbol{\theta})-\ln\rho_1-\ln\rho_2 \tag{12.2.18}$$

由其一阶条件：

$$\frac{\partial[-\ln P(X_n|\boldsymbol{\theta})-\ln\rho_1-\ln\rho_2]}{\partial\rho_1}=0;\frac{\partial[-\ln P(X_n|\boldsymbol{\theta})-\ln\rho_1-\ln\rho_2]}{\partial\rho_2}=0 \tag{12.2.19}$$

以及(12.2.13)至(12.2.15)三式，可得：

$$\frac{\partial\{\frac{1}{2}[\frac{T_1}{\hat{\theta}_1^2}+\frac{T_3}{(1-\hat{\theta}_1)^2}]\rho_1^2-\ln\rho_1\}}{\partial\rho_1}=0;\frac{\partial\{\frac{1}{2}[\frac{T_2}{\hat{\theta}_2^2}+\frac{T_4}{(1-\hat{\theta}_2)^2}]\rho_2^2-\ln\rho_2\}}{\partial\rho_2}=0 \tag{12.2.20}$$

由此解出：

$$\hat{\rho}_1=\sqrt{\frac{T_1T_3}{(T_1+T_3)^3}};\hat{\rho}_2=\sqrt{\frac{T_2(n-1-T_1-T_2-T_3)}{(n-1-T_1-T_3)^3}} \tag{12.2.21}$$

最后，将此解代入目标函数(12.2.18)式，并结合(12.2.13)至(12.2.15)三式，再注意到(12.2.8)、(12.2.12)两式，就可得到最小描述长度 MDL(2)(X_n)：

$$\begin{aligned}
&-\ln P(X_n|\boldsymbol{\theta})-\ln\hat{\rho}_1-\ln\hat{\rho}_2=\\
&=-\ln P(X_n|\hat{\theta})+\sum_{k=1}^{2}(\theta_k-\hat{\theta}_k)\frac{\partial[-\ln P(X_n|\boldsymbol{\theta})]}{\partial\theta_k}\Big|_{\theta=\hat{\theta}}+\frac{1}{2}(\theta-\hat{\theta})^T\\
&\quad\frac{\partial^2[-\ln P(X_n|\boldsymbol{\theta})]}{\partial\theta^2}\Big|_{\theta=\hat{\theta}}(\theta-\hat{\theta})-\ln\hat{\rho}_1-\ln\hat{\rho}_2\\
&=1-\ln P(X_n|\hat{\theta})-\frac{1}{2}\ln\left[\frac{T_1T_2T_3T_4}{(T_1+T_3)^3(T_2+T_4)^3}\right]
\end{aligned} \tag{12.2.22}$$

其中第二项、第三项、第四项分别等于：

$$\sum_{k=1}^{2}(\theta_k-\hat{\theta}_k)\frac{\partial[-\ln P(X_n|\boldsymbol{\theta})]}{\partial\theta_k}\Big|_{\theta=\hat{\theta}}=0 \tag{12.2.23}$$

$$\frac{1}{2}(\theta-\hat{\theta})^T\frac{\partial^2[-\ln P(X_n|\boldsymbol{\theta})]}{\partial\theta^2}\Big|_{\theta=\hat{\theta}}(\theta-\hat{\theta})$$

$$=\frac{1}{2}\hat{\rho}_1^2\left[\frac{T_1}{\hat{\theta}_1^2}+\frac{T_3}{(1-\hat{\theta}_1)^2}\right]+\frac{1}{2}\hat{\rho}_2^2\left[\frac{T_2}{\hat{\theta}_2^2}+\frac{T_4}{(1-\hat{\theta}_2)^2}\right]$$

$$=\frac{1}{2}\frac{T_1T_3}{(T_1+T_3)^3}\left[\frac{(T_1+T_3)^2}{T_1}+\frac{(T_1+T_3)^2}{T_3}\right]+\frac{1}{2}\frac{T_2T_4}{(T_2+T_4)^3}\left[\frac{(T_2+T_4)^2}{T_2}+\frac{(T_2+T_4)^2}{T_4}\right]$$

$$=1-\ln\hat{\rho}_1-\ln\hat{\rho}_2 \qquad (12.2.24)$$

$$=-\frac{1}{2}\ln\left[\frac{T_1T_2T_3T_4}{(T_1+T_3)^3(T_2+T_4)^3}\right] \qquad (12.2.25)$$

二、实证检验及比较

(一)样本的选取

实证检验我们仍然是以两种动态计算模拟中长期以及短期的 EMH，第二种动态计算仍然以 250 个交易日为固定样本长度。我们选取如下样本：

1. 上证综合指数 1990 年 12 月 19 日至 2011 年 6 月 2 日共计 5 011 个样本；

2. 深圳成分股指数 1991 年 4 月 3 日至 2011 年 6 月 2 日共计 4 920 个样本；

3. 香港恒生指数自 1986 年 12 月 31 日至 2011 年 6 月 2 日共计 6 037 个样本；

4. 美国 S&P500 指数自 1990 年 1 月 2 日至 2011 年 6 月 2 日共计 5 401 个样本。

(二)计算过程

我们以上证指数的计算过程为例，图 12.2.1 给出的就是一部分数据。其中 A 列为日期，B 列为数据序号，C 列为收盘指数数据，D 列为按(12.1.1)式计算的价格示性数，在这里仍然是非常重要的一个中间变量。E、F、G、H 列分别为按(12.2.6)、(12.2.7)两式计算的相邻两日价格变动的 4 种形态的计数，也即标注相邻两日市场价格出现 00、10、01、11 的各种情况。在 E2:H2 区域的各单元格里分别输入下列计算公式，然后将鼠标放到单元格右下角，双击出现的十字星完成向下复制计算公式即可：

E2 单元格："=IF(D2=0,IF(D1=0,1,0),0)"；F2 单元格："=IF(D2=0,IF(D1=1,1,0),0)"；

G2 单元格："=IF(D2=1,IF(D1=0,1,0),0)"；H2 单元格："=IF(D2=1,IF(D1=1,1,0),0)"。

I、J、K、L 四列则分别为 E、F、G、H 四列的累积求和，计算的是相邻两日各种价格形态的累积天数。只要在 I2 单元格里输入："＝SUM(E＄2:E2)"，然后向右拉动至 L2 单元格，然后将鼠标放在 I2:L2 区域的右下角，双击出现的十字星就可以完成向下的计算公式复制。这是一种区域计算公式的集成复制，可以大大提高效率，前提是先将该区域用鼠标画黑。

E2 =IF(D2=0,IF(D1=0,1,0),0)

	A	B	C	D	E	F	G	H	I	J	K	L
1	日期	期数	收盘价	I	0-0	1-0	0-1	1-1	T1	T2	T3	T4
2	1990-12-19	1	99.98	0	0	0	0	0	0	0	0	0
3	1990-12-20	2	104.39	1	0	0	1	0	0	0	1	0
4	1990-12-21	3	109.13	1	0	0	0	1	0	0	1	1
5	1990-12-24	4	114.55	1	0	0	0	1	0	0	1	2
6	1990-12-25	5	120.25	1	0	0	0	1	0	0	1	3
7	1990-12-26	6	125.27	1	0	0	0	1	0	0	1	4
8	1990-12-27	7	125.28	1	0	0	0	1	0	0	1	5
9	1990-12-28	8	126.45	1	0	0	0	1	0	0	1	6
10	1990-12-31	9	127.61	1	0	0	0	1	0	0	1	7
11	1991-01-02	10	128.84	1	0	0	0	1	0	0	1	8

图 12.2.1　上证指数的数据及其计算过程

M、N 两列是按(12.2.12)式计算的 $\hat{\theta}_1$、$\hat{\theta}_2$，在 M2 单元格里输入计算公式："＝IF((I2＋K2)＝0,0,I2/(I2＋K2))"，然后向右拉动至 N2，然后将这两个单元格的计算公式同时向下复制。

O、P 两列是按(12.2.21)式计算的 $\hat{\rho}_1$、$\hat{\rho}_2$，在 O2 单元格里输入计算公式："＝IF((I2＋K2)＝0,0,SQRT(I2 * K2/((I2＋K2)^3)))"，然后向右拉动至 P2，然后将这两个单元格的计算公式同时向下复制。

M2 =IF((I2+K2)=0,0,I2/(I2+K2))

	M	N	O	P	Q	R	S	T	U	V	W	X	Y
1	s1	s2	r1	r2	P(Xn|s)	MDL	理论s1	理论s	理论r1	理论r2	理论P	理论MDL	相对MDL差百分比
2	0	0	0	0	0		0.5	0.5	0.7071	0.707	0.5	2.38629	-1
21	0	0.0556	0	0.054	0	0	0.5	0.5	0.1581	0.158	1E-06	18.5518	-1
22	0	0.0556	0	0.054	0	0	0.5	0.5	0.1543	0.154	5E-07	19.2938	-1
23	0	0.1053	0	0.07	0	0	0.5	0.5	0.1508	0.151	2E-07	20.0334	-1
24	0.333	0.1053	0.2722	0.07	0.00025	0	0.5	0.5	0.1474	0.147	1E-07	20.771	-1
25	0.5	0.1053	0.25	0.07	0.0001	0	0.5	0.5	0.1443	0.144	6E-08	21.5067	-1
26	0.6	0.1053	0.2191	0.07	5.8E-05	0	0.5	0.5	0.1414	0.141	3E-08	22.2407	-1

图 12.2.2　进一步的计算

Q 列是按(12.2.8)式计算的 $P(X_n|\hat{\theta})$,此时,计算中用到的参数估计都已算出,所以,在 Q2 单元格里输入计算公式:"=IF(M2 * N2=0,0,M2^I2 * N2^J2 * (1−M2)^K2 * (1−N2)^L2)",然后向下复制计算公式即可。

作为最后的计算结果,R 列是按(12.2.22)式计算的 MDL,在 R2 单元格里输入计算公式:"=IF(Q2 * O2 * P2=0,0,(1−LN(Q2)−LN(O2)−LN(P2)))",然后向下复制计算公式即可。以上所有的计算中,为了得出有效结果,都使用了 IF 函数,将那些计算公式中分母可能为零的计算结果赋值为零。

为了得到能与之进行比较的理论值,S、T 列给出的 $\hat{\theta}_1$、$\hat{\theta}_2$ 都为 1/2,U、V 两列为依据 S、T 两列计算的 $\hat{\rho}_1$、$\hat{\rho}_2$。在 S2 单元格里输入计算公式:"=1/SQRT(2 * $B2)",拉动至 T2 单元格,然后一起向下复制计算公式,因为这两列是相同的计算结果。

W、X 两列计算的分别是理论的 $P(X_n|\hat{\theta})$ 和理论的 MDL,在 W2 单元格里输入计算公式:"=0.5^B2",在 X2 单元格里输入计算公式:"=1−LN(W2)−LN(U2)−LN(V2)",这时候我们不担心会有为零的分母,所以,计算中没有使用 IF 函数。

最后作为显示结果,我们还需要计算相对 MDL 百分比,在 Y2 单元格里输入计算公式:"=R2/X2−1",然后向下复制计算公式就完成了所有的计算。

(三)结果比较

利用上一节里介绍过的模板复制,我们可以轻易完成四个市场的统计量计算,见图 12.2.1、12.2.2、12.2.3、12.2.4。从这些图形的结果来看,我们可以得到如下一些结论。

1.沪、深、港、美四地股市按动态 MDL 检验的结果是有效性一个比一个好,后半程有效性百分比指标上证指数个别时候超过−10%;深成指后半程个别时候未超过−8%;恒生指数则不超过−3.5%;S&P500 不超过−5%。

有效性百分比见表 12.2.1。其中有效性百分比是按照全部样本中 MDL 实际值与其理论值之间相差不超过 5% 的样本比例计算的。结果发现:S&P500 的有效性百分比最高,然后按顺序排列分别是恒生指数、深圳成分股指数和上证指数。事实上,日经道氏指数的有效性百分比要比 S&P500 还高,而新加坡海峡时报指数位于恒生指数前一位,马来西亚吉隆坡指数则位于恒生指数后一位。①

① 详见周爱民(2009)第十一章。

表 12.2.1　四地股市的有效性百分比

股市指数	样本容量	有效样本	有效性百分比
上证指数	5 113	4 234	82.84%
深成指	4 925	4 313	87.57%
恒生指数	6 041	5 992	99.19%
S&P500	5 401	5 362	99.28%

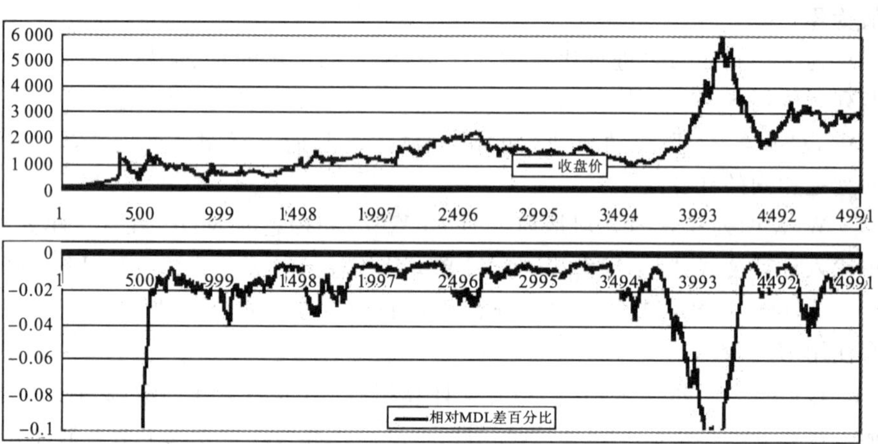

图 12.2.1　上证指数日线图以及同期按 50 天计算的 MDL 有效百分比检验图

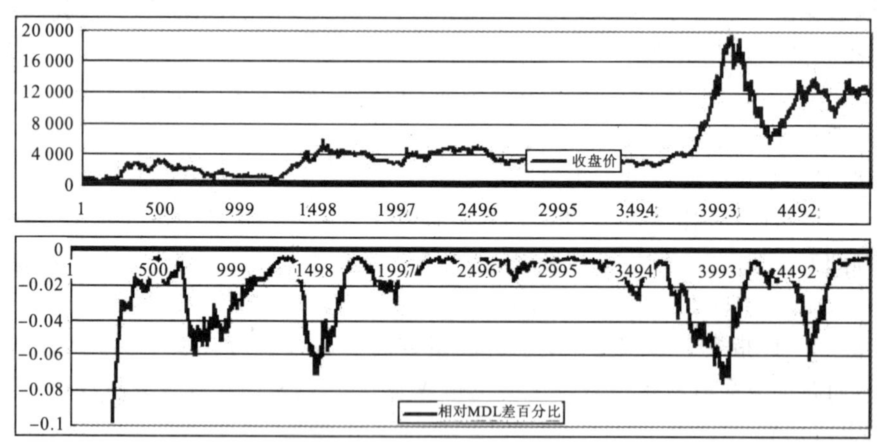

图 12.2.2　深圳成分股指数图以及同期按 50 天计算的 MDL 有效百分比检验图

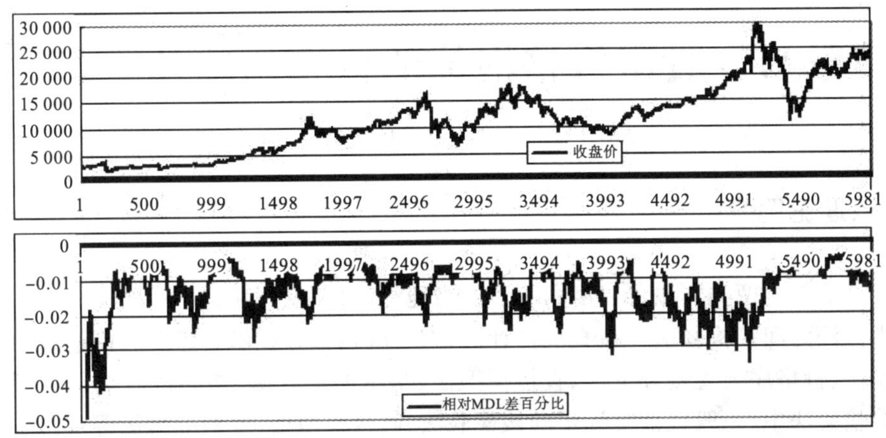

图 12.2.3　香港恒生指数图以及同期按 50 天计算的 MDL 有效百分比检验图

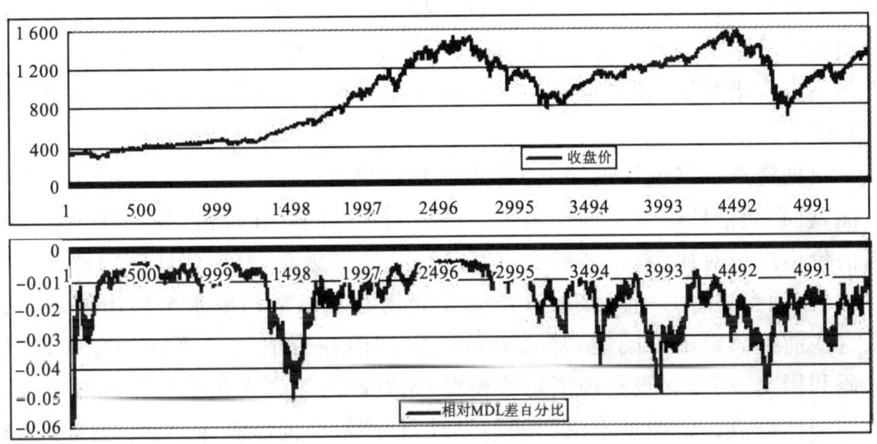

图 12.2.4　S&P500 指数图以及同期按 50 天动态计算的 MDL 有效百分比检验图

2. 与使用一年大约 250 个交易日定样本长度计算的随机游程统计量所刻画的短期动态有效性的结果进行比较时发现：深成指好于上证指数的结论是一致的，但香港恒生指数要好于沪、深两地股市的结论是不一致的。

第三节　股市价格泡沫的分布检验法

一、理论简介

通常有两类方法可以度量股市价格泡沫，第一类方法为直接估计法，第二类方法为间接检验法。在直接估计法中，一般包括方程求解法、统计量直接检验法、价格序列直接分解法、直接模型法、基本面估计法、指标比较法等；在间接检验法中，一般包括统计量间接检验法、间接模型法、分布分解法等。

（一）直接估计法

Blanchard & Welson(1979)首次运用跨时分法的方法，给出了股市理性价格应遵从的行为差分方程，并通过方程求解的方式开创了从模型角度直接给出股市价格泡沫度量方法的先河，该方法既可以看作是直接模型法，也可以看作是方程求解法，还可以看作是价格序列的直接分解法，但肯定都属于直接估计法。

根据资产价格泡沫的定义，要想判断一项资产的价格序列中是否存在着泡沫，就必须估计由基本面因素决定的那项资产的内在价值，并将其与资产的当前价格进行对比，看两者是否存在显著差异。然而，要想估计一项资产的内在价值，就意味着必须对该项资产的预期收益和未来利率水平做出假定。如果这些前提假定出现问题，那么对该项资产内在价值的计算就会存在偏差。起码利用戈登公式(股利现值定价模型)来判断是否存在价格泡沫就是非常困难的一件事情。金德尔伯格(2007)说过：资产价格泡沫就像美女一样，事前你不知道如何界定它，然而一旦你遇见，你就肯定能认出来。

直接估计法度量股市价格泡沫的过程包含有两个基本的步骤：首先是确定股市价格中所包括的基础价格部分或说理性价格部分，然后从股市价格的时间序列中分离出该基础价格分布，并对剩余的残差项进行检验。确定基础价格的方法又大体上分为五小类：方程求解法、统计量直接检验法、价格序列直接分解法、直接模型法和基本面估计法。

随着计量经济学的发展，学者们对价格泡沫问题的研究不断深入，人们将动态和非线性理论引入到对价格泡沫理论的探讨中，使得模型更为贴近现实的价格泡沫形式，从实证上能对价格泡沫的状况做检验和判断，使价格泡沫研究的实用价值不断提高。例如可以利用马氏域变向量自回归模型对我国股市周期与实体经济产出、通货膨胀、实际汇率以及利率这些变量的波动周期之间的协同性进行研究，并利用马氏域变向量自回归模型的冲击响应函数来分析上述经济变量发生波动时股市所受的影响，也属于基本面估计法。也可以利用齐次马氏域变方法对股市价格泡沫所进行的直接检验，基于马氏域变方法的协整间接检验法以及门限自回归间接检验法都是由基本面估计法派生出来的统计量检验法。

（二）间接检验法

除了直接估计法之外，学者们也提出了不少统计量检验方法，Shiller(1981)提出的超常易变性方差检验法开间接检验法之先河。他在假设 H_0：{不存在股价泡沫}之下，试图通过比较理论股价和实际股价的方差之比来进行关于价格泡沫的 F 检验。他认为：$\mathrm{Var}(p_t) \leqslant \mathrm{Var}(p_t^*)$ 在理性的股市中是应该成立的，因为由卡甘模型有：$p_t = E(p_t^* \mid I_t)$，在掌握一定信息情况下变量的不确定性一定要小于不掌握任何信息情况下该变量本身的不确定性。所谓超常易变性的方差比统计量：$\mathrm{Var}(p_t)/\mathrm{Var}(p_t^*)$ 就是根据这样一种假设给出的，这是个服从 F 分布的统计量，如果它大于 F 统计量的临界值例如 6.63，就要拒绝假设 H_0。

West(1987)提出了比较股票价格与基础价值的判断错误设定法，Fama & French(1992)等人又进一步探讨了股市泡沫与股票价格和基础价值比率之间的相关关系，对该方法做出了改进。Engle & Granger(1987)也曾提出过协整检验方法，试图通过对股价过程和分红过程间的协整性进行检验以确定价格泡沫的程度。Campbell & Shiller(1987)指出：如果股利收入数据和股票价格数据不是协整的，那么就存在价格泡沫。Diba & Grossmann(1988)认为：如果存在着理性价格泡沫，那么股票价格的一阶差分应该是非线性的。Craine(1993)声称，如果市盈率存在单位根，那么就意味着存在“非理性繁荣”。

McQueen & Thorley(1994)对股价连涨天数进行编码并构造似然函数，提出了一种基于期限相关（也称久期依赖）的泡沫检验方法。Nordon & Schaller(1993)以及 Norden & Vigfusson(1998)利用修正了的 Blanchard 模型和马氏域变方法验证了周期性泡沫破灭的存在；White (2000)采用横截面数据回归出市盈率后与实际市盈率进行比较分析；Ahmed(1999)以及 Kelleher(2001)通过对近年来发展起来的 MTAR 模型对剔除基础价格成分之后的股价波动进行分析，从而检验出股市中的价格泡沫成分。

(三)价格序列分解法

1982年,Blanchard & Welson在1979年提出的差分方程求解法的基础上,为了避免无法确定理性价格的尴尬,又提出了时间趋势法,这可以说是开创了价格序列分解法的先河。价格序列分解法致力于从价格序列中分离出理性价格来,与第一大类基本面估计法一样,要从价格序列中分离出理性价格来也不是一件容易的事情。如果能将价格序列分离成理性价格与剩余项的话,就简单地称之为"两分法";如果在剩余项中还能分离出理性泡沫项来的话,就可以称之为"三分法"。如果考虑到其实价格泡沫就是指股市实际价格超出其理论价格一定范围之外的部分的话,我们还可以通过构造某些统计量来界定这里所说的"一定范围",从而将股市价格序列分解成三部分:其一为理性价格,其二为理性泡沫,其三就是剩余的部分即股市价格的泡沫部分。

事实上,如果我们坚持"存在的就是合理的"这一标准,甚至可以将股市价格平均指数的年线甚至三年线作为股市的理论价格,可以轻易地将股市价格序列分解成两部分。这是本书提出的新观点,虽然没有什么高深的背景理论,但也符合价格泡沫的原始定义,并且是以"存在的就是合理的"为标准。该方法虽然简单,但得出的结论并不比其余复杂方法的结论差,而且显得更合理。

例如,在对上证指数价格泡沫进行检验时就发现:1992年5月21日由于放开价格管制,当天105%以上的巨大涨幅造成了几乎所有检验股市价格泡沫方法的失效,因为这次价格暴涨虽然幅度巨大,但时间很短,在5个月后的10月20日回到5月20日的616点之后,11月17日继续下跌到393点。就算是有泡沫也属于短时间内爆裂的,但几乎所有检验方法都检验出幅度巨大的泡沫,只有以年线作为股市理论价值的价格序列分解法,在这一天只检验出幅度不大的价格泡沫。而且,该方法检验出的价格泡沫几乎都位于指数创新高的过程中,这也是合乎价格泡沫的原始定义的。

二、分布检验法

分布检验法即属于价格序列分解法中的一种,在很长一段时间里,学术界都假设股市价格指数遵从对数正态分布,虽然这一假定受到了股市价格指数可能具有尖峰厚尾性质的新说法的挑战,但我们仍然可以从这一假设出发来讨论问题。在这个假设之下,股市价格指数的收益率应该遵从正态分布,在并未违反该分布假设的时点处,股市价格指数都不会出现异常的收益率,因此,一般也不会有价格泡沫的出现;但在违反该分布假设的时点处,通常可以检验出股市价格指数异常的收益率，而这些异常的收益率极有可能就是造成价格泡沫的原因。所以，通过检验在哪些时点处股市价格指数违反对数正态分布的假设，就可以找到股市价格指数出现价格泡沫的地方。

首先，我们假设股市的价格(指数)遵从对数正态分布：

$$p=\ln(P)\sim N(\mu,\sigma^2) \tag{12.3.1}$$

其中 μ 为价格对数的均值参数，σ^2 为价格对数的方差参数，这两个参数的估计应为：

$$\hat{\mu}=\frac{1}{T}\sum_{j=1}^{T}p_{t-j+1}=\frac{1}{T}\ln(\prod_{j=1}^{T}P_{t-j+1})=\ln\widetilde{P}\sim N(\mu,\sigma^2/T),$$

$$\hat{\sigma}^2=\frac{1}{T-1}\sum_{j=1}^{T}(p_{t-j+1}-\hat{\mu})^2 \tag{12.3.2}$$

其中 $\widetilde{P}=(\prod_{j=1}^{T}P_{t-j+1})^{\frac{1}{T}}$ 为价格的几何平均值。且由(12.3.1)和(12.3.2)式的分布可得：

$$p-\mu\sim N(0,\sigma^2),\hat{\mu}-\mu\sim N(0,\sigma^2/T),p-\hat{\mu}\sim N(0,\sigma^2\frac{1+T^2}{T^2}) \tag{12.3.3}$$

因此有：

$$Z=\frac{p-\hat{\mu}}{\sigma}\sqrt{\frac{T^2}{1+T^2}}\sim N(0,1) \tag{12.3.4}$$

且由(12.3.2)、(12.3.4)两式可知：

$$\frac{(T-1)T^2\hat{\sigma}^2}{\sigma^2(1+T^2)}=\sum_{j=1}^{T}\frac{(p_{t-j+1}-\hat{\mu})^2}{\sigma^2(1+T^2)/T^2}\sim\chi^2(T-1) \tag{12.3.5}$$

这是一个与(12.3.4)式中的标准正态统计量相互独立的统计量。当 σ 已知时，标准正态统计量(12.3.4)式可以作为界定股市指数是否违反对数正态分布的门槛统计量；而当 σ 未知时，则由 t 统计量的定义可用标准正态统计量(12.3.4)式和卡方统计量(12.3.5)式构造 t 统计量如下：

$$t=\frac{p-\hat{\mu}}{\hat{\sigma}}=\frac{\frac{p-\hat{\mu}}{\sigma}\sqrt{\frac{T^2}{1+T^2}}}{\sqrt{\frac{(T-1)T^2\hat{\sigma}^2}{\sigma^2(1+T^2)}/(T-1)}}\sim t(T-1) \tag{12.3.6}$$

在置信度 α 之下，双边检验临界值为 $t_{\frac{\alpha}{2}}$，且有：

$$\text{Prob}(|t| \leqslant t_{\frac{\alpha}{2}}) = \text{Prob}(\hat{\mu} - \hat{\sigma} t_{\frac{\alpha}{2}} \leqslant p \leqslant \hat{\mu} + \hat{\sigma} t_{\frac{\alpha}{2}}) > 1 - \varepsilon \tag{12.3.7}$$

特别地，当样本为 250 时，$\alpha=0.05$ 的双边检验临界值为：$t_{\frac{\alpha}{2}}\approx 1.96$。于是，我们可将对应 t 统计量在临界值 ± 1.96 之外的价格视为出现价格泡沫的地方，因为在无价格泡沫的情况下，股市指数肯定遵从于对数正态分布，只有在违反了该分布假定的地方才可能存在着价格泡沫。于是，无价格泡沫的对数价格区间与可能出现价格泡沫的对数价格区间分别为：

$$[\hat{\mu} - 1.96\hat{\sigma}, \hat{\mu} + 1.96\hat{\sigma}], (-\infty, \hat{\mu} - 1.96\hat{\sigma}) \cup (\hat{\mu} + 1.96\hat{\sigma}, +\infty) \tag{12.3.8}$$

对应的无价格泡沫的价格区间和可能出现价格泡沫的价格区间分别为：

$$[\widetilde{P}e^{-1.96\hat{\sigma}}, \widetilde{P}e^{1.96\hat{\sigma}}], (-\infty, \widetilde{P}e^{-1.96\hat{\sigma}}) \cup (\widetilde{P}e^{1.96\hat{\sigma}}, +\infty) \tag{12.3.9}$$

三、实证检验与比较

（一）数据的选取

为了验证分布检验法对度量股市价格泡沫的有效性，我们仍然选取如下数据：

1. 上证综合指数 1990 年 12 月 19 日至 2011 年 11 月 3 日共计 5 011 个收盘样本；

2. 深圳成分股指数 1991 年 4 月 3 日至 2011 年 11 月 3 日共计 4 920 个收盘样本；

3. 香港恒生指数 1986 年 12 月 31 日至 2011 年 11 月 3 日共计 6 037 个收盘样本；

4. 美国 S&P500 指数 1990 年 1 月 2 日至 2011 年 11 月 3 日共计 5 401 个收盘样本。

（二）指标的计算

以上证指数的计算为例，图 12.3.1 为原始数据的一部分及其计算处理。D 列对 C 列的原始上证指数数据取对数，E 列对 D 列进行算术平均计算，使用的是 AVERAGE 函数。E2 单元格里的计算公式为：“=AVERAGE($D$2:D2)”，这里绝对引用的 D2 单元格在 E251 单元格里的计算公式中必须放松成相对引用，也即将 E251 单元格里计算公式中的两个 $ 号去掉，然后将 E251 单元格向下复制粘贴。后面也是这样，因为我们是动态地计算这些统计量。

E2 fx =AVERAGE($D$2:D2)

	A	B	C	D	E	F	G	H
1	序号	日期	收盘价	lnPt	nu	sigma	max	min
2	1	1990-12-19	99.98	4.60497	4.60497	0	4.60497	4.60497
3	2	1990-12-20	104.39	4.64813	4.62655	0.03052	4.68637	4.56673
4	3	1990-12-21	109.13	4.69254	4.64855	0.04379	4.73437	4.56273
5	4	1990-12-24	114.55	4.74101	4.67166	0.05844	4.78621	4.55712
6	5	1990-12-25	120.25	4.78957	4.69525	0.07309	4.8385	4.55199
7	6	1990-12-26	125.27	4.83047	4.71778	0.08557	4.88549	4.55008
8	7	1990-12-27	125.28	4.83055	4.73389	0.08898	4.9083	4.55949
9	8	1990-12-28	126.45	4.83985	4.74714	0.0905	4.92451	4.56976
10	9	1990-12-31	127.61	4.84898	4.75845	0.09121	4.93722	4.57969
11	10	1991-01-02	128.84	4.85857	4.76846	0.09163	4.94807	4.58886

图 12.3.1　数据及其处理

F 列计算的是方差，在 F2 单元格里输入计算公式："＝SQRT(VAR($D$2:D2))"，将其向下复制粘贴之后 F2 单元格里需要重新赋值为"0"，因为单个单元格数据是无法求方差的。

G、H 两列是按(12.3.8)式计算的对数数据的区间边界值，在 G2、H2 单元格里分别输入计算公式："＝E2＋1.96 * F2"、"＝E2－1.96 * F2"，然后向下复制粘贴即可。

I、J 两列是按(12.3.9)式计算的原始数据的区间边界值，在 I2、J2 单元格里分别输入计算公式："＝EXP(G2)"、"＝EXP(H2)"，然后向下复制粘贴即可。

K、L、M 三列计算的则是价格泡沫，在 K2 单元格里输入计算公式："＝IF(C2>I2,C2－I2,0)"，在 L2 单元格里输入计算公式："＝IF(C2<J2,C2－J2,0)"，在 M2 单元格里输入计算公式："＝K2＋L2"(见(12.3.10)式)，最后的图形见 12.3.1。

利用工作表复制粘贴可以将四个市场指数进行完全相同的计算，结果见图 12.3.1 至图 12.3.4 中上图的中间曲线，上图中的上方和下方曲线分别为按照(12.3.9)式中区间上下限计算的分布临界值曲线。而图 12.3.1 至图 12.3.4 中的下图分别为运用分布检验法检验出的对应股市指数的价格泡沫图，是利用对应股市指数与按照(12.3.9)式中区间上下限计算的价格上下限的差计算得出的。假设按照(12.3.8)式中区间上下限计算的价格上下限分别为：$UP=\widetilde{P}e^{1.96\hat{\sigma}}$，$DW=\widetilde{P}e^{-1.96\hat{\sigma}}$，可以定义：

K2 　fx =IF(C2>I2,C2-I2,0)

	G	H	I	J	K	L	M
1	max	min	上界	下界	+	-	BUBBLES
2	4.60497	4.60497	99.98	99.98	0	0	0
3	4.68637	4.56673	108.459	96.2289	0	0	0
4	4.73437	4.56273	113.792	95.8445	0	0	0
5	4.78621	4.55712	119.846	95.3083	0	0	0
6	4.8385	4.55199	126.28	94.8208	0	0	0
7	4.88549	4.55008	132.355	94.6396	0	0	0
8	4.9083	4.55949	135.409	95.5346	0	0	0
9	4.92451	4.56976	137.622	96.521	0	0	0
10	4.93722	4.57969	139.382	97.484	0	0	0

图 12.3.2　进一步的计算

$$Bubbles=\begin{cases} P-UP & \text{如果 } P>UP \\ 0 & \text{如果 } DW\leqslant P\leqslant UP \\ P-DW & \text{如果 } P<DW \end{cases} \tag{12.3.10}$$

所得结果即为图 12.3.3 至图 12.3.6 中的图线，所标注的是可能出现价格泡沫的地方。

(三)计算结果的分析

观察图 12.3.3 至图 12.3.6，我们发现：

1. 1992 年 5 月 21 日，上海股票交易所放开价格管制，当天上证指数出现 105%的涨幅，形成了历史上幅度最大的股市价格泡沫；幅度第二的价格泡沫是 2007 年 1 月 9 日上证指数创出 2 825 点新高时，当年 10 月 16 日，上证指数曾经创出历史最高位 6 124 点，其实在此前的 2006 年 5 月 12 日上证指数大涨近 70 点达到 1 602 点时分布检验法就已经给出了价格泡沫的信号；幅度第三的价格泡沫是 1999 年 6 月 28 日上证指数创出 1 692 点的新高时；幅度第四的价格泡沫是 2009 年 8 月 4 日上证指数创出局部新高 3 471 点时。此外，1996 年回归概念引发的牛市也能检验出股市价格泡沫，也即 1996 年 12 月 5 日上证指数经过 3 年多时间重新跃上 1 212 点的时候。

2. 上证指数幅度最大的股市价格黑子(或说负向的股市价格泡沫)出现在 2008 年 6 月 12 日，再次确认向下跌破 3000 点时，此前 4 月份上证指数在 3 000点以上徘徊了近一个月；2001 年 10 月 18 日，当上证指数由 6 月 13 日的历史高点 2 242 点下跌到 1 615 点时，开始有了幅度次高的黑子信号；2010 年 7 月 5 日，当上证指数由此前 2009 年 12 月 7 日的 3 332 点下降到 2 364 点时，出现了幅度第三的股市价格黑子，目前则处于幅度第四的黑子中。

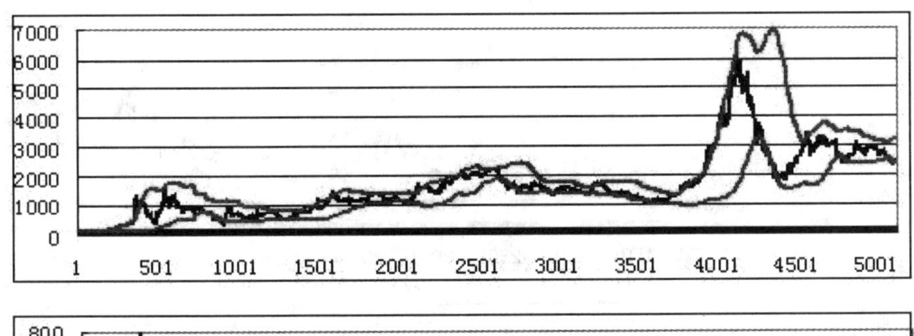

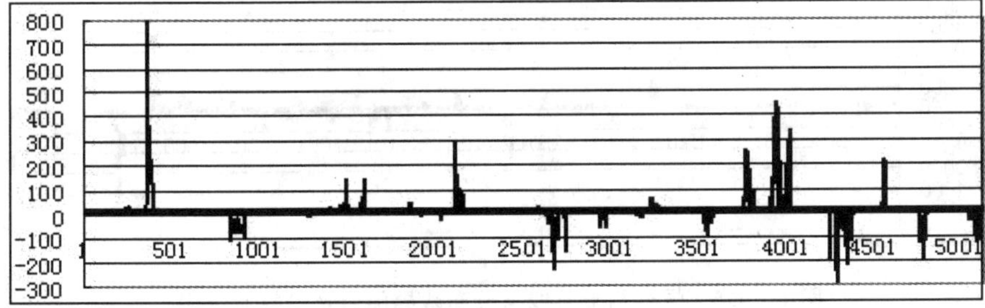

图 12.3.3　上证指数日线与分布边界图以及价格泡沫图

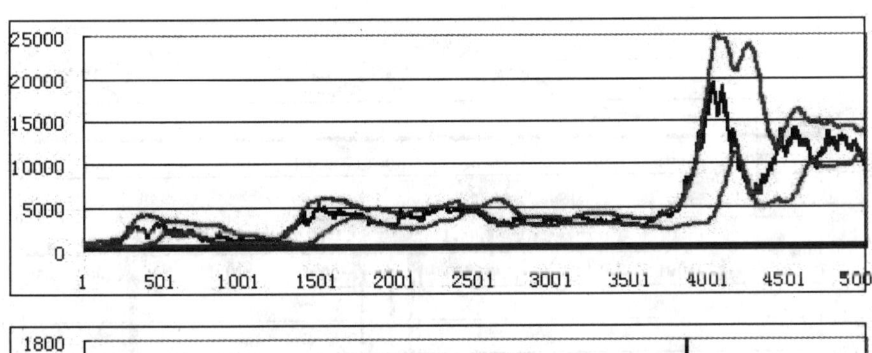

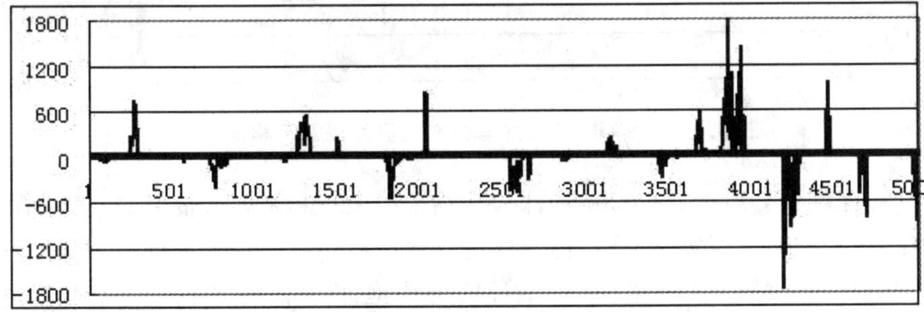

图 12.3.4　深成指数日线与分布边界图以及价格泡沫图

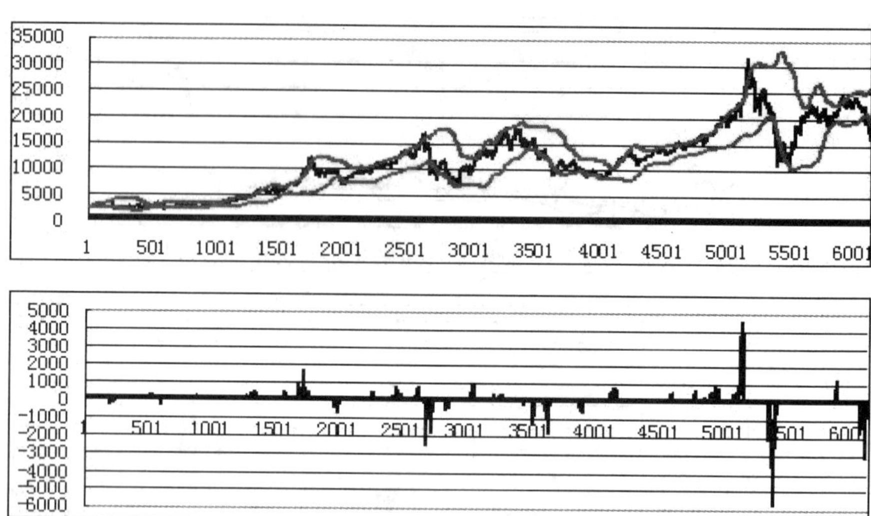

图 12.3.5　恒生指数日线与分布边界图以及价格泡沫图

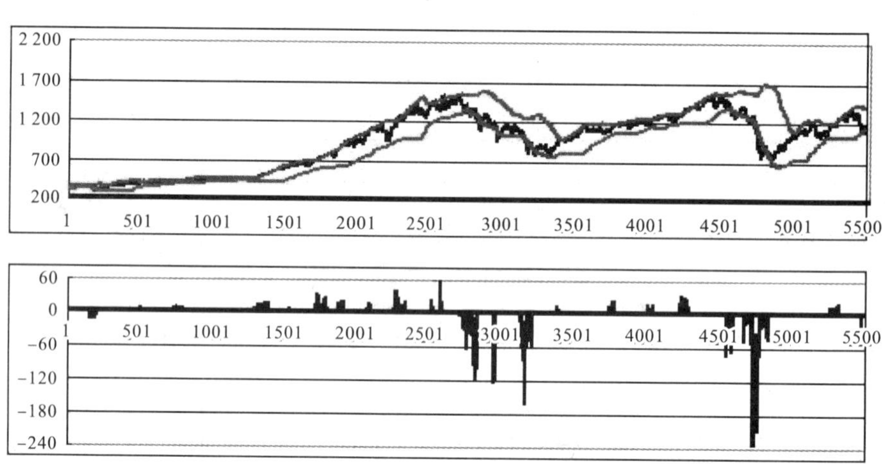

图 12.3.6　S&P500 日线与分布边界图以及价格泡沫图

3. 深圳成分股指数的价格泡沫检验结果与上证指数检验的结果几乎如出一辙，所处的时间段完全一致，但幅度的次序有所不同。由于深圳股市早期没有价格管制，所以，1992 年 5 月 21 日的价格泡沫并非幅度第一而是幅度第四；幅度第一的价格泡沫是 2007 年 1 月 22 日 8 343 点处，当时有 3.4%的涨幅，不久后的 10 月 30 日，深成指创历史最高位 19 531 点；幅度第二的价格泡沫是 2009 年 8 月 4 日深成指创出局部新高 13 836 点时；幅度第三的价格泡沫是 1999 年 6 月 24 日和 6 月 28 日，深证成指在 4 404 点和 4 705 点时，分别有5.5%和 7.8%的涨幅，到 29 日深成指创出新高 4 849 点。

4.深成指幅度最大的股市价格黑子（或说负向的股市价格泡沫）出现在 2008 年 6 月 17 日，再次确认向下跌破 10 000 点的第三天时，此前 4 月份深成指在 13 000 点以上徘徊了近一个月；2010 年 5 月 14 日，深证成指有 5.8%的跌幅，由 2009 年 12 月 7 日的 14 051 点下降到 9 171 点时，出现了幅度第二的股市价格黑子；1998 年 8 月 18 日，深成指由此前 5 月 4 日的 4 250 点徘徊下跌到 3 048 点时，出现了幅度第三的价格黑子；幅度第四的价格黑子是 2001 年 10 月 10 日，当深成指由 4 月 16 日的历史高点 5 074 点下跌到 3 348 点时。

5.恒生指数幅度最大的一次价格泡沫是 2010 年 10 月 17 日 29 298 点处，随后的 30 日恒生指数创下了 31 638 的历史最高位；幅度第二的是 1994 年 1 月 4 日 12 201 点处，其实早在 1993 年 12 月 10 日，恒生指数首次冲破 10 000点并以 10 228.11 点收市就已经奠定了新一轮的牛市；幅度第三的是 2001 年 9 月 24 日 9284 点处。恒生指数幅度第一的价格黑子是 2008 年 10 月 24 日 12 618 点处，随着美国次贷风暴新一波危机的爆发，恒生指数每况愈下，更于 2008 年 10 月 27 日报出 2004 年 5 月以来的最低位 10 676.29 点；幅度第二的价格黑子是 2011 年 8 月份开始的一波下跌；幅度第三的价格黑子是 1997 年 10 月 28 日 9 059.89 点处，当时泰铢被狙击，对冲基金又开始卖空港币和港股，恒生指数下跌 1 438.31 点，当日最大曾下跌 1 722.32 点。

6.S&P500 幅度最大的一次价格泡沫是 2000 年 3 月 23 日 1 527 点处；幅度第二的是 1999 年 1 月 8 日 1 275 点处；幅度第三的是 2006 年 10 月 26 日 1 389点处；幅度第四的是 1996 年 12 月 2 日 756 点处；幅度第一的价格黑子是 2008 年 10 月 9 日 909 点处；幅度第二的价格黑子是 2002 年 7 月 23 日 797 点处；幅度第三的价格黑子是 2001 年 9 月 21 日 965 点处；幅度第四的价格黑子是 2001 年 3 月 21 日 1 122 点处。

由以上的图形检验和实证分析我们可以得出结论：分布检验法可以很好地检验出上证指数、深圳成分股指数、香港恒生指数以及美国 S&P500 指数最近 20 年出现价格泡沫的各个时间段。并且，与其他大多数价格泡沫的检验方法都存在着大量伪信号不同的是，分布检验法很少给出伪信号，因此它的结论性比较强。但分布检验法的确主要是检验价格不遵从对数正态分布的地方，所以也难免有极个别的伪信号，例如 2004 年 2 月 20 日，当上证指数在 1 721点时也检验出了泡沫信号，但此时上证指数既没有创出新高，也没有超过3%的涨幅，只是因为在此之前较长一段时间上证指数始终处于盘整形态，使得分布临界值出现互相靠拢的趋势，一旦出现幅度虽然不大但也确实突破了临界值的情况时，也能检验出股市价格泡沫的信号，但此时应为股市价格违反了对数正态分布的信号而非泡沫信号。不过从某种角度来说，股市价格违反了对数正态分布，其厚尾性质其实就意味着股市价格的收益率出现了异常，而收益率异常的地方往往是股市价格出现泡沫的时候，这从希勒超常异变性方差比检验的设计就可以得到验证。

第四节　结构突变序列的IT检验法

一、理论简介

通常宏观经济的时间序列都是非平稳的随机过程序列，观测数据的均值和方差都是时变的。我们在前面的章节中介绍了非平稳时间序列的检验及其处理，但不同的检验方法可能会给出不一致的检验结果。因为非平稳的时间序列可能会在某些时点处含有结构突变点(structural breaking points)，这些结构突变点往往表现出不一致的单整性。例如一阶单整的时间序列要求其差分是平稳的，如果某些时点处的差分体现出高阶单整性的话，往往就会导致一些检验方法的有效性降低。

著名的卢卡斯批判(Lucas，1976)也提到过这种质疑，他认为如果一个计量经济学的模型的某些参数反映的是私人行为对以前经济政策的反应函数的适应性，但政策反应函数发生改变之后，这种私人行为对新的反应函数将需要再适应，此时原先的估计参数将不能描述这种再适应。

结构突变的数据被看成是确定性的非平稳数据，是由于其确定趋势(截距或者斜率)会随时间而变，其非平稳性源于大的迁移(shift)，其原因是外生冲击，例如金融危机、石油价格冲击等。

例如下面的退势平稳过程，只要退去时间趋势就可以成为平稳过程：

$$Y_t=\alpha+\beta t+\varepsilon_t \qquad (12.4.1)$$

而下面的差分退势平稳过程，只有退势且差分之后才可以成为平稳过程。

$$Y_t=\alpha+\beta t+Y_{t-1}+\varepsilon_t \qquad (12.4.2)$$

但如果这些时间序列在某些时点处截距系数和斜率系数发生了变化，我们就称其为发生了结构突变。对于存在着结构突变的退势平稳过程而言，当用 ADF 统计量做单位根检验时，容易将其误判为非平稳过程。因此，有必要专门讨论一下存在着结构突变的时间序列。

含有结构突变的时间序列，可以根据原序列是否平稳而将其分为结构突变的趋势平稳过程和结构突变的单位根过程。又根据结构突变点是否是先验设定的而分为外生性结构突变点(已知)和内生性结构突变点(未知)。

检验时间序列时变性的经典方法是 CHOW 检验(Chow，1960)，但这是个很粗略的检验。假设我们的数据模型为：

$$Y_t=\alpha+\beta Y_{t-1}+\varepsilon_t \tag{12.4.3}$$

如果在结构突变点处我们将数据分解成两部分，其样本容量分别为：T_1 和 T_2，这两组样本分别满足模型：

$$Y_t=\alpha_1+\beta_1 Y_{t-1}+\varepsilon_t;Y_t=\alpha_2+\beta_2 Y_{t-1}+\varepsilon_t \tag{12.4.4}$$

原假设为：$H_0:\{\alpha_1=\alpha_2,\beta_1=\beta_2\}$，我们可以使用 F 统计量对原假设进行检验：

$$F=\frac{(SSR-(SSR_1+SSR_2))/k}{(SSR_1+SSR_2)/(T_1+T_2-2k)}\sim F(T_1+T_2-2k) \tag{12.4.5}$$

其中 SSR 为原模型的残差平方和，而 SSR_1 和 SSR_2 分别为两组数据所满足的模型的残差平方和；k 为模型的参数个数，这里为 2。

(一)外生性结构突变的检验

当结构突变点已知时，设为 t_B，发生在截距的突变为：$\alpha+\alpha_1 D_t$，其中 $D_t=\begin{cases}1 & t>t_B\\ 0 & t\leqslant t_B\end{cases}$；在时间趋势项 βt 上也可能发生相应的结构突变，或者两者同时发生。Perron(1989)提出过三种已知结构突变点的模型，其一是截距突变的"崩溃"模型：

$$Y_t=\alpha+\beta t+\alpha_1 D_t+\varepsilon_t \tag{12.4.6}$$

结构突变之后，时间趋势项的均值轨迹再也变不回结构突变之前的轨迹了。其二是斜率突变的"增长率"模型：

$$Y_t=\alpha+\beta_1 t+\beta_2 t^*+\varepsilon_t \tag{12.4.7}$$

其中 $t^*=\begin{cases} t-t_B & t>t_B \\ 0 & t\leqslant t_B \end{cases}$，这意味着结构突变发生在斜率而非截距上。由于斜率一般都反映变量的变化率或增长率，因此称为变化的增长率模型。其三是截距突变和斜率突变的模型：

$$Y_t=\alpha+\alpha_1 D_t+\beta_1 t+\beta_2 t^*+\varepsilon_t \tag{12.4.8}$$

对以上三个模型，原假设和备择假设都分别是：$H_0:\{\varepsilon_t\sim I(1)\}$；$H_1:\{\varepsilon_t\sim I(0)\}$，其中 I(1)表示 1 阶单整，I(0)表示平稳过程。如果能接受原假设时，时间序列就是结构突变的单位根过程；如果能接受备择假设时，时间序列就是结构突变的趋势平稳过程。因此，对结构突变的单位根检验就转化为对退势之后残差的单位根检验。

（二）内生性结构突变的检验

当数据的结构变化不是特别明显时，外生结构突变的检验就可能失效。此时的重点是如何确定在什么时间会发生结构突变？Perron、Vogelsang 等人沿袭结构突变点已知的处理方法，对所有可能的结构突变点重复上述外生性结构突变点的检验步骤。为了保证功效，在数据分割时掌握前后余留 15% 的样本容量。

此外，还有累积平方和检验、似然比检验、贝叶斯检验以及小波检验等。这些检验方法各有优劣，但在实践中应用最广泛的还是累积平方和检验，包括 IT 检验、KL 检验、卡帕 1 检验、卡帕 2 检验等（见 Sanso，2004），其中 IT 检验（Inclan & Tiao，1994）是最基本的方法。

假定时间序列 $\{Y_t\}_{t=1}^T$ 是一个零均值、互不相关的随机变量，定义其累积平方和为：

$$C_k=\sum_{t=1}^{k}Y_t^2\,(k=1,\cdots,T) \tag{12.4.9}$$

其中心化序列为：

$$D_k=\frac{1}{T\sqrt{T}}(TC_k-kC_T)=\frac{C_T}{\sqrt{T}}\left(\frac{C_k}{C_T}-\frac{k}{T}\right)(k=1,\cdots,T) \tag{12.4.10}$$

显然数据的两个端值为零：$D_T(0)=D_T(T)=0$。当时间序列 $\{Y_t\}_{t=1}^T$ 满足无条件方差不变的零假设时，由（12.4.7）式定义的统计量 D_k 的值会在零附近震荡。如果画出 D_k 对 k 的散点图，看起来会像是一条水平线。但如果时间序列 $\{Y_t\}_{t=1}^T$ 不满足无条件方差不变的备择假设时，统计量 D_k 会在发生

结构突变的 $k=k^*$ 时达到最大值，因此，我们可以计算 $|D_{k^*}|=\max\limits_{1\leqslant k\leqslant T}|D_k|$，如果其值大于某个事先选取的临界值的话，就可以认为 $k=k^*$ 为结构突变点。

Inclan & Tiao(1994)给出的 IT 检验为：

$$|D_{k^*}^*|=\sqrt{\frac{T}{2}}\max_{1\leqslant k\leqslant T}\left|\frac{C_k}{C_T}-\frac{k}{T}\right|=\frac{T\max\limits_{1\leqslant k\leqslant T}D_k}{\sqrt{2}C_T}(k=1,\cdots,T) \tag{12.4.11}$$

在这个 IT 检验的统计量中暗含着一个检验等方差的 F 统计量：

$$F_{T-k,k}=\frac{(C_T-C_k)/(T-k)}{C_k/k}=k\frac{(T-k)-\sqrt{2T}D_k^*}{(T-k)(\sqrt{2T}D_k^*+k)} \tag{12.4.12}$$

$$D_k^*=\frac{k(T-k)}{\sqrt{2T}}\frac{1-F_{T-k,k}}{k+(T-k)F_{T-k,k}} \tag{12.4.13}$$

这个 F 统计量检验的是等方差的原假设。

二、实证检验

(一)数据及其整理

我们选取上证指数 1990 年 12 月 19 日至 2011 年 11 月 3 日的收盘数据共计 5 073 个样本，在一个 Excel 的工作簿中，建立如图 12.4.1 的数据集合。A 列为样本序号 k；B 列为数据的时间；C 列为上证指数收盘指数；D 列为 C 列的对数；E 列为上证指数的日收益率，E3 单元格中的计算公式为："＝D3－D2"；F 列计算的是标准正态统计量："＝(E2－AVERAGE($E$2:E2))/SQRT(VAR($E$2:E2))"，但 F2 单元格里返回的是无效数字，可将其改为 0；G 列为 F 列的平方；II 列开始对 G 列求累计和。

I2 =ABS($H2/$H$5074-$A2/5073)*SQRT(5073/2)

	A	B	C	D	E	F	G	H	I	J	K	L
1	k	T	P	LP	R	Sigma	SQR	SUMofF	D1	D2	D3	D4
2	1	901219	99.98	4.605	0.0006	0	4E-07	4E-07	0.0099	0.021	0.037	0.2886
3	2	901220	104.39	4.6481	0.0432	0.7071	0.0019	0.0019	0.0088	0.02	0.542	0.2614
4	3	901221	109.13	4.6925	0.0444	0.6021	0.002	0.0038	0.0291	0.018	1.157	0.2157
5	4	901224	114.55	4.741	0.0485	0.6365	0.0023	0.0062	0.0553	0.011	1.897	0.1061
6	5	901225	120.25	4.7896	0.0486	0.5617	0.0024	0.0085	0.0816	0.004	2.64	0.0051
7	6	901226	125.27	4.8305	0.0409	0.1744	0.0017	0.0102	0.0974	0.005	3.156	0
8	7	901227	125.28	4.8306	8E-05	-1.465	6E-09	0.0102	0.0874	0.027	3.119	3.1188
9	8	901228	126.45	4.8398	0.0093	-0.918	9E-05	0.0103	0.0788	0.047	3.11	3.1099
10	9	901231	127.61	4.849	0.0091	-0.835	8E-05	0.0104	0.0702	0.067	3.1	3.1001
11	10	910102	128.84	4.8586	0.0096	-0.75	9E-05	0.0105	0.0617	0.087	3.093	3.0931

图 12.4.1　数据及其计算结果集合

（二）第一层的全局 IT 统计量计算

1. I 列为第一层的全局 IT 统计量，我们在 I2 单元格中输入：

"＝ABS($H2/$H$5074－$A2/5073)＊SQRT(5073/2)"。

然后双击该单元格右下角出现的十字星，向下复制粘贴该计算公式。

2. 我们选取 N1：X32 区域，这是一个空白区域，图 12.4.2 只是显示了一部分。我们将样本数 5 073 放在 N16 单元格；在 N18 单元格里输入："＝MAX(H$2：H$5074)"，计算的是 IT 统计量的全局最大值 19.52；在 O16 单元格里计算与全局最大值所对应的突变点样本序号："＝MATCH(M$18，H$2：H$5074,0)"，结果为 1 122；在 O18 单元格里计算对应的样本日期："＝INDEX(B$2：B$5074，MATCH(MAX(H$2：H$5074)，H$2：H$5074，0))"，结果为 1995 年 5 月 26 日。

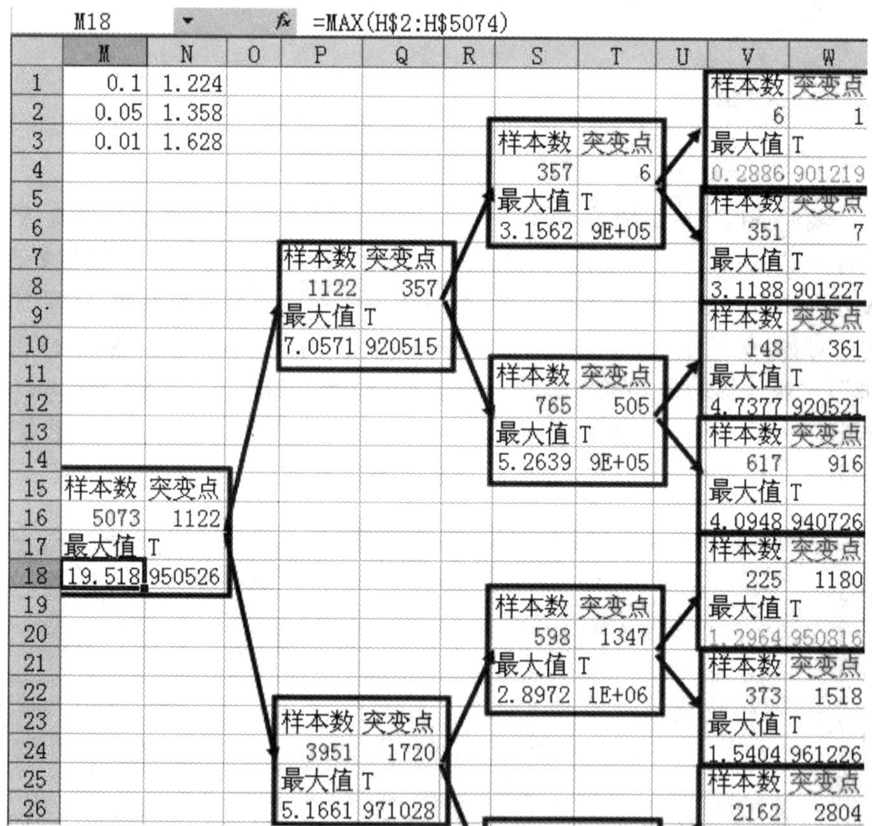

图 12.4.2　前段数据四级突变点的计算

2. 第一层的全局突变点是在 1995 年 5 月 26 日，IT 的第一层最大值达到了 19.518。M1:M3 区域给出的是不同的置信度：10%、5%、1%；N1:N3 则分别是对应于 M1:M3 置信度下的 IT 临界值 1.224、1.358、1.628。可见即使是在 1%的置信度下，第一层 IT 统计量的最大值 19.518 也大于临界值，因此，可以判断这是个突变点。

(三)第二层的两个二级 IT 统计量计算

我们将样本分为两部分，其一是 1995 年 5 月 26 日之前的，其二是在此之后的。

1. 在 J2 单元格里输入："=ABS($H2/$H$1123-$A2/1122)*SQRT(1122/2)"，计算的是第一部分样本的 IT 统计量，并将这个公式下拉至 J1124 单元格，J1123 单元格里面的数值应为零。

2. 我们把 J1124 单元格里的计算公式改为："=ABS(($H1124-$H$1123)/($H$5074-$H$1123)-($A1124-$A$1123)/(5073-1122))*SQRT(5073-1122)/2)"，并双击该单元格右下角出现的十字星，将这个公式向下复制粘贴。

3. 在 Q8、Q24 单元格里分别输入计算公式："=$O$16"、"=$N$16-$Q$8"，计算的分别是前后两部分数据的样本容量 1 122、3 951；在 Q10、Q26 单元格里分别输入："=MAX(J$2:J$1123)"、"=MAX(J$1123:J$5074)"，计算的分别是这两部分数据的 IT 最大值 7.06、5.17，可见都大于 IT 统计量 1%置信度下的临界值；在 R8、R24 单元格里分别输入："=MATCH(Q$10,J$2:J$1123,0)"、"=MATCH(Q$26,J$1123:J$5074,0)+$Q$8-1"，计算的分别是前后两段数据的突变点样本序号 357、1 720；在 R10、R26 单元格里分别输入："=INDEX(B$2:B$1123,MATCH(MAX(J$2:J$1123),J$2:J$1123,0))"、"=INDEX(B$1123:B$5074,MATCH(MAX(J$1123:J$5074),J$1123:J$5074,0))"，计算的分别是两个突变点的对应日期 1992 年 5 月 15 日。

(四)第三层的四个三级 IT 统计量计算

我们将样本分为四部分，其一是 1992 年 5 月 15 日之前的，其二是在此之后至 1995 年 5 月 26 日的，其三是 1995 年 5 月 26 日至 1997 年 10 月 28 日之间的，其四是 1997 年 10 月 28 日之后的数据。

1. 在 K2 单元格里输入："=ABS($H2/$H$358-$A2/357)*SQRT(357/2)"，计算的是第一部分样本的 IT 统计量，并将这个公式下拉至 K358 单元格，K358 单元格里面的数值应为零。

2. 我们把 K359 单元格里的计算公式改为:“= ABS(($H359 - $H$358)/ ($H$1123- $H$358) -($A359 - $A$358)/($A$1123- $A$358)) * SQRT(($A$1123 - $A$358)/2)”,并双击该单元格右下角的十字星将这个公式向下复制粘贴。

3. 我们把 K1124 单元格里的计算公式改为:“= ABS(($H1124 - $H$1123)/ ($H $1721 - $H $1123) - ($A1124 - $A $1123)/($A$1721- $A$1123)) * SQRT(($A$1721 - $A$1123)/2)”,并双击该单元格右下角的十字星将这个公式向下复制粘贴。

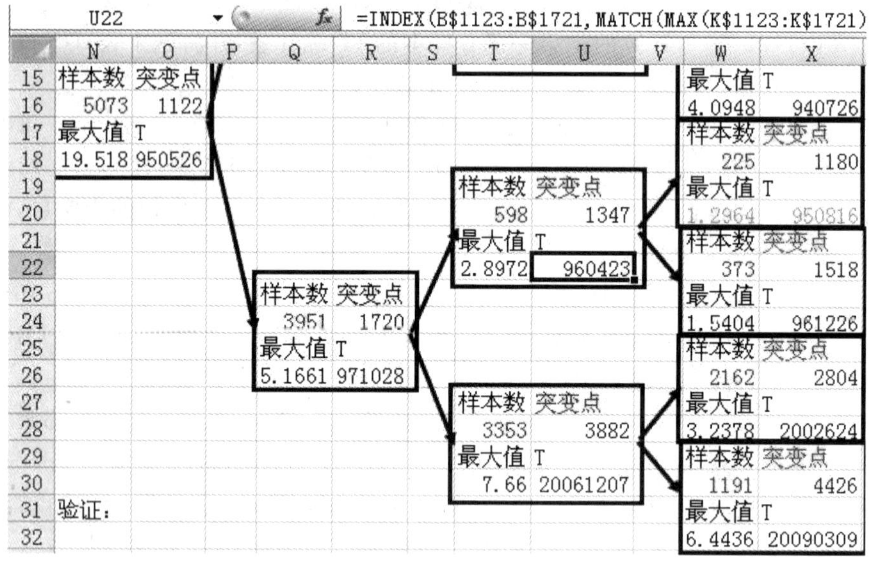

图 12.4.3 后段数据四级突变点的计算

4. 我们把 K1722 单元格里的计算公式改为:“= ABS(($H1722 - $H$1721)/ ($H $5074 - $H $1721) - ($A1722 - $A $1721)/($A$5074- $A$1721)) * SQRT(($A$5074 - $A$1721)/2)”,并双击该单元格右下角的十字星将这个公式向下复制粘贴。

5. 见图 12.4.2、12.4.3 ,在 T4、T12、T20、T28 单元格里分别输入:“= $R$8”、“= $O$16 - $T$4”、“= $R$24 - $O$16”、“= $R$24 - $O$16”,计算的分别是各部分数据的样本容量 357、765、598、3 353;在 T6、T24、T32、T40 单元格里分别输入:“= MAX(K$2:K$358)”、“= MAX(K$358:1123)”、“= MAX(K $1123: K $1721)”、“= MAX(K $1721: K

＄5074)”，计算的是各部分数据的 IT 最大值 3.16、5.26、2.90、7.66；这些 IT 统计量的最大值都是大于 IT 1％置信度下的临界值的。

6.在 U4、U12、U20、U28 单元格里分别输入：“＝MATCH(T＄6，K＄2：K＄358，0)”、“＝MATCH(T＄14，K＄358：K＄1123，0)＋＄R＄8－1”、“＝MATCH(T＄22，K＄1123：K＄1721，0)＋ ＄O＄16－1”、“＝MATCH(T＄30，K＄1721：K＄5074，0)＋＄R＄24－1”，计算的分别是各段数据的突变点样本序号 6、505、1 347、3 882；在 U6、U14、U22、U30 单元格里分别输入：“＝INDEX(B＄2：B＄358，MATCH(MAX(K＄2：K＄358)，K＄2：K＄358，0))”、“＝INDEX(B＄358：B＄1123，MATCH(MAX(K＄358：K＄1123)，K＄358：K＄1123，0))”、“＝INDEX(B＄1123：B＄1721，MATCH(MAX(K＄1123：K＄1721)，K＄1123：K＄1721，0))”、“＝INDEX(B＄1721：B＄5074，MATCH(MAX(K＄1721：K＄5074)，K＄1721：K＄5074，0))”，计算的是突变点的日期 1990 年 12 月 26 日、1992 年 12 月 11 日、1996 年 4 月 23 日、2006 年 12 月 7 日。

(五)第四层的八个三级 IT 统计量计算

1.样本划分

根据前三层共计 7 个突变点，我们将样本划分为以下八部分：

(1)1990 年 12 月 19 日至 1990 年 12 月 26 日；

(2)1990 年 12 月 19 日至 1992 年 5 月 15 日；

(3)1992 年 5 月 15 日至 1992 年 12 月 11 日；

(4)1992 年 12 月 11 日至 1995 年 5 月 26 日；

(5)1995 年 5 月 26 日至 1996 年 4 月 23 日；

(6)1996 年 4 月 23 日至 1997 年 10 月 28 日；

(7)1997 年 10 月 28 日至 2006 年 12 月 7 日；

(8)2006 年 12 月 7 日至 2011 年 11 月 3 日。

2.计算八部分样本的 IT 统计量值

(1)在 L2 单元格里输入：“＝ABS(＄H2/＄H＄7－＄A2/6)＊SQRT(6/2)”，计算的是第(1)部分样本的 IT 统计量，将这个公式下拉至 L7 单元格，L7 单元格的数值应为零。

(2)把 L8 单元格里的公式改为：“＝ABS((＄H8－＄H＄7)/(＄H＄358－＄H＄7)－(＄A8－＄A＄7) /(＄A＄358－＄A＄7))＊SQRT((＄A＄358－＄A＄7)/2)”，计算的是第(2)部分样本的 IT 统计量，双击该单元格右下角的十字星将这个公式向下复制粘贴。

(3)把 L359 单元格里的公式改为:"=ABS(($H359-$H$358)/($H$506-$H$358)-($A359-$A$358)/($A$506-$A$358))*SQRT(($A$506-$A$358)/2)",计算的是第(3)部分样本的IT统计量,双击该单元格右下角的十字星将这个公式向下复制粘贴。

(4)把 L507 单元格里的公式改为:"=ABS(($H507-$H$506)/($H$1123-$H$506)-($A507-$A$506)/($A$1123-$A$506))*SQRT(($A$1123-$A$506)/2)",计算的是第(4)部分样本的IT统计量,双击该单元格右下角的十字星将这个公式向下复制粘贴。

(5)把 L1124 单元格里的公式改为:"=ABS(($H1124-$H$1123)/($H$1348-$H$1123)-($A1124-$A$1123)/($A$1348-$A$1123))*SQRT(($A$1348-$A$1123)/2)",计算的是第(5)部分样本的IT统计量,双击该单元格右下角的十字星将这个公式向下复制粘贴。

(6)把 L1349 单元格里的公式改为:"=ABS(($H1349-$H$1348)/($H$1721-$H$1348)-($A1349-$A$1348)/($A$1721-$A$1348))*SQRT(($A$1721-$A$1348)/2)",计算的是第(6)部分样本的IT统计量,双击该单元格右下角的十字星将这个公式向下复制粘贴。

(7)把 L1722 单元格里的公式改为:"=ABS(($H1722-$H$1721)/($H$3883-$H$1721)-($A1722-$A$1721)/($A$3883-$A$1721))*SQRT(($A$3883-$A$1721)/2)",计算的是第(7)部分样本的IT统计量,双击该单元格右下角的十字星将这个公式向下复制粘贴。

(8)把 L3884 单元格里的公式改为:"=ABS(($H3884-$H$3883)/($H$5074-$H$3883)-($A3884-$A$3883)/($A$5074-$A$3883))*SQRT(($A$5074-$A$3883)/2)",计算的是第(8)部分样本的IT统计量,双击该单元格右下角的十字星将这个公式向下复制粘贴。

3.八部分数据样本容量的计算

见图 12.4.2、12.4.3,在 W2、W6、W10、W14、W18、W22、W26、W30 单元格里分别输入:"=$U$4"、"=$T$4-$W$2"、"=$U$12-$R$8"、"=$T$12-$W$10"、"=$U$20-$O$16"、"=$T$20-$W$18"、"=$U$28-$R$24"、"=$N$16-$U$28",计算的分别是各部分数据的样本容量 6、351、148、617、225、373、2 162、1 191。

4.八部分样本IT统计量最大值的计算

在 W4、W8、W12、W16、W20、W24、W28、W32 单元格里分别输入:"=MAX(L$2:L$7)"、"=MAX(L$7:L$358)"、"=MAX(L$358:L

$506)"、"=MAX(L$506:L$1123)"、"=MAX(L$1123:L$1348)"、"=MAX(L$1349:L$1721)"、"=MAX(L$1721:L$3884)"、"=MAX(L$3883:L$5074)",计算的是各部分数据的IT最大值0.29(这个不显著)、4.63、4.74、4.09、1.30(这个在10%置信度下勉强显著)、1.54(5%置信度下显著)、3.24、6.44。

5. 八部分样本突变点序号的计算

在X2、X6、X10、X14、X18、X22、X26、X30单元格里分别输入:"=MATCH(W$4,L$2:L$7,0)";"=MATCH(W$8,L$7:L$358,0)+$W$2-1";"=MATCH(W$12,L$358:L$506,0)+$T$4-1";"=MATCH(W$16,L$506:L$1123,0)+$U$12-1";"=MATCH(W$20,L$1123:L$1348,0)+$O$16-1";"=MATCH(W$24,L$1349:L$1721,0)+$O$16-1";"=MATCH(W$28,L$1721:L$3884,0)+$R$24-1";"=MATCH(W$32,L$3883:L$5074,0)+$U$28-1";这些单元格计算的分别是各段数据的突变点样本序号1(不显著)、294、361、916、1 180(不显著)、1 518、2 804、4 426。

6. 八部分样本突变点所在日期的计算

在X4、X8、X12、X16、X20、X24、X28、X32单元格里分别输入:

"=INDEX(B$2:B$7,MATCH(MAX(L$2:L$7),L$2:L$7,0))";

"=INDEX(B$7:B$358,MATCH(MAX(L$7:L$358),L$7:L$358,0))";

"=INDEX(B$358:B$506,MATCH(MAX(L$358:L$506),L$358:L$506,0))";

"=INDEX(B$506:B$1123,MATCH(MAX(L$506:L$1123),L$506:L$1123,0))";

"=INDEX(B$1123:B$1348,MATCH(MAX(L$1123:L$1348),L$1123:L$1348,0))";

"=INDEX(B$1123:B$1348,MATCH(MAX(L$1123:L$1348),L$1123:L$1348,0))";

"=INDEX(B$1721:B$3884,MATCH(MAX(L$1721:L$3884),L$1721:L$3884,0))";

"=INDEX(B$3883:B$5074,MATCH(MAX(L$3883:L$5074),L$3883:L$5074,0))";

这些单元格计算的是突变点的日期 1990 年 12 月 19 日(不显著)、1992 年 2 月 17 日、1992 年 5 月 21 日、1994 年 7 月 26 日、1995 年 8 月 16 日(不显著)、1996 年 12 月 26 日、2002 年 6 月 24 日、2009 年 3 月 9 日。

7.结构突变点的背景分析

图 12.4.4 给出的是所有四个层次突变点的总结整理,总计 13 个,两个不显著的突变点没有包括在内。从中可以看出,一些重要的价格变化时期都被包括在内。例如:

(1)1990 年 12 月 19 日,上交所开市后从第二天开始就出现了连续 5 天每天 5%的价格变化,导致市场监管层开始施行 1%的价格管制,而 12 月 26 日就是一个不太显著的结构突变点。

(2)1992 年 5 月 21 日全面放开股价,实行自由竞价交易的当天,上证指数出现 105%的涨幅,这天本身也是一个非常显著的结构突变点。

(3)还有在此之前的 1992 年 2 月 18 日,上海延中实业股份有限公司、上海飞乐股份有限公司股票率先取消涨停限幅和流量控制,实行自由竞价。当天上证指数上涨超过 5%,是 1 年多以来的最大涨幅。而前一天的 2 月 17 日也是显著的结构突变点。

(4)1992 年 5 月 27 日,自 21 日放开价格管制之后,股价大幅上涨,至 26 日已达历史高位 1 429 点,也是 1992 年最高点,然后当天转为大幅下跌,并连续两天下跌超过 8%,使得 27 日这天也成为显著的结构突变点。

(5)1994 年 7 月 26 日,是 1992 年 4 月以来的历史性底部,也是一个结构突变点。

(6)1995 年 5 月 18 日,上证指数单日涨幅 31%,几天后的 26 日也是一个结构突变点。

(7)1996 年 4 月 23 日,是后来一年多由于香港回归引起的股市大行情的开始阶段,也是一个结构突变点。

(8)1996 年 12 月 26 日,是香港回归概念行情开始后的第一次调整的底部。

(9)1997 年 10 月 28 日,是香港回归概念行情的结束,但这只是大家对行情的判断,事实上牛市一直延续至 2001 年 6 月 13 日 2 242 点的历史新高,而这大大超出了投资者的预期。

(10)2002 年 6 月 24 日,当天超过 9%的涨幅并没有结束自 2001 年 6 月份开始的调整,而是一波长达 3 年多大熊市的真正开始。

Z12 f_x =B362

	Y	Z	AA	AB	AC
1		T	P	LP	R
2		901225	120.25	4.78957	0.04976
3	3-1	901226	125.27	4.83047	0.041746
4		901227	125.28	4.83055	7.98E-05
5		920214	319.68	5.76732	0.008327
6	4-2	920217	319.77	5.7676	0.000282
7		920218	337.11	5.82041	0.054226
8		920519	598.11	6.39377	0.045976
9	2-1	920520	616.99	6.42485	0.031566
10		920521	1266.5	7.14401	1.052707
11		920520	616.99	6.42485	0.031566
12	4-3	920521	1266.5	7.14401	1.052707
13		920522	1340	7.20042	0.058034
14		920526	1301.3	7.17112	-0.08462
15	3-2	920527	1193.2	7.08439	-0.08307
16		920528	1160.2	7.05635	-0.02766
17		940725	375.39	5.92797	0.032057
18	4-4	940726	388.75	5.96294	0.03559
19		940727	371.1	5.91647	-0.0454
20		950525	696.84	6.54656	-0.06076
21	1-1	950526	727.61	6.58977	0.044156
22		950529	710.58	6.56608	-0.02341
23		960422	613.96	6.41993	-0.00671
24	3-3	960423	623.76	6.43577	0.015962
25		960424	664.65	6.49926	0.065554
26		961225	895.17	6.79701	0.034197
27	4-6	961226	924.23	6.82896	0.032463
28		961227	922.34	6.82691	0.00204
29		971027	1235.8	7.11947	0.048799
30	2-2	971028	1177.9	7.07149	-0.04685
31		971029	1184.1	7.07674	0.005264
32		2002621	1562.7	7.35417	0.030669
33	4-7	2002624	1707.3	7.44267	0.092532
34		2002625	1706.6	7.44226	-0.00041
35		20061206	2156.6	7.67629	-0.00768
36	3-4	20061207	2156.7	7.67633	4.64E-05
37		20061208	2093.6	7.64664	-0.02926
38		20090306	2193.01	7.69303	-0.01264
39	4-8	20090309	2118.75	7.65858	-0.03386
40		20090310	2158.57	7.6772	0.018794

图 12.4.4　突变点结果整理

(11)2006 年 12 月 7 日,股市开始结束盘整,走出后来长达一年的不断创历史新高的行情。这一天没什么特别,但它代表着一段时间上证指数窄幅波动的结束,此后开始了价格的大幅波动。

(12)2009 年 3 月 9 日,自 2007 年 10 月股市见顶之后从 6 252 点一路下跌至 2008 年 11 月的 1 706 点的大幅波动开始收窄,这也是样本期内的最后一个结构突变点。

表 12.4.1 给出的是 IT 统计量的临界值,我们选择的 N1:O3 区域只是大概的临界值判断,属于大样本下的,见表 12.4.1 中的最后 1 列。小样本下的具体临界值需要查更详细的表或者使用插值方法才能获得。

表 12.4.1　IT 统计量 $|D_{k^*}^*|$ 的临界值表

T	100		200		300		400		500		∞
P	q_D	SE	q_D	SE	q_D	SE	q_D	SE	q_D	SE	D_{1-p}^*
0.05	0.44	0.003	0.47	0.003	0.47	0.003	0.48	0.003	0.049	0.003	0.520
0.10	0.50	0.003	0.52	0.003	0.53	0.003	0.53	0.003	0.054	0.002	0.571
0.25	0.60	0.004	0.63	0.003	0.63	0.003	0.64	0.003	0.065	0.003	0.677
0.50	0.75	0.004	0.78	0.003	0.78	0.003	0.79	0.003	0.060	0.003	0.828
0.75	0.94	0.004	0.97	0.004	0.97	0.004	0.97	0.004	1.00	0.004	1.019
0.90	1.14	0.006	1.16	0.006	1.18	0.007	1.18	0.006	1.20	0.006	1.224
0.95	1.27	0.009	1.30	0.004	1.31	0.008	1.31	0.010	1.33	0.009	1.358
0.99	1.52	0.004	1.55	0.012	1.57	0.028	1.57	0.020	1.60	0.018	1.628

注:来自标准正态分布的 T 个独立观察值的 10 000 次重复抽样估计而得,D_{1-p}^* 被定义为:$P(\sup_t |W_t^0| < D_{1-p}^*) = p$。

资料来源:Inclan C. and George C. Tiao. Use of Cumulative Sums of Squares for Retrospective Detection of Changes of Variance[J]. Journal of the American Statistical Association, 1994,89(427):913－923.

(六)结构突变点的图形

图 12.4.5 给出的就是四级结构突变点的图形,其实是 IT 统计量的图形,系列 1 至系列 4 分别是各阶段的 IT 值。在系列 1 所表示的 IT 值最大处我们标了一个黑色的圆圈(从上至下为第 2 排);然后以该处为分割点将样本分割为两部分,并同时计算其 IT 统计量值,得到的是系列 2,其分段最大值处我们标注了 2 个蓝色的圆圈(从上至下为第 3 排);接下来是第 4 排圆圈所表示的

第三层级的 IT 统计量最大值;第四层级的 IT 统计量最大值所在之处由第一排圆圈所表示。

每一层级的圆圈都位于上面层级圆圈的两端,但级别越低,其 IT 统计量越小,为了便于观察,对后两个层级的 IT 统计量我们使用了双标度。我们认为:再继续往下做的意义不大,虽然还可能存在着低一级的结构突变点,但已经不是主要的了,更何况极有可能会有越来越多的结构突变点是不显著的。

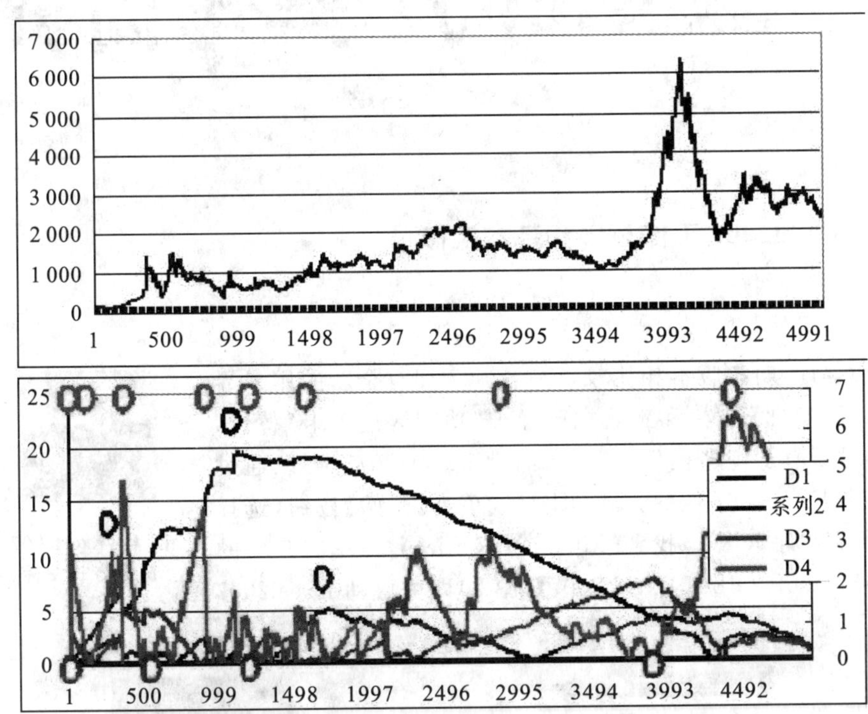

图 12.4.5　结构突变点的图形

附录

Excel2007 操作简介

一、Excel2007 工作环境和基本操作

(一)Excel2007 工作界面

与前期各版本相比较，Excel2007 拥有全新的用户界面，传统的菜单栏和工具栏已经被“功能区选项卡”替代，同时新增了许多控件。首先，启动 Excel2007。可以通过双击 Excel2007 快捷方式(图 1)或单击【开始】按钮，选择【所有程序】(图 2)找到【Microsoft Office】，再单击其中的【Microsoft Office Excel 2007】(图 3)即可启动 Excel2007 工作簿。

图 1 Excel2007 快捷方式图标

图 2 开始菜单中的所有程序子菜单

Excel2007 的工作界面如图 4 所示，绝大多数布局与功能与前期版本相同，最大的改变是将之前的菜单栏与工具栏合并成为功能区选项卡。

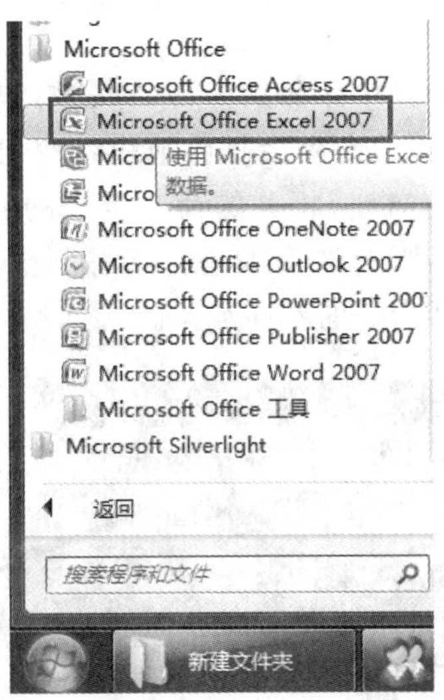

图 3　所有程序子菜单中的 **Excel2007** 快捷方式

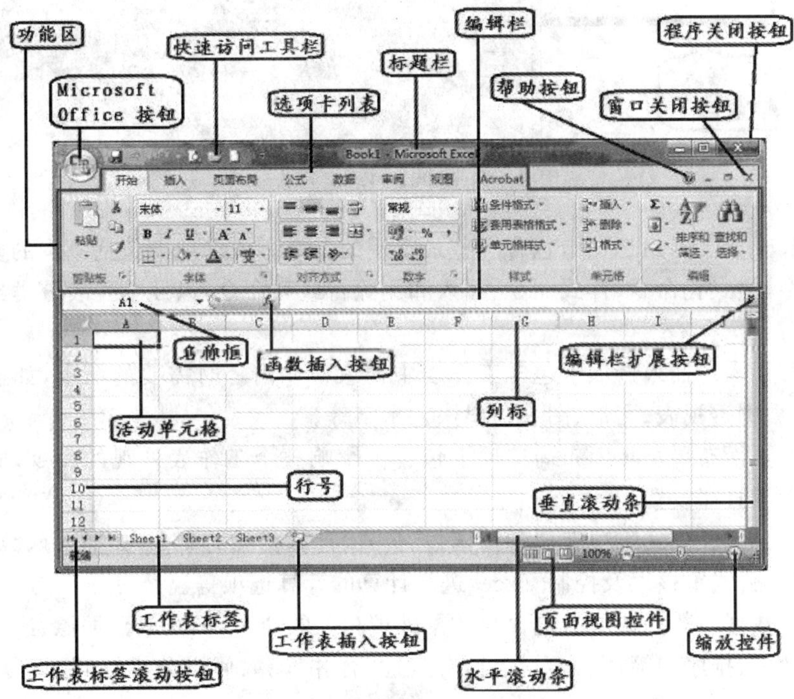

图 4　**Excel2007** 的工作界面

(二)功能区选项卡

功能区窗格位于整个程序界面的上部,标题栏的下方。根据所选择的不同的选项卡,功能区中可用的命令会相应地跟着变化。功能区由多个选项卡构成,每个选项卡都由一些密切相关的命令组成的若干个命令组组合而成。功能区中的命令组会根据当前选项卡进行动态调整,如图 5。以下简要介绍选择不同选项卡时功能区命令的不同编排。

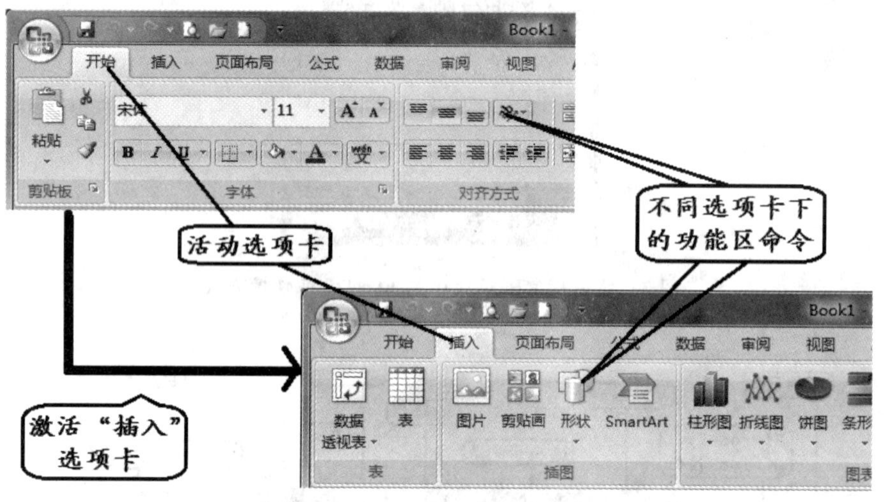

图 5　Excel2007 的功能区选项

1. 开始。开始选项卡包含一些最常用的命令。该选项卡包括基本的剪切板命令、格式化命令、样式命令、插入和删除行或列命令,以及工作表分类编辑命令等。

2. 插入。插入选项卡包含工作表中插入某些内容时需要的命令,如插入表格、数据透视表、图形、图表、符号、艺术字等。

3. 页面布局。页面布局选项卡包含了影响整个工作表外观的命令,同时也包含了打印设置。

4. 公式。公式选项卡包含与函数、公式、计算相关的命令,如插入函数、定义名称、公式审核以及控制 Excel 进行计算的计算选项等。

5. 数据。数据选项卡包含与数据处理相关的命令,如获取数据源、连接和刷新数据、排序和筛选、分列、数据有效性、合并计算、假设分析、删除重复项、组合及分类汇总等。

6. 审阅。审阅选项卡包括拼写检查、翻译文字、批注管理,以及工作簿、工作表的权限管理等。

7.视图。视图选项卡包含控制电子表格窗口浏览方面的命令以及宏命令,如视图方式、网格线、标题、编辑栏的显示/隐藏、比例显示、电子表格窗口的控制等。

(三)上下文选项卡

除了常规选项卡外,Excel2007 还包含"上下文选项卡"。当选择 Excel 工作表中一个具体的对象时(如图表、表格),功能区中就会显示处理该对象的专用选项卡,如图 6 所示。

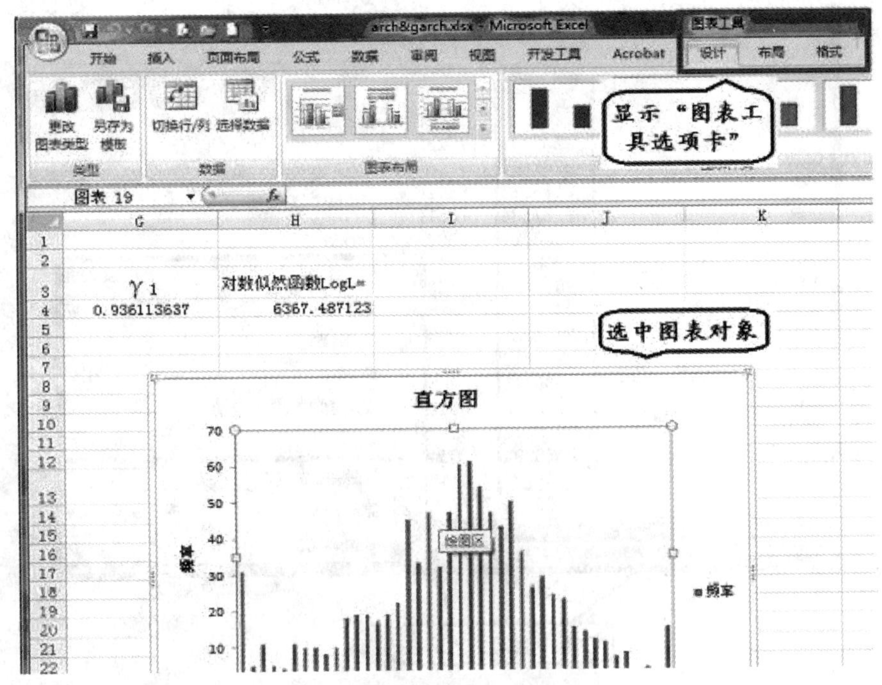

图 6 处理对象的专用选项卡

(四)增强的状态栏

Excel2007 的状态栏与早期版本相比有了很大改进,变化如下。

1.更多的统计信息

Excel2007 状态栏在统计信息的显示上比早期版本有了加强,可以选择同时显示多个统计项。将鼠标指针移动到状态栏,单击鼠标右键,在弹出的快捷菜单中选择相应的统计项即可。如图 7 所示。

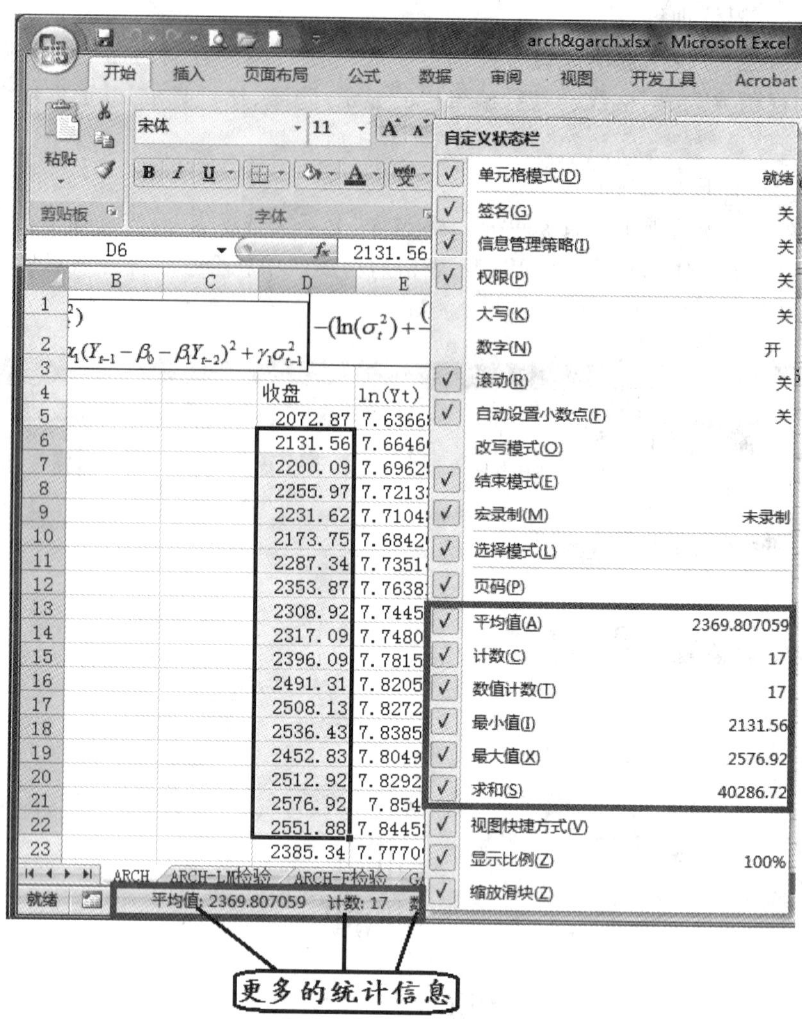

图 7 Excel2007 的统计选项

2. 页面视图控件

页面视图控件包括“普通”、“页面布局”和“分页预览”等 3 种模式，单击其中任意按钮，可以快速转到对应的工作表显示模式。

3. 缩放控件

缩放控件包括左侧“缩放级别”的数字显示和右侧“显示比例”的移动滑块两部分。单击移动滑块的“＋”或“－”，或者直接用鼠标拖动滑块都可以控制显示比例。单击“缩放级别”的数字显示按钮，打开“显示比例”对话框，可以设置精确的显示比例。

(五)熟练使用帮助

Excel2007 的联机与在线帮助是最权威、最系统，也是最优秀的学习资源之一，在对 Excel 使用产生任何疑问之时，都可以通过帮助来获取解决办法。

单击窗口右上角的“?”图标，弹出“Excel 帮助”对话框，即可输入需要搜索的内容，获取联机或在线帮助，包括 Excel2003 的相关功能如何用 Excel2007实现等，如图 8 所示。

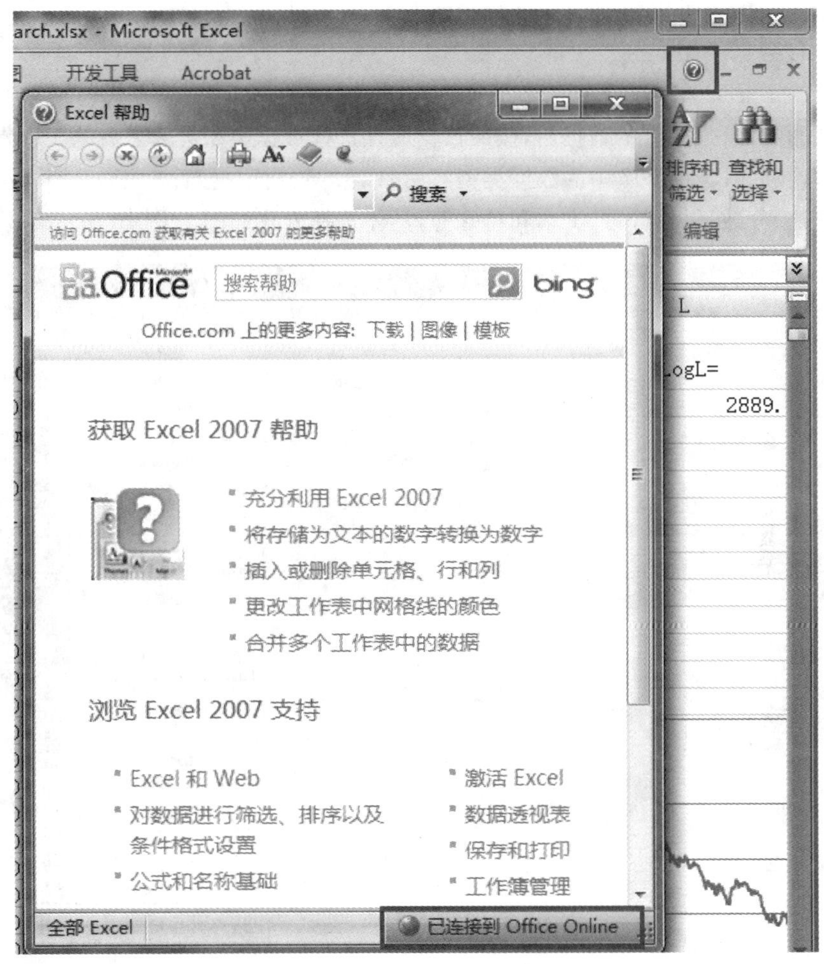

图 8 Excel2007 的帮助菜单

二、数据录入与基本分析

(一)数据录入

我们将用 Excel 来分析数据。把数据输入到 Excel 的工作表中需要把光标移动到单元格中然后键入。首先在单元格 A1 键入 X,在单元格 B1 键入 Y。用鼠标控制光标在不同的单元格间移动,或者是按 Tab 键来左右移动、用回车键来向下移动,也可以用方向键来上、下、左、右地移动。下面介绍几个数据录入时大家可以留意的几个特殊地方。

1. 数据类型

在 Excel2007 中,不同的数据类型在日常操作中会对操作方式与结果产生不同影响,录入相应的数据后,按照数据属性选择数据类型会为之后的工作提供诸多便利。Excel2007 中的数据类型有常规、数字、货币、会计专用、日期、时间、百分比、分数、科学计数、文本和特殊等,具体选择方式如图 9、图 10 所示。

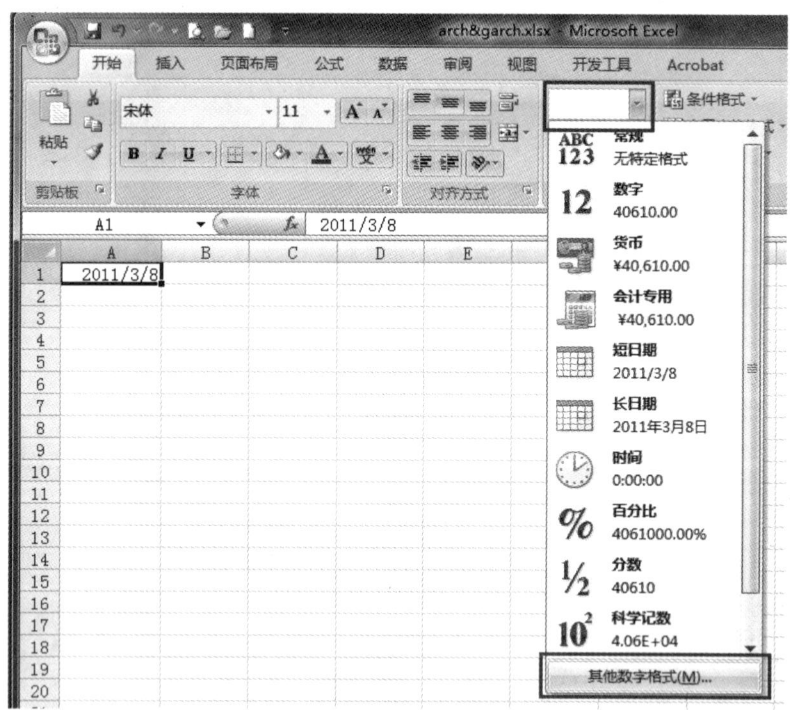

图 9　Excel2007 的数据类型

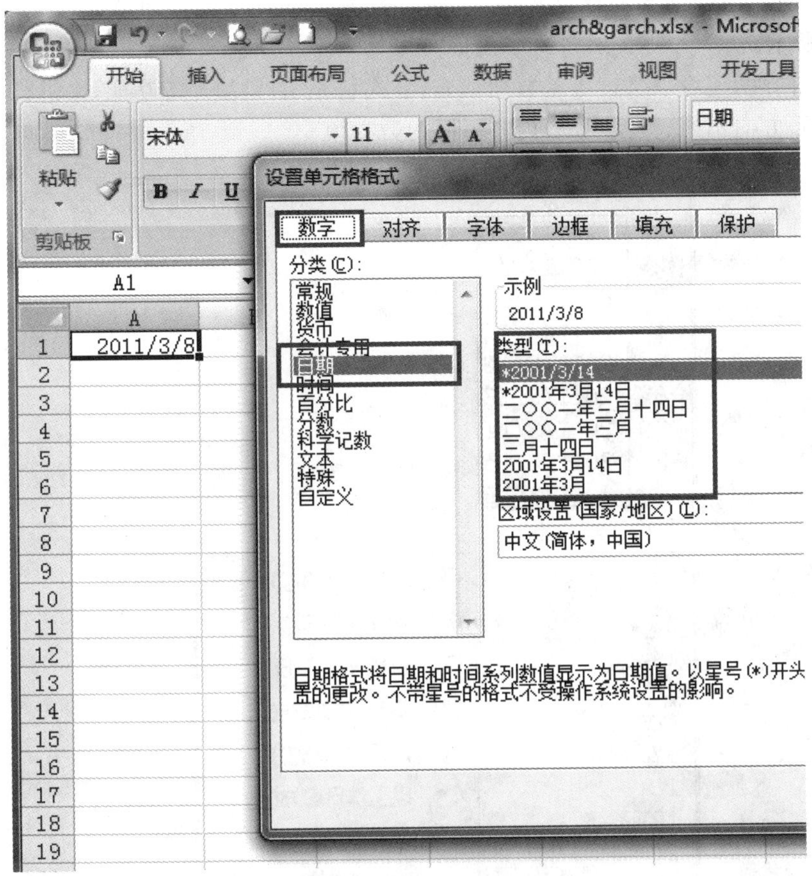

图 10　Excel2007 的数据类型

在下拉菜单或弹出的对话框中选择合适的数据类型。

2. 自动填充

自动填充先在起始单元格中键入相应内容，将光标移动到起始单元格区域右下角的黑色方块上，此时光标将由空心白色十字变成实心黑色十字，按住鼠标左键不放，向上下或左右拖曳，填充相关内容。

按住【Ctrl】键的同时拖曳单元格，这个方法在填充过程中改变了默认的填充方式。一般填充是按照文本不变、数字以 1 为步长增加，如果按住【Ctrl】键，在仅有数字的情况下，仍会以 1 为步长增加，但在包含文本的情况下，就会变成完全复制选中的单元格内容。

从 Excel2007 开始，自动填充操作完毕后会出现一个智能标记，用户可以利用它来选择不同的填充效果，不同的数据类型有不同自动填充方式，如图 11 所示。

同理，还可以尝试等差数列填充、公式填充、右键填充等功能，来进行步长不同、方向不同、类型不同、内容不同的数据填充。

图 11　Excel2007 的填充选项

3. 选择性粘贴

复制与粘贴是 Excel 中最常见的操作之一，很多时候，我们并不希望把原始区域所有的内容原封不动地粘贴过来。比如，只想复制原始区域的内容而不是公式，或者只想复制原始区域的格式而不是内容，抑或粘贴的时候希望行列转置等。

如果想要达到以上目的，可以在复制过原始区域数据后，使用“选择性粘贴”而不是“粘贴”命令。在“开始”选项卡的“粘贴”按钮的下拉菜单中可以找到这个命令，在右键快捷菜单中也可以找到这个命令，如图 12 所示。

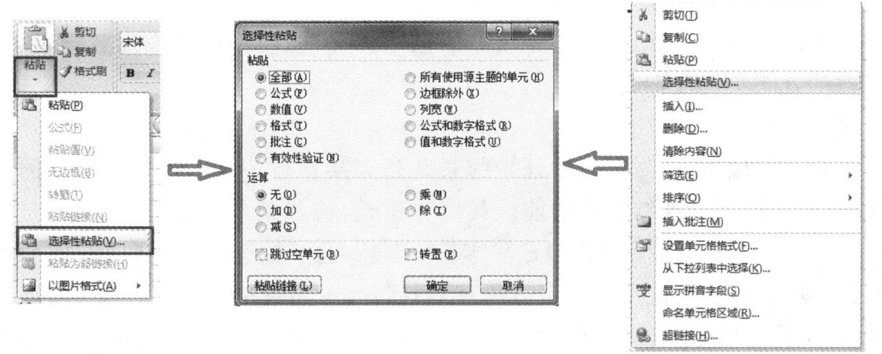

图 12　Excel2007 的选择性粘贴

“选择性粘贴”有很多选项，下面对它们的含义进行简要介绍：

(1)全部：粘贴所复制的数据的所有单元格内容和格式；

(2)公式：仅粘贴在编辑栏中呈现的数据和公式；

(3)数值：仅粘贴在单元格中显示的所复制数据的数值；

(4)格式：仅粘贴所复制数据的单元格格式；

(5)批注：仅粘贴附加到所复制单元格的批注；

(6)所有使用原主题的单元：粘贴所有的单元格内容，并保留复制数据原先使用的主题格式；

(7)有效性验证：将所复制的单元格的数据有效性验证规则粘贴到粘贴区域；

(8)边框除外：粘贴应用到所复制的单元格的所有单元格内容和格式，边框除外；

(9)列宽：将所复制的某一列或某个列区域的宽度粘贴到另一列或另一个列区域；

(10)公式和数字格式：仅粘贴所复制的单元格中的公式和所有的数字格式选项；

(11)值和数字格式：仅粘贴所复制的单元格中的值和所有的数字格式选项；

(12)运算：对复制的值和目标单元格的值进行运算；

(13)跳过空单元格：如果选中此复选框，则当复制区域有空单元格时，可避免替换粘贴区域中的值；

(14)转置：选中此复选框，可将所复制数据的列变成行，将行变成列；

(15)粘贴链接:将所粘贴的数据连接到活动工作表上所复制的数据。

使用“选择性粘贴”时,某些粘贴选项可以分次进行,产生叠加效果,以更灵活的方式实现复杂的效果。

4.冻结窗口

在日常应用中,需要表格开始的某几列和某几行一直保持置顶居前的位置,此时可以选择冻结窗口功能。具体方法是:选择某单元格,此位置就是进行冻结的分割点,选择【视图】选项卡【冻结窗格】下拉菜单中的【冻结拆分窗格】命令,即可实现此单元格上方所有的行与此单元格左侧所有的列保持冻结状态,如图13所示。冻结内容一般是表格的行、列标题,以便在表中数据滚动时始终能看到标题。

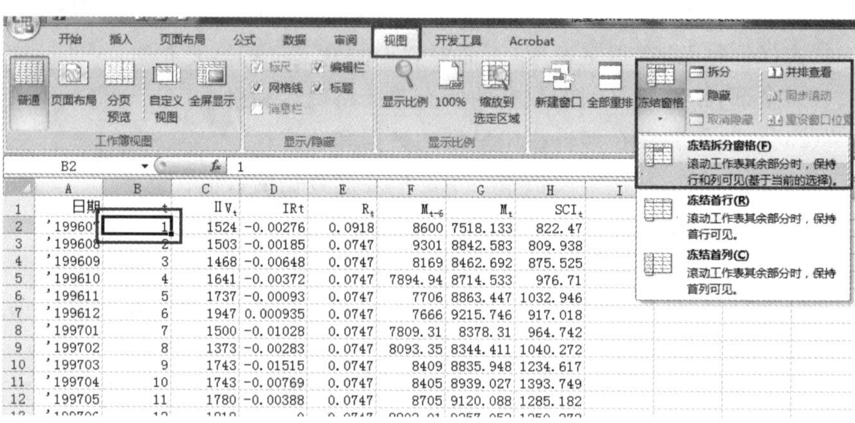

图13　Excel2007的冻结窗口

如需取消冻结,重复上述操作即可。

(二)基本数据分析

1.排序

排序是日常Excel操作中经常使用的内容,在对Excel表格中的记录进行排序时,可以选择表格数据中的任意多个字段为关键字,并赋予不同优先级,对表格数据进行排序。在排序时,首先选中需要排序的区域,然后单击【开始】选项卡【排序和筛选】下拉菜单中的【自定义排序】命令,弹出相应对话框,如图14所示。

图 14　Excel2007 的排序功能

或单击【数据】选项卡中的【排序】菜单，如图 15 所示。

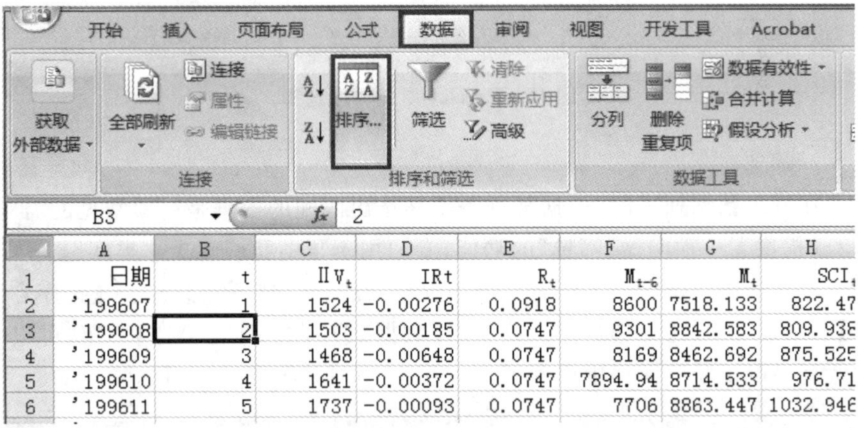

图 15　Excel2007 的排序菜单

弹出【自定义排序】对话框，可以对需要排序的条件进行添加删除，设定优先级，选择是否含有标题行，并调整排序依据与次序，如图 16 所示。

特殊情况下，单击【选项】按钮，在弹出的【排序选项】对话框中，我们可以按行排序或按字母、笔画顺序排序。

图 16　Excel2007 的排序选择

2. 筛选

在管理数据列表时，根据某种条件筛选出匹配的数据是一项常见的需求，Excel 提供了一种叫做“筛选”的功能，专门用于帮助我们解决这类问题。

首先选中数据区域的任意一个单元格，然后单击【开始】选项卡【排序和删选】下拉菜单中的【筛选】按钮，或单击【数据】选项卡中的【筛选】按钮，可以看到所有字段标题单元格中出现了下拉箭头，完成自动筛选，如图 17、图 18。

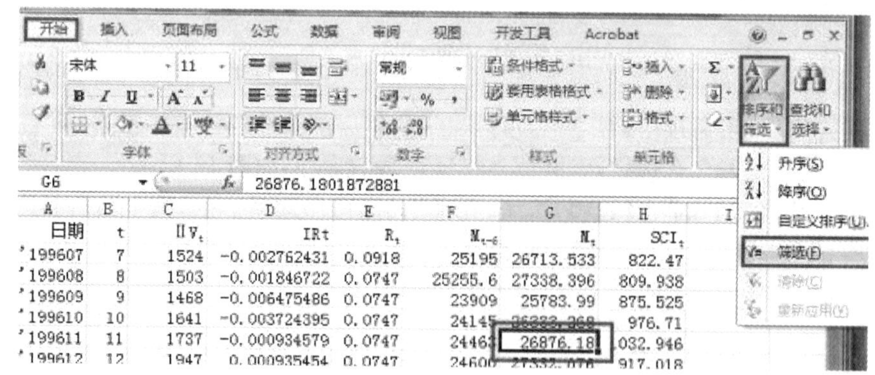

图 17　Excel2007 的筛选功能

单击需要筛选的标题单元格中通过自动筛选产生的倒三角，通过【文本筛

图 18　Excel2007 的筛选菜单

选】或【数字筛选】(根据被筛选的数据类型,系统自动确定)对数据表进行高级筛选,如图 19。

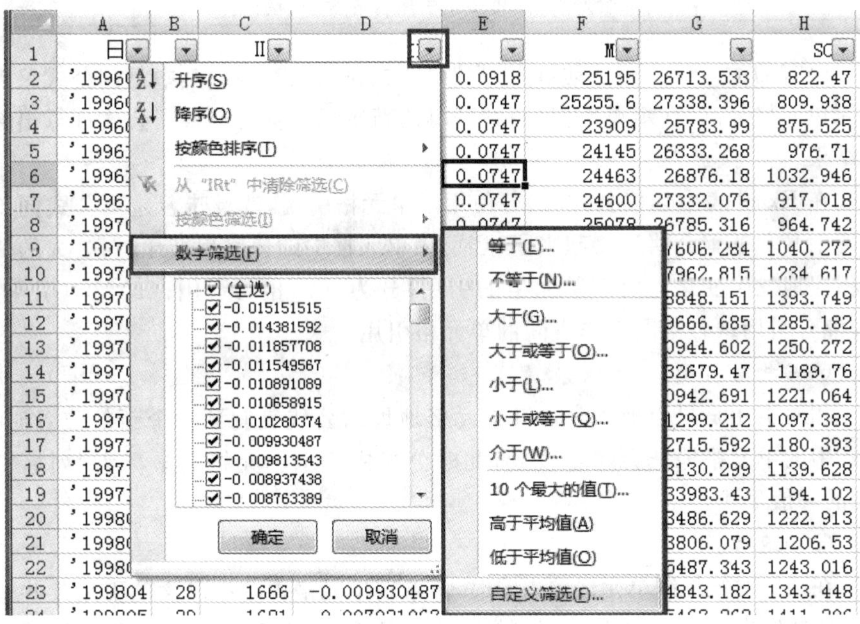

图 19　Excel2007 的筛选选项

三、公式及函数运用

Excel 允许用户使用公式对工作表的数值进行加减乘除等计算，每个 Excel 公式必须包含如下 3 个基本元素：(1)以等于号(＝)起始，这是公式或函数的标志；(2)用于计算的数据或单元格引用；(3)数学运算符(如表 1 所示)。

表 1　Excel 的运算符

运算符类型	符号	功能	运算符类型	符号	功能
算术运算符	+	加法	比较运算符	=	等号
	−	减法		>	大于号
	*	乘法		<	小于号
	/	除法		>=	大于等于号
	%	百分比		<=	小于等于号
	^	乘方		<>	不等于号
文本运算符	&	将两个文本连成一个文本			
引用运算符	:	区域运算符，对两个引用之间，包括两个引用在内的所有单元格进行引用			
	,	联合操作符，将多个引用合并为一个引用			

公式的输入通常有手动输入、复制公式、自动填充等。其中复制公式只需将原单元格复制，在新单元格中粘贴即可，新单元格会自动根据公式计算出新的结果。

在 Excel 表中创建公式时，若使用了单元格引用，就意味着这个公式同工作簿中其他的单元格连接起来了，当引用单元格中的值发生变化时，公式的值也相应地发生变化。对于单元格的引用，分为：(1)相对引用；(2)绝对引用；(3)混合引用；(4)不同工作表间的单元格引用。

(一)相对引用

相对引用是只当把一个含有单元格地址的公式复制到一个新的位置时，公式中的单元格地址会随着改变，此时公式中表示单元格的坐标为“列标行号”的一般形式。

(二)绝对引用

在某些时候复制单元格的内容时，不希望单元格内容中包含的引用某些单元格地址发生变动，此时就需要绝对引用。对单元格的绝对引用方法，是将不想变动的单元格地址行号和列标前加上“＄”号，即变为“＄列标＄行号”格式。

(三)混合引用

混合引用是指在复制时只有行号不变或只有列标不变，即仅在行号或仅在列标前加“$”号，将单元格格式变为“$列标行号”或“列标$行号”的形式。

(四)不同工作表间的单元格引用

有些时候创建公式可能会遇到不同工作表间的单元格引用，此时单元格引用的格式为：“工作表名！单元格名”，在此时引用的单元格名，也可以用“$”进行绝对引用或者混合引用。

Excel 为用户设计、提供了大量的统计分析函数，如统计、财务、金融等函数。用户在使用这些函数时，仅需输入函数名即可调用。

每个 Excel 函数由 4 个基本要素组成：(1)等于号(=)，这是公式和函数开始的标志；(2)函数名；(3)括号()；(4)函数参数，指函数运算所需的数据，一般为常数、单元格引用或另一个函数。

(五)内部函数的使用方法

以下以求和函数 SUM 为例说明函数的使用方法。

1.用功能区中的自动求和快捷按钮【∑】求和

选择 A2:G2 单元格，单击【开始】选项卡【编辑】区域【∑】旁的倒三角，选择【求和】，则 A2:F2 单元格数值之和即被填充在 G2 单元格中，如图 20 所示。

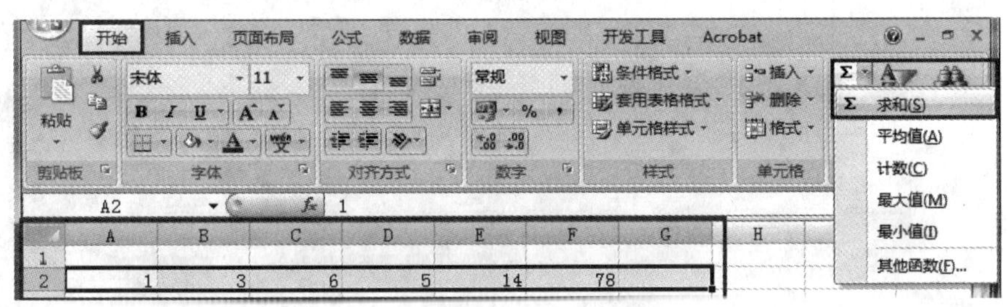

图 20 Excel2007 的求和

2.在编辑栏中直接输入求和函数

选中 G2 单元格，在编辑栏中输入“=SUM(A2:F2)”，按【回车】确认，结果即在 G2 单元格中显示，如图 21。同时在输入公式的过程中，Excel 也会十分智能地提示公式供使用者选择。

3.通过【公式】选项卡功能区菜单按钮调用函数

选中 G2 单元格，单击【公式】选项卡功能区的【自动求和】(【∑】)按钮，即可编辑需要计算求和的区域，如图 22 所示。

图 21 Excel2007 的求和函数

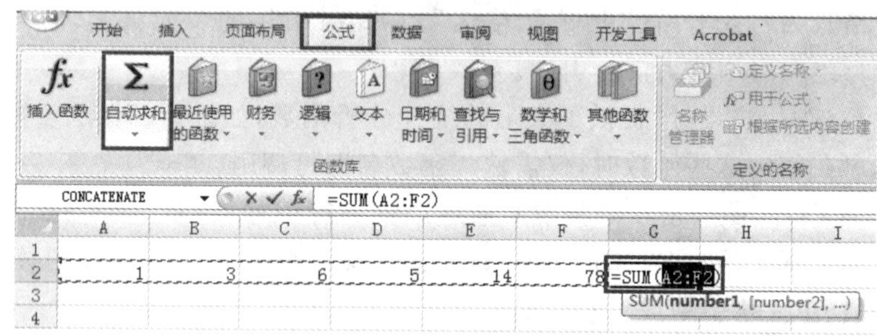

图 22 Excel2007 选项卡功能区的菜单按钮

Excel 为用户提供了众多的函数类别，可以通过单击【公式】选项卡功能区的【插入函数】，调出【插入函数】对话框，输入函数关键字或者在列表中，寻找所需函数，如图 23 所示。

图 23 Excel2007 插入函数菜单

四、图表

图表是利用工作表中的数据创建的，其中包含了很多有用的数据信息。使用图表可以使数据显示更形象更直观。

Excel2007 为我们绘制统计图表提供了一整套便利的制作技术，下面以图 24 中的数据为例，介绍创建统计图表的一般步骤。

	A	B
1	板块名称	市盈率(TTM,整体法)
2	SW食品加工	53
3	SW食品制造	55
4	SW饮料制造	41
5	SW纺织	73
6	SW服装Ⅱ	35
7	SW贸易Ⅱ	35
8	SW餐饮Ⅱ	69
9	SW景点	69
10	SW酒店Ⅱ	50
11	SW旅游综合Ⅱ	56
12	SW百货零售	42
13	SW专业连锁	35
14	SW商业物业经营	50
15	SW化学制药	38
16	SW生物制品Ⅱ	40
17	SW医疗器械Ⅱ	66
18	SW医药商业Ⅱ	40
19	SW中药Ⅱ	51

图 24 数据实例

1. 单击【插入】选项卡中【图表】功能区的按钮来选择需要制作的图形(如图 25)，本节以直方图为例，显示截止到制图日中国 A 股市场防御性行业申万二级子行业的 TTM 整体法下的市盈率情况。

2. 此时，在工作表中央显示空白图表。单击新出现的图标工具活动选项卡【设计】下的【数据选择】按钮，弹出【选择数据源】对话框，进行需要制图的数据的选择，图例项及水平轴标签的设定，如图 26。

3. 在【图表数据区域】中，输入需要制图的数据源，注意要包括标题行和名称列，Excel2007 会自动将标题行作为纵轴标签，将名称列作为水平轴标签，且通过单击【切换行/列】键可以使图例项和水平轴标签互相切换。在选择数据时，可以按住【Ctrl】不放，用鼠标左键分别选择仅需要在图表中显示的数据

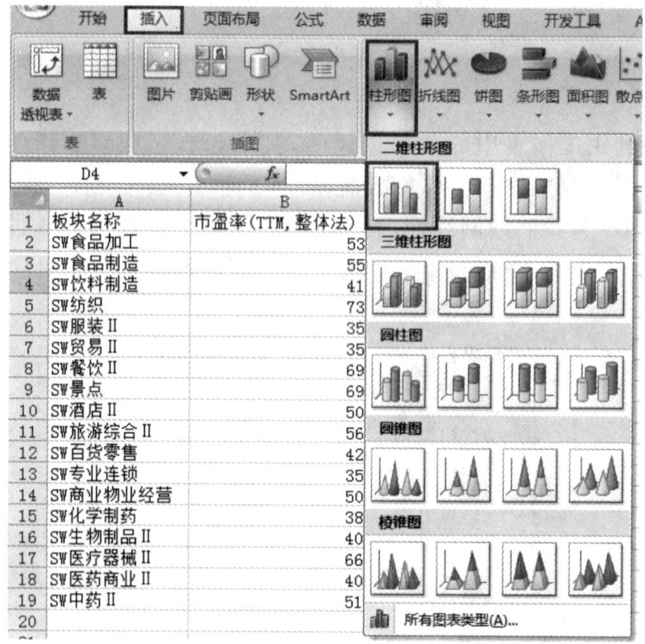

图 25　Excel2007 的图形选项

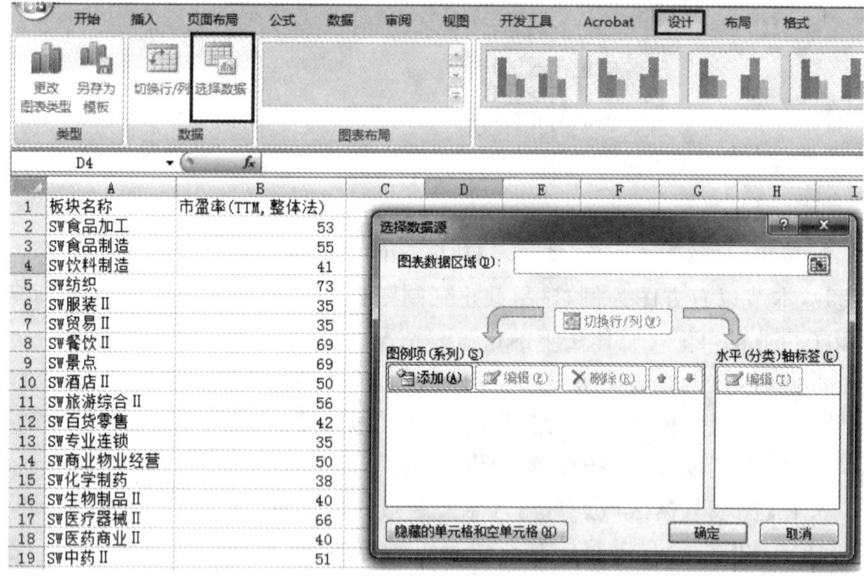

图 26　选择数据源

区域,选择完毕单击【确定】,如图 27。产生了基本图表,如图 28。

开始 插入 页面布局 公式 数据 审阅 视图 开发工具 Acrobat 设计 布局 格式

更改图表类型 另存为模板 切换行/列 选择数据

类型 数据 图表布局

B1

	A	B
1	板块名称	市盈率(TTM,整体法)
2	SW食品加工	53
3	SW食品制造	55
4	SW饮料制造	41
5	SW纺织	73
6	SW服装Ⅱ	35
7	SW贸易Ⅱ	35
8	SW餐饮Ⅱ	69
9	SW景点	69
10	SW酒店Ⅱ	50
11	SW旅游综合Ⅱ	56
12	SW百货零售	42
13	SW专业连锁	35
14	SW商业物业经营	50
15	SW化学制药	38
16	SW生物制品Ⅱ	40
17	SW医疗器械Ⅱ	66
18	SW医药商业Ⅱ	40
19	SW中药Ⅱ	51

选择数据源

图表数据区域(D): ='Sheet1'!$A$1:$B$19

切换行/列(W)

图例项(系列)(S)

添加(A) 编辑(E) 删除(R)

市盈率(TTM,整体法)

水平(分类)轴标签(C)

编辑(T)

SW食品加工
SW食品制造
SW饮料制造
SW纺织
SW服装Ⅱ

隐藏的单元格和空单元格(H) 确定 取消

图 27 图标数据区域

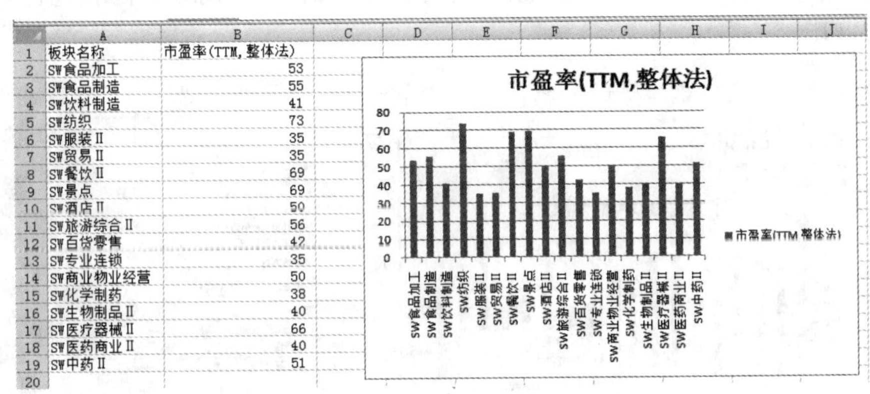

	A	B
1	板块名称	市盈率(TTM,整体法)
2	SW食品加工	53
3	SW食品制造	55
4	SW饮料制造	41
5	SW纺织	73
6	SW服装Ⅱ	35
7	SW贸易Ⅱ	35
8	SW餐饮Ⅱ	69
9	SW景点	69
10	SW酒店Ⅱ	50
11	SW旅游综合Ⅱ	56
12	SW百货零售	42
13	SW专业连锁	35
14	SW商业物业经营	50
15	SW化学制药	38
16	SW生物制品Ⅱ	40
17	SW医疗器械Ⅱ	66
18	SW医药商业Ⅱ	40
19	SW中药Ⅱ	51
20		

图 28 图表的产生

4. 此时,可以对图表进行修饰性调整。可以通过【布局】活动选项卡下的【标签】和【坐标轴】功能区命令组对图表的【图表标题】、【坐标轴标题】、【图例】、【数据标签】、【数据表】、【坐标轴】和【网格线】等内容进行调整修改,如图 29。

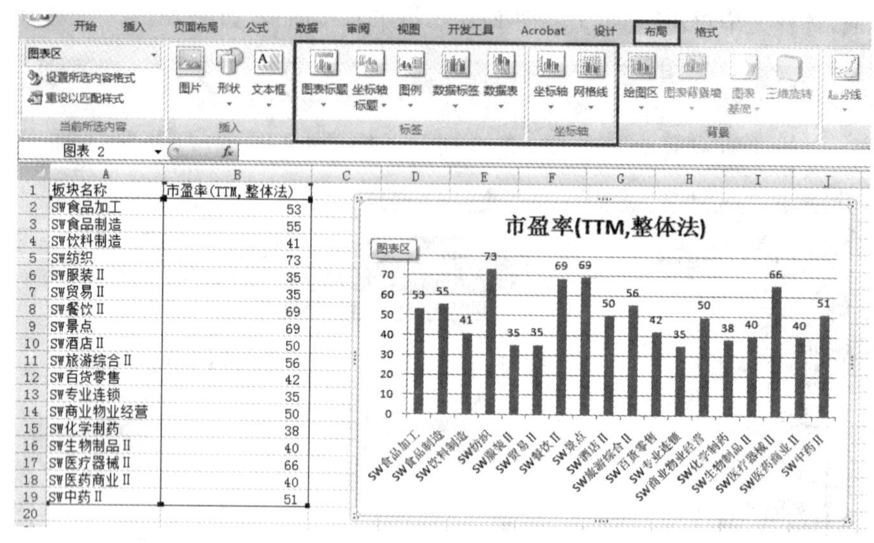

图 29 图形的修改

5. 在调整完图表布局后，还可以进行【数据点】格式调整，选中需要调整格式的数据点，单击鼠标右键，选择【设置数据点格式】按钮，则数据点格式调整对话框弹出，可以在此对话框内对数据点的颜色、间距等内容进行调整，如图30。

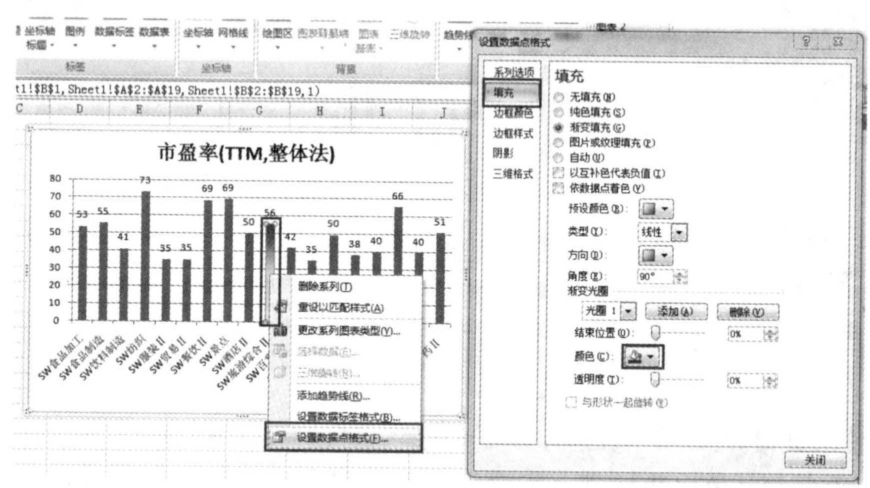

图 30 图形的调整

6. 同理,可以进行整个数据系列以及数据标签的格式设置与调整。

通过选择不同的数据内容与图表形式,可以设立样式不同、表达内容不同的统计图表。

五、金融计量学的特别工具

在金融计量学中,我们需要经常用到方差、协方差、相关系数的计算以及 t 检验、F 检验、回归分析等计量分析。为了使工作简便,Excel2007 中内置了许多功能模块,可以供我们使用,快速进行统计、计量分析。

在使用这些功能之前,我们需要在选项卡中调用出相关的功能区命令组。单击【Microsoft Office 开始】按钮,选择【Excel 选项】,如图 31。

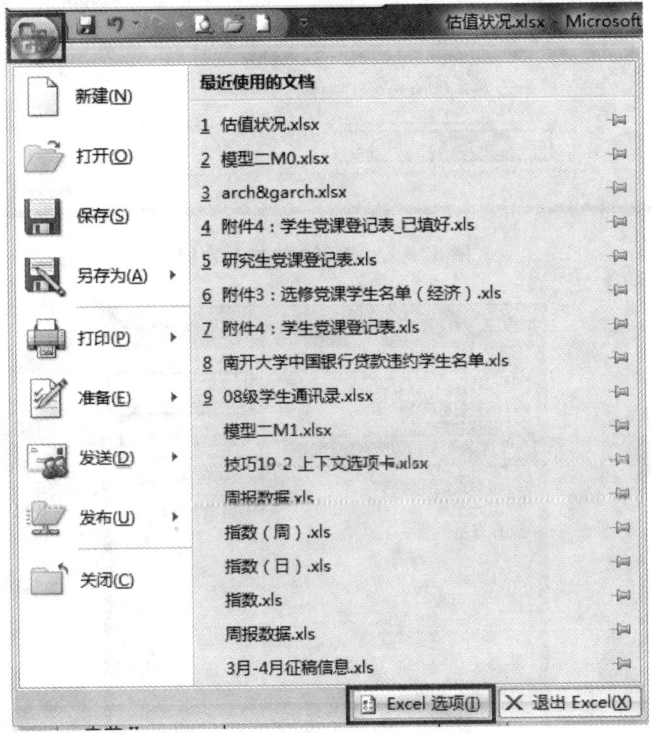

图 31 Excel2007 的开始菜单

在弹出的对话框中,选择【加载项】,在【管理】下拉菜单中,选择【Excel 加载项】,并单击【转到…】按钮。此时,弹出【加载宏】对话框。在弹出的对话框中挑中【分析工具库】前面的"√",单击【确定】,如图 32、图 33。

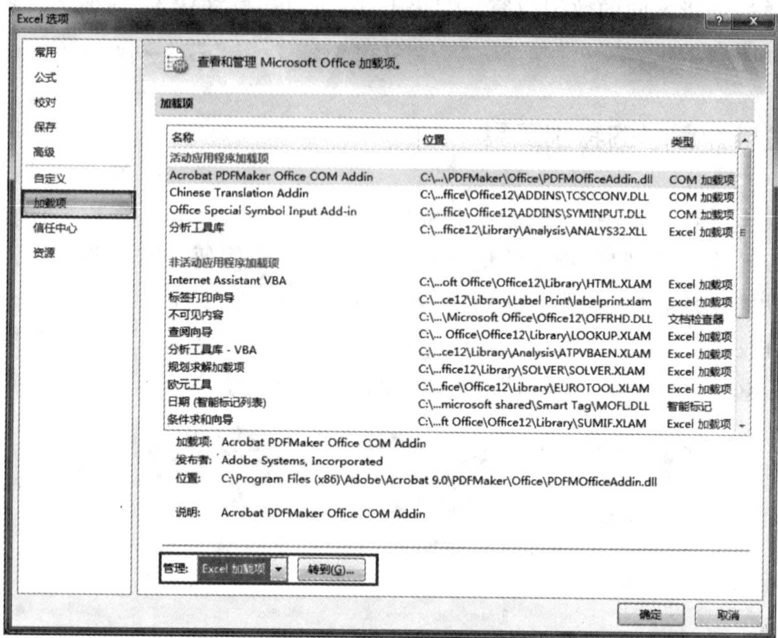

图 32 Excel2007 的加载功能

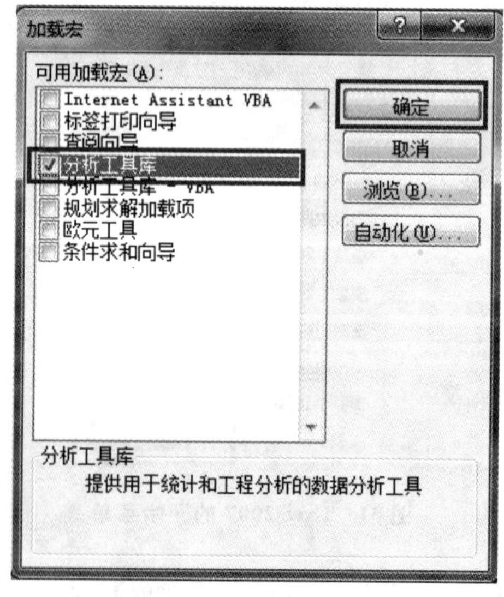

图 33 Excel2007 的加载菜单

此时，在 Excel2007 的【数据】选项卡的功能区命令组中，出现了【分析】命令组，包含了【数据分析】按钮。单击此按钮，弹出【数据分析】对话框，如图 34。

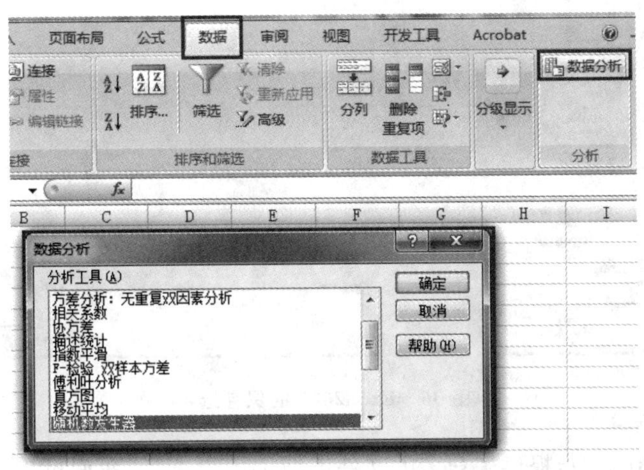

图 34 Excel2007 的数据分析对话框

最后，简要介绍 Excel2007 中文件的保存。在【Microsoft Office 开始】中，单击【另存为】按钮（如图 35），在弹出的对话框中选择好文件保存的路径，输入文件名，选择保存文件的格式，单击【保存】按钮，即可实现文件的保存，如图 36。

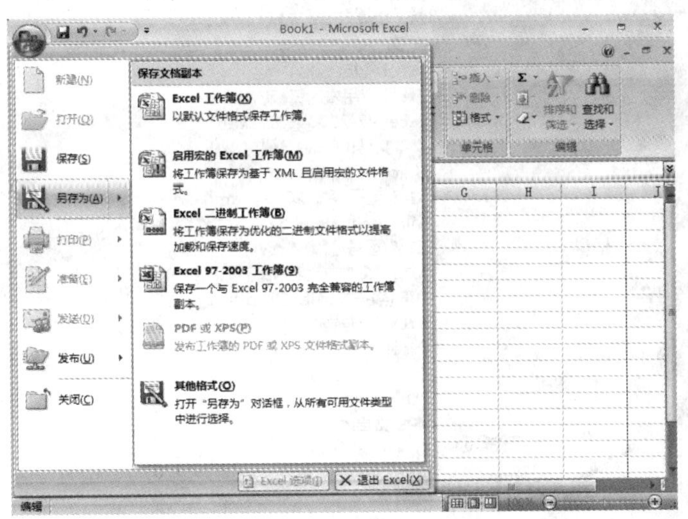

图 35 Excel2007 的保存功能

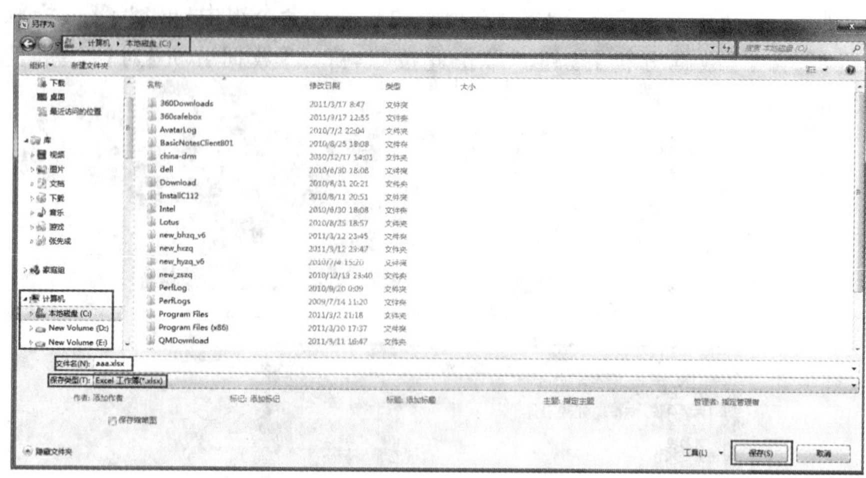

图 36　Excel2007 的保存选项

Excel2007 中，提供了众多的文件类型供用户选择，我们可以根据自己工作中对文件的需求类型，进行自主选择，如图 37 所示。

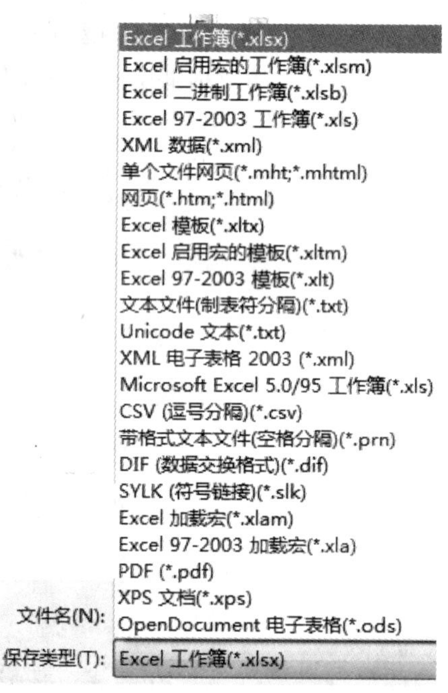

图 37　Excel2007 的文件格式选项

参考文献

[1]Adam, M. C. , and A. Szafarz. Speculative Bubbles and Financial Markets [J]. Oxford Economic Papers, Oxford University Press, 1992, 44 (4): 626－640.

[2]Blanchard, O. J. , and M. W. Watson. Bubbles, Rational expectation and Financial Market [M]. In Crisis in the Economic and Financial System, P. Wachtel, ed. Lexington, MA:Lexington Books, 1982.

[3]Chow G C. Tests of Equality between Sets of Coefficients in Two Linear Regressions[J]. Econometrica, 1960, 28(3):591－605.

[4]Christopher Dougherty. Introduction to Econometrics[M]. Oxford University Press, 2007: 194.

[5]De Long, J. B. , and A. Shleifer. Summers L. H. , R. J. Waldmann. Positive Feedback Investment Strategies and Destabalizing Rational Expectations [J]. Journal of Finance, 1990, 45(2): 379－395.

[6]Diba B. T. , and H. I. Grossman. The theory of rational bubbles in stock prices [J]. Economic Journal, 1988(98): 746－754.

[7]Engle, Robert F. , and C. W. J. Granger. Cointegration and Error Correction: Representation, Estimation and Testing [J]. Econometrica, 1987(55): 251－276.

[8]Evens, G. W. Pitfalls in Testing for Explosive Bubble in Asset Prices [J]. American Economics Review, 1991(81): 745－770.

[9]Flood, R. P. , and R. J. Hodrick. On Testing for Speculative Bubbles [J]. Journal of Economic Perspectives, 1990, 4(2):85－101.

[10]Froot, K. A., and M. Obstfeld. Intrinsic Bubbles: The Case of Stock Prices [J]. American Economic Review, 1991, 81(5): 189—217.

[11]Granger, C. W. J., and N. Swanson. An Introduction to Stochastic Unit Root Process. Discussion Paper, University of California, San Diego, 1994.

[12]Goldfeld, S. M., and R. E. Quandt. A Markov Model for Switching Regressions [J]. Journal of Econometrics, 1973(1): 3—16.

[13]Hamilton, J. D. On Testing for Self—Fulfilling Speculative Price Bubbles [J]. International Economic Review, 1986(27): 545—552.

[14]Hamilton J. D. A New Approach to the Economic Analysis of Non—stationary Time Series and the Business Cycle [J]. Econometrica, 1989, 57(6): 357—84.

[15]Hamilton, J. D. Analysis of Time Series Subject to Changes in Regime [J]. Journal of Econometric, 1990(45): 39—70.

[16]Howard E. Doran. Applied Regression Analysis in Econometrics. CRC Press, 1989: 146.

[17]Matthias, Salge. Rational Bubbles——Theoretical Basis, Economic Relevance and Empirical Evidence with a Special Emphasis on the German Stock Market [M]. Springer—Verlag Berlin Heidelberg, 1997.

[18]Perron P. The Calculation of the Limiting Distribution of the Least—Squares Estimator in a Near—Integrated Model[J]. Econometric Theory, 1989(5): 241—255.

[19]Perron P. Testing for a Random Walk: A Simulation Experiment of Power when the Sampling Interval is Varied. in Advances in Econometrics and Modeling, Baldev Raj (ed.), Kluwer Academic Publisher, 1989: 47—68.

[20]Perron P. Testing for a Unit Root in a Time Series Regression with a Changing Mean[J]. Journal of Business and Economic Statistics, 1990(8): 153—162.

[21]Perron P. Test Consistency with Varying Sampling Frequency[J]. Econometric Theory, 1991(7): 341—368.

[22] Perron, Pierre, and Vogelsang, Timothy J. Testing for a Unit Root in a Time Series with a Changing Mean: Corrections and Extensions,"

Journal of Business & Economic Statistics, American Statistical Association, 1992, 10(4): 467—470, October.

[23]Quandt, R. E. The Estimation of Parameters of Linear Regression System Obeying Two Separate Regimes [J]. Journal of the American Statistical Association, 1958(55): 873—880.

[24]Sanso A., Arago V., and J. L. Carrion. Testing for Changes in the Unconditional Variance of Financial Time Series[J]. Revista de Economia Financiera, 2004(4):32—53.

[25]Shiller, R. The use of Volatility Measures in Assessing Market Efficiency [J]. Journal of Finance, 1981(36): 291—304.

[26]Shiller, R. J. Stock Price and Social Dynamics [J]. Brookings Papers on Economic Activity, 1984, 2(4): 457—498.

[27]Tirole, J. Asset Bubbles and Overlapping Generations [J]. Econometrica, 1985, 53(6): 1499—1528.

[28]Tong, H., and K. S. Lim. Threshold Autoregression Limit Cycles and Cyclical Data [J]. Journal of the Royal Statistical Society, 1980, 42(3): 245—292.

[29]Weil, P. Confidence and the Real Value of Money on Overlapping Generation Models [J]. Quarterly Journal of Economics, 1987, 102(1):1—22.

[30]West, K. D. A Specification Test for Speculative Bubbles [J]. Quarterly Journal of Economics, 1987(102): 553—580.

[31]张晓峒,计量经济学基础,南开大学出版社,2007年版。

[32]周爱民、孟庆斌等著:《大鱼如何吃小鱼?——股市价格泡沫的度量与理性扩容速度的行为金融学分析》,厦门大学出版社,2009年版。

图书在版编目(CIP)数据

Excel 与金融计量学/周爱民，吴明华，周阳浩等编著. —厦门：厦门大学出版社，2012.5

（南开大学金融学本科教材系列）

ISBN 978-7-5615-4232-3

Ⅰ. ①E… Ⅱ. ①周…②吴…③周… Ⅲ. ①表处理软件，Excel-应用-金融学：计量经济学-高等学校-教材 Ⅳ. ①F830-39

中国版本图书馆 CIP 数据核字(2012)第 061163 号

厦门大学出版社出版发行

（地址：厦门市软件园二期望海路 39 号 邮编：361008）

http://www.xmupress.com

xmup @ public.xm.fj.cn

厦门集大印刷厂印刷

2012 年 5 月第 1 版 2012 年 5 月第 1 次印刷

开本：720×970 1/16 印张：21 插页：2

字数：368 千字 印数：1～3 000 册

定价：34.00 元

本书如有印装质量问题请直接寄承印厂调换